सलाख़ों के पीछे

सलाख़ों के पीछे

भारत के प्रसिद्ध लोगों के जेल से जुड़े क़िस्से

सुनेत्रा चौधरी

अनुवाद : मदन सोनी

MANJUL

मंजुल पब्लिशिंग हाउस

MANJUL

मंजुल पब्लिशिंग हाउस

कॉरपोरेट एवं संपादकीय कार्यालय

द्वितीय तल, उषा प्रीत कॉम्प्लेक्स, 42 मालवीय नगर, भोपाल-462003

विक्रय एवं विपणन कार्यालय

7/32, अंसारी रोड, दरियागंज, नई दिल्ली-110002

वेबसाइट : www.manjulindia.com

वितरण केन्द्र

अहमदाबाद, बेंगलुरू, भोपाल, कोलकाता, चेन्नई,
हैदराबाद, मुम्बई, नई दिल्ली, पुणे

सुनेत्रा चौधरी द्वारा लिखित मूल अंग्रेजी पुस्तक
बिहाइंड बार्स का हिन्दी अनुवाद

रोली बुक्स प्राइवेट लिमिटेड, नई दिल्ली के सहयोग से प्रकाशित

यह हिन्दी संस्करण 2018 में पहली बार प्रकाशित

ISBN 978-81-8322-656-1

हिन्दी अनुवाद : मदन सोनी
कवर डिज़ाईन : सोनाली ज़ोहरा

मुद्रण व जिल्दसाज़ी : मणिपाल टेक्नोलॉजीज़ लिमिटेड, मणिपाल

नील और सुदीप
के लिए

अनुक्रम

भूमिका

2016 के शुरुआती दिनों की बात थी जब मुझे किसी अनजान नंबर से फ़ोन आया। फ़ोन के दूसरे सिरे पर जो औरत थी उसका लहज़ा विदेशी था और जब उसने बताया कि उसका नाम अंका है, तो मुझे यह समझने में कुछ ही पल लगे कि वह कौन थी। मैं कुछ भ्रमित थी क्योंकि आख़िरी बार जब मैंने अंका नास्क्यू वर्मा के बारे में सुना था तो वह ये था कि वह अपने पति अभिषेक के साथ सीबीआई (सेंट्रल ब्यूरो ऑफ़ इंटेलीजेंस) के कई मामलों में जेल में थी। "अच्छा, तो आप अब..." मैंने पूछा। "हाँ, अब मैं बाहर हूँ," उसने मेरी बात पूरी करते हुए कहा, और मैं महसूस कर सकती थी कि वह मुस्करा रही थी। इस ख़ुशमिज़ाजी ने मुझे हल्की-सी गरमाहट दी, हालाँकि मैं हैरान थी क्योंकि जहाँ मैंने सीबीआई और उससे तथा उसके पति से जुड़े कुछ मामलों की रिपोर्टिंग की थी वहीं मैंने उन मामलों में कोई ख़ास दिलचस्पी नहीं दिखाई थी जिनको डिफ़ेंस बीट के रिपोर्टरों ने रिपोर्ट करने के मामले में ख़ासा जुनून दिखाया था। मैंने उन दोनों से ही कभी बात नहीं की थी लेकिन मैं क़ानूनी घटनाक्रम को जानने के सिलसिले में उनके वकीलों के संपर्क में ज़रूर रही थी। इसलिए जब उसने उस दोपहर बाद हयाट में मिलने की पेशकश की, तो मुझे लगा कि शायद किसी ख़बर के लिए कोई सुराग़ होगा, और इसलिए मैं मिलने को राज़ी हो गई। मैं यक़ीनी तौर पर वाक़ई नहीं जानती थी कि इससे मुझे क्या हासिल होने वाला था लेकिन चूँकि उसने जेल से बाहर आते ही मुझसे संपर्क किया था, इस बात ने मेरी उत्सुकता बढ़ा दी थी।

"मुझे बहुत ही अच्छा महसूस हो रहा है क्योंकि मैं इतने अरसे बाद स्पा होकर आई हूँ," उसने मुझे देखते ही कहा। वह क़रीब-क़रीब छह फुट लंबी दिख रही थी और अपने सुनहरे बालों तथा एकदम सही नाप की डिज़ाइनर ड्रेस में भव्य लग रही थी। "मैं लोगों से कहती हूँ कि मैं आश्रम में गई हुई थी। जेल के अपने चार सालों के लिए मैंने यही नाम दे रखा है - आश्रम।" इसमें ज़रा भी अतिरंजना नहीं है कि मैं मुग्ध थी। मेरा अनुमान था कि वह शायद अपने पति के पक्ष में कोई तर्क देना चाहती होगी जो अभी भी जेल में था। मेरा अनुमान था कि वह शायद मुझसे चाहती

थी कि मैं इतने सालों के बाद सीबीआई की जाँच-पड़ताल के बाद जो कुछ हुआ था उसको लेकर कुछ लिखूँ, लेकिन हुआ यह कि हम जेल में बिताए गए उसके दिनों के बारे में चर्चा करते रहे। मैंने अपने समूचे पत्रकारीय जीवन के दौरान जेल के तजुरबों को लेकर ख़बरें की थीं, लेकिन इसके पहले तक मुझे जेल की ज़िंदगी की इस क़िस्म की अंदरूनी सच्चाई की जानकारी नहीं थी।

अंका रईस थी, ख़ूबसूरत थी, और एक ऐसे रसूख़दार हिंदुस्तानी कारोबारी से विवाहित थी जिसका हमेशा क़ानूनी ताक़तें पीछा करती रही थीं, और अब वह जेल के बाहर बैठी हुई थी और अंदर की दुनिया की बदसूरती के बारे में लोगों को बताने की इच्छा रखती थी। अभी तक हमें अंदर की हलचलों का छिटपुट सुर्ख़ियों की मार्फ़त ही थोड़ा-सा अनुमान लग पाता था - मसलन, मोहम्मद शहाबुद्दीन जेल के भीतर अपने फ़ोन से सेल्फ़ी लेता पकड़ा गया, पंजाब की जेल से भागे क़ैदियों के बारे में पता चला कि वे भागने के समय तक अपनी फ़ेसबुक स्टेटस को अपडेट करते रहे थे, निर्भया के बलात्कारी ने जेल में आत्महत्या की। इनमें से हर ख़बर को किसी प्रवक्ता द्वारा ख़ामोश कर दिया जाता था, मसलन वक्तव्य जारी कर दिया जाएगा कि जाँच के आदेश दे दिए गए हैं, और सब कुछ एक बार फिर ढँक दिया जाएगा। यह पहली बार था जब मैं एक ऐसी औरत से मिल रही थी जो जेल में रह चुकी थी और इस बारे में बात करने की इच्छा रखती थी कि किस तरह उसने अपने हित में वहाँ के तंत्र का फ़ायदा उठाया।

इसलिए मैंने अंका के साथ एक टीवी इंटरव्यू किया जहाँ उसने दर्शकों को इस खुलासे से चकित कर दिया कि जेल के अंदर उसके जैसी संपन्न स्त्रियाँ बाक़ायदा नौकर रखती थीं। ये नौकर, जो ख़ुद भी क़ैदी हुआ करते थे, थोड़े-से पैसे के बदले उनके सारे छोटे-मोटे काम किया करते थे, जिसका मतलब था कि आप जेल के अंदर पाखाना साफ़ करने और आपको सौंपे गए दूसरे कामों को करने की चिंता से बरी रहते हुए अपना वक़्त गुज़ार सकते थे।

इसका अंत उसी के साथ हो गया होता - एक अच्छा इंटरव्यू और अच्छा टीवी शो - लेकिन जब उसने मुझे अपनी एक तसवीर भेजी जिसमें उसने जेल के अंदर लुई वितों पहन रखे थे, तो ये बात मेरी कल्पना के परे थी। उसका कहना था कि वे तसवीरें प्रकाशित करने के लिए नहीं थीं लेकिन इसी तरह की कई तसवीरें थीं जो मेरे दिमाग़ में अटकी रह गईं। भले ही सीबीआई उसको एक धोखेबाज़ औरत बताती रही हो लेकिन अंका ने मुझे एक ऐसी बात बताई जो काफ़ी ईमानदारी से भरी लगी : "अगर तुम 1000 रुपये चुरा लो तो हवलदार मार-मार कर तुम्हारा भुर्ता बना देगा और तुम्हें ऐसी कालकोठरी में बंद कर देगा जिसमें न बल्ब होगा न खिड़की। लेकिन अगर तुम 55,000 करोड़ की चोरी करते हो तो तुम्हें 40 फुट के कक्ष में रहने मिलेगा जिसमें चार खंड होंगे, इंटरनेट, फ़ैक्स, मोबाइल फ़ोन और दस लोगों

का एक स्टाफ़ होगा जो तुम्हारे जूते साफ़ करेगा और और तुम्हारा खाना पकाएगा (बशर्ते कि उस दिन हयाट से तुम्हारा खाना न आ रहा हो) - अतुलनीय भारत!"

इनमें से कोई भी बात वह कैमरे के सामने नहीं कह सकती थी लेकिन वह मुझे तमाम सूचनाएँ देने को तैयार थी। किस तरह उसने एक एलसीडी टीवी और स्टार वर्ल्ड प्रीमियर के साथ रहने का इंतज़ाम किया और जेल के अंदर रहते हुए वह 'ऑरेंज इज़ द न्यू ब्लैक' का एक भी एपिसोड देखने से नहीं चूकी। तभी मेरे मन में एक पुस्तक लिखने का ख़याल पैदा हुआ और मैंने अंका जैसे दूसरे लोगों की तलाश करने का फ़ैसला किया, जो कि इतने प्रभावशाली लोग हैं कि उनको यह बताने में कोई आपत्ति नहीं थी कि दरअसल हमारी जेलों के अंदर क्या होता है। अगर उन्होंने यह छिपाया भी कि किस तरह उनके मामलों में नियमों को शिथिल किया गया था, तो वे दूसरों के बारे में बताने से नहीं हिचकिचाए और, बदले में, दूसरों ने जेल की उनकी हरक़तों के बारे में बताया।

शुरुआत में लोगों का मुँह खुलवाने में मुश्किल पेश आई। मसलन, डासना जेल में राजेश और नूपुर तलवार ने अपने को जीवित बनाए रखने का एक तंत्र तैयार कर लिया था। जेल के सुपरिटेंडेंट के कमरे में उनसे हुई मुलाक़ात के दौरान जिन बहुत-सी चीज़ों में एक चीज़ ने मुझे चौंकाया, वह बहुत ही अच्छी तरह से इस्तरी किए हुए उनके कुर्ते थे। वे दोनों ही अपनी कमसिन बेटी आरुषि की हत्या के लिए अपनी पूरी ज़िंदगी क़ैद में बिताने की संभावना से स्तब्ध थे, लेकिन उनको अपने कपड़ों की धुलाई और इस्तरी की चिंता करने की ज़रूरत नहीं थी। न ही दोनों में किसी का वज़न ही कम हुआ था, बावजूद इसके कि तब तक वे एक साल से ज़्यादा का वक़्त डासना में बिता चुके थे। यह चीज़ मेरे मन में हमेशा कौतूहल जगाती थी। प्रभावशाली लोगों के लिए यह कैसे मुमकिन हो पाता था कि जेल में रहने के बावजूद वे अलग नहीं दिखते थे? इंद्राणी मुखर्जी ज़रूर टेलिविज़न की एक रईस एक्ज़ीक्यूटिव होने के बावजूद इसका अपवाद थी जिसकी लंबी लटों की जड़ों से जल्दी ही सफ़ेदी झाँकने लगी थी, लेकिन ए. राजा, संजय दत्त और अन्य लोगों में किसी तरह का कोई बदलाव दिखाई नहीं देता था। वजह, कम-से-कम तलवार के मामले में, एकदम साफ़ थी। वे डॉक्टर थे, और जेल के कर्मचारी इस बात से ख़ुश थे कि उन्हें घर बैठे उनकी सेवाएँ मिल रही थीं। इस तरह वे जेल के कर्मचारियों और उनके परिवारों को अपनी दक्षता का लाभ देते थे और बदले में उनको जेल के अंदर अपेक्षाकृत आरामदायक ज़िंदगी जीने को मिलती थी। लेकिन समस्या यह थी कि इस सबके बारे में मुझसे बात करने से उनके ये हित ख़तरे में पड़ जाते।

फिर सहाराश्री सुब्रत रॉय का प्रकरण था। सर्वोच्च न्यायालय ने उन्हें उनके जमाकर्ताओं को 20,000 करोड़ रुपये वापस न करने के जुर्म में जेल भेजा था, लेकिन उन्होंने उन्हें ऐसे लाभ भी दिए थे जो इसके पहले जेल में कभी किसी ने देखे भी न

थे। सुब्रत रॉय तिहाड़ जेल के इतिहास में पहला बंदी है जिसको एयरकंडीशनर की सुविधा प्राप्त हुई। चाहे आप ए. राजा रहे हों, पप्पू यादव रहे हों, मनु शर्मा रहे हों या संजीव नंदा रहे हों, ऐश के नाम पर आपको कूलर, टाइलों वाला फ़र्श और आपकी अपनी निजी कोठरी ही मिल सकती थी जिसमें आप अपना बिस्तर डाल सकते थे। लेकिन क्योंकि अदालत ने रॉय को वीडियो कॉन्फ़्रेंस सुविधा के इस्तेमाल की छूट दी हुई थी, उनको जेल नंबर 1 के 9 नंबर वॉर्ड से तिहाड़ जेल की पुरानी इमारत में भेजा गया। उसमें बैठक और कॉन्फ़्रेंस के कक्ष थे और क्योंकि वह एक कार्यालय जैसा था, इसलिए उसमें एयरकंडीशनर की सुविधा भी थी। "यहाँ तक कि जब इंदिरा गाँधी को यहाँ रुकना पड़ा था तब उनको भी यह सुविधा हासिल नहीं हुई थी।"

जब मैं रॉय से मिलने गई, तो वे दिल्ली के मौर्या शेरेटन के प्रेसिडेंशियल सुईट में ठहरे हुए थे। जब मैंने उनके सेक्रेटरी को अपनी पुस्तक के बारे में उग्रतापूर्वक जानकारी दी, तब जाकर वे मुझसे मिलने को राज़ी हुए। हालाँकि मुझे चेतावनी दी गई थी कि सहाराश्री किसी दूसरे प्रकाशक से तीन पुस्तकों का एक अनुबंध कर चुके हैं इसलिए वे मेरी पुस्तक से जुड़ नहीं सकते हैं। लेकिन मैंने सोचा कि मैं शायद उनको राज़ी कर लूँ।

चंद्रगुप्त सुईट के उस लंबे गलियारे से गुज़रने के बाद जिसका इस्तेमाल कई देशों के प्रधानों द्वारा किया गया था (क्लिंटन ने ग्रैंड प्रेसिडेंशियल सुईट का इस्तेमाल किया था), और फिर एक उस कमरे से गुज़रने के बाद जिसमें रॉय के सिर्फ़ जूते रखे हुए थे, मुझे बैठक कक्ष में ले जाया गया जहाँ रॉय मौजूद थे। वे बहुत विनम्रता से पेश आए, और उन्होंने मुझसे बांग्ला में बात की, मेरे काम की सराहना की जिसके बारे में मुझे यक़ीन है कि उनके सेक्रेटरी ने उन्हें पहले से बता रखा होगा। कोई *मिस्टी दोई* और *संदेश* लेकर आ गया। जैसे ही मैंने अपनी नोटबुक निकाली, उन्होंने कहा, "सुनिए, मुझे अपनी इस पुस्तक में शामिल मत कीजिए। मैं कोई अपराधी नहीं हूँ।" मैंने कहा कि मेरी पुस्तक में जिन लोगों को पेश किया जाने वाला है उनमें से हर कोई अपराधी नहीं होगा। उसमें बहुत-से ऐसे लोग भी होंगे जिनपर गुनहगार होने के ग़लत आरोप लगाए गए हैं जिसकी वजह से उनको नाजायज़ तौर पर कई वर्षों तक हिरासत में रहना पड़ा है। "लेकिन मैं अलग हूँ। मेरे ख़िलाफ़ तो कोई एफ़आईआर तक नहीं है," उन्होंने स्पष्ट किया।

बस इतना ही। मुझे निराशा हुई क्योंकि जब भी आप हिंदुस्तान में किसी रईस और प्रसिद्ध व्यक्ति के बारे में सोचते हैं, आपके दिमाग़ में तुरंत सुब्रत रॉय का नाम आता है। लेकिन, मेरा दिल इतना भी नहीं टूटा था क्योंकि मैं जानती थी कि तब तक प्रकाशित उनके अपने लेखन में वे वाक़ई कोई चौंकाने वाले ब्यौरों का खुलासा नहीं कर रहे थे। वस्तुतः, उनको तिहाड़ जेल में मिल रही सुविधाओं को लेकर बहुत-से क़ैदियों के मन में असंतोष था, बावजूद इसके कि अदालत के निर्देश पर

उन्होंने तिहाड़ जेल को 1.23 करोड़ रुपयों का भुगतान किया था। जेल के अमले के साथ अपने साक्षात्कारों के दौरान एक व्यक्ति ने मुझे एक दस्तावेज़ दिया जो न सिर्फ़ रॉय के इर्दगिर्द फैली अफ़वाहों की ताईद करता था बल्कि मर्यादाओं के उल्लंघन के वास्तविक सबूत पेश करता था।

तमिलनाडु स्पेशल पुलिस (टीएसपी) VIII बटालियन की कमांडेंट, आईपीएस अधिकारी अनीसा हुसैन का जेल महानिदेशक के नाम संबोधित 3 सितम्बर 2015 का एक ख़त यह कहता था :

> विषय : सेमी ओपन जेल के क़ैदी मनु शर्मा की जेल के अमले के साथ क़ैदी सुब्रधा राय (जैसा कि दस्तावेज़ में अंकित है) की मुलाक़ात।
>
> बताया जाता है कि 15.8.2015 को 14.30 बजे असिस्टेंट सुपरिंटेंडेंट एसजे एसजीके मूर्ति सेमी ओपन जेल के क़ैदी मनु शर्मा के साथ स्पेशल जेल में आया और क़ैदी सुब्रधा राय से मिला तथा 17.50 पर वापस गया, और फिर 16.8.2015 को डीजे वॉर्डर 12.44 मुकेश मोर स्पेशल जेल में सेमी ओपन जेल के क़ैदी मनु शर्मा के साथ 17.50 बजे आया और 18.22 बजे गया।
>
> विनम्र सूचनार्थ और यथाशीघ्र समुचित कार्रवाई के लिए।
>
> आपकी विश्वासपात्र,
>
> शिकायतकर्ता (हस्ताक्षरित)
> टीएसपी बटालियन, नई दिल्ली

ये संभवतः एकमात्र उल्लंघन है जिसका सुब्रत रॉय के ख़िलाफ़ कोई दरतावेज़ी सबूत उपलब्ध है। यह कल्पना से परे है कि कोई क़ैदी अपनी जेल को छोड़कर जाए, यह तो भूल ही जाइए कि वह किसी दूसरे इलाक़े में चला जाए और किन्हीं दूसरे क़ैदियों के साथ उनके आरामदायक वातानुकूलित वातावरण में वक़्त बिताए। जिस एकमात्र वजह से इसकी रिपोर्ट की गई थी वह यह थी कि टीएसपी की महिला कांस्टेबल किसी भी तरह के उल्लंघन की रिपोर्ट करने के मामले में चौकन्नी होने की उनकी ख्याति पर खरी उतरी थी। लेकिन इस शिकायत के बावजूद, किसी पर कोई कार्रवाई नहीं हुई। रॉय को मई 2016 में उनकी माँ के दाह-संस्कार के लिए ज़मानत मिल गई और फिर वे इन पंक्तियों के लिखे जाने के समय तक कभी वापस जेल नहीं गए। मनु शर्मा को एक आदर्श अपराधी होने का लाभ मिल रहा था, जिसका मतलब अच्छे आचरण की वजह से ज़मानत पर जेल से बाहर होना था।

जेल के वरिष्ठ अधिकारियों ने मुझे बताया कि किस तरह रॉय को आरामदायक परिस्थितियों में रखने के निर्देश दिए गए थे, जिसमें बाहर से भोजन लाए जाने की

छूट, और उनके कमरे में ताला न डालने तथा उनको हर तरह के मुलाक़ातियों से मिलने देने की छूट शामिल थी। जिस एक अधिकारी से मैंने बात की उसने मुझे बताया कि उसकी नाक के नीचे जो नियमों के जो उल्लंघन जारी थे उनको वह मंज़ूर नहीं कर सकता था। इसलिए उसने मुख्यमंत्री अरविंद केजरीवाल से मिलने का फ़ैसला किया। मुख्यमंत्री ने उसकी बात सुनी लेकिन उन्होंने कहा कि वे उस मामले में कुछ ख़ास नहीं कर सकते थे क्योंकि रॉय का प्रकरण सीधे सर्वोच्च न्यायालय के निरीक्षण में था। वह अधिकारी निराश होकर लौट आया लेकिन वह भौंचक रह गया जब उसको पता चला कि सुब्रत रॉय को पहले ही इसकी जानकारी मिल चुकी थी कि उसने उनकी शिकायत की थी। बताया जाता है कि रॉय ने उससे कहा, "अगर आपको मुझसे कोई शिकायत थी तो आप सीधे मुझसे कह सकते थे।" उस धमकाए गए अधिकारी ने मुझे बताया कि उसने ज़ोरदार ढंग से शिकायत का खंडन किया। लेकिन उसके बाद रॉय की तमाम फ़ाइलें उसको लाँघती हुई आने-जाने लगीं।

जेल में विशेष क़िस्म का बरताव, निश्चय ही, कोई नई घटना नहीं है। इनका लाभ उठाने वाला एक पहला व्यक्ति कुख्यात चार्ल्स शोभराज था जिसको 'बिकनी किलर' के नाम से जाना जाता था क्योंकि जिनकी उसने कथित रूप से लुभाकर हत्याएँ की थीं उनमें ज़्यादातर महिला पर्यटक थीं। सुनील गुप्ता, जो चार दशकों तक तिहाड़ जेल में नौकरी करने के बाद जुलाई 2016 में सेवानिवृत्त हुए हैं, बताते हैं कि जबसे 1981 में उन्होंने एक युवा अधिकारी के रूप में ड्यूटी संभाली थी तभी से उन्होंने देखा कि शोभराज जेल का शहंशाह हुआ करता था, जो प्रशासनिक इलाक़ों में आज़ाद घूमा करता था। "मुझे आश्चर्य होता था। एक अपराधी अधिकारियों के साथ कैसे बैठ सकता था, मैं सोचा करता था।" गुप्ता को लंबे समय तक यह आश्चर्य नहीं करना पड़ा क्योंकि जल्दी ही शोभराज ने उनको भी अपनी सेवाएँ मुहैया कराने की पेशकश की थी।

"उसने मुझसे कहा कि मिस्टर गुप्ता, क्या मैं ऑफ़िस के काम में आपकी मदद कर सकता हूँ? मैंने पूछा कैसे और उसने कहा कि मैं आपके लिए टाइपिंग का काम कर सकता हूँ और संक्षेपिकाएँ तैयार करने में आपकी मदद कर सकता हूँ। गुप्ता को अपने बॉस से हरी झंडी मिल गई और जल्दी ही शोभराज का काम चल निकला। ये एक सुखद आश्चर्य था। जब भी हमें अदालत से कोई नोटिस मिलता, वह तुरंत ही नज़ीरों के साथ एक मसौदा तैयार कर देता। उसकी संप्रेषण क्षमता लाजवाब थी, और जल्दी ही उसका काम लोगों की नज़रों में चढ़ने लगा। उसके अच्छे काम की ख़ातिर *मुझे* शाबाशियाँ मिलने लगीं।"

ज़ाहिर है कि उसकी क़ीमत यह चुकानी पड़ती थी कि शोभराज अपनी मनमर्ज़ी से चलता था, जिसमें जेल सुपरिंटेंडेंट के कार्यालय से लगे हुए कमरे का इस्तेमाल तक शामिल था। गुप्ता को बताया गया था कि शोभराज के पास सुपरिंटेंडेंट की कोई

रिकॉर्डिंग थी जो इतनी विस्फोटक थी कि सुपरिटेंडेंट ने शोभराज को उस कार्यालय में औरतों के साथ गुप्त, क़रीबी मुलाक़ातें करने तक की छूट दे रखी थी। "जब कभी तिहाड़ में कोई औरत आने वाली होती, वह ख़ूबसूरत ढंग से सजता-सँवरता था।" स्पष्ट था कि यह वेशभूषा कारगर साबित होती थी। "एक बार मैं उसके कमरे में चला गया जहाँ मैंने उसे एक महिला पत्रकार के साथ आपत्तिजनक ढंग से बैठा हुआ पाया था," गुप्ता ने बताया।

इसलिए यह क़तई कोई झटका नहीं था जब 1986 में एक दिन दूरदर्शन ने यह ख़बर देनी शुरू की कि शोभराज जेल से भाग गया था। "मैं अपने ऑफ़िस की ओर भागा और वहाँ मैंने भयावह दृश्य देखे। जेल के सारे द्वार खुले हुए थे, गार्ड आधी नींद की हालत में थे; उन सबको देखकर लगता था जैसे उनको नशीली दवाएँ दे दी गई हों।" गुप्ता ने याद किया कि कैसे जब वह अपने घर से तिहाड़ तक का 14 किलोमीटर का सफ़र तय करके आया तब भी जेल के दरवाज़े बंद नहीं हुए थे, लेकिन वे लोग शोभराज और उन अन्य बारह क़ैदियों के बारे में जो भाग गए थे तत्काल कुछ नहीं कर सके थे। बाद में हुई एक जाँच से पता चला कि शोभराज ने अपने जन्मदिन की एक पार्टी की थी जिसमें उसने मिठाइयाँ मँगाई थीं और प्रत्येक गार्ड को पचास रुपये का एक नोट और नशीली दवा मिली हुई *बर्फ़ी* बाँटी थी। पैसे की ताक़त ने उसको 1980 के दशक में जेल से निकल भागने में मदद की, और यही चीज़ तीन दशकों बाद भी जब मैं यह पुस्तक लिख रही हूँ, दूसरे वीआईपी लोगों को अपने नियम बनाने में मदद करती है। प्रसंगवश, एक दशक बाद, शोभराज के फिर से गिरफ़्तार होने के बाद, सुशील शर्मा वह क़िस्सा सुनाते हैं कि किस तरह शोभराज अपने एक साथी क़ैदी को ड्रग दे रहा था क्योंकि वह अपनी कोठरी में उसको नहीं रखना चाहता था!

लेकिन इतना भर नहीं है जो कि जेल की ज़िंदगी के बारे में समझ से परे है। ऐसा क्यों है कि तिहाड़ जेल में मरने वालों की संख्या 2014 में 35 से बढ़कर 2015 में 43 हो जाती है और फिर 2016 में 40 हो जाती है, और इस पर कोई सवाल नहीं उठाए जाते? लगता है कि चूँकि जेलों के बारे में ऐसा माना जाता है कि उनमें हमारे समाज के अप्रिय और अनैतिक लोग रहते हैं, इसलिए उनके साथ क्या होता है इसकी कोई परवाह नहीं करता। उनको यातनाएँ दी जाती हैं या फिर वे शानदार जीवन-शैली के मज़े लूटते हैं, हम हालात की संजीदगी को तभी समझते हैं जब सलाख़ों के पीछे जाने वाला कोई जानामाना चेहरा होता है।

उदाहरण के लिए, जेल की हालत पर नियंत्रक एवं महालेखा परीक्षक (सीएजी) की 2014 की उस रिपोर्ट पर नज़र डालें जो दिल्ली सरकार को कार्रवाई के लिए सौंपी गई थी। इस रिपोर्ट के मुताबिक़ एक जेल में जिसमें मात्र 6,250 क़ैदियों के लिए जगह थी वहाँ 14,209 क़ैदी ठूँसे गए थे। रिपोर्ट यह भी कहती है कि 2009 और

2014 के बीच बीमारियों, आत्महत्याओं, दुर्घटनाओं या साथी क़ैदियों द्वारा हमले के नतीजे में 146 मौतें हुईं और यह कि “जेल के अधिकारी जेल में क़ैदियों की सुरक्षित कस्टडी और हिरासत सुनिश्चित करने में सक्षम नहीं थे।” यह चीज़ जीते-जागते रूप में सामने आती है दून स्कूल के भूतपूर्व छात्र कोबाड गाँधी के तजुरबों से जिनको माओवादी होने के संदेह में जेल हुई है। वे ‘ब्लेडबाज़’ की धमकी को झेलते रहने का बयान करते हैं - उन चाकूबाज़ों की धमकी के अधीन जो थोड़े-से रुपयों के बदले किसी को भी घायल किए जाने के इंतज़ार में जेलों में मँडराते रहते हैं। कल्पना करिए कि आपको सत्तर बरस की उम्र में इससे चौकन्ना रहना पड़े।

जहाँ कोबाड जैसे वरिष्ठ नागरिक को वह विशेष क़िस्म का भोजन तक नहीं दिया गया जो उनकी चिकित्सीय परिस्थिति के नाते ज़रूरी था, वहीं सीएजी की रिपोर्ट बताती है दूसरे लोग मोबाइल फ़ोन, पिस्तौलें, नक़दी और रस्सियाँ लिए घूमते रहते हैं - वे सारी निषिद्ध चीज़ें जो क़ैदियों के पास पाई गईं। एक वरिष्ठ पुलिस अधिकारी ने मुझे बताया कि अगर मैं चाहूँ तो मैं जेल में आईफ़ोन 7 तक हासिल कर सकती हूँ लेकिन ये खुले बाज़ार के मुक़ाबले थोड़ा-सा महँगा पड़ेगा।

जेल में आपको एकदम नवीनतम फ़ोन भी मिल सकता है लेकिन वहाँ आपका अल्ट्रासाउंड नहीं हो सकता। सीएजी की रिपोर्ट बताती है कि जेल में लैब, एंडोस्कोपी सुविधा, यहाँ तक कि चिकित्सकीय देखभाल के लिए समुचित अमला तक नहीं था। इन चीज़ों को जेल के ढाँचे का हिस्सा होना चाहिए क्योंकि ये चीज़ें प्रभावशाली लोगों को चिकित्सा के बहाने जेल से बाहर निकलने की छूट देती हैं। इसलिए विकास और विशाल यादव नामक दो मुज़रिम हत्यारे, जिन्होंने नितीश कटारा की हत्या की थी, सर्वोच्च न्यायालय द्वारा 87 बार अखिल भारतीय आयुर्विज्ञान संस्थान (एम्स) में पेश किए गए जिनको कोई ऐसी बीमारी नहीं थी जिसका इलाज जेल परिसर के भीतर स्थित चिकित्सा-केंद्र में नहीं हो सकता था।

अपने बेटे के हत्यारों की सज़ा के लिए संघर्ष कर रही नितीश की माँ नीलम कटारा ने मुझे बताया कि उसके पास एम्स के डॉक्टर का फ़ोन आया था जिसका इरादा उसको इस बात के प्रति चौकन्ना करने का था कि वे मुज़रिम अपनी उस हॉस्टल में जिसमें उनका कथित ‘इलाज’ चल रहा था, किस तरह पार्टियों का मज़ा ले रहे थे। एम्स ने सूचना के अधिकार से संबंधित उसकी दरख़्वास्त पर ध्यान देने से मना कर दिया और इसलिए उसको जेल के रोज़नामचे की छानबीन करनी पड़ी ताकि वह पता लगा सके कि इन चचेरे यादव भाइयों को इलाज के लिए जेल से कितनी बार बाहर ले जाया गया। पता चला कि कई बार उनको नए साल की पूर्व संध्या पर या दूसरे त्यौहारों पर ले जाया गया था। नीलम कटारा और गुप्ता ने इस बात की भी ताईद की कि मनु शर्मा के पिता ने जनकपुरी में तिहाड़ के क़रीब पिकाडिली नाम का एक होटल विशेष रूप से खोला था जो जेल के अमले के खानपान का इंतज़ाम

करता है। उनको होटल का भरपूर आनंद उठाने की गारंटी मिली हुई है ताकि बदले में वे उन लड़कों से अच्छा व्यवहार करें जिन्होंने जेसिका लाल की हत्या की थी।

इस तरह, शुरुआत में जो पुस्तक अंका वर्मा, ए. राजा, पप्पू यादव, पीटर मुखर्जी, अमर सिंह और सोमनाथ भारती जैसे असंभावित, प्रभावशाली और समृद्ध क़ैदियों के बारे में जेल में जीवन-यापन की विधियों की गाइड होने वाली थी, उसने दूसरे क़ैदियों के बारे में जानने की ज़रूरत की शक्ल भी अख़्तियार कर ली। ये कैसे मुमकिन था कि मैं जेल-जीवन के बारे में पुस्तक लिखती और उन लोगों की बात न करती जो कमज़ोर हैं, जिनकी अपनी कोई आवाज़ नहीं है या जिन्हें ग़लत ढंग से जेल में डाल दिया गया है? और इसी के चलते मेरी मुलाक़ात वाहिद से हुई। उसका प्रकरण आला दर्ज़े का था। वह सुर्ख़ियों में था और तब भी उसका क़िस्सा उस कठोर न्याय-व्यवस्था की एकरसता में बिला गया था जो सबूतों का सारा बोझ मासूम व्यक्ति पर डालती है।

मैं दो दशकों से रिपोर्टिंग कर रही हूँ तब भी जो कुछ उसने मुझे बताया उससे मेरी रातों की नींद उड़ गई थी। मुझे अहसास हुआ कि किस तरह हम रोज़मर्रा पत्रकारिता में अभियोजन पक्ष पर सवाल उठाए बग़ैर अधिकारियों की बात पर ज़रूरत से ज़्यादा भरोसा करने के चलते ग़लतियाँ कर बैठते हैं। वाहिद एक दशक तक जेल में रहने के बाद दोषमुक्त करार दिए जाने के बाद रिहा हो चुका है लेकिन तब भी जो वक़्त उसने खो दिया है उसकी कोई भरपाई नहीं है, उन ज़ख़्मों की कोई भरपाई नहीं है जो उसको जेल में रहने के दौरान मिले। वाहिद ने उसको यातना देने वालों के वास्तविक नाम बताए थे, सिर्फ़ मेरे लिए नहीं, बल्कि अदालतों और न्यायाधीशों को भी। वे सब पदकों से विभूषित पुलिस अधिकारी हैं - ए. एन. रॉय, के. पी. रघुवंशी, विजय सालसकर। आप उसके शब्दों को ख़ारिज़ नहीं कर सकते क्योंकि वह और दूसरे लोग जो अपराधी घोषित किए गए थे वे मुंबई उच्च न्यायालय के उस फ़ैसले को दिखा सकते हैं जो इस बात की ताईद करता है कि उनको जेल में पीटा गया था, उनके अधिकारों का उल्लंघन हुआ था और उनको चिकित्सा से वंचित रखा गया था। मैंने भूतपूर्व शीर्षस्थ पुलिस अधिकारी ए. एन. रॉय को उन भीषण ब्यौरों के सिलसिले में फ़ोन किया था जिनके आरोप वाहिद और अन्य लोगों ने रॉय और उनकी टीम पर लगाए थे। वे ध्यान दिलाते हैं कि 7/11 प्रकरण में उनके पक्ष में एक अभिशंसा है और न्यायाधीश यातना के आरोपों की तक़सीम कर चुके हैं। मैंने रॉय से पूछा कि उन लोगों ने जो विशिष्ट आरोप लगाए हैं, समय और तिथियाँ बताई हैं और अधिकारियों के नामों का उल्लेख किया है उस सबके बारे में उनका क्या कहना है। “यह सलाह उनको उनके वकीलों ने दी है ताकि उनको कुछ वक़्त मिल सके। वे जानते हैं कि आतंक के सबूतों से वे इंकार नहीं कर सकते लेकिन मानवाधिकार उल्लंघन के आरोपों के आधार पर वे बच निकल सकते हैं।”

मैंने उनसे वह सवाल पूछा जो वाहिद मुझसे लगातार पूछता रहता था - एक आतंकवादी को बम विस्फोट के बाद हर दिन पूछताछ के लिए हाज़िर होते रहना क्यों ज़रूरी था? इसका रॉय ने कोई भरोसे लायक़ जवाब नहीं दिया। उन्होंने कहा कि उनमें से कुछ ही लोगों को गिरफ़्तार करने से पहले रोज़ पूछताछ की गई थी, बाक़ी लोग विस्तृत जाँच-पड़ताल के बाद पकड़ लिए गए थे। क्या आपने किसी थर्ड डिग्री (पूछताछ के दौरान यातना) का इस्तेमाल किया, मैंने उनसे पूछा, जिसके जवाब में उन्होंने कहा : "हमने किसी थर्ड डिग्री तरीक़े का इस्तेमाल नहीं किया, लेकिन हमने मनोवैज्ञानिक तरीक़े अपनाए थे। हम उनको सोने नहीं देते थे, हमारी टीम उनके साथ बैठी रहती थी। मैं आपको यक़ीन दिला सकता हूँ कि मारपीट नहीं की गई, लेकिन दूसरी तरह के दबाव ज़रूर डाले गए थे।" मैं नहीं जानती कि इससे वाहिद की चाल धीमी क्यों पड़ गई और वह हल्का-सा लँगड़ाकर क्यों चलने लगा, लेकिन मैंने उनसे पूछा कि अब वाहिद अंधा कैसे होता जा रहा है। उन्होंने जवाब दिया, "मैं इस बारे में नहीं जानता। दस साल पहले उसके साथ जो कुछ हुआ, क्या उसका असर अभी हो सकता है?"

इसका जवाब मेरे पास भी नहीं था। एक पत्रकार के रूप में, हमसे केवल तथ्यों पर भरोसा करने को और कोई अनुमान न लगाने को कहा जाता है। इसलिए मैं अपनी इस पुस्तक के किसी भी व्यक्ति के बारे में कोई फ़ैसला आयद नहीं कर सकती। उनमें से कुछ निर्दोष साबित हुए हैं, वहीं कुछ दूसरे हैं जो जेल में बैठे हुए नतीजों पर पहुँचने की न्याय-व्यवस्था की सामान्य गति का इंतज़ार कर रहे हैं। उनके बारे में लिखते हुए मैं उनकी स्थिति के प्रति सहानुभूति ज़ाहिर कर रही हूँ। आख़िरकार, उन्होंने मुझमें अपना विश्वास जताया कि मैं अपनी सामर्थ्य भर उनके क़िस्सों को बयान कर सकूँ। जेपी जैसे कुछ लोग अपने अनुभवों को बताते हुए यह उम्मीद कर रहे हैं कि दूसरों को वह नर्क नहीं झेलना पड़ेगा जो उन्होंने झेला है। उस किशोर के जैसे कुछ क़िस्से जिसको किशोर सुधारगृह या बाल कारागार में जाना पड़ा, इस लिहाज़ से आँख खोल देने वाले हैं कि शहरी हिंदुस्तान में किशोर अपराधों की क्या सूरत है। मुल्क के एक हिस्से की अख़बारों की सुर्ख़ियाँ उन खाप पंचायतों की बात करती हैं जो जींस के ख़िलाफ़ फ़तवे जारी करती हैं, और यहाँ इन्स्टाग्राम पर प्रलोभन और बलात्कार के तमाम आरोप जारी हैं और जाट पुलिसकर्मियों द्वारा बरते जा रहे हैं जो ख़ुद भी भारतीय दंड संहिता के हिस्से के तौर पर साक्ष्य एकत्र करने के लिए सोशल मीडिया का इस्तेमाल कर रहे हैं।

मुझे इस पुस्तक में तीन क़िस्सों को शामिल न कर पाने का हमेशा अफ़सोस रहेगा। उनमें से एक क़िस्सा है द्रविड़ मुनित्र कषगम (डीएमके) की नेता कनिमोझी का जिसको इसलिए जेल भेज दिया गया क्योंकि वह पार्टी के प्रवक्ता टीवी कलैनार का हिस्सा थी जिसे 2जी घोटाले में कथित रूप से घूस प्राप्त हुई थी। उसने जेल

जाने के पहले मुझे इंटरव्यू दिया था लेकिन बाद में उसने अपने जेल के तजुरबों के बारे में कुछ नहीं बताया और एक निर्लिप्त ख़ामोशी बरती। जब मैं इस पुस्तक के सिलसिले में उससे मिली, उसने मुझसे कहा, "मैं सस्ती सहानुभूति नहीं चाहती।" सालों बीत जाने के बाद भी वह बेहद कड़वाहट से भरी हुई थी क्योंकि उसका, और बहुत-से दूसरों का भी, यह मानना था कि उसको राजनैतिक बलि का बकरा बनाया गया था जबकि उसकी सौतेली माँ दयालु अम्माल, जो कंपनी की वास्तविक डायरेक्टर थी, को छोड़ दिया गया था। कनि बात करना चाहती थी लेकिन दूसरी सार्वजनिक हस्तियों की ही तरह वह भी उसके नतीजों को लेकर आशंकित थी। उसका व्यक्तित्व भी कुछ संकोची-क़िस्म का है जो इंटरव्यू करने वाले के लिए मुश्किल पैदा करता है।

जिन दो अन्य लोगों का मैं मुँह नहीं खुलवा सकी वे हैं भारतीय पुलिस सेवा (आईपीएस) के अधिकारी और जेल के महानिदेशक आर. के. शर्मा, जो शिवानी भटनागर की हत्या के सिलसिले में जेल गए थे; और अभिनेत्री मोनिका बेदी जिसको उसके बॉयफ्रेंड और अंडरवर्ल्ड डॉन अबू सलेम के साथ गिरफ़्तार किया गया था। बेदी और शर्मा, दोनों ने ही मुझसे इस पुस्तक के संदर्भ में विस्तार से चर्चा की लेकिन उन्होंने फ़ैसला किया कि वे अपनी ख़ुद की पुस्तकों में दुनिया के सामने अपने क़िस्से बयान करने का इंतज़ार करेंगे। जेलों की दास्तानें ऐसी ही दिलचस्प होती हैं।

1

वे चार दिन जिन्होंने अमर सिंह को बदलकर रख दिया

उथल-पुथल के उसी दौर में जिसमें ए. राजा और 2जी का गिरोह तिहाड़ गया था, 'पश्चिमी दिल्ली की प्रसिद्ध जेल' में एक और आगंतुक का प्रवेश हुआ था, हालाँकि सिर्फ़ चार दिनों के लिए। छोटे क़द के अमर सिंह, जो किसी समय में ख़ासे थुलथुल रहे थे और अब काफ़ी पतले हो चुके हैं, सितम्बर 2011 में गिरफ़्तार हुए थे। उनकी यह गिरफ़्तारी उसके ठीक तीन साल बाद हुई थी जब उन्होंने भारत-अमेरिकी परमाणु सौदे में मुख्य भूमिका निभाई थी। तब तक, डॉ. मनमोहन सिंह ने न सिर्फ़ संसद में विश्वास मत हासिल कर लिया था, वे दूसरी बार प्रधानमंत्री भी बन चुके थे और इसलिए ये सारी भूमिकाएँ इतिहास के रूप में भुलाई जा चुकी थीं। जो चार दिन अमर सिंह ने तिहाड़ जेल गें बिताए वे अब राजनैतिक प्रोफ़ाइलों और पत्रकारीय कॉपियों में दिखाई नहीं देते क्योंकि अदालत ने उनके ख़िलाफ़ लगे रिश्वतखोरी के सारे आरोप हटा दिए हैं। लेकिन अमर सिंह न तो भूले हैं और न ही उन्होंने माफ़ किया है। जब जुलाई 2016 में समाजवादी पार्टी (एसपी) में राज्यसभा सदस्य के रूप में उनकी वापसी के बाद मैं उनसे संसद भवन में मिली तो वे एक बदले हुए इंसान थे।

कुछ सांसद ऐसे हैं जो रिपोर्टरों के प्रिय पात्र हैं और अमर सिंह निश्चय ही उनमें से एक हुआ करते थे। अगर आपके पास कोई ढीला-ढाला राजनैतिक क़िस्सा होता और आप उसको दिलचस्प और उत्तेजक बनाना चाहते, तो एक ज़बरदस्त हवाले के लिए आप उनपर निर्भर कर सकते थे। टेलिविज़न के रिपोर्टर उन्हें बेहद पसंद करते थे क्योंकि वे कभी भी बाइट देने से मना नहीं करते थे और कैमरे के सामने निहायत ही सनसनीख़ेज़ दावे करने से हिचकिचाते नहीं थे। राजनैतिक

औचित्य उनकी ख़ूबी नहीं थी और वे दूसरे नेताओं के बारे में कटु टिप्पणियाँ करने से नहीं चूकते थे। इसलिए जब मैंने पुस्तक के संदर्भ में बात करने के लिए उनसे संपर्क किया, तो उनकी ख़ामोशी से मुझे ख़ासा झटका लगा। मैंने ईमेल लिखे, उनके सचिव को कई बार फ़ोन किए, लेकिन उनकी ओर से कोई जवाब नहीं मिला। ये वही अमर सिंह थे जो अक्सर अपने घर पर नेताओं और उनकी पार्टियों के अंदरूनी क़िस्सों से रिपोर्टरों का ख़ासा मनोरंजन किया करते थे। उनके ऑफ़िस की ओर से मुझे बताया गया कि सांसद को मेरे निवेदन पर विचार करने का वक़्त नहीं मिला है। तभी जाकर मैंने उनको संसद भवन में घेरा।

"मैं आपसे झूठ नहीं बोलूँगा, मैंने आपके मेल देखे हैं।" मैं उनके किसी चुटकुले या मज़ाक़ का इंतज़ार करने लगी जिसके लिए वे सामान्य तौर पर जाने जाते रहे थे लेकिन ऐसी कोई चीज़ सामने नहीं आ रही थी। "वे दिन बहुत दर्दनाक थे और मैं उनके बारे में बात नहीं करना चाहता।" उनके इस जवाब से मैं कुछ निराश दिखी होऊँगी क्योंकि उन्होंने कैफ़ियत देते हुए आगे कहा : "देखिए, अब मैं वह इंसान नहीं रह गया हूँ जो मैं हुआ करता था।"

अगर मैं इस पुस्तक के लिए शोध और इसपर काम न कर रही होती, तो मैंने उनके इस कथन को कोरी बकवास मानकर ख़ारिज़ कर दिया होता। लेकिन अब तक मैं ऐसे कई लोगों से मिल चुकी थी जिन्होंने मुझे इसी तरह बात कही थी। एक फ्रांसीसी नागरिक थी जिसके द्वारा हिंदुस्तानी जेल में बिताए गए वर्षों ने उसको इतना डरा कर रख दिया था कि जब वह ज़मानत पर थी तो अपने घर से बाहर नहीं निकलना चाहती थी; इसी तरह से जेल का एक भूतपूर्व प्रशासक था जिसे विडंबनापूर्ण ढंग से ख़ुद भी जेल की हवा खानी पड़ी थी - ये ऐसे ही कुछ लोग थे जो अपने क़िस्से बयान करने को लेकर बेहद भयभीत थे। इसके बावजूद कि वे निर्दोष क़रार दिए जा चुके थे, उनको लगता था कि अपने जेल के दिनों के बारे में बात करने से जैसे वे दिन वापस आ जाएँगे या वे उनकी नियति को फिर से पलट देंगे। जब अमर सिंह ने उस दिन मुझसे इंकार कर दिया, मैंने लक्ष्य किया कि अब वे वह व्यक्ति नहीं रह गए थे जो संसद भवन से निकलते हुए अपने आपको रिपोर्टरों के झुंड से घिर जाने देते थे। "अब मैं जो भी बोलता हूँ, उसके बारे में सावधान रहता हूँ।"

मैंने उनकी भावनाओं की क़द्र की और पीछा करना बंद कर दिया। कुछ महीनों बाद एक बार फिर वे मुझे संसद भवन में टकरा गए। "सर, क्या आपने अपने फ़ैसले पर फिर से विचार किया है?" वे मुस्कराए और बोले, "मेरे ऑफ़िस में फ़ोन करिए, मैं आपको समय दूँगा।"

123 समझौता जो भारतीय दंड संहिता 120 तक ले गया

जेलों के ख़ौफ़ और नफ़रत से पहले, काँग्रेसी से समाजवादी पार्टी के महासचिव में बदला यह व्यक्ति किसी ज़माने में अगर किसी एक चीज़ के लिए जाना जाता था तो वह थी नेटवर्किंग। लोग बताते हैं कि वे किस तरह मुलायम सिंह के क़रीब आए - 1995 में वे एक हवाई यात्रा में मुलायम सिंह से मिले और उनकी पार्टी को उत्तरप्रदेश से बाहर निकालकर ले गए और उसको एक तरह का आकर्षण प्रदान किया, उनकी मुलाक़ात अमिताभ बच्चन जैसे फ़िल्मी सितारों और अनिल अंबानी जैसे उद्योगपतियों से कराई। यह उसी तरह का आकर्षण था जिसके चलते 2008 की गर्मियों में संयुक्त प्रगतिशील गठबंधन (यूनाइटेड प्रोग्रेसिव अलायंस : यूपीए) ने उस वक़्त उनसे संपर्क किया था जब यह गठबंधन भारत-अमेरिकी परमाणु समझौते के लिए समर्थन की तलाश कर रहा था। यूपीए के लिए यह सौदा आसान काम नहीं था क्योंकि वामपंथी अमेरिकी साम्राज्यवाद के ख़िलाफ़ शोर करते हुए यूपीए से अपना समर्थन वापस ले रहे थे। इसलिए जब काँग्रेस पार्टी संसद में विश्वास मत हासिल कर लेने के लिए चमत्कारी दोस्तों की तलाश में थी और उम्मीद कर रही थी कि अमर सिंह की मेहरबानी उसको हासिल होगी, तो यह उसी तरह की तिकड़मबाज़ी थी जो हमने वेस्ट विंग्स ऐंड हाउस ऑफ़ कार्ड्स जैसे टीवी कार्यक्रमों में ही देखी थी। यह एक पेचीदा स्थिति थी क्योंकि, जैसा कि उन्होंने तर्कसंगत ढंग से बताया, वामपंथियों और समाजवादी पार्टी के बीच एक कुदरती मैत्री थी, जैसी मैत्री कांग्रेस और समाजवादी पार्टी के बीच नहीं थी : "एसपी-काँग्रेस के बीच का संबंध अनिश्चयपूर्ण था। एसपी तथा वामपंथियों के बीच का संबंध इस हद तक सद्भावपूर्ण और सुहावना था कि हर बार जब भी परमाणु समझौते के बारे में कॉमरेड; प्रकाश करात और यूपीए के बीच बातचीत होती थी, तो वे मेरे घर आकर उस बातचीत के ब्यौरों का सार देते थे।"

अगर इस तरह के विश्वास में मुलायम सिंह तथा अमर सिंह न सिर्फ़ पोलितब्यूरो चीफ़ प्रकाश करात के साथ बल्कि हरकिशन सिंह सुरजीत और सीताराम येचुरी जैसे अन्य वरिष्ठ वामपंथियों के साथ साझा करते थे, तो काँग्रेस के साथ उनकी स्थिति 'यह पेचीदा है' थी। जब 2004 में पहली बार यूपीए का गठन हुआ था, तो सोनिया गाँधी अमर सिंह को अपने आउटहाउस से आगे जाने तक की इजाज़त नहीं देती थीं और बिना आमंत्रण के उनकी डिनर पार्टी में जाने पर उन्होंने अपने को उपेक्षित और गुस्से में पाया था। फिर, उन्होंने मुलायम सिंह के ख़िलाफ़ एक सीबीआई प्रकरण को लटकाए रखा और अपनी सुविधानुसार उनको समर्थन देने के लिए जोड़-तोड़ करते रहे। लेकिन 2008 में, काँग्रेस ने इस सबको पोंछने की कोशिश की क्योंकि समाजवादी पार्टी अपने 39 सांसदों के साथ उनके लिए अपरिहार्य

हो उठी। अगर भारत-अमेरिकी परमाणु समझौते पर हस्ताक्षर के नतीजे में वामपंथी अपने 59 सांसदों के साथ यूपीए से अलग हो जाते तो समाजवादियों का यह झुंड बहुत बड़ी राहत मुहैया कराने वाला था। लेकिन क्या वे अपने पुराने कॉमरेडों की ओर पीठ फेर सकते थे?

अमर सिंह दावा करते हैं कि यह उनके तथा प्रधानमंत्री के शीर्षस्थ सहायकों के बीच हुई गुप्त बैठक थी जिसने उन्हें इस समूचे सौदे में मुब्तिला किया था। "मोड़ तब आया जब राष्ट्रीय सुरक्षा सलाहकार एम. के. नारायणन मुझसे मिले।" उस मुलाक़ात में क्या हुआ इस बारे में वे ज़्यादा कुछ नहीं बताते, वह मुलाक़ात अभी भी गुप्त है। "उस पर चर्चा नहीं हो सकती। मैंने तो इतना भी न बताया होता लेकिन डॉ. मनमोहन सिंह ने डॉ. कलाम की मृत्यु के बाद इसे उजागर कर दिया है।"

निश्चय ही, डॉ. मनमोहन सिंह ने करन थापर के साथ 2015 के एक इंटरव्यू में इस बात की पुष्टि की थी कि उनकी सरकार के बचे रहने में अमर सिंह ने अहम भूमिका निभाई थी। उस इंटरव्यू में उन्होंने कहा था : "मैं इन मुद्दों पर अमर सिंह जी से बातचीत कर रहा था और मुलायम सिंह जी से भी चर्चा कर रहा था और हम बड़ी मुश्किल से उनको उनकी आपत्तियों पर पुनर्विचार के लिए राज़ी कर सके। जो लिहाज़ मुलायम सिंह जी के मन में था, उसका मुझे स्मरण था और वे डॉ. कलाम से मिलने गए थे।"

यह एक अच्छे डॉक्टर द्वारा फुर्ती से किया गया सोच-विचार था। क्योंकि जो चीज़ बहुत-से लोगों को याद नहीं होगी वह ये है कि डॉ. कलाम और मुलायम सिंह के बीच एक ख़ास तरह का मज़बूत रिश्ता था। 1990 के दशक में जब मुलायम सिंह संयुक्त मोर्चा सरकार में रक्षा मंत्री थे तब वे डॉ. कलाम के साथ काम कर चुके थे जो तब सरकार के शीर्षस्थ वैज्ञानिक थे। जब राष्ट्रीय लोकतांत्रिक गठबंधन (नेशनल डेमोक्रेटिक अलायंस - एनडीए) 2002 में नए राष्ट्रपति की तलाश में था तब ये मुलायम सिंह थे जिन्होंने कलाम का नाम इस खेल में उछाला था। "क्यों न मुसलमान राष्ट्रपति बनाया जाए? इससे गोधरा के बाद एक मज़बूत संदेश जाएगा," ये वह सलाह थी जो, जैसा कि बताया जाता है, उन्होंने लाल कृष्ण आडवाणी, अटल बिहारी वाजपेयी और प्रमोद महाजन को दी थी, गुजरात के उन दंगों का हवाला देते हुए जिनमें 3,000 लोग मारे गए थे। एक ही झटके में उन्होंने एक अन्य अल्पसंख्यक प्रतिद्वंद्वी पी. सी. अलेक्ज़ेंडर के मौक़े को ख़त्म कर दिया था। मुलायम सिंह ने पूछा था कि क्या वे किसी 'राष्ट्रवादी' मुसलमान को जानते थे और मिसाइल मैन डॉ. एपीजे अब्दुल कलाम की क़ाबिलियत पर कोई विवाद नहीं कर सका था।

इसलिए जब डॉ. सिंह ने सलाह दी कि वे इस समझौते के फ़ायदों के बारे में भूतपूर्व राष्ट्रपति डॉ. कलाम से बात करें, तो दोनों को लगा कि ये बहुत अच्छा

ख़याल था। "वे किसी तरह के पूर्वाग्रह से मुक्त थे और काँग्रेस-समर्थित नहीं थे। हमें लगा कि उनकी राय राजनीति से परे होगी क्योंकि उस क्षेत्र में उनकी विशेषज्ञता थी।"

वे उनसे मिलने गए और जैसा कि डॉ. कलाम एक आदर्श शिक्षक थे ही, सो उन्होंने उनको परमाणु ऊर्जा और हिंदुस्तान के लिए उसकी ज़रूरतों पर एक छोटा-सा क्रैश कोर्स दे दिया। 123 समझौता या इंडो-यूएस सिविल को-ऑपरेशन न्यूक्लियर एग्रीमेंट एक महान तकनीकी समझौता था जिसे ज़्यादातर लोग समझते नहीं थे और इसलिए इन दोनों आदमियों ने उनसे कुछ बुनियादी सवाल पूछे - क्या ये समझौता भारत के लिए ठीक है? और अगर है, तो क्यों और कैसे? क्या कोई और विकल्प है?

"डॉ. कलाम ने कहा कि वह एक अच्छा समझौता है क्योंकि अगर हिंदुस्तान न्यूक्लियर सप्लायर्स ग्रुप का सदस्य नहीं बनता, तो यूरेनियम हासिल करना मुश्किल हो जाता और हमारे परमाण्विक कार्यक्रम को इसका नुक़सान उठाना पड़ता। हमने उनसे पूछा, क्या कोयला पर्याप्त नहीं है, और वे हँसे और बोले कि नहीं, वह नहीं है और आप देखेंगे। उन्होंने कहा कि हिरोशिमा और नागासाकी कहीं भी घटित हो सकते हैं, और चेर्नोबिल जैसी परमाण्विक दुर्घटना कहीं भी हो सकती है। लेकिन परमाण्विक ऊर्जा सबसे सस्ती है और वह सबसे सुविधाजनक ऊर्जा है। हमने यहाँ तक पूछ डाला कि क्या हिंदुस्तान के लिए यूरेनियम के कोई और विकल्प नहीं हैं। डॉ. कलाम ने कहा, थोरियम लेकिन थोरियम पर आधारित टेक्नोलॉजी हिंदुस्तान में उपलब्ध नहीं है और वह बहुत लंबा समय लेगी।"

मुलायम सिंह संतुष्ट थे, लेकिन इसके बाद वह पेचीदा राजनीति सामने आई जिससे यह यू-टर्न उचित दिखाई देता। यह ठीक है कि उन्होंने 1999 में काँग्रेस को पहले अपने समर्थन का वचन देकर और फिर बाद में अपने वादे से मुकरकर सोनिया गाँधी से संबंध तोड़ लिए थे, लेकिन अब अगर उसी काँग्रेस को संकट से उबारने के लिए वे वामपंथियों की ओर अपनी पीठ मोड़ने जा रहे थे तो इस कार्रवाई को साफ़ तौर पर माक़ूल शक्ल देना ज़रूरी था। इसलिए उन्होंने एक समझौता किया और डॉ. कलाम के घर में अपना राजनैतिक पक्ष घोषित किया - परमाणु समझौता-विरोधी होने की बजाय उस समझौते को देश के लिए एक महान समझौता बताया।

"हमने उनसे कहा, सर, हम आपकी मौजूदगी में इसकी घोषणा करना चाहेंगे क्योंकि हम वामपंथियों को समर्थन देने का राजनैतिक निर्णय पहले ही ले चुके थे। अब अगर हम अचानक अपना रुख़ बदलते हैं तो हम बेवकूफ़ दिखाई देंगे।" जैसे कि निर्विघ्न राजनैतिक चालें होती हैं, यह अपने में उसका एक आदर्श नमूना थी, और कुछ समय के लिए अमर सिंह ख़ासे सक्रिय हो उठे। "पूरे समय, तत्कालीन विदेश मंत्री प्रणव मुखर्जी मुझे व्यक्तिगत रूप से जानकारी देते रहते थे और कहते थे कि उस समझौते में मेरी अहम भूमिका थी। जब अमेरिका की विदेश मंत्री (2008

में) सरकारी दौरे पर आई थीं तो मुझे भी आमंत्रित किया गया था। उनकी राजकीय यात्रा के दौरान वह एक थोड़े-से लोगों के बीच की बैठक थी और मैं उस बैठक का हिस्सा था।"

जब तक यह चलता रहा, वह बहुत अच्छा था; उस वक़्त तक जबकि इंटरनेशनल एटॉमिक एनर्जी एजेंसी (आईएईए) के प्रमुख अल बारदेई ने अमर सिंह को उस समझौते को मुमकिन बनाने का श्रेय दिया। उनकी बदक़िस्मती से, ये सारे-के-सारे कुशल कूटनैतिक क्षण भुला दिए गए क्योंकि 22 जुलाई 2008 को जो कुछ वास्तव में देखा गया - संसद में सांसदों द्वारा एक करोड़ रुपये प्रदर्शित किए जाने का दृश्य - उसने सब कुछ ढँक दिया था। अमर सिंह और डॉ. मनमोहन सिंह दावा कर सकते थे कि उनका ध्येय राष्ट्र के हित में था, लेकिन जनता तो सिर्फ़ उस घिनौनी रक़म को देख पा रही थी जिसका भुगतान कथित रूप से सांसदों को ख़रीदने के लिए किया गया था। यह कुछ ऐसा था जैसे जो कुछ हो रहा था उसके बारे में सीपीआई के वरिष्ठ नेता ए. बी. वर्धन को उस वक़्त ठीक-ठीक पता था जब उन्होंने एक हफ़्ते पहले मीडिया के सामने यह कहा था : "अब किसी के पास सिद्धांत नहीं रह गए हैं। ये कुछ करोड़ का सवाल नहीं है बल्कि सौदेबाज़ी के लिए 25 करोड़ रुपयों का सवाल है। मैंने अपनी ज़िंदगी में 25 करोड़ रुपये कभी नहीं देखे। मुझे यक़ीन है, आप में से किसी ने भी नहीं देखे होंगे।"

टीवी देख रही जनता ने 25 करोड़ रुपये नहीं देखे थे, लेकिन उसने एक करोड़ नक़द देखे थे और वे भी संसद भवन के पवित्र फ़र्श पर। यहीं से यह सब धीरे-धीरे अमर सिंह के ख़िलाफ़ जाने लगा। बेहद महत्त्वपूर्ण कूटनैतिक मुलाक़ातों के गुप्त साक्षी होने से लेकर वे अब अचानक किंचित अछूत हो गए थे क्योंकि एक प्राइवेट न्यूज़ चैनल सीएनएन-आईबीएन ने बीजेपी के साथ मिलकर एक स्टिंग ऑपरेशन किया था जिनका दावा था कि काँग्रेसी और समाजवादी अमर सिंह ही वे लोग थे जो सांसदों को ख़रीदने की कोशिश कर रहे थे।

लेकिन उस समय किसी ने कल्पना नहीं की थी कि अमर सिंह या बीजेपी के सांसद इसके लिए कभी जेल जाएँगे। ये सब बहुत धीरे-धीरे हुआ और घटनाक्रम ने पूरा वक़्त लिया। दरअसल, सीएनएन-आईबीएन तक ने एक महीने बाद तक उस ऑपरेशन के दृश्यों को जारी नहीं किया था। उनका कहना था कि वे टेपों की सत्यता की जाँच कर रहे थे लेकिन अटकल यह थी कि सरकार ने विश्वास मत हासिल कर लेने के बाद उनपर उन तसवीरों को न दिखाने का भारी दबाव डाला हुआ था। इससे उस फ़तह की नींव हिल जाती जिसका वे आनंद ले रहे थे। लेकिन विपक्षी, यानी बीजेपी और वामपंथी, आसानी-से पीछा छोड़ने वाले नहीं थे। बीजेपी के तीन सांसदों, अशोक अर्गल, फग्गन सिंह कुलस्ते और महावीर सिंह भागोरा ने अपने आपको सचेतक (व्हिसल ब्लोअर) घोषित कर दिया और अंततः,

महीना समाप्त होते-होते काँग्रेस के के. सी. देव के अधीन एक संसदीय जाँच बिठा दी गई।

जिस दिन इस जाँच समिति ने सीएनएन-आईबीएन से साक्ष्य पेश करने को कहा और उन्होंने जाँच के लिए अपने टेप प्रस्तुत किए, उन्होंने वे दृश्य टीवी पर जारी कर दिए। उसमें एक कमरे में समाजवादी पार्टी के एक और सांसद रेवती रमण सिंह को बीजेपी के सांसदों के साथ उनको यह सलाह देते हुए दिखाया गया था कि वे 'साहब' से मिलें और समझौते पर पहुँचें। बीजेपी के ये सांसद कैमरे में लगातार अमर सिंह का उस व्यक्ति के रूप में ज़िक्र करते पाए गए हैं जो यह सौदा कर रहा है और मतदान में भाग न लेने के लिए रक़म की पेशकश कर रहा है। अगले दिन इन टेपों में एक कार को दिखाया गया है जो संभावित रूप से इनमें से कुछ सांसदों को अमर सिंह के घर की ओर लिए जा रही है (आप उन सांसदों को देख नहीं सकते क्योंकि कार की खिड़कियों के काँच रँगे हुए हैं)। ये टेप जो अगली चीज़ दिखाते हैं वह यह है कि ये सांसद एक कमरे में हैं और संजीव सक्सेना नाम का एक शख़्स (जिसके बारे में कहा गया है कि वह अमर सिंह का सहयोगी था) नक़दी के बंडल सामने रख रहा है। वह किसी को फ़ोन लगाता है और ये सांसद उससे बात करते हैं और उसको 'अमर सिंह जी' कहकर पुकारते हैं। जो कुछ टेप में पकड़ा गया है यह उसका कुल सार है।

"मेरे ख़िलाफ़ कोई सबूत नहीं था, मेरी कोई आवाज़ या चेहरा नहीं था। इसलिए जब संसदीय जाँच समिति ने हम सबको मुक्त कर दिया और स्पीकर ने समिति की सिफ़ारिश को मंज़ूर कर लिया, तो मामला उसी के साथ ख़त्म हो जाना चाहिए था। क्योंकि संसद भवन के भीतर जो कुछ भी आप कहते या करते हैं, उसे छूट मिली होती है।"

यही सब लगभग वह था जो हुआ था। उनके और दूसरे नेताओं के ख़िलाफ़ लगे आरोपों की जाँच जो समिति कर रही थी उसने साल के अंत तक सभी को बरी कर दिया था। आख़िरकार 1993 में भी तो यही वजह थी जिसके चलते प्रधानमंत्री पी. वी. नरसिंहराव के ख़िलाफ़ विश्वास मत के दौरान जोड़-तोड़ करने के आरोपी झारखंड मुक्ति मोर्चा के सांसदों को अदालत ने अपराध-मुक्त घोषित कर दिया था क्योंकि आप सांसदों पर संसद के भीतर उनके द्वारा की गई कार्रवाई को लेकर मुकदमा नहीं चला सकते।

"संसद के इतिहास में उसके अंदर के अपराध को कभी पुलिस के हवाले नहीं किया गया था। मुमकिन है कि मिस्टर चिदंबरम मुझसे अपार प्रेम करते हों और मेरे प्रति गहरा लगाव रखते हों, मैंने उस सरकार को बचाया था जिसमें वे गृहमंत्री थे, लेकिन उन्होंने मेरी भूमिका की जाँच दिल्ली पुलिस को सौंप दी।"

तत्कालीन गृहमंत्री पी. चिदंबरम के ख़िलाफ़ अमर सिंह का गुस्सा समझ में आने वाला है। उन्होंने अपने आपको कमज़ोर महसूस किया क्योंकि 2011 तक आते-आते उनकी न तो सांसद की हैसियत रह गई थी, न वे समाजवादी पार्टी में रह गए थे। जैसे ही समाजवादी पार्टी के आज़म खान और अखिलेश यादव जैसे दूसरे सदस्यों के साथ उनके मतभेद सामने आए, उनको पार्टी-विरोधी गतिविधियों के लिए पार्टी से निकाल दिया गया था। एक आरोपी सांसद अशोक अग्रवाल के ख़िलाफ़ तो आरोप-पत्र भी दाख़िल नहीं किया गया क्योंकि भ्रष्टाचार विरोधी अधिनियम के तहत किसी सार्वजनिक व्यक्ति के ख़िलाफ़ मुकदमा चलाने के लिए अनुमति ज़रूरी होती है। लेकिन परमाणु समझौते के रक्षक के पास तीन साल के दौरान ऐसा कोई सुरक्षा-कवच नहीं बचा था।

अपने दिमाग़ में वे इस तथ्य को स्वीकार नहीं कर पा रहे थे कि उनके साथी रेवती रमण सिंह पर, जो सचमुच उस स्टिंग वीडियो में मौजूद थे, कोई मुकदमा नहीं चलाया जा रहा था। दूसरे लोग ये तर्क दे सकते थे कि अमर सिंह कहीं ज़्यादा हाई प्रोफ़ाइल थे और वे व्यक्ति थे जिनको बीजेपी कैश-फ़ॉर-वोट का मास्टरमाइंड बता रही थी, लेकिन अमर सिंह इसे इस तरह नहीं देखते।

“जो व्यक्ति वीडियो में था उसको छुआ तक नहीं गया और ये तर्क दिया गया कि आवाज़ अस्पष्ट है, तसवीरें धुँधली हैं। ये उनके बारे में तो सही है लेकिन मेरा क्या, जिसे किसी वीडियो में देखा ही नहीं गया था? एकमात्र साक्ष्य यह था कि सह-आरोपी संजीव सक्सेना के बेटे को मैंने दयाल सिंह कॉलेज में दाख़िला दिलाने में मदद की थी। एक सांसद के रूप में मैं चिट्ठियाँ लिखता रहता हूँ, लेकिन उसे एक साक्ष्य के रूप में इस्तेमाल किया गया।” पुलिस न्यायाधीश को यह यक़ीन दिलाने में क़ाबिल थी कि वह सिफ़ारिशी ख़त यह साबित करता था कि सक्सेना निश्चय ही अमर सिंह का क़रीबी सहयोगी था और इसलिए जब उसको टेप में सांसदों को उनके वोट के बदले रुपये देते दिखाया गया तो वह उनके (अमर सिंह के) निर्देशों पर वैसा कर रहा था, ख़ासतौर पर इसलिए क्योंकि उन सांसदों को फ़ोन पर ‘अमर सिंह’ का ज़िक्र करते देखा गया है। लेकिन उनका प्रतिवाद यह था कि वह ख़त अपने में कोई मायने नहीं रखता क्योंकि सांसद सभी की सिफ़ारिशें करते रहते हैं।

“प्रकरण की मूल डायरी में, अरुण जेटली और लाल कृष्ण आडवाणी सभी प्रकरण में शामिल खिलाड़ी थे, लेकिन उन्हें कुछ नहीं हुआ। भाजपा के. वी. के मल्होत्रा जाँच समिति में थे, और उन्होंने कहा, हम इस जाँच को जारी नहीं रखना चाहते। मेरे अच्छे दोस्त राम गोपाल यादव, जो समिति में हमारी पार्टी के प्रतिनिधि थे, ने भी यही बात कही। हर कोई इस बात पर सहमत था कि इसका अंत होना चाहिए क्योंकि कॉंग्रेस विश्वास मत जीत चुकी थी और उनकी सरकार बच गई थी, अध्याय ख़त्म हो चुका था।”

लेकिन, वह नहीं हुआ था क्योंकि एक बिंदु पर, वह इन तमाम राजनेताओं के मुक़ाबले बड़ा हो गया था। भूतपूर्व मुख्य चुनाव आयुक्त जे. एम. लिंगदोह के नेतृत्व में इंडिया रिजुवेनेशन इनिशिएटिव नामक एक समूह ने इस मामले की विशेष जाँच के लिए सर्वोच्च न्यायालय में एक याचिका दाख़िल कर दी। दिल्ली पुलिस जोकि पिछले कुछ वर्षों से इस प्रकरण पर सोई हुई थी, सहसा हरक़त में आ गई।

"यह न्यायिक सक्रियता की फ़रियाद थी और चूँकि लिंगदोह एक ख्यातनाम व्यक्ति थे और अन्ना हज़ारे और प्रशांत भूषण सक्रिय थे, सर्वोच्च न्यायालय ने जाँच का आदेश दे दिया। वीडियो में जिस व्यक्ति को सांसदों से बात करते देखा गया था वह रेवती रमण सिंह था - उसको छुआ नहीं गया, और बिना कोई सज़ा दिए आज़ाद छोड़ दिया गया। चिदंबरम ने सोचा कि मैं एक कमज़ोर मेमना हूँ, एक ऐसा बड़ा नाम जिसको लेकर अब कोई रोक-टोक नहीं थी, यह जिबह किए जाने के लिए अच्छा शिकार था। और मुझे जिबह कर दिया गया।"

6 सितम्बर 2011 को अमर सिंह भाजपा के तीन सांसदों, और भाजपा के वरिष्ठ नेता सुधींद्र कुलकर्णी के साथ, तिहाड़ जेल गए। पुलिस को लगा कि कुलकर्णी स्टिंग ऑपरेशन के पीछे थे क्योंकि उन्हीं ने सीएनएन-आईबीएन का उन तीन सांसदों से परिचय कराया था और कैश-फ़ॉर-वोट के प्रस्ताव को सुगम बनाया था।

शाहरुख़ खान की यादों के साथ जेल में

आप सोचते होंगे कि राजनेता अपनी गिरफ़्तारी को भुनाने का कोई तरीक़ा निकाल लेते होंगे, उसका लाभ उठाने का कोई तरीक़ा। अमर सिंह एक दक्ष राजनेता थे, लेकिन वे चुनावी राजनीति के रास्ते आए नेता नहीं थे, वे जनता के आदमी नहीं थे जो अलग तरह के लोगों से मिलने के अनुभव का इस्तेमाल कर सकते हैं, या जो इसका इस्तेमाल मतदाताओं की सहानुभूति को बटोरने में कर सकते हैं। वे ठेठ राज्य सभा के आदमी थे जो पेज 3 पार्टियों के लिए ज़्यादा जाने जाते थे, और जो अपनी भड़कीली जीवन-शैली को लेकर डरते नहीं थे। बेशक, इस क्षेत्र में भी 2008 के बाद से ज़िंदगी बदल गई थी, क्योंकि वे उस रंगीन जीवन-शैली को जारी रख पाने में सक्षम नहीं रह पा रहे थे और उन्होंने अपने बहुत-से प्रभावशाली दोस्तों को भी खो दिया था। एक साल बाद, 2009 में, अमर सिंह कई महीनों के लिए सिंगापुर में थे जहाँ वे अपने गुर्दे का इलाज करवा रहे थे और अंततः जहाँ उन्होंने किडनी ट्रांसप्लांट कराया था। उनका यह ट्रांसप्लांट इस प्रकरण में उनकी सबसे बड़ी दलील थी।

“मैंने तर्क दिया था कि राजन पिल्लई बिस्कुट बैरन प्रकरण में, यह बात साबित हो चुकी थी कि दुर्बल और बीमार व्यक्ति को जेल में नहीं रखा जाना चाहिए। मैं किडनी ट्रांसप्लांट का मरीज़ हूँ, जिस नाते मैं हमेशा ही ख़तरे की हालत में हूँ। संगीता धींगड़ा, जोकि न्यायाधीश थीं, ने मेरी दलील पर कोई ध्यान नहीं दिया।”

राजन पिल्लई चिकित्सीय देखभाल के अभाव में 1995 में तिहाड़ जेल में हिरासत के दौरान मर गया था। यह सबसे अच्छा दृष्टांत था जिसे याद दिलाया जा सकता था। अमर सिंह ने राम जेठमलानी को भी वकील रखा था जिनकी बेटी रानी जेठमलानी की भी यही स्थिति रही थी और उनका भी किडनी ट्रांसप्लांट हुआ था। वे अंततः 2010 में मर गई थीं, लेकिन अमर सिंह की ज़मानत पेशी में, उनके पिता ने उनका उदाहरण देते हुए तर्क दिया कि क्यों तिहाड़ इस परिस्थिति में किसी भी व्यक्ति के लिए ख़तरनाक हो सकता है। उन जैसा वरिष्ठ वकील उजाड़ तीस हज़ारी अदालत में सामान्यतः कभी पेश न होता, लेकिन अमर सिंह के लिए उन्होंने यह भी किया। लेकिन इस सबका कोई फ़ायदा नहीं हुआ।

“जज ने पूछा कि मैंने अपना इलाज हिंदुस्तान में क्यों नहीं कराया, मैं सिंगापुर क्यों गया? मैंने उनसे कहा कि मैं एक प्रभावशाली व्यक्ति हूँ और मुझे पहले ही गिरफ़्तार कर लिया जाना चाहिए था ताकि मैं जाँच-प्रक्रिया को प्रभावित न कर पाता। अब जबकि मेरा आरोप-पत्र तैयार हो चुका है, तब मुझे गिरफ़्तार करने का क्या अर्थ है? मुकदमा चलना चाहिए और बाद में मुझे जेल भेजा जा सकता है।” लेकिन जज धींगड़ा सुनने के मूड में नहीं थीं और उन्होंने 55 साल के उस इंसान को न्यायिक हिरासत में भेज दिया। अमर सिंह को तत्काल प्रसिद्धि की क़ीमत समझ में आ गई।

“तीस हज़ारी में मुझसे मेरी चेन, मेरी घड़ी और मेरे शरीर पर मौजूद सभी कुछ उतारकर देने को कहा गया। मैंने सारी चीज़ें दे दीं। मुझे एक काली वैन में बिठाया गया। चारों तरफ़ मीडिया की ख़ासी चकाचौंध थी और मैंने क्रूरता को, सुर्ख़ियों के लिए उनकी भूख को महसूस किया। मैं जेल गया, और सारे संतरियों ने यह जाने बिना कि मैं एक क़ैदी था, मुझे सलाम ठोंकना शुरू कर दिया।”

सक्रिय रूप से मीडिया की तलाश में रहने वाला आदमी अब उसकी ताकझाँक से असंतुष्ट था, वहीं उसके वैभवशाली और प्रभावशाली दोस्त उससे कन्नी काटने की भरसक भरपूर कोशिश कर रहे थे। उदाहरण के लिए, तिहाड़ के बॉस, आईपीएस अधिकारी नीरज कुमार उनसे अपनी मुलाक़ात को टालने या उनसे की जा सकने वाली किसी इनायत की उम्मीद से बचने के लिए लंबी छुट्टी पर चले गए। दरअसल वे सिंगापुर चले गए ताकि अमर सिंह उनको फ़ोन भी न कर सकें। अमर सिंह इस अटकल को ख़ारिज़ करते हैं और कहते हैं कि ये महज़ संयोग भी हो सकता है।

विलासिता की वस्तुएँ और उनका अतिभोग सापेक्षिक होते हैं। जहाँ 2जी के आरोपी बंदी बनाकर रखे गए थे, वह इलाक़ा तरह-तरह के 14,000 क़ैदियों की दृष्टि से बेहद आलीशान था क्योंकि उनके लिए पश्चिमी शैली के शौचालय थे, वह साफ़ था और उसमें कुछ खुली जगह भी थी। अमर सिंह को वहाँ उन्हीं के साथ रखा गया, लेकिन उन्होंने पाया कि वहाँ से जीवन की सुविधाएँ हटा ली गई थीं, केवल बेहद ज़रूरी चीज़ें बाक़ी थीं।

"मुझे एक छोटी-सी *चटाई* दी गई, कोई तकिया नहीं। मुझे पानी की एक बाल्टी और मग दिया गया। इसलिए अगर मुझे पानी पीना होता तो उसी से पीना होता और अगर टट्टी करनी होती तो मुझे उसी मग का इस्तेमाल करते हुए शौचना था। मेरी दोस्त किरण बेदी ने तिहाड़ जेल को एक वर्गहीन जेल में बदल दिया था। चाहे आप कोई हैसियत वाले आदमी हों या कोई बलात्कारी हों, आपसे समान बरताव किया जाएगा। यह धारणा उस वक़्त पूरी तरह से क्रियान्वित थी।"

उद्विग्नता और कड़वाहट का कुछ हिस्सा तो उनकी हैसियत को धक्का पहुँचने की वजह से था जिसे वे अपनी हैसियत के प्रति तिरस्कार के रूप में देख रहे थे। बाक़ी सब उनकी सेहत की दुर्बलता की वजह से था। "मेरा क्रिएटनिन स्तर लगातार बढ़ता जा रहा था क्योंकि एक किडनी ट्रांसप्लांट मरीज़ एक मरम्मत की गई वस्तु होता है न कि पूरी तरह से ठीक वस्तु। उधार ली गई किडनी का रखरखाव ज़रूरी होता है। कोई भी नेफ्रोलॉजिस्ट आपको ये बताएगा कि किस तरह ट्रांसप्लांट मरीज़ों को एक स्वच्छ वातावरण में रहना और स्वास्थ्यप्रद भोजन करना ज़रूरी होता है। अगर आप अपने चूतड़ों को धोने और पानी पीने के लिए एक ही मग का इस्तेमाल करते हैं, और चटाई पर सोते हैं, तो पक्का है कि आप संक्रमण के शिकार होंगे। इम्यून-सप्रेसिव दवा लेने वाले किसी भी मरीज़ के लिए यह हितकारी नहीं है। ये दवा क्या है? ये किडनी के मरीज़ों को उनकी इम्यूनिटी को मारने के लिए दी जाती है ताकि उनके अंग की हालत सही रह सके। इस तरह बिना इम्यूनिटी सिस्टम के अमर सिंह, अपनी किडनी की बीमारी के लिए ज्ञात अमर सिंह, अमर सिंह जिनका आरोप-पत्र दाख़िल हो चुका था, न्यायाधीश संगीता धींगड़ा, राइट ऑनरेबल जज, द्वारा इनमें से किसी भी चीज़ पर विचार नहीं किया गया!

"मैं उनके न्याय के लिए उनको धन्यवाद देता हूँ!" वे इस बात का ज़िक्र नहीं करते क्योंकि वे शायद नहीं जानते कि संगीता धींगड़ा की ओर, उनके एक ऐसे साहसी और ईमानदार जज होने के नाते जिन्होंने एक वीआईपी को जेल भेज दिया था, मीडिया का भारी ध्यान गया था। उनके बारे में अख़बारों में प्रोफ़ाइल छापे गए, और हाँ, बाहर भ्रष्टाचार-विरोधी टोली, अन्ना हजारे और अरविंद केजरीवाल तमाम राजनेताओं को चोर बता रहे थे और उन सबको जेल भेजने को कह रहे थे।

उन दिनों के माहौल को उस एक क़िस्से में बहुत अच्छी तरह से पकड़ा गया है जिसे अमर सिंह बहुत मज़े से सुनाते हैं। “एक समय की बात है कि एक राक्षस था जो एक गाँव में आया और उसे जो भी मिलता उसको खाना शुरू कर देता। एक दिन उसके हाथ एक दंपति लग गए और उसने आदमी को खा लिया और उसकी बीवी को विधवा छोड़ दिया। गाँव का मुखिया उस राक्षस से मिलने गया और बोला, तुम्हें इंसान के मांस की ज़रूरत है, हम तुम्हें वह मुहैया कराएँगे। हम तुम्हें वे आदमी देंगे जो बूढ़े हो चुके हैं, जो अपनी ज़िंदगी जी चुके हैं। तुम्हें मांस चाहिए, वो हम तुम्हें देते हैं। उसी तरह से व्यवस्था लोगों को अपनी मनमर्ज़ी के शिकार उपलब्ध करा रही है। उदाहरण के लिए, कॉमनवेल्थ खेल घोटाले में शीला दीक्षित मुख्य व्यक्ति थीं, सुरेश कलमाड़ी महज़ एक हिस्सा थे, लेकिन जेल कलमाड़ी को भेजा गया। कनिमोझी भी वैसा ही हिस्सा हैं जो दिया गया है। इस कहानी से निकलने वाली सीख ये है कि न्यायपालिका का राक्षस सहसा उठ खड़ा हुआ है। कॉमनवेल्थ खेल घोटाले में शीला दीक्षित की जगह कलमाड़ी को सौंप दिया गया। कैश-फ़ॉर-वोट में उन्होंने मुझे सौंप दिया। मैं एक बड़ा नाम था, और तब भी मेरी गिरफ़्तारी से सरकार पर कोई असर पड़ने वाला नहीं था। लोकतंत्र का सिद्धांत सामूहिक ज़िम्मेदारी का सिद्धांत है। मैं राजा का बचाव नहीं कर रहा हूँ, लेकिन राजनीति शास्त्र के एक विद्यार्थी के रूप में, बराबर के लोगों के बीच प्रधानमंत्री पहले आते हैं।”

उन चार दिनों में जो इन चुने हुए, कुछ ताक़तवर लोगों ने जेल में बिताए, नए रिश्ते बने और कुछ पुराने बोझ उतारकर फेंक दिए गए। जब अमर सिंह ने तिहाड़ में करीम मोरानी को देखा, तो शुरुआत में ये कुछ बेढंगा-सा था। आख़िरकार करीम मोरानी सिंह के फ्रिनेमी (छलपूर्ण व्यवहार करने वाला तथाकथित दोस्त) शाहरुख़ खान के सबसे अच्छे दोस्तों में से थे और पिछली बार 2004 में जब वे मिले थे तो उनके बीच झगड़ा होते-होते बचा था।

समझा जाता है कि वह एक ज़ी टीवी शो था जो शाहरुख़ खान और मोरानियों ने आयोजित किया था। अपने भयानक रूप से व्यस्त कार्यक्रम के बावजूद, अमर सिंह ने अपने दोस्त अमिताभ बच्चन को उस कार्यक्रम में जाने के लिए मनाया। लेकिन जब बिग बी अमर सिंह के साथ वहाँ पहुँचे, तो उनको दसवीं क़तार में सीटें दी गईं और ज़ाहिर है वे ख़ुश नहीं थे।

“जब हम लोग ख़फ़ा होकर जा रहे थे, तो शाहरुख़ और मोरानी आए और उन्होंने हमें सामने वाली क़तार में बिठाने की पेशकश की। हमने कहा कि अगर सामने वाली क़तार में बैठने के लिए अमिताभ बच्चन और अमर सिंह को किसी से मिन्नत करने की ज़रूरत पड़ती है, तो ये बहुत ही हास्यास्पद स्थिति है। हम उन कलाकारों में नहीं थे जिनको उन्होंने स्पॉन्सर किया हुआ हो या जिनको भुगतान किया गया हो, हम आमंत्रित मेहमान थे। चूँकि हमें लगा कि हमें वाजिब इज़्ज़त नहीं

दी गई थी, हम चले गए और उनके पास हमें रोकने का कोई हक़ नहीं था। हमारे बीच कुछ खींचातानी हुई।"

ज़ाहिर है कि यह खींचातानी कोई छोटी-मोटी चीज़ नहीं थी क्योंकि कुछ ही सालों के दौरान, और फ़िल्म इंडस्ट्री में अमिताभ बच्चन की हैसियत के लिए शाहरुख़ खान की चुनौती की वजह से, अमर सिंह और शाहरुख़ खान तुच्छ चीज़ों को लेकर झगड़ते रहते थे। शाहरुख़ ने एक फ़िल्म पुरस्कार समारोह में उनका मज़ाक़ उड़ाया था, जिसके बाद अमर सिंह ने शाहरुख़ खान के घर के सामने प्रदर्शन के लिए विरोधियों का झुंड खड़ा कर दिया था जिसकी वजह से उनकी बेटी रोने लगी थी। दोनों के बीच तब भी झगड़ा हुआ था जब अमर सिंह ने अमेरिका में शाहरुख़ की हिरासत को लेकर कुछ कटु शब्दों का इस्तेमाल किया था और शाहरुख़ ने बदले में अमर सिंह की सेहत और कूव्वत को लेकर कटाक्षपूर्ण टिप्पणियाँ की थीं। ये झगड़े जारी थे, लेकिन जब अमर सिंह ने करीम मोरानी को तिहाड़ में अपनी कोठरी के साथी के रूप में देखा, तो वे जानते थे कि जेल सब चीज़ों को पीछे छोड़ देता है। "नियति ने हमें विचित्र ढंग से एक ही बिस्तर पर ला दिया था। हमारे पास कोई विकल्प नहीं था। वैसे ही जैसे जब बाढ़ आती है तो एक साँप और इंसान, दोनों ही पेड़ का सहारा लेते हैं और दोनों को अपनी जान की चिंता होती है। वे एक-दूसरे से लड़ने की अपनी फ़ितरत को भूल जाते हैं क्योंकि उनको अपनी जान की चिंताएँ सता रही होती हैं। हम अवसाद की हालत में थे, क्लेश में पड़े हुए थे और हम दोनों को एक साथ एक ही कोठरी में झोंक दिया गया था।"

बच्चन परिवार के बेहद क़रीबी होने की वजह से अमर सिंह ने अपने तमाम तरह के दुश्मन पैदा कर लिए थे। बताया जाता है कि जब बच्चन की कंपनी दीवालिया होने को थी तो ये अमर सिंह थे जिन्होंने उसकी वित्तीय मदद कर उसको फिर से पटरी पर खड़ा किया था। लेकिन वह लंबा रिश्ता जेल में बुरी तरह से प्रभावित हुआ। वे इस बात के लिए बच्चन को माफ़ नहीं कर सकते कि वे जेल में उनसे मिलने नहीं आए।

"जब मुझे ज़मानत मिल गई तो मि. बच्चन मुझसे मिलने आए, लेकिन मैं प्रभावित नहीं हुआ। मुझे इस बात का उल्लेख करना चाहिए कि मुझे ज़मानत मिलने से पहले मेरे बहुत पुराने दोस्त श्याम और हरी भरतिया (हिंदुस्तान टाइम्स समूह के) मुझसे मिलने आए थे। उनका व्यवहार बहुत सामान्य था। बच्चन तभी आए जब मुझे ज़मानत मिल गई और मैं अस्पताल में था। उन्होंने मेरी ज़मानत का इंतज़ार किया, इससे मैं बहुत रूखा और औपचारिक बना रहा। वे राजनैतिक औचित्य की परवाह करने वाले और मीठा बोलने वाले व्यक्ति हैं। सुब्रत रॉय भी ऐसे ही थे। मैं उनसे मिलने दो बार तिहाड़ गया था। मैंने कहा कि मुझे लोगों के साथ वही करना चाहिए जो उन्होंने मेरे साथ किया। उन्होंने आने में बहुत समय लिया।"

रिश्ते की परीक्षा उससे बेहतर कभी नहीं होती जब व्यक्ति कटघरे में खड़ा होता है। बच्चन परिवार के अन्य लोगों के प्रति अमर सिंह का असंतोष तिहाड़ के बहुत पहले रहा हो सकता है। उदाहरण के लिए, वे कभी नहीं भूले कि एक बार जब वे सुब्रत रॉय की पार्टी में जा रहे थे तो उनके हैलीकॉप्टर को रुकना पड़ा था क्योंकि उसे ऐश्वर्या राय को लेने वापस जाना था। उनके मन में जया बच्चन को लेकर भी हमेशा शिकायत रही कि वे उनकी समाजवादी मंडली के बीच उनके बारे में प्रशंसात्मक बातों से भी कम बातें कहती थीं। लेकिन अमिताभ बच्चन हमेशा एक स्थायी साथी रहे थे और जिन दिनों वे अपनी किडनी की बीमारी से उबर रहे थे, उन दिनों वे लंबे समय तक सिंगापुर में उनके साथ रहे थे। वे बीमार और तंदुरुस्ती के दिनों में भले साथ रहे हों लेकिन जेल में वे यह नहीं कर सके : "जब वे मुझसे मिलने आए, मेरा मन उनसे बात करने को नहीं कर रहा था क्योंकि दोस्ती की जो भावनाएँ उनके प्रति मेरे मन में थीं वे ख़त्म हो गई थीं। वे मेरे दिमाग़ से झड़ गई थीं और मुझे यह अहसास हो गया था कि लोग ज़्यादातर हवा का रुख़ देखकर व्यवहार करते हैं।"

जैसा कि अमर सिंह कहते हैं, अंबानी लोग, बच्चन लोग, 'इट क्राउड,' सब 'भाप बनकर उड़ गए' और सबसे गहरी चोट ये थी कि उनके वीआईपी डॉक्टर, पद्मश्री प्राप्त नेफ्रोलॉजिस्ट डॉ. रमेश कुमार ने भी उनसे किनारा कर लिया। जब अमर सिंह की पत्नी ने डॉक्टर को फ़ोन करके उन्हें देखने आने को बुलाया तो उन्होंने कहा, "नहीं, नहीं, मैं आप लोगों से दूर रहना चाहता हूँ, क्योंकि आप एक अपराधी हैं।" यही डॉक्टर, जो भूतपूर्व प्रधानमंत्री अटल बिहारी वाजपेयी के भी डॉक्टर हैं, इस घटना के पहले उनको चाहे जब 'छोटे-छोटे, तुच्छ अनुग्रहों' के लिए फ़ोन करते रहते थे। अमर सिंह कहते हैं कि इस दग़ाबाज़ी ने उनकी पत्नी को सबसे ज़्यादा सदमा पहुँचाया। उस समय, उनकी जुड़वाँ बेटियाँ महज़ सात साल की थीं। अमर सिंह की क़ीमत हज़ारों करोड़ है लेकिन तब भी वे भारी भरकम फ़ीस पर बड़े वकीलों को रखने के ख़र्चों की बात करते हैं और इसकी भी कि 'कभी सिरदर्द, तो कभी परिवार में किसी शादी या दाहसंस्कार जैसे निहायत ही बेवकूफ़ी भरे बहानों' के नाम पर केस स्थगित हो जाता है। लाखों रुपये ख़र्च किए जा रहे हैं और आपके पास कोई विकल्प नहीं है क्योंकि या तो ये करिए या फिर जेल में अंतहीन समय तक रहिए। "मेरी पत्नी जोकि इन सांसारिक उद्यमों से एकदम अनजान है सिर्फ़ सलमान ख़ुर्शीद को जानती थी, एक दोस्त जोकि क़ानून मंत्री भी थे। लेकिन उन्होंने भी उससे मिलने से इंकार कर दिया।" अमर सिंह कहते हैं कि वे अभी भी उस झटके से उबर नहीं सकी हैं। जिन चार दिनों तक वे जेल में रहे उन्होंने उनको असुरक्षा और भय की हालत में छोड़ दिया। "वह अब किसी पर भी विश्वास नहीं करना चाहतीं, एकांत में रहना चाहती हैं। वह लगभग पगला गई हैं, वह अभी तक उस सदमे से बाहर नहीं निकल सकी हैं।"

वे कहते हैं कि यही वे तमाम विश्वासघात हैं जिन्होंने अभिनेत्री से राजनेता बनी जया प्रदा के साथ उनके रिश्ते को और मज़बूत बनाया। वही थे जो उनको राजनीति में लाए थे और उनको रामपुर से समाजवादी पार्टी की सांसद के रूप में चुनाव लड़वाया था। 2006 में दोनों के बीच की एक टेप की हुई बातचीत लीक हुई थी जिसमें वे एक अच्छी 'अनुयायी' होने के लिए उनकी सराहना कर रहे हैं। वे जिस तरह अपने पैरों को 'वैक्स' करती हैं उसको लेकर भी उनको उनकी तारीफ़ करते उस टेप में सुना गया है क्योंकि उनको वह ढंग अच्छा लगता है। "जया प्रदा एकमात्र थीं जिन्होंने खुलेआम मेरा समर्थन किया। लोग हमारे रिश्तों के बारे में गंदी बातें करते रहते हैं लेकिन उस ख़ालिस समर्पण और वचनबद्धता की ओर कोई ध्यान नहीं देता। जब बच्चनों से, अंबानियों से सहाराओं तक कोई कहीं नज़र नहीं आ रहा था, वह (जया प्रदा) एकमात्र पहचाना हुआ चेहरा था जो आगे आया और उनकी सांसद की हैसियत के चलते उनको कुछ विशेष सुविधाएँ मिल सकीं और उन्होंने सुनिश्चित किया कि मेरी पत्नी आकर मुझसे मिल सके। अगर उन्होंने यह मदद न की होती तो मेरी पत्नी भी मुझसे मिल न सकी होती। मैं जया प्रदा को कैसे भूल सकता हूँ? लोग और उनकी उपजाऊ कल्पनाएँ, लेकिन मैं उनको और डॉ. रमेश कुमार को नहीं भूल सकता, ये दो विपरीत सिरे हैं।"

अमर सिंह ने दूसरे क़ैदियों पर भी गहरा प्रभाव छोड़ा। अपने एक ख़त में क़ैदी कोबाड गाँधी तिहाड़ में उन दोनों से हुई अपनी मुलाक़ात का ज़िक्र करते हैं :

> एक दिन जब मैं सुपरिटेंडेंट से मिलने गया था तो सहसा मेरी मुलाक़ात अमर सिंह और जया प्रदा से हो गई। अमर सिंह ने पूरी गर्मजोशी से कहा कि वे मेरे बारे में सब कुछ जानते हैं और वे ख़ुद 1970 के दशक के उथलपुथल से भरे उन शुरुआती वर्षों में कलकत्ता में कॉलेज (या स्कूल) के एक विद्यार्थी हुआ करते थे। वे उस बांग्ला फ़िल्म के बारे में बात कर रहे थे जो उन्होंने नक्सल आंदोलन के बारे में हाल ही में बनाई थी, जिसमें जया प्रदा एक नक्सल नेता की मुख्य भूमिका में हैं और अमर सिंह नक्सलों के प्रति सहानुभूति रखने वाले एक राजनेता हैं। दिलचस्प! उन्होंने बताया कि वह फ़िल्म बॉक्स ऑफ़िस पर बढ़िया जा रही थी। उसी रात उनको ऑल इंडिया इन्स्टिट्यूट ऑफ़ मेडिकल साइंस (एम्स) में भेज दिया गया। उस वक़्त वहाँ भारी तादाद में डॉक्टरों की टीमें आ-जा रही थीं। (सितम्बर 2011)

सुशील शर्मा उनके साथ तिहाड़ में संयोगवश हुई एक मुलाक़ात को याद करते हैं। "कोलकाता में वे जिस तरह के जोशीले नेता हुआ करते थे उसको लेकर मेरे मन

में सराहना का भाव था। उनकी आँखों में आँसू थे क्योंकि उन्हें अहसास हुआ कि मुझे उनके अच्छे दिनों की याद थी।"

अमर सिंह ने मात्र चार दिन जेल में बिताए, इसके बाद वे एम्स में भेज दिए गए जहाँ वे ज़मानत मिलने तक कई महीने रहे। तिहाड़ का अस्पताल उनकी ज़रूरतों के लिहाज़ से पूरी तरह अपर्याप्त था लेकिन वे उस एक आदमी को बहुत चाहत के साथ याद करते हैं जो उनको वहाँ मिला था, जिसपर माओवादी होने का आरोप था : "मैं महाश्वेता देवी का उपन्यास *हज़ार चौरासी की माँ* पढ़ते हुए बड़ा हुआ था और नक्सल आंदोलन वह था जिसको मैंने बहुत क़रीब से देखा था। मैं कलकत्ता में लॉ का एक विद्यार्थी था, और चारु मजूमदार तथा कनु सन्याल के क़रीबी लोग वहाँ पर थे। मेरा दोस्त प्रसेनजित भी नक्सली हो गया था और उनके विचार बहुत ही ख़ालिस थे - संपन्नों और विपन्नों के बीच के भेद को कम किया जाए। जो नारे मुझे अभी भी याद हैं वे थे, "लाल बाज़ार ए लाल पुकार, रंजित गुप्ता होशियार" (रंजित गुप्ता कलकत्ता के पुलिस कमिश्नर थे जिन्होंने नक्सल आंदोलन को हल करने में विवादास्पद भूमिका निभाई थी)। जब मैंने कोबाड को देखा तो ये सारी यादें मेरे दिमाग़ से गुज़र रही थीं। मैंने उसमें और अपने में कुछ समानताएँ देखीं। क्योंकि वह भी मेरी ही तरह एक ज़ेवेरियन है, मैं भी एक अच्छे परिवार से हूँ और वह भी एक अच्छे परिवार से है, बल्कि वह मुझसे भी अच्छे परिवार से है। वह भी बहुत बुरी तरह तक़लीफ़ झेल रहा था।"

अमर सिंह की तक़लीफ़ इस मानी में कोबाड से भिन्न थी कि वह कुछ दिनों की ही थी। चार दिन के भीतर ही अधिकारियों ने उन्हें वहाँ से हटाने का फ़ैसला कर लिया। जैसा कि वे बताते हैं, उन लोगों को लगा कि वे जेल में उनके स्वास्थ्य से जुड़े संकट को लेकर जोख़िम नहीं उठा सकते थे। 2जी के आदमी जिनके बीच अंदर एक भाईचारा विकसित हो गया था, उनसे रुकने का आग्रह कर रहे थे। "इन 2जी के लोगों का अपना एक ग्रुप था और और वे आपस में मज़े में थे। उन्होंने ठीक से तालमेल बिठा लिया था। सिर्फ़ अनिल अंबानी के एक्ज़ीक्यूटिव दुखी थे, क्योंकि उनके मुताबिक़, वे लाभान्वित हुए व्यक्तियों में से नहीं थे, वे तो भुगतान के बदले काम करने वाले एक्ज़ीक्यूटिव थे। उन सबने कहा कि अस्पताल मत जाओ, क्योंकि यहाँ पर हम सब साथ हैं, यहाँ सब एक ही तरह के सोचने वाले, ह्वाइट कॉलर लोग हैं।"

जेल के भीतर दो-चार दिनों में ही इस तरह की निकटता देखना कोई मुश्किल बात नहीं है। वे सब के सब 7 बजते-बजते बंद कर दिए जाएँगे और फिर वे तमाम तरह की खोजख़बरों, गप्पों और क़िस्सों से उनका मनोरंजन करेंगे।

चार दिन बाद

और इस तरह अमर सिंह उस 'स्थिति' से बाहर निकल गए। एम्स के एक कमरे को जेल में बदल दिया गया और अमर सिंह तीन महीने वहाँ रहे। ईमानदार न्यायाधीश उनकी तंदुरुस्ती पर क़रीब से नज़र रखे हुए थीं। "हर दिन न्यायमूर्ति संगीता धींगड़ा पूछतीं - ये कब पूरी तरह ठीक होंगे। नेफ्रोलॉजिस्ट संजय गुप्ता कहते कि वे आपके आरोपी हैं और इसलिए आप उनको जेल भेजने के लिए उतावली होंगी लेकिन वे मेरे मरीज़ हैं और जब तक क्रिएटनिन स्तर और ख़ून के सैम्पल दुरुस्त नहीं हो जाते, तब तक मैं आपको इजाज़त नहीं दे सकता।"

जैसा कि जेल के अंदर के लोग बताते हैं, अस्पताल आरोपियों के लिए स्वर्ग होते हैं। यहाँ अमर सिंह जब चाहे अपने परिवार से मिल सकते थे, और मुलाक़ातियों की सूची भी यहाँ जेल के मुक़ाबले लंबी थी। यहाँ तक कि यूपीए के शीर्षस्थ मंत्री तक उनसे मिलने आए थे। अमर सिंह का ऐसा विश्वास है कि उनके प्रति गृह मंत्री चिदंबरम के सख़्त रुख़ की जड़ें चिदंबरम के प्रतिद्वंद्वी मुखर्जी के साथ उनकी निकटता में रही हो सकती थीं। लेकिन यह पेरानोइया (दूसरों के प्रति कुतर्कपूर्ण शक) भी हो सकता है जो जेल में रह चुके लोगों में अक्सर पाया जाता है। पेरानोइया और वफ़ादारी, एक भूतपूर्व क़ैदी के दो सामान्य लक्षण हैं। वफ़ादारी जया प्रदा के प्रति थी, और मुलायम सिंह यादव के प्रति थी, जो तब उनके रंजिशज़दा बॉस थे।

"नेता जी ने मेरे पक्ष में एक वक्तव्य दिया था और उन्होंने कहा था कि पार्टी मेरे साथ है। इससे ज़्यादा वे कुछ कर भी नहीं सकते थे क्योंकि वे कोई न्यायाधीश तो थे नहीं।" वे अपनी ही पार्टी से निकाले गए आदमी थे लेकिन मुलायम सिंह ने तब भी उनको अपना कहा, ये बात आज भी उनके दिल को छू जाती है। जैसे कि छोटी-छोटी चीज़ें छू जाती हैं। जैसे कि सोनिया और प्रियंका गाँधी का उनसे उनके स्वास्थ्य के बारे में पूछताछ करना। वे संसद भवन में जया प्रदा से पूछती रहती थीं और वे "सच्चे मन से फ़िक्र करती थीं।"

हमारे इस इंटरव्यू के दौरान अक्टूबर 2016 में कस्तूरबा गाँधी मार्ग स्थित अपने ऑफ़िस में बैठे हुए अमर सिंह चुपचाप अपने इर्दगिर्द जारी ख़बरों पर नज़र रखे हुए थे। दो ख़बरों में उनकी ख़ास दिलचस्पी थी। एक, एयरसेल-मैक्सिस निवेश के सिलसिले में जारी प्रवर्तन निदेशालय की जाँच जिसे पी. चिदंबरम की निगरानी के लिए एफ़डीआई की हरी झंडी मिल गई थी और दूसरी, बेटे कार्ती चिदंबरम की बिज़नेस फ़र्म को लेकर प्रवर्तन निदेशालय की जाँच।

"मेरे मन में चिदंबरम को लेकर कोई गाँठ नहीं है। अब वे भी मुश्किलों का सामना कर रहे हैं, मैं उनके लिए प्रार्थना करता हूँ कि उनको तिहाड़ न जाना पड़े और वह सब न भोगना पड़े जो मैंने भोगा है। वे भी ऊँचाई पर हैं और वहाँ से

प्रवर्तन निदेशालय का सामना कर रहे हैं। अगर वे तिहाड़ जाते हैं तो ये बुरा होगा। साफ़ तौर पर, वे काफ़ी ठंडे व्यक्ति हैं और दूसरे की तक़लीफ़ों को महसूस नहीं करते। मुमकिन है, जब उनको ख़ुद भोगना पड़े तब उनको अहसास हो।"

जिस दूसरे प्रकरण में उनकी दिलचस्पी है, वह पनामा का टैक्स हैवेन्स और यह आरोप है कि अमिताभ बच्चन और ऐश्वर्या राय ने वहाँ अपने विदेशी खाते खोल रखे हो सकते हैं। "सरकार अभी इसकी जाँच कर रही है, देखते हैं, क्या होता है।" इतना कहकर वे बातचीत को ख़त्म करते हुए अपनी इस तुकबंदी के साथ मुस्कराते हैं :

"सितम करोगे, सितम करेंगे
करम करोगे, करम करेंगे
जो तुम करोगे, वो हम करेंगे।"

2

अमेरिकी मल्लू जो जेल होने के बावजूद टिका रहा

जब मैं जेपी से दिल्ली में उसके ऑफ़िस में मिली, तब उसको जेल से बाहर आए हुए चार साल से ऊपर हो चुके थे। 42 की उम्र में जेपी एक भूतपूर्व मॉडल होने का भ्रम दे सकता है - वह अपेक्षाकृत लंबा और साँवला है और उसमें उस तरह का छरहरापन है जैसा नियमित व्यायाम करने वालों में होता है। कहीं-कहीं से देखने पर वह मिलिंद सोमन का धुँधला-सा संस्करण लगता है, इस फ़र्क़ के साथ कि उसके बाल एकदम काले हैं। जब वह बात करता है तो उसका स्वर हमेशा आकर्षक, कोमल, और स्पष्ट होता है, जिसका दो-तिहाई लहज़ा अमेरिकी होता है और एक तिहाई मलयाली होता है। उसका मलयाली लहज़ा और भी साफ़ तब होता है जब वह हिंदी बोलता है, और हालाँकि हिंदी वह हमेशा से जानता था लेकिन यह तिहाड़ थी जिसने उसकी हिंदी को एक सशक्त औज़ार में बदल दिया और उसको कहीं ज़्यादा बहुवर्णी शब्दावली मुहैया कराई। जैसे ही हम अपना पहला इंटरव्यू समेटने को होते हैं, एक आदमी अंदर आता है और जेपी उसको बैठने के लिए कहकर मेरे साथ बाहर आ जाता है। "आप जानती हैं वो कौन है? वह भारती यादव का पति है।" भारती यादव को हर पत्रकार जानता है। ये वो महिला थी जिसका एम.बी.ए. स्कूल में अपने सहपाठी नितीश कटारा के साथ प्रेम-संबंध था, जिसके चलते उसके भाई और चचेरे भाई, विकास और विशाल यादव ने नितीश कटारा की हत्या की थी। वे दोनों जेल में आजीवन कारावास में थे और जेपी ने जेल में रहते हुए उनके साथ वक़्त बिताया था। "वे भले आदमी हैं," उसने मेरे चेहरे पर उनकी कुख्याति के अनुरूप भाव देखते हुए कहा। "भारती का पति मुझसे मिलने आता रहता है क्योंकि मैं उसकी किसी काम के सिलसिले में मदद करता हूँ।"

वह किस तरह की दुनिया है जिसमें विकास और विशाल यादव 'भले आदमी' लगने लगते हैं, मैं समझ नहीं सकी। एक और कुख्यात नेता डी. पी. यादव के बेटे विकास और उसके चचेरे भाई विशाल ने नितीश को आग में जलाकर मारा था। विकास की आपराधिक प्रसिद्धि का ये कोई अकेला दावा नहीं था। उसने जेसिका लाल हत्या कांड में मनु शर्मा के भागने में भी मदद की थी और इसलिए वह उस वक़्त हत्या के एक प्रकरण में ज़मानत पर था जब उसने एक और हत्या की। लेकिन अपने सहज आकर्षण के साथ जेपी को पूरा विश्वास था कि वे वास्तविक खलनायक नहीं थे जिन्होंने जेल को आबाद कर रखा था। इसी बिंदु पर वह अपना क़िस्सा मुझे सुनाने को राज़ी हुआ था। जिस एकमात्र वजह से वह अपनी पहचान गुप्त रखना चाहता था वह नए सिरे से उसकी शुरुआत की कोशिश थी। जेल का उसका बीता हुआ क़िस्सा ज़बरदस्त था लेकिन वह उसके मौजूदा काम के संदर्भ में उतना प्रभावशाली न होता।

॥॥

सितम्बर 2008 में अपनी हिरासत के पहले जेपी दुबई में था। जैसा कि वह बताता है, वह एक अच्छी ज़िंदगी गुज़ार रहा था, एक विज्ञापन एजेंसी चला रहा था जो उसने 2003 में शुरू की थी और पाम आईलैंड पर एक अपार्टमेंट में रहता था। उसके माँ-बाप उसके साथ रहते थे लेकिन उसकी माँ का किडनी ट्रांसप्लांट हुआ था और वह हिंदुस्तान में स्वास्थ्य लाभ कर रही थीं। जब वह अपनी माँ को देखने आ रहा था तब उसको क़तई यह अंदाज़ा नहीं था कि अमेरिकियों ने इंटरपोल की मार्फ़त उसके लिए रेड कॉर्नर नोटिस जारी कर रखा था।

"मैं चौंक उठा जब उन्होंने मुझे सहार में रोक लिया," जेपी उस दिन को याद करते हुए कहता है जब वह मुंबई के हवाई अड्डे पर उतरा था। केरल में उसका विस्तृत परिवार था और इसलिए वह हिंदुस्तान नियमित रूप से आता रहता था, और यह पूरी तरह से अप्रत्याशित था। उस वक़्त उसको यह अनुमान नहीं था कि इसका ताल्लुक़ अमेरिका की उसकी ड्रग-संबंधी गिरफ़्तारी से था। 2003 में वर्जीनिया में उसको उस वक़्त पकड़ में लिया गया था जब पुलिस ने उसके दोस्त की कार से एक्सटेसी पिल्स बरामद की थीं। उसको उसी रात ज़मानत पर छोड़ दिया गया था लेकिन क्योंकि वह दुबई चला गया था और मुकदमे में हाज़िर नहीं हुआ था, और इसलिए उसको इस बात का अहसास नहीं था कि वह अपनी ज़िंदगी के एक अनंत दुस्स्वप्न में प्रवेश कर रहा था।

हालाँकि मुंबई हवाई अड्डे पर बैठे हुए उसने उस शुरुआती शर्मिंदगी को महसूस करना शुरू कर दिया था जो पढ़े-लिखे तबके के क़ैदी महसूस करते हैं। उसने हवालात के उस कमरे में अपने आसपास देखा जहाँ ऐसे लोग थे जिनके पास जाली

वीसा या जाली पासपोर्ट थे। वहाँ बैठे हुए उसने अपने परिवार के बारे में सोचा - उस परिवार के बारे में जिसके केरल में और दुबई में बसे विस्थापितों के सारे समुदाय में इज़्ज़त थी और जिस परिवार से कभी कोई जेल नहीं गया था। "सहसा मुझे एक बात सूझी और मैंने दवाइयों के उस थैले की ओर देखा जो मैं अपनी माँ के लिए ले जा रहा था।" उस वक़्त उसका निजी सामान उसके साथ था और उसने किडनी के मरीज़ की उस दवा के बारे में सोचा जिसके बारे में उसने सुन रखा था कि वह दूसरे लोगों के लिए प्राण घातक हो सकती थी। "मेरे परिवार में हर कोई मेरी इज़्ज़त करता था। मेरे कोई 40 चचेरे भाई-बहन हैं, मेरे पिता के आठ भाई और दो बहनें हैं, और मैं उस शर्मिंदगी के बारे में सोचने लगा जो मेरी वजह से उनको उठानी पड़ती। मैं सोचने लगा कि अगर मैं मर जाता हूँ तो क्या बुरा होगा? मेरी माँ एकाध महीने रोएगी, लेकिन कम-से-कम कोई शर्मिंदगी तो नहीं झेलनी होगी।" सहर हवाई अड्डे के उस छोटे-से टॉयलेट में उसके दिमाग़ में यही ख़याल आ-जा रहे थे। नल चल रहा था, और वह उस प्राणघातक दवा को निगलने ही वाला था कि तभी उसे अपने भीतर में एक और आवाज़ सुनाई दी। "ओके, अगर तुम आत्महत्या नहीं करोगे तो तुम्हारी ज़िंदगी किस रूप में सामने आएगी? देखते हैं, क्या होता है।" जेपी कहता है कि उस पल में उसके भीतर ज़िंदगी और मौत की लड़ाई छिड़ी हुई थी। इस लड़ाई में उस ज़िंदगी की फ़तह हुई जो हालाँकि बहुत दुखद थी।

हवाई अड्डे पर कुछ घंटों तक रोके जाने के बाद उसे हवाई अड्डे से जुड़े पुलिस थाने में ले जाया गया जहाँ उसको हथकड़ियाँ पहनाकर टेबल से बाँध दिया गया। यह सारा घटनाक्रम धीमे-धीमे एक सच्चाई को सामने ला रहा था कि वह गिरफ़्तार हो चुका था। किसी ने उसको बताने की ज़हमत नहीं उठाई थी। जेपी को काफ़ी बाद में समझ में आया कि ये इसलिए भी था कि वे लोग इस चीज़ से वाक़िफ़ नहीं थे कि इंटरपोल के तहत हिरासत में लिए गए व्यक्ति से किस तरह व्यवहार करना चाहिए। जेपी के पास हिंदुस्तानी पासपोर्ट था लेकिन उसकी तलाश सर्व-शक्तिमान एफ़बीआई को थी।

"ये एक आम पुलिस थाना था इसलिए वहाँ तरह-तरह के अपराधों से जुड़े लोग लाए जा रहे थे - शराब पीकर गाड़ी चलाने वाले और तमाम दूसरी तरह के लोग। मैं हथकड़ियों के सहारे तीन घंटे तक टेबल से बँधा रहा और तब उनको लगा कि मैं कोई नुक़सान पहुँचाने वाला नहीं था और इसलिए उन्होंने मेरी हथकड़ियाँ खोल दीं।"

अदालत में दस्तूरी पेशी और चिकित्सीय जाँच के दौरान जेपी को हिंदुस्तानी सनकीपन की पहली दीक्षा मिली। उस वक़्त किसी ने न्यायाधीश पर अपना जूता फेंका था। इसलिए इस तरह के ग़ाफ़िल रवैये पर निगाह रखने की बजाय न्यायाधीश ने एक आदेश जारी कर दिया था कि किसी भी क़ैदी को जूते पहनकर अदालत में

न लाया जाए। इस तरह जेपी के जूते उतरवाकर अदालत में ले जाया गया और वह नंगे पैर बाथरूम में जाने को याद करता है।

"मुझे एक समृद्ध जीवन से उठाकर एक ब्लैक होल में ला पटका गया था। वह शौचालय गू से भर हुआ था, इस क़दर कि जब मैंने ज़मीन से अपने पाँव उठाए तो वह मूँगफली का मक्खन मेरे पैरों में चिपका हुआ था।" उसके बयान से आप महसूस कर सकते थे कि शौचालय का वह ज़ख़्म उसके दिमाग़ में अभी भी ताज़ा था। पुलिस की हिरासत में भेजे जाने के बाद वह शाम होते-होते एक अलग हवालात में ले जाया गया - एक ऐसे कमरे में जिसमें कोई रोशनी नहीं थी और जिसमें हर कहीं कीड़े रेंग रहे थे। वह पूरी रात जेपी ने बैठे-बैठे गुज़ारी। वह जगह इतनी गंदी थी कि वह वहाँ लेटने के बारे में सोच भी नहीं सकता था। उसको प्लास्टिक की एक थैली में खाने के लिए कुछ दिया गया और उसने उसको और भी भयानक जुगुप्सा से भर दिया।

अगला दिन आते-आते स्थितियाँ थोड़ी बेहतर मालूम होने लगीं। उसके चाचा केरल से आ गए थे और वह पुरानी चाल की रिश्वत के सहारे पुलिस से सौदेबाज़ी करने की हालत में था। जो क़ीमत तय की गई वह 10,000 रुपये रोज़ की थी और उसके बदले में उसे सबसे पहले मोबाइल फ़ोन के इस्तेमाल की आज़ादी मिल गई।

"दुबई में मेरा एक रेस्तराँ था, मेरा कारोबार था और जिस दौरान मैं हिरासत में था ज़िंदगी का जारी रहना ज़रूरी था। इसलिए मैंने अमेरिका में रह रहे अपने भाई को फ़ोन करके तमाम स्थितियों को सँभालने के निर्देश दिए। हम दरअसल हर किसी को यह नहीं बता सकते थे कि मैं कहाँ पर था, लेकिन सदमे की उस हालत में भी हम सब आगे की कार्रवाई के बारे में सोचने की कोशिश कर रहे थे।"

इस रोज़ाना रिश्वत के चलते उसको बेहतर भोजन भी मिलने लगा, जो उसके चाचा लाकर देते थे। सबसे महत्त्वपूर्ण पहलू यह था कि उसको अपना दिन हवालात में नहीं बिताना पड़ता था। पूरे वक़्त वह पुलिस थाने में रह सकता था, बाहर का खाना खा सकता था, और सिर्फ़ रात को ही उसको रेंगते कीड़ों से भरी उस गंदी, अँधेरी हवालात में ले जाया जाता था। इस तरह चार दिन बीते - उस काल कोठरी और पुलिस थाने के बीच आवाजाही करते हुए। एक तरह से, यह हिंदुस्तान के साथ जेपी का पहला साबक़ा था। वह दुबई में पला-बढ़ा था, कनेक्टिकट यूनिवर्सिटी में पढ़ा था, और उसका पाला हिंदुस्तान की ट्रैफ़िक पुलिस से भी नहीं पड़ा था। वह बहुत तेज़ी के साथ चीज़ों को सीखने वाला था। जो पहला बड़ा पाठ उसने सीखा, वह था पैसे की ताक़त का।

जेपी के परिवार ने एक वकील नियुक्त किया जिसको कहा गया कि वह मुंबई की उस कोठरी का समाधान ढूँढ़े। वकील सस्ता नहीं था - वह एक पेशी के 2.5

लाख रुपये लेता था लेकिन उसने न्यायाधीश से एक आदेश पारित करवा लिया जिसने विकल्प मुहैया कराया। नंगे पैर अदालत में खड़े जेपी को कहा गया कि वह दिल्ली जा सकता है और वहाँ प्रत्यर्पण के मुक़दमे का सामना कर सकता है। "मेरे दिमाग़ में लगातार यह बात आ रही थी कि मैं किसी तरह अमेरिका चला जाता और वहाँ इस प्रकरण से निपटता।" एक और भी विकल्प था जो वकील ने जेपी के चाचा को सुझाया। अगर वे 50 लाख रुपये ढीले करने को तैयार हों तो वे उसको बाहर करवा सकते हैं। "हमारे पास ख़र्च करने के लिए इस तरह का पैसा नहीं था और फिर कोई गारंटी भी नहीं थी। 'मुझे बाहर करवाने' का क्या मतलब था? क्या वह ज़मानत होती या सीधे उस केस से ही निज़ात मिल जाने वाली थी?" इसलिए उन्होंने दिल्ली स्थानांतरण का विकल्प चुना। जो वह उस वक़्त नहीं जानता था वो ये था कि वह तिहाड़ की राजनीति में इस क़दर फँस जाने वाला था कि वह महज़ दिल्ली में दस गुनी सज़ा भुगतने वाला था।

आदेश मिलने के अगले दिन, जेपी के चाचा ने उसके लिए और उसके साथ जाने वाले दो पुलिस वालों के लिए राजधानी ट्रेन के टिकिट ख़रीदे। जेपी उन पुलिस वालों को सादी वेशभूषा में और सैम्सोनाइट सूटकेस लिए हुए याद करता है। "वे लोग मेरे परिवार से बात कर चुके थे इसलिए कुछ राहत थी। लेकिन ये लोग या कोई भी मुझे यह कभी बताने वाला नहीं था कि क्या चल रहा था। जब मैं दिल्ली पहुँचूँगा तब क्या होगा? इस तरह के प्रकरण में मुझे क्या उम्मीद करनी चाहिए? किसी ने कुछ नहीं बताया और शायद इसलिए कि वे ख़ुद भी नहीं जानते थे।"

उन लोगों ने विदा ली और जेपी याद करता है कि हम तीनों ऑटो में सवार होकर रेलवे स्टेशन के लिए चल पड़े थे। उसने पानी का आग्रह किया और पुलिस वालों ने उसको ऑटो से उतरकर खुद ही पानी ख़रीदने की इजाज़त दे दी। "मुझे याद है, मैंने सड़क पार की, पानी ख़रीदा और कुछ च्युइंग गम ख़रीदी और धीरे-धीरे चलता हुआ वापस आ गया।" बहुत बाद में जेल में, जब कभी उसने यह क़िस्सा सुनाया, दूसरे लोगों ने उससे कहा कि उसको दरअसल एक मौक़ा दिया गया था, जिसको उसने अपने भोलेपन के चलते गँवा दिया था। "वे पुलिस वाले, ज़ाहिर है, चाहते थे कि मैं भाग जाऊँ। लेकिन तब मैं मासूम था।"

भागने के अपने मौक़े को गँवाकर जेपी उन दो आदमियों और उनकी दोस्त - रॉयल स्टैग की बोतल - के साथ ट्रेन में बैठ गया। उन्होंने उससे पूछा, "पिएगा?," और एक सुखद, अवैध ट्रेन पार्टी शुरू हो गई। उन तीनों के बीच पूरी बोतल ख़त्म हो गई और जब माहौल वाक़ई दोस्ताना हो रहा था, उन्होंने हथकड़ियाँ निकालीं और उनसे उसका हाथ बर्थ के कुंदे से बाँध दिया। "मुझे गहरा झटका लगा और मैं शर्म से भर उठा। उन्होंने हथकड़ियों को चादर से छिपा दिया, और वे पर्याप्त समझदारी का परिचय दे रहे थे लेकिन सार्वजनिक स्थल पर हथकड़ियों

में होना एक और चेतावनी थी।" अपराध नियमावली कहती है कि हथकड़ियों को टाला जाना चाहिए। इसीलिए जब आप हिंदुस्तान में किसी अदालत में जा रहे होते हैं तो आप इस किंचित हास्यास्पद दृश्य को देखते हैं जिसमें पुलिस वाले क़ैदियों का हाथ पकड़े होते हैं। सर्वोच्च न्यायालय का प्रेमशंकर शुक्ल बनाम दिल्ली प्रशासन फ़ैसला कहता है कि अगर आपको यह लगता है कि आपको इसलिए हथकड़ियों का इस्तेमाल करना ज़रूरी है कि आपको लगता है कि आपका क़ैदी ख़तरनाक है और भाग सकता है तो आपको किसी न्यायाधीश से इसकी इजाज़त लेनी होगी। अदालत अपने फ़ैसले में कहती है :

"वह मशीनी ढंग घृणित है जिसके साथ संवेदनहीन पुलिसकर्मी घुड़सवारों की तरह अपने क़ैदी को हथकड़ियाँ पहनाकर उदासीन भाव से उनके साथ यह सोचते हुए चलते हैं कि हिरासतशुदा व्यक्ति 'लौह' नियंत्रण में है।"

न्यायाधीश की अनुमति भूल जाइए, जेपी के मामले में तो यह कार्रवाई इस बात को सुनिश्चित करने के लिए थी कि पर्याप्त पिए हुए होने के बाद वे चैन की नींद सो सकें।

अगली सुबह वे नई दिल्ली रेलवे स्टेशन पर थे। जेपी के लिए वह जगह और पूरी राजधानी ही अपरिचित थी। उन्होंने एक ऑटो लिया और सीबीआई के मुख्यालय के लिए रवाना हुए जोकि हिंदुस्तान में इंटरपोल का कार्यवाहक कार्यालय है। वहाँ वे एक अधिकारी से मिले। "वह बेहद सभ्य था और उसने मेरा क़िस्सा सुना। उसने कनाडा जाने के लिए वीसा की अर्ज़ी लगा रखी थी और मेरे अमेरिकी लहज़े से यह अनुमान लगाते हुए कि मैं कोई विदेशी लड़का था जिसको वीसा हासिल करने की प्रक्रिया की जानकारी होगी, मुझसे अपने वीसा के सिलसिले में जानकारी लेता रहा।" वह अधिकारी उसके द्वारा दी गई जानकारी से इतना कृतज्ञ था कि वह उनको अपनी कार में अदालत ले गया। जेपी को ज़रा भी अंदाज़ा नहीं था कि वह कुख्यात पटियाला हाउस कोर्ट में था और वह केवल इतना ही समझ सका कि उन्होंने उसके बारे में किसी आदमी से बात की। वह आदमी न्यायाधीश था। इसके बाद, उस सीबीआई के आदमी ने सुझाव दिया कि वे दूसरी गाड़ी लेने की बजाय उसकी कार ले जाएँ। "उस समय मैं नहीं जानता था कि *दूसरी गाड़ी* तिहाड़ लाने-ले जाने वाली बस होती थी। मुझे नहीं मालूम था कि मुझको न्यायिक हिरासत में भेजा जा रहा था।"

जेपी की पुलिस हिरासत का दौर अब ख़त्म हो गया था और 20 सितम्बर 2008 को उसने अपने जीवन के जेल के दौर में प्रवेश किया।

जेपी तिहाड़ जेल में प्रवेश कर रहा था, इसका अहसास उसको केवल तब हुआ जब उसने गेट और उसपर लगे साइनबोर्ड को देखा। उस वक़्त 'तिहाड़' का उसके लिए कोई मतलब नहीं था। गेट खुला, और उसको सौंपने के लिए वे दोनों पुलिस

वाले कार से उतरे और फिर वे उसकी ओर मुड़कर बोले - "*कुछ तो दे दो।*" जेपी बहुत तेज़ी-से चीज़ों को समझ रहा था। मुंबई की ही तरह, जहाँ रोज़ाना 10,000 रुपयों ने दिन के समय हवालात से बाहर रहने में उसकी मदद की थी, अब ये पुलिस वाले उससे यात्रा के दौरान उसको दी गई सुविधाओं के बदले भुगतान चाहते थे। जेपी के पास 12,000 रुपये थे जो उसके चाचा ने उसको यात्रा-ख़र्च के लिए दिए थे। उनमें से उसने उन अधिकारियों के लिए 8000 रुपये दिये। "उनके चेहरे पर भाव था कि बस इतना ही? *बस इतने भर* के लिए मैंने तुम्हें शराब पिलाई थी, तुम्हारा ध्यान रखा था?" अभी हिरासत के 5 दिन ही हुए थे और जेपी वकील की फ़ीस समेत 5 लाख रुपये ख़र्च कर चुका था।

मुलाइज़ा वॉर्ड में ज़िंदगी

दिल्ली सेंट्रल जेल में प्रवेश करते ही जिन पहले लोगों से आपकी भेंट होती है, वे हैं तमिलनाडु स्पेशल पुलिस या टीएसपी के लोग। टीएसपी के संदर्भ में सबसे दिलचस्प चीज़ ये है कि वे इस समझ का जीता-जागता साक्ष्य हैं कि दक्षिण भारत के लोग उत्तर भारत के लोगों के मुक़ाबले संभावित रूप से कम भ्रष्ट होते हैं। जैसा कि जेपी ने लक्ष्य किया, तिहाड़ जेल का काम टीएसपी के बिना नहीं चल सकता। हतोत्साहित न होने वाले इन सुरक्षाकर्मियों ने उससे आधा घंटा इंतज़ार कराया जिस दौरान वह अपने हाथ में खाने का वह पॉलीथिन बैग लिए खड़ा रहा जो मुंबई पुलिस उसके लिए छोड़ गई थी। उसे क्या उम्मीद करनी चाहिए या उसको तिहाड़ में कब तक रहना होगा इस बारे में उन्होंने कुछ नहीं बताया था। जेपी के लिए यह सब कुछ अनिश्चित था।

सामान्य चिकित्सकीय जाँच के बाद जहाँ उससे पूछा गया कि क्या उसको पीटा गया था या उसके शरीर पर कहीं कोई घाव हैं, जेपी से अपनी पतलून नीचे खिसकाने और शर्ट उतारने के लिए कहा गया ताकि वे पूरी तरह से तलाशी ले सकते। वह याद करता है कि यह पहली बार था जब वह "किसी दूसरे आदमी के सामने नंगा खड़ा हुआ था। वयस्क होने के बाद पहली बार।" उसकी गुदा की छानबीन के बाद टीएसपी ने और भी शारीरिक जाँच-पड़ताल की। उससे इस तरफ़-उस तरफ़ घूमने को कहा गया; उन्होंने उसके कपड़ों के अस्तरों की जाँच की। वह एक हरी-सफ़ेद टी-शर्ट पहने हुए था जो उसने ट्रेन में पहनी थी और जिसको वह आने वाले कई-कई दिनों तक पहने रहने वाला था।

अगला स्तर एक और गेट के अंदर जाने का था जहाँ पर उसको सफ़ेद कमीज़ें और पतलूनें पहने दो आदमी मिले। ये आदमी अपराधी थे जो अर्ध-कर्मचारियों के रूप में भी काम करते थे क्योंकि वे लंबे समय से वहाँ रह रहे थे। उन्होंने जेपी से उसका और उसके पिता का नाम पूछा। "देश के बाहर अपने पिता का नाम बताने की

नौबत मेरी ज़िंदगी में कभी नहीं आई थी। ये मेरे लिए एकदम नई चीज़ थी।" जेल में यह इतनी सामान्य चीज़ थी कि हर कोई हर किसी के बाप का नाम जानता था।

उनमें से एक सफ़ेदपोश आदमी को जेपी से संबंधित दस्तावेज़ दिए गए थे और उस अपराधी ने उसकी दुबई और अमेरिका की पृष्ठभूमि को देखने के बाद उससे अँग्रेज़ी में बतियाना शुरू कर दिया। कई दिनों बाद जेपी ठीक ढंग से बातचीत कर पा रहा था क्योंकि उसको हिंदी में नहीं बोलना पड़ रहा था जिसे वह सहज ढंग से नहीं बोल पाता था। यही वह अवसर था जब इस आदमी ने उसको उसकी ज़िंदगी को बदल डालने वाली सलाह दी। "तुम एक हिंदुस्तानी हो जिसका केस अमेरिका में है। क्या तुम हिंदी बोल लेते हो?" जेपी ने सिर हिलाकर हामी भरी। "जेल में हिंदी मत बोलना," उसने कहा। जेपी उसको नहीं जानता था। वह यह नहीं जानता था कि वह कोई क़ैदी था या अधिकारी। लेकिन उसने उसकी सलाह को गंभीरता से लिया।

जेपी को अंततः जेल नंबर 4 के बैरक 14 सी में ले जाया गया। शाम के क़रीब 7 बज रहे थे और वह क़ैदियों को अंदर बंद करने का वक़्त था लेकिन जो पहली चीज़ उसने वहाँ देखी वह हिरासत के दौरान होने वाली पिटाई थी। एक आदमी को बेरहमी के साथ पीटा जा रहा था। उसे ज़रा भी इल्म नहीं था कि वह क्या हो रहा था लेकिन उस आदमी को वहाँ से जल्दी ही ले जाया गया, उसके शरीर से अब तक ख़ून बहने लगा था। जेपी को बाद में पता चला कि उसकी पिटाई इसलिए की गई थी क्योंकि मुलाइज़ा वॉर्ड से बाहर निकलते समय उसने गुडबाय कहने में काफ़ी समय लिया था। *मुलाइज़ा* वह वॉर्ड है जहाँ पहली बार आने वालों को रखा जाता है और शुरुआती दो महीनों के बाद वे या तो ज़मानत पर रिहा हो जाते हैं या उनको दूसरे किसी वॉर्ड में भेज दिया जाता है, और यह बदक़िस्मत आदमी बाहर की दुनिया के किसी व्यक्ति का ख़त ले रहा था। उसके साथ के दूसरे लोग, जिनको भी वहाँ से ले जाया रहा था, जल्दी में थे, और उन्होंने उसपर घूँसे बरसाने शुरू कर दिए थे। जेपी ने पहला पाठ सीखा – अगर तुम दूसरे क़ैदियों को नाराज़ कर देते हो और वे तुम्हें पीटते हैं तो जेल का कोई भी कर्मचारी दख़लंदाज़ी नहीं करता।

"खाना खाएगा?" ये शब्द उस वॉर्ड के नेता के थे और जेपी, जिसने उस दिन कुछ भी नहीं खाया था, केवल बड़ी मुश्किल से 'नहीं' कह पाया। उस खाने को देखकर लगता था कि वह अरसे से बाहर रखा हुआ था। वह *बाल्टी* में था और वे संभवतः सोया के टुकड़े और आलू रहे होंगे जिनके अवशेष उसकी ओर ताक रहे थे। "भिखारियों तक को उससे बेहतर खाना मिल जाता है। हर कहीं मक्खियाँ भिनक रही थीं और उसको देखकर मितली आती थी।" भोजन से ज़्यादा उसकी चिंता उस बैरक में सोने की किसी जगह को तलाशने की थी। बैरक इस क़दर भरा हुआ था कि दो लोगों के बीच बमुश्किल ही कोई जगह थी। जेपी को एक शेल्फ़ के तले कुछ जगह मिल गई। उन्होंने उसको सोने के लिए बादामी रंग की कोई चीज़ दी –

सँकरी, खुरदुरी-सी कोई चीज़, किसी स्कॉच ब्राइट की तरह की जो 1 मिलीमीटर मोटी रही होगी। मच्छर उसपर दावत उड़ा रहे थे। उसकी बग़ल में लेटे आदमी ने टूटी-फूटी अँग्रेज़ी में उससे कहा, "भाई, तुम्हें खाना खा लेना चाहिए था।" वे सब उसको लेकर उत्सुक हो चुके थे। वह हिंदुस्तानियों की तरह साँवला था लेकिन हिंदी नहीं बोलता था और उसके लहज़े में एक विदेशीपन था। *"अरे ये तो बात ही नहीं करता है,"* उन्होंने कहा।

सोने की कोशिश करते हुए जेपी ने बीते सप्ताह और उस अग्नि-परीक्षा के बारे में सोचा जिससे वह गुज़रा था। आगे क्या होने होने वाला था, यह वो नहीं जानता था। उसके विचारों को वह टीवी डुबाए जा रहा था जिसपर रात 11 बजे तक बॉलीवुड की कोई फ़िल्म चलती रही।

अगले दिन जागने की पुकार सुबह 6 बजे हुई। मच्छरों से नुचे-चिथे क़ैदियों को क़तार में खड़ा किया गया और प्रार्थना हुई। उन्होंने जेपी और कुछ अन्य लोगों को क़तार से खींच कर चार क़तारों में उकड़ूँ बिठाल दिया। इसके बाद उन्होंने उसको शौच आदि की इजाज़त दी, एक बाथरूम में बने उस शौचालय को इस्तेमाल करने की इजाज़त जिसमें गू के ढेर लगे हुए थे। "आपको हगने के लिए या तो कोई ख़ाली जगह ढूँढ़ने की ज़रूरत थी या फिर किसी और के गू पर हगना था। गू के पहाड़ अलग-अलग रंगों के विन्यास थे क्योंकि लोगों ने उनका इस्तेमाल करने के बाद पानी नहीं डाला था।" बेशक, जेपी ने बताया, कि मुंबई के मुक़ाबले में यह धरती पर स्वर्ग था। यहाँ कम-से-कम उसको संडास की धातु तो दिखाई दे रही थी। वहाँ मल के सिवा और कुछ दिखाई नहीं देता था।

बाहर कुछ चुनिंदा लोगों को एक ऐसी जगह ले जाया गया जहाँ पर कुछ निर्माण कार्य चल रहा था। जेपी का काम पत्थर के बड़े-बड़े खंडों को उठाकर ले जाने का था। उन पत्थरों को ढोते हुए उसके मन में ख़याल आया कि अब के बाद से यह उसकी ज़िंदगी बनने वाली थी। उसने लक्ष्य किया कि कुछ लोग उससे संवाद क़ायम करने की कोशिश कर रहे थे। वे कहीं 'यूएसए' कहते, कहीं कुछ और जब अख़बार की चिंदी में काले चने दिए गए और जेपी ने वे लेने से मना कर दिया तो बोले, *"अरे, ये तो कुछ भी नहीं खा रहा।"*

निर्माण का कार्य दोपहर तक चलता रहा। जेपी इस झटके से उबर नहीं पा रहा था कि तीन-तीन कंपनियों का मालिक होने के बाद वह शारीरिक श्रम करने के लिए मजबूर था। जब दोपहर में एक बार फिर बाल्टी का भोजन पेश किया गया तो उसने कांक्रीट के एक टब में हाथ धोए जिसमें काईनुमा कुछ चीज़ें तैर रही थीं। एक बार फिर भोजन में वही सोया के टुकड़े थे। उसकी बग़ल वाले आदमी ने पूछा, "तुम खा क्यों नहीं रहे हो? क्या तुम्हारे पास कुछ पैसा है?" और बिना उसके जवाब

का इंतज़ार किए उसने उसको 20 रुपये का एक कूपन दिया। उस भले आदमी द्वारा दिए गए पैसे की मदद से जेपी ने अपने लिए कैंटीन से कुछ *पकौड़े* और सूप ख़रीदा। वह दयालुता का एकमात्र कर्म नहीं था जिसका दोनों के बीच आदान-प्रदान हुआ था। दहेज़ संबंधी मौत के लिए ग़लत ढंग से आरोप के घेरे में लिया गया वह व्यक्ति हमेशा आत्महत्या के ख़याल से भरा रहता था और जेपी उसको बेहतर सलाहें देता रहता।

शाम होते-होते जेल में यह नहाने का वक़्त था। जेपी ने ट्रेन में बैठने के बाद से नहाया नहीं था। उसके पास जो साबुन था उसको लेकर वह होज़पाइप पर गया जिसको सब लोग फ़व्वारे की तरह बरत रहे थे। वह खुले में था और हर कोई अंडरवियर पहनकर नहा रहा था और फिर तौलिया लपेटकर अंडरवियर बदलता था। जेपी के पास अतिरिक्त कपड़े नहीं थे, इसलिए वह जानता था कि उसको गुसलख़ाने में जाकर अपना शरीर सुखाना होगा। उसने देखा कि किस तरह दूसरे लोग उसके शरीर को ताक रहे थे। लोग उसकी मांसपेशियों को देखकर फुसफुसा रहे थे और 'बॉडीबिल्डर' कह रह थे। जेपी सतर्कतापूर्वक गुसलख़ाने में गया और उसको यह देखकर राहत मिली कि उसमें टट्टी नहीं पड़ी हुई थी। जिस दौरान वह निर्माण-कार्य में लगा हुआ था उस दौरान किसी बदक़िस्मत क़ैदी से वहाँ का मैला साफ़ करवाया गया था। उसका ख़याल था कि इस काम के लिए उसको इसलिए नहीं चुना गया था क्योंकि वह अँग्रेज़ी बोल रहा था और हिंदी नहीं बोल रहा था। *"इस चूतिया का क्या करें? कुछ समझ में नहीं आता है इसको।"*

अगले दिन जब जेपी जागा तो उसके हाथों और पैरों में फफोले पड़े हुए थे। कुछ फफोले फूट भी गए थे। उसे निर्माण-कार्य में शामिल होने से बख़्शा गया और इस दूसरे दिन ही उसको भूख के सामने हार माननी पड़ी और उसने सोया के टुकड़ों और आलू की सब्ज़ी के साथ दो रोटियाँ खाईं और इस तरह पहली बार जेल के खाने को चखा। फफोलों की तकलीफ़ की वजह से उसको अगले कुछ दिन कोई काम नहीं करना पड़ा और कुछ दूसरे लोगों से उसकी मुलाक़ात हुई जो अँग्रेज़ी जानते लगते थे। "उन्होंने ठीक-ठाक कपड़े पहन रखे थे, वे अधिकारियों के साथ बैठे थे और पढ़े-लिखे लग रहे थे।" ये रियल एस्टेट डीलरों का समूह था जो किसी धोखाधड़ी के चक्कर में फँसकर अंदर हो गए थे। वे जेपी के क़िस्से से काफ़ी आकर्षित थे। उसके अमेरिकी संपर्क के भुलावे में आकर उन्होंने उसको वकीलों के बारे में कुछ रास्ते सुझाए।

सुबह के वक़्त जेपी अपने भाग्य का मारा यहाँ-वहाँ भटकता रहता, कोई उसको व्यवधान नहीं डालता था, और फिर दोपहर के आसपास, लंच के बाद, सबको बंद कर दिया जाता। जैसा कि जेपी बताता है, वे आपको बलपूर्वक सुलाना चाहते थे ताकि उनको भी कुछ आराम मिल सकता। जिस दौरान वे बैरकों में बंद रहते,

उस दौरान थोड़े-से कृपापात्र और प्रभावशाली लोगों को यहाँ-वहाँ भटकते रहने की विशेष अनुमति मिली होती थी।

बैरक में बंद होने के दौरान ही एक दिन इंटरकॉम बज उठा : "जेपी, वल्द टीपी कृपया चक्कर में पहुँचें।" यह सौभाग्य की बात थी कि उसके पिता का वही नाम था जो जेल के डिप्टी सुपरिटेंडेंट (डीएस) का नाम था। डीएस भी जेपी की तरह केरल का रहने वाला था, और लोगों को तत्काल लगा कि यह अप्रवासी क़ैदी जेल के बॉस से कुछ रिश्ता रखता है। इस ग़लतफ़हमी को दूर करने के लिए जेपी ने कुछ नहीं किया।

इस तरह वह चक्कर की ओर चल पड़ा। वह जानने को उत्सुक था कि उसको कौन बुला रहा था। "आप जानती हैं, माँ-बाप किस तरह कहते हैं, *'बेटा, इन चक्करों में मत पड़,'* जेल का *चक्कर* उसी से बना है। वहाँ क्या होता है, ये आप नहीं जानना चाहते। अगर सुपरिटेंडेंट जेल के प्रवेश इलाक़े में बैठता है तो डिप्टी सुपरिटेंडेंट और असिस्टेंट सुपरिटेंडेंट चक्कर इलाक़े में बैठते हैं। ये अधिकारी वहाँ अपने अर्दली के साथ बैठते हैं। ये अपराधी होते हैं जो अक्सर ग़ैरक़ानूनी ढंग से इन अधिकारियों के सहायकों के रूप में काम करते हैं। उनका काम इन अधिकारियों और क़ैदियों के बीच मध्यस्थता करना होता है। आप इन्हीं की मार्फ़त उन तक अपनी सारी गुज़ारिशें भेजते हैं क्योंकि वे अधिकारियों से संबद्ध मनोनीत व्यक्ति होते हैं और अगर वे आपको पसंद नहीं करते तो आपको पछताना पड़ता है। रिश्वत माँगने का गंदा काम भी उन्हीं की मार्फ़त कराया जाता है।"

चक्कर में तलब किया जाना हमेशा तनाव पैदा करने वाला होता है। अपने स्तर पर काम करने वाली यह इमारत अक्सर जेल का मुख्य केंद्र मानी जाती है और वहाँ से आए बुलावे का मतलब ज़मानत पर रिहाई भी हो सकता है और यह भी हो सकता है कि आपकी हड्डियाँ टूटने वाली हैं। चक्कर का सामने का इलाक़ा सीसीटीवी की निगरानी में होता है, वहीं पीछे के हिस्से की किसी को कोई ख़बर नहीं लगती। यह वह जगह है जहाँ यातना दी जाती है। जेपी याद करता है कि उन लोगों को हर रोज़ किसी की चीख़-पुकारें सुनाई देती थीं जिसको खंभे से बाँधा गया होता था। उसकी कलाइयाँ और एड़ियाँ खंभे से बँधी होती थीं और बाक़ी शरीर हवा में झूलता रहता था। "वह छड़ से लटके हुए चूज़े के जैसी स्थिति थी और वे आपके पैरों पर चोट करते थे।" वे लोगों को तब तक पीटते हैं जब तक कि वे मरणासन्न नहीं हो जाते, इसके बाद वे उनको खंभे से खोलकर चलने को कहते हैं। दर्द से छटपटाता वह आदमी गिर पड़ता है और तब वे उसको लात जमाते हुए कहेंगे, *"अबे भेनचोद, उठ।"* जैसे ही वह व्यक्ति खड़ा होगा और चलने लायक़ होगा, वे उसको फिर से बाँधेंगे और फिर वही प्रक्रिया दोहराई जाएगी। इसके बाद उस व्यक्ति को जेल के चिकित्सालय या दीन दयाल उपाध्याय अस्पताल में ले जाया जाएगा जहाँ का

अमला बिना कोई सवाल किए ज़रूरी मरहम पट्टी कर देगा। इस यातना की वजह कुछ भी हो सकती है - आपकी कोई गुस्ताख़ी भी हो सकती है या ये भी हो सकता है कि किसी व्यक्ति के साथ इस तरह का व्यवहार करने के लिए जेल के अमले को पैसे दिए गए हों।

उस दिन *चक्कर* के लोगों ने जेपी से कैंटीन में जाने को कहा। जब जेपी वहाँ गया तो उसने देखा कि कई दिनों बाद पहली बार ठीक-ठाक खाना पकाया जा रहा था। जिसने उसको बुलाया था, वह अवतार सिंह नाम का एक क़ैदी था जो कैंटीन चला रहा था। अवतार सिंह को गोपनीय सूत्रों से ख़बर लगी थी कि तिहाड़ में कोई अमेरिकी आया था। अवतार सिंह की दिलचस्पी वाजिब थी जो जल्दी ही सामने आ गई। उसको अपनी बीबी की हत्या के मामले में अमेरिका में मौत की सज़ा सुनाई गई थी। वह वहाँ स्टारबक में एक अकाउंटेंट हुआ करता था जहाँ उसने पाया कि उसकी बीवी का किसी से इश्क चल रहा था, और उसने उसकी हत्या कर दी। फिर उसने आत्महत्या करने की कोशिश की लेकिन जब वह उसमें कामयाब नहीं हुआ तो उसने हिंदुस्तान के लिए फ़्लाइट बुक करा ली। एफ़बीआई ने उसपर निगरानी रखनी शुरू कर दी और जब वह जर्मनी में पहुँचा तो उसको गिरफ़्तार कर लिया गया। जो पिछले चार साल उसने तिहाड़ में बिताए उनमें वह जेल नंबर 4 में बहुत प्रभावशाली व्यक्ति के रूप में उभरा था। उसके बाद उसका प्रत्यर्पण हो गया था और अब वह अमेरिका में सुनाई गई मौत की सज़ा का इंतज़ार कर रहा है।

अवतार सिंह की कैंटीन उस दिन जेपी को बहुत लुभावनी लगी। वहाँ वह सब कुछ था जो उसकी भूखी आँखों ने कई दिनों से नहीं देखा था - पकौड़े, आलूबड़े, समोसे। इन चीज़ों को बेचने के अलावा, अगर आप 30 रुपये देते, तो वहाँ जेल का आपका बेस्वाद खाना बेहतर बनाया जा सकता था। जो लोग प्रति भोजन के हिसाब से 30 रुपये दे सकते थे, वे नौकर के रूप में किसी क़ैदी को भी रख सकते थे जो दौड़धूप कर सकता था। उसका काम जेल का खाना इकट्ठा कर उसे बेहतर बनवाने के लिए कैंटीन में जाना था और जूठन पर अपना गुज़ारा करना था। कैंटीन विशेष ज़रूरतें भी पूरी करती थी। मसलन, नाइजीरियाइयों को एक व्यंजन बहुत पसंद था जो *सूजी* से बनता था। ये इतना स्वादिष्ट होता था कि दूसरे क़ैदी भी उसको 45 रुपये प्रति प्लेट की दर से ख़रीदते थे।

जेपी मन ही मन उस लुभावने भोजन की सराहना कर रहा था कि तभी अवतार सिंह ने उसको *पराठा* और *दही* दिया। यह उसका पहला ठीक-ठाक भोजन था और वह तुरंत दो पराठे चट कर गया। वह और भी खाना चाहता था लेकिन उसे समझ में नहीं आ रहा था कि वह माँग सकता था या नहीं। “मैं उस वक़्त ये नहीं जानता था कि वह कैंटीन का मालिक है इसलिए मैं ये नहीं जानता था कि वह मेरे खाने का भुगतान करने वाला था या नहीं। बावजूद इसके कि मैं भूखा था, मैं और

खाने के लिए आग्रह नहीं कर सका।" इस मेहमाननवाज़ी के बदले में अवतार सिंह अमेरिकी जेलों के बारे में जेपी की संभावित जानकारी का फ़ायदा उठाना चाहता था। वह जानता था कि अंततः उसको वहाँ जाना था इसलिए वह सारी जानकारी चाहता था। ये ऐसी बातचीत थी जिसको करते हुए वह थकने वाला नहीं था इसलिए उसने जेपी को कैंटीन का हिसाब-क़िताब सँभालने के लिए रख लिया।

अवतार सिंह के आसपास रहने की वजह से जेपी तिहाड़ के कुछ और प्रभावशाली व्यक्तियों के संपर्क में आया। उससे वही लोग बात कर सकते थे जो अँग्रेज़ी जानते थे, जो दूसरों से बेहतर हालत में थे और बेहतर कपड़े पहनते थे। उनमें जोजो नाम का एक शख़्स था जिसने उसके प्रकरण में विशेष दिलचस्पी ली और जानना चाहा कि उसको किस वॉर्ड में रखा गया था। लगता था कि जेपी ने उसपर ख़ासा प्रभाव डाला क्योंकि उसी शाम 7 बजे जब हर किसी को बैरकों में बंद किया जाने वाला था, उसे चक्कर पहुँचने एक और ऐलान सुनने मिला।

"हर कोई मेरी ओर देख रहा था और चिल्ला रहा था, *'ज़मानत हो गई'* और *'छूट गया'* क्योंकि यह आमतौर से उसी वक़्त होता था।" जब उसे बाहर ले जाया जा रहा था तो उसने सुना कि कोई कह रहा था *"सामान ले के आ जाओ। वॉर्ड चेंज हो गया।"*

जेपी के पास कोई सामान नहीं था। वह वही कपड़े पहने हुए था जिनको पहनकर उसने यात्रा की थी, और वॉर्ड नंबर 14 को अलविदा कहने के बाद वह वॉर्ड नंबर 6.2 में पहुँचा। जब वह वहाँ पहुँचा तो उसे समझ में आया कि यह जोजो का किया हुआ था और उसको वहाँ कमलजीत की मंडली का हिस्सा बनने के लिए भेजा गया था। कमलजीत को महाराष्ट्र संगठित अपराध नियंत्रण क़ानून के तहत गिरफ़्तार पहला आदमी होने का गौरव प्राप्त था, जिसे वेश्यावृत्ति का आला दर्ज़े का रैकेट चलाने के आरोप में गिरफ़्तार किया गया था। वॉर्ड 6.2 एक दूसरा *मुलाइज़ा* जैसा था जहाँ आप छह महीने तक रुक सकते थे, और जहाँ से जेपी आया था उस जगह और इस जगह के बीच का फ़र्क़ साफ़ ज़ाहिर था। उसको जल्दी ही भोजन पेश किया गया, जोकि खाने योग्य था, वैसा मितली जगाने वाला नहीं था जैसा कि उसको अब तक मिलता रहा था। वह मुनासिब खाना था। उन्होंने जेपी को एक तौलिया भी भेंट किया, और जेल में पहली बार जेपी को सोने की जगह मिली। वह एक ऐसी बहुत बड़ी सुविधा थी जो कल्पना से परे थी। कमलजीत को भी सोने के लिए वैसी ही बादामी रंग की गुदड़ी मिली थी, लेकिन उसने ऐसी बहुत-सी गुदड़ियाँ कबाड़ ली थीं और उनको आपस में मिलाकर एक गद्दानुमा तैयार कर लिया था। उसके ऊपर वह एक चादर भी बिछाता था ताकि उस गुदड़ी का खुरदुरापन न अखरे। जहाँ पिछले वॉर्ड में बहुत ज़्यादा भीड़ होने की वजह से कुछ लोगों को बैठे-बैठे सोना पड़ता था, वहीं यहाँ कमलजीत ने अतिरिक्त जगह के लिए भुगतान किया हुआ था। "जेल में

जगह और सफ़ाई विशेष सुविधा होती है। पिछली जगह में जितने में 15 लोगों को सोना होता था, वहीं यहाँ पर उतनी जगह में तीन लोग सोते थे। यहाँ हर किसी को बाल्टी के खाने पर कूदने की बजाय, सब्ज़ी के साथ ककड़ी और गाजर की सलाद भी उपलब्ध थी जो अवतार सिंह की कैंटीन से आती थी। यह सब इसलिए सुलभ था क्योंकि इसके लिए भुगतान किया जाता था।"

जेपी बहुत तेज़ी-से इस बात को समझ रहा था कि जिस सफ़ेद कपड़ों वाले पहले आदमी से वह मिला था, उसने उसको अँग्रेज़ी में बोलने की सलाह क्यों दी थी। उसकी अमेरिकी पृष्ठभूमि के साथ इस चीज़ ने उसको कमलजीत जैसे गिरोहबाज़ों के बीच एक प्रदर्शन की वस्तु बना दिया था। चूँकि उनका ख़याल था कि उसको हिंदी समझ में नहीं आती थी इसलिए वे लोग हिंदी में उसका मज़ाक़ भी उड़ाते थे। इससे उसको जेल के छुद्र नियमों से बच निकलने की गुंजाइश भी मिली और वह वहाँ के अमले को डराकर भी रख पाता था। इसलिए, हर दिन दोपहर में 2 बजे जब हर कोई बैरक में बंद होता और वह अवतार से मिलने जाता तो कोई पुलिस वाला उसको पुकार कर कह सकता था, *"एइ, एइ, इधर कहाँ जा रहा है?"* जेपी ने समझ लिया था कि न समझने का बहाना करने का मतलब था, वह पुलिस वाला पीछा छोड़ देता था। *"साला हब्शी है।"* वे उसको नाइजीरियाई समझते थे लेकिन उसको परेशान भी नहीं करते थे।

जेपी को दूसरे क़ायदे भी समझ में आने लगे, जैसे बाहर की दुनिया तक अपना संदेश कैसे भेजा जाए। जोजो के परिवार और अवतार के पुलिस संपर्कों के ज़रिये वह अंततः अपने परिवार से कपड़े और दूसरी ज़रूरत की चीज़ें मँगाने में कामयाब हो सका। पहले-पहल यह जोजो था जिसने उसको शैम्पू दिया था और वह अंततः अपने बाल साफ़ कर सका। ज़मानत पर छूटे जिन क़ैदियों की मार्फ़त उसने पहले संदेश भेजे थे, वे शायद उसके अभिभावकों तक पहुँचे ही नहीं थे।

नौसिखिया बन गया बॉस

छह महीने बीतते न बीतते जेपी तिहाड़ में अंततः काफ़ी ठीकठाक महसूस करने लगा। उसे यक़ीन था कि वह जेल नंबर 4 में रहने वाले 2000 लोगों में से कम-से-कम 1900 लोगों को जानता था। शुरुआत में तो वह कमलजीत और जोजो जैसे जेल के संपन्न और प्रभावशाली लोगों से दोस्ती करके ही अपना काम निकाल सका। लेकिन बाद में, उसने यह ज़ाहिर करना शुरू कर दिया कि उसको हिंदी भी आती थी और इससे उसकी बिरादरी में इज़ाफ़ा हुआ - हालाँकि इस खुलासे ने बहुत-से गुटों में नाटक भी खड़े कर दिए।

मसलन, जेल में रहने वालों का एक पसंदीदा अनुष्ठान मालिश कराना और हजामत बनवाना हुआ करता था। इस काम के लिए मुकेश नाम का एक क़ैदी था जो

एक हजामत के 20 रुपये लेता था। उसने इस काम में इतनी दक्षता हासिल कर रखी थी कि उसको बाल काटने के लिए भी बुलाया जाता था। ये बुरा धंधा नहीं था - बाल काटने के बदले मुकेश को 50 रुपये मिलते थे और वह किसी भी तरह से बुरी कमाई नहीं थी। दूसरी चीज़ों की भी क़ीमतें मिलती थीं - मालिश, चेहरे की मालिश और कोई भी ऐसी चीज़ जिसकी मदद से क़ैदी अपने ढेर सारे वक़्त को काट सकते।

इस तरह, एक दिन मुकेश जेपी की हजामत बना रहा था और दूसरे लोग देख रहे थे। उसने लंबे गलमुच्छों के लिए कहा था और जब मुकेश ने अपने चारों ओर भीड़ को खड़े देखा तो उसने लोगों का ध्यान खींचने के लिए कुछ बढ़चढ़कर हरक़तें करनी शुरू कर दीं। उसने जेपी के लिए *'चूतिया फ़ॉरेनर'* जैसे लफ़्ज़ों का इस्तेमाल करते हुए, उसको हिंदी में गालियाँ बकना शुरू कर दिया, जिसपर दूसरे लोग हँसने लगे। जेपी के चेहरे पर उस्तरा चलाते हुए उसने ये भी कहा कि वह चाहे तो उसके चेहरे पर चीरा लगा सकता है। मुकेश आराम से ये हरक़तें इसलिए किए जा रहा था कि वह सोचता था कि जेपी को हिंदी नहीं आती थी। इसीलिए वह उसका जमकर मज़ाक़ उड़ाए जा रहा था और तमाम तरह के अपशब्द बोले जा रहा था। जैसे ही उसने हजामत बना ली, जेपी ने उसका हाथ पकड़ लिया। भीड़ अभी भी उनको देख रही थी जब जेपी फट पड़ा, *"बहनचोद, तू मेरे को काटेगा? बहनचोद मुझे?"* हर किसी की आँखें फटी रह गईं क्योंकि उनको यक़ीन नहीं आ रहा था कि यह आदमी, जिसको ज़्यादातर लोग काला समझते थे, हिंदी समझता था। मुकेश दहशत में आ गया। उसको अभी भी यक़ीन था कि जेपी डीएस का बेटा था जिसको उसने भयानक रूप से नाराज़ कर दिया था। वह बार-बार वॉर्ड में जाकर जेपी से माफ़ी माँगने लगा। लेकिन सीमा-रेखा का उल्लंघन हो चुका था। जेपी चक्कर में गया और उसने सुनिश्चित किया कि अब यह नाई अपनी दक्षता से आगे कमाई न कर सके।

जेपी के पिता के नामराशि डीएस ने भी जेपी के पिता के बारे में बने इस भ्रम को कभी नहीं तोड़ा था। इससे उसको जेल में भरपूर ताक़त मिल गई थी। जब वह जेपी को *चक्कर* के आसपास देखता तो उससे बात कभी नहीं करता था लेकिन उसके प्रति हमेशा दया का भाव रखता था। जब वह रिटायर हो गया तो जेपी के अभिभावक उससे मिलने गए। "बच्चे को क्या हुआ है?" वह पिता-तुल्य आदमी उसका ज़िक्र हमेशा इसी रूप में करता था। जेपी का परिवार उस सारे अनुग्रह के लिए आभारी था जो उनको मिल सका था। वे उसकी रिहाई के वादे के चलते चार सालों के दौरान लगभग 50 लाख रुपये ख़र्च कर चुके थे। एक वकील ने कहा कि किसी जज का बेटा उसका दोस्त है और वह 6 लाख रुपये के बदले जेपी को रिहा करवा सकता है। जेपी की माँ ने वह पैसा उसको दे दिया और वह उसकी रिहाई का इंतज़ार ही करती रह गई। महीनों बाद इस षड्यंत्र का भंडाफोड़ हुआ और जेपी को पता चला कि उसके माता-पिता को ठगा गया था।

संभवतः जेल और उसके आसपास चलने वाली ये धोखाधड़ियाँ ही हैं जो क़ैदियों को धार्मिक लोगों की शरण में ले जाती हैं। अगर सुशील शर्मा (तंदूर हत्यारा) अपना समय हवन करवाने में ख़र्च करता था तो जेपी को ननों से बहुत-बहुत बड़ा सहारा मिला। ये ननें जेल के क़ैदियों को सद्‌परामर्श देने आती थीं और इसी दौरान उनसे जेपी की भेंट हुई थी। चूँकि दिल्ली में जेपी के कोई दोस्त नहीं थे, ये ननें उसके लिए परिवार और दोस्त बन गईं। वे उसके और उसके अभिभावकों के बीच संवाद का माध्यम भी थीं। और हाँ, इन्हीं के साथ वह क्रिसमस का त्यौहार भी मनाता था। अरुण फ़रेरा अपनी पुस्तक *कलर्स ऑफ़ द केज* में बताते हैं कि जेल के अंदर त्यौहार कितने बढ़चढ़कर मनाए जाते हैं। जेपी बताता है कि किस तरह चर्च जाने वाले बाहर के सौ लोग तिहाड़ आते थे और क़ैदियों के बीच घुलमिल जाते थे। यह इसलिए भी ख़ास था क्योंकि पुलिस के लोग ईसाई क़ैदियों को बादाम, काजू, चीज़ और दूसरी ऐसी ही चीज़ें ख़रीदने की इजाज़त देते हैं। इसलिए जेपी उनको भरपूर मात्रा में ख़रीदकर रख लेता था और क्रिसमस के बाद महीनों उनका इस्तेमाल करता रहता था। वे फ्रूट केक भी मँगा सकते थे।

जब जेपी को जेल में रहते हुए सात महीने हो गए थे तब ख़बर मिली कि वे सब वॉर्ड नंबर 1 में भेजे जाने वाले हैं। यह बहुत बुरी ख़बर नहीं थी क्योंकि इस वॉर्ड का हाल ही में जीर्णोद्धार हुआ था और उसमें खड़े होकर नहाने लायक़ फ़व्वारों जैसी सुविधाएँ थीं। जेपी ख़ुद भी जगह बदलने का इंतज़ार कर रहा था क्योंकि अब तक वह कमलजीत जैसे लोगों की मक्कारियों को समझ चुकने के बाद उनके साये से बाहर आ चुका था। उसने उस बैरक की 25 प्रतिशत जगह को घेरकर उसपर अपना कब्ज़ा जमा लिया था। अपनी जनसंपर्क संबंधी दक्षता के चलते उसने फ़िनाइल का इस्तेमाल कर उस जगह को साफ़ करने के लिए किसी को काम पर लगा लिया था और वह जगह अब उसके संरक्षण में थी। जो लोग उस जगह में रहना चाहते थे उनसे जेपी 2000 रुपये प्रतिमाह वसूलता था। वे लोग यह भुगतान किस बात के लिए करते थे? इसका जवाब यह है कि जेपी ने मुंशी (या वह व्यक्ति जो मुकदमे के अधीन था और उस वॉर्ड का प्रभारी था) के साथ एक तरह का समझौता कर लिया था। जेपी जो पैसा इकट्ठा करता, उसका कुछ हिस्सा वह *मुंशी* को दे देता था और मुंशी उस पैसे को जेल के डीएस, एएसपी और एसपी के साथ बाँट लेता था। इस पैसे के बदले में जेपी को और उस जगह में रहने वालों को सुबह 6 बजे गिनती के लिए नहीं जगाया जाता था। "मैं लोगों के साथ बुरा बरताव नहीं करता था और न ही हम उन लोगों से पैसा लेते थे जो पैसा देने की स्थिति में नहीं होते थे लेकिन हमने यह इंतज़ाम इसलिए कर रखा था ताकि सबकुछ बिना किसी बाधा के चलता रह सके।"

लेकिन यह इंतज़ाम ज़्यादा वक़्त नहीं चल सका। लगभग तीन महीनों के भीतर ही जेपी को एक बार फिर से वॉर्ड नंबर 14 (2) में भेज दिया गया। यहाँ भी जेपी ने अपने लिए एक इलाक़ा घेर लिया लेकिन यह पिछले इलाक़े के मुक़ाबले काफ़ी छोटा और तंग था। वह ख़ुद को आरामदेह स्थिति में लाने की कोशिश में ही लगा हुआ था कि तभी एक ऐसी घटना हुई जिसने जेल की उसकी ज़िंदगी को एक बार फिर से सिर के बल खड़ा कर दिया। जेपी जब-तब चरस लिया करता था। जैसा कि वह क़बूल करता है, उसको यह लत कमलजीत और उसके गिरोह के साथ रहते हुए पड़ गई थी। कुछ लोग गाँजा पीते थे, कुछ हेरोइन और कोक का इस्तेमाल करते थे, लेकिन जेपी दूसरे कई क़ैदियों की तरह चरस पीता था। उस वॉर्ड के डीएस को इस चरस पीने के बारे में शिकायत मिली। एक दिन जब जेपी मुलाक़ात के लिए गया था, पुलिस ने उसके बिस्तर पर छापा मारा। उन्होंने उसके बिस्तर के आसपास की जगह की छानबीन की और जेपी का कहना है कि उन्हीं ने उसकी जींस में कुछ चरस रख दी। डीएस ने शिकायत दर्ज़ की और नतीजे में उसको बैक वॉर्ड्स या *कसूरी* वॉर्ड्स में भेज दिया गया, जो लोगों को ख़ासतौर से सज़ा देने के लिए होते हैं या जहाँ बिगड़े हुए क़ैदियों को रखा जाता है। "हमने समझौते पर पहुँचने की कोशिश की लेकिन वे 50,000 रुपये की माँग कर रहे थे और मेरे पास मात्र 10,000 रुपये ही थे, इसलिए सज़ा मिली और मुझे वहाँ भेज दिया गया।"

ये वो असल नर्क था जैसा जेपी ने कभी नहीं भोगा था। उसको सोने की जो जगह दी गई वह गटर से लगी हुई थी। "मुझे दिन-रात टट्टी की बदबू आती रहती जिससे मैं वाक़ई बहुत परेशान रहता था।" दिन में एक बार चरस पीने की बजाय अब वह पूरे समय चरस पी रहा था। जेपी ने बताया कि लोग सुबह उठते ही बजाय सिगरेट पीने के, चरस सुलगा लेते थे। ये वो जगह थी जहाँ असली अपराधी रहते थे और यहाँ के क़ैदियों की कोई परवाह नहीं करता था, न कोई अमला, न कोई सफ़ाई वाला, कोई भी नहीं। "एक बार फिर मैं तरह-तरह के रंगों का गू देख रहा था।" दो महीने बीतते न बीतते जेपी के लिए यह असह्य हो उठा और जब वह पूरी तरह टूटने की कगार पर था, तो उसने अदालत में एक अर्ज़ी दी। वह अवतार सिंह जैसे तमाम प्रभावशाली व्यक्तियों से मिलकर बात कर चुका था लेकिन बैक वॉर्ड से उसको हटाने में कोई भी उसकी मदद नहीं कर सका। अदालत में दी गई अर्ज़ी में कहा गया था कि जेपी पर मुकदमा नहीं चल रहा था बल्कि वह हिरासत में था; यह भी कि वह एक विदेशी था और वहाँ की स्थितियाँ सेहत के लिहाज़ से इतनी ख़राब थीं कि उसका जीवन संकट में था। जहाँ नियम यह कहते हैं कि प्रत्यर्पण के मामलों में जाँच 60 दिन से ज़्यादा नहीं चल सकती, वहीं कोई इस बात की परवाह करता नहीं दिखता था कि जेपी उससे कहीं बहुत ज़्यादा वक़्त हिरासत में बिता चुका था।

अदालत ने जेपी को वहाँ से हटाए जाने की मंज़ूरी दे दी लेकिन यह होना इतना आसान नहीं था। ज़रूरी था कि डीएस अदालत के आदेश पर हस्ताक्षर करता और उसको क्रियान्वित करता। दिन और हफ़्ते गुज़रते गए और अर्दली सिर्फ़ इतना ही कहता कि *"वेट करो।"* आख़िरकार एक दिन अर्दली ने कहा, *"पैसे दे दे, काम हो जाएगा।"* वह 50,000 रुपये चाहता था - वही रक़म जो उसने तब माँगी थी जब जेपी चरस के छापे में पकड़ा गया था। पैसा उसके पास अब भी नहीं था लेकिन अब तक वह बैक वॉर्ड का स्वाद चख चुका था और अब उसके बर्दाश्त के बाहर था। "मैंने अपने अभिभावकों को ख़त लिखकर पैसे की माँग की। इसमें कई हफ़्ते लग गए लेकिन उन्होंने भेज दिए और जल्दी ही मुझे वहाँ से हटा दिया गया।"

वीआईपी वॉर्ड में, जहाँ संजीव नंदा ठहरा हुआ था

जेपी ने एक ख़ास वजह से 4बी में जाने का आग्रह किया था। ये वो जगह थी जहाँ उसका एक कनाडाई दोस्त होजे वार्गस रुका था और जहाँ उसने वे सुविधाएँ देखी थीं जो उसे और संजीव नंदा जैसे क़ैदियों को मिली हुई थीं। संजीव नंदा वार्टन बिज़नेस स्कूल का ग्रेजुएट, हथियारों के एक ताक़तवर व्यापारी का बेटा और नौसेना के एक एडमिरल का पोता था। उसने शराब के नशे में अपनी बीएमडब्ल्यू से छह लोगों को कुचलकर मार डाला था। जब जेपी जेल में था तब नंदा अपनी सज़ा के आख़िरी दो साल काट रहा था। चूँकि दोनों अमेरिका में पढ़े थे, वे दोनों शाम को साथ-साथ पार्क में टहला करते थे। "वह फ़िलाडेल्फ़िया में पढ़ा था और मैं वहाँ रहा था इसलिए हम दोनों उन जगहों के बारे में बात करते थे, जहाँ-जहाँ वह गया था। मैं उसका घनिष्ठ दोस्त नहीं था लेकिन तब भी हम साथ टहलते थे।"

वॉर्ड 4बी में सारे ऊँचे दर्ज़े के क़ैदी थे। होजे को हेरोइन से संबंधित अपराध में 10 साल की सज़ा हुई थी। उसने जेल में किसी को समलैंगिक संभोग करते देख लिया था और रोना शुरू कर दिया था, इसीलिए अधिकारियों ने उसको वीआईपी वॉर्ड में रख दिया था। वहाँ विकास और विशाल यादव, अवतार, और राष्ट्रपति के अंगरक्षकों के वे सदस्य भी थे जो बुद्ध जयंती पार्क बलात्कार कांड में मुब्तिला रहे थे।

संजीव नंदा अपने में डूबा रहता था लेकिन हर कोई देख सकता था कि जेल के अधिकारियों के साथ उसका रिश्ता बहुत ही अच्छा था। जहाँ दूसरे सज़ायाफ़्ता क़ैदी क्रीम रंग की पतलूनें और टॉप पहना करते थे, वह हमेशा अपने सफ़ेद कुर्ता-पायजामा में होता था। दूसरे क़ैदी उसको मिलने वाले विशेष भोजन को लेकर चर्चा किया करते थे जिसमें मांसाहार भी शामिल होता था, लेकिन जेपी इसकी ताईद नहीं कर सका। उसके पास एक पूरी कोठरी थी जो इतनी बड़ी थी कि उसमें चार आदमी आसानी-से समा सकते थे। उसने उसको और भी बेहतर शक्ल देने के लिए उसमें कुछ निर्माण कार्य भी करा लिया था। उसके कमरे के फ़र्श पर टाइलें लगीं हुई थीं

और यहाँ तक कि बाहर भी, जहाँ एक पीपल और एक जामुन का पेड़ था, उसने पत्थरों को जमाकर बैठने की जगह बना ली थी। उसकी कोठरी में पाश्चात्य शैली का शौचालय भी था। "संजीव नंदा की यह ख़ासियत थी कि वह इन सुविधाओं को लेकर किसी तरह का घमंड प्रदर्शित नहीं करता था। वह इतराता नहीं था, और दरअसल उसकी कोठरी के अंदर कभी कोई गया नहीं था।" ये तो जब वह जेल छोड़कर गया, तब जाकर लोगों को पता चला कि उसने जेल के अपने रहने के हिस्से को किस क़दर बदल डाला था। "उसके कमरे में एयरकंडीशनर नहीं था लेकिन उसने उसमें वॉशबेसिन लगवाकर सुविधाजनक बना लिया था। उसने एक रैक भी रखवा लिया था जिसमें उसकी पुस्तकें रखी होती थीं। वह अंदर से ठाठदार दिखाई देता था लेकिन दूसरों के कमरों के मुक़ाबले में ही।"

वॉर्ड 4बी में जेपी के जाने के बाद जल्दी ही संजीव नंदा वहाँ से चला गया था। जेपी होजे के साथ एक कोठरी में रहता था और दूसरे क़ैदियों ने उसको राज़ी कर लिया कि वह विकास और विशाल यादव जैसे दूसरे लोगों को स्पेनी भाषा सिखाए। बैक वॉर्ड्स की गंदगी से छुटकारा मिलने से वह इतनी राहत महसूस कर रहा था कि वह अपने लिए उपलब्ध वक़्त का पूरा आनंद ले रहा था और उसका सदुपयोग कर रहा था।

उस इलाक़े में एक जिम था जहाँ उसने व्यायाम करना शुरू किया, वह विपश्यना की कक्षाओं में जाने लगा और क़ानून का अध्ययन करने लगा। "मैं देखता हूँ कि लोग जेल से निकलने के लिए मरे जाते हैं। दिमाग़ अपना काम करता है, लेकिन विपश्यना की कुछ ही कक्षाओं में मैंने उसका पूरा लाभ उठा लिया।" जेपी को इस बात का अहसास था कि विदेशियों और हिन्दुस्तानियों के साथ उसके हार्दिक संबंध उसकी बहुत बड़ी निधि थे। इसलिए, मान लीजिए कि अफ़्रीकियों में आपस में झगड़ा हो जाता, तो उसको बीचबचाव के लिए याद किया जाता। उसपर बहुत-से लोग भरोसा करने लगे थे।

क़ानून के अध्ययन से जेपी को अपने केस पर ध्यान एकाग्र करने में मदद मिली। डेढ़ साल हो चुका था और वह वकीलों पर ढेर सारा पैसा बरबाद कर चुका था। उसने और अधिक ध्यान देना शुरू किया और इससे जो चीज़ उसको हासिल हुई उसको वह ड्रीम टीम की संज्ञा देता है। इस ड्रीम टीम में एक अंधा वकील और एक नन थी जो ख़ुद भी एक वकील थी। वे ख़र्चीले नहीं थे क्योंकि उनको कोई नहीं रखता था, लेकिन जेपी ने इतना क़ानून पढ़ लिया था कि वह केस को ख़ुद ही दिशा दे सकता था। इसलिए उसने उच्च न्यायालय में हर रोज़ पेशी के लिए एक याचिका दायर की और जब भी वह अदालत में जाता तो उसके साथ पाँच ननें हुआ करतीं। जिस दौरान अदालत की कार्रवाई चल रही होती वे ननें बैठकर प्रार्थना करती रहतीं, और इस दौरान उस अंधे वकील ने न्यायाधीश पर ख़ासा प्रभाव डाला। "वह बहुत

कारगर रहा और जब भी कभी मुझे लगता कि वह अपनी दलील में किसी नए तर्क को शामिल कर सकता है, मैं उसके कान में फुसफुसा देता।"

जैसे ही मानवाधिकार क़ानून नेटवर्क ने उसमें दख़ल देना शुरू किया, जेपी को अपनी ड्रीम टीम के नतीजे मिलने शुरू हो गए। पहला नतीजा ये था कि उसको अपनी बीमार माँ को देखने जाने के लिए 12 दिन की हिरासती ज़मानत मिल गई। न्यायाधीश ने कहा कि वह दिल्ली से केरल जा सकता है और अपने परिवार के साथ रह सकता है लेकिन उस दौरान उसको अपने साथ 14 पुलिस वालों को ले जाना होगा। इस ज़मानती यात्रा पर उसको 1.5 लाख रुपये ख़र्च करने पड़ते। जेपी अपने फ़ैसले पर अडिग था और उसने उन पुलिस वालों के टिकिट ख़रीदने के लिए उनके पहचान-पत्र तक ले लिए थे लेकिन उसके अभिभावकों ने मना कर दिया। उनको लगा कि अगर जेपी 14 पुलिस वालों के पहरे में वहाँ आएगा तो वे अपने घर के आसपास के लोगों को अपना मुँह दिखाने लायक़ नहीं रह जाएँगे। "मुझे बहुत निराशा हुई; मैं एक बच्चे की तरह बाहर आना चाहता था। मुझे बहुत गुस्सा आया। लेकिन आज, जब मैं उनके पड़ोस को देखता हूँ - मेरे दादा-दादी को हर कोई जानता है। अगर मैं 14 पुलिस वालों के साथ आता, और मुझे रोज़ बीट पुलिस को रिपोर्ट देनी पड़ती, तो मेरे अभिभावकों को शर्मिंदा होना पड़ता। मैं समझता था कि वे कहाँ से थे।"

उसने एक और अर्ज़ी लगाई, और अंततः न्यायाधीश ने आदेश को बदलकर उसको इस शर्त पर दिल्ली में ज़मानत पर रिहा करने की इजाज़त दी कि उसके अभिभावक ख़ुद ही दिल्ली आ जाएँ। जेपी के दोस्त विजेंद्र ने, जो 4बी का ही एक क़ैदी था, वसंत कुंज के अपने घर में अपनी पत्नी और बच्चों के साथ उन सबके रहने का प्रबंध कर दिया। पुनर्मिलन का वह दिन ख़ासा नाटकीय था क्योंकि जेपी के साथ अभी भी 14 पुलिस वाले थे। उन पुलिस वालों ने उसको अपने अभिभावकों से मिलने जाने देने से पहले उस घर की तलाशी ली। इसलिए जब जेपी ने घर में प्रवेश किया तो उसकी माँ छाती पीटती हुई रो पड़ी, "बेटा, किसने सोचा था कि मुझे ये दिन भी देखना पड़ेगा।" जेपी आज भी यक़ीन नहीं कर पाता कि उसने उसको गले लगाने के पहले यह कहा था।

24 फ़रवरी 2012 को जेपी को अंततः पटियाला हाउस कोर्ट द्वारा दोषमुक्त कर, रिहा कर दिया गया। न्यायालय के आदेश ने प्रत्यर्पण की दलील को ख़ारिज़ कर दिया और निर्णय दिया कि जेपी को मुक़दमे का सामना करने के लिए अमेरिका नहीं जाना होगा। "अगर गिरफ़्तार होते ही मैं वापस चला गया होता तो, वो ठीक होता। लेकिन मैं तिहाड़ में इस क़दर फँस चुका था कि मुझे अंदाज़ा ही नहीं था कि उसने मेरी कितनी ज़िंदगी खा डाली थी।"

लेकिन रिहाई का यह दौर कम समय का ही था। दो महीनों के भीतर ही एफ़बीआई और एमईए ने उस आदेश के विरुद्ध याचिका दायर कर दी, जिसका मतलब था कि मुकदमा अभी भी जारी था। "ऐसा लग रहा था जैसे मैं मुर्दाघर में बंद था लेकिन जीवित था।" उसके जिस दोस्त पर एक्सटेसी के लिए छापा पड़ा था, उसने तीन महीने जेल में बिताए थे और अब अपनी आज़ाद ज़िंदगी जी रहा था। जेपी आज भी हर दूसरे महीने में दिल्ली और केरल के बीच आवाजाही करता हुआ अदालतों के चक्कर लगा रहा है। याचिका ज़रा भी आगे नहीं बढ़ी है, न्यायाधीश कभी होता ही नहीं है। उसकी माँ उसके केस का निपटारा देखे बग़ैर ही अक्टूबर 2015 में मर चुकी है।

"आज मैं जानता हूँ कि रेड कॉर्नर नोटिस से कैसे बचना चाहिए। जेल के मेरे वर्षों ने मुझे ये सिखा दिया है; यह आपको अपराध करने की शिक्षा देता है। बलात्कार से चोरी से हत्या तक - आप इसके लिए दोस्तों की एक मंडली और नेटवर्क तैयार कर लेते हैं। आप सिर्फ़ एक ही चीज़ के बारे में बात करते हैं कि अपराध कैसे किया जाए - कि कैसे किसी व्यक्ति ने 35 बार हत्याएँ कीं और सिर्फ़ एक बार पकड़ा गया - किसी लाश को कैसे छिपाना चाहिए, कैसे भागना चाहिए।"

जेपी कहता है कि बहुत-से दूसरे लोगों की तरह वह भी अब कभी सामान्य नहीं हो पाएगा। उस जैसे दूसरे दोस्त, मध्यवर्गीय और इज़्ज़तदार, जो बदक़िस्मती से या असामान्य परिस्थितियों वश जेल में थे, उन्होंने दोबारा कभी काम नहीं किया, वे अपनी चेतना पर उस संभावना का घाव लिए घूमते हैं जो दूसरे लोग उनके बारे में सोचते हैं। हमेशा नए और कल्पनाशील ढंग से सोचने वाले जेपी ने किसी तरह एक फ़र्म स्थापित की है जहाँ वह ऑनलाइन काम करता है और दूसरे लोग उसके साथ काम करते हैं। लेकिन वह स्त्री जिससे उसका मिलना-जुलना है, एकमात्र ऐसी स्त्री जिसने उसको उसके समूचे अतीत के साथ स्वीकार किया है, उस स्त्री को कभी भी एक ऐसे व्यक्ति के साथ विवाह करने की इजाज़त नहीं मिलेगी जो कभी तिहाड़ जेल में रह चुका है।

3

तंदूर हत्यारा

"कोई भी इंसान जन्म से अपराधी नहीं होता। यह बात मैंने कहीं पढ़ी थी। जब आप मेरे बारे में लिखेंगी तब क्या यह बात लिख सकती हैं?" यह बात सुशील शर्मा ने हमारी आख़िरी मुलाक़ात के दौरान कही थी जिसके बाद वह छुट्टी बिताने के बाद फिर से जेल चला गया था, जो छुट्टी उस हर अपराधी को मिलती है जिसने कम-से-कम तीन साल सलाख़ों के पीछे गुज़ार लिए होते हैं। हम इंडिया हैबीटैट सेंटर में अमेरिकन डाइनर रेस्तराँ में बैठे हुए हैं और मेरे इंटरव्यू के लिहाज़ से वहाँ कुछ ज़्यादा ही शोर है, लेकिन जब हम पिछली बार मिले थे तो सुशील शर्मा ने कहा था कि उसको कॉफ़ी पीना अच्छा लगता है और यह जगह उसको बहुत सुविधाजनक लगती है, क्योंकि यह साईं बाबा मंदिर के पास है जहाँ वह तिहाड़ से बाहर होने पर नियमित रूप से जाता है।

"मैं एस्प्रेसो लूँगा," वह कहता है और जब उसको साथ में फ्रेंच फ्राइज लेने का आग्रह किया जाता है तो वह स्वीकार कर लेता है। जब मैं वेटर को स्ट्रांग पेय का छोटा कप लाते हुए देखती हूँ तो मुझे हल्की-सी चिंता होती है कि पता नहीं उसने जो चीज़ मँगाई है वह उसको पसंद भी आएगी या वह उसके लिए कुछ ज़्यादा ही कड़वी लगेगी। आख़िरकार, पिछले 20 सालों से जेल में रहने का मतलब था कि वह उस बरिस्ता संस्कृति का अभ्यस्त नहीं था जिसने हम सब के लिए कॉफ़ी की दुकानें और उम्दा क़िस्म के पेय आम बना दिए हैं। अपनी बीवी नैना साहनी की हत्या करने और फिर उसकी लाश ठिकाने लगाने के जुर्म में पहले आरोपी होने और फिर दोषी पाए जाने के लिए सुशील जुलाई 1995 से तिहाड़ जेल में रह रहा है। पुलिस के पीछे-पीछे भावशून्य निगाहों से ताकते चलते दाढ़ी वाले आदमी की सुशील की छवि सभी के लिए परिचित है, और तब भी इस वक़्त जब वह अपनी एस्प्रेसो का आनंद लेता हुआ मेरे साथ बैठा है, तो कोई भी उसे दोबारा मुड़कर नहीं देखता।

अब उसकी दाढ़ी-मूँछ एकदम साफ़ है और छोटे-छोटे बाल हैं, और हर बार जब भी मैं उससे मिलती हूँ, उसके माथे पर राख का टीका होता है।

कॉफ़ी उसको एक-दूसरे वक़्त में ले जाती है, उस वक़्त में जो उसने ज़्यादातर ताज महल होटल की मचान नामक कॉफ़ी शॉप में बिताया था। ये वो वक़्त था जब वह नेशनल स्टुडेंट्स यूनियन ऑफ़ इंडिया (एनएसयूआई) और युवा कॉंग्रेस के साथ हुआ करता था, और अखिल भारतीय विद्यार्थी परिषद (एबीवीपी) के पिंकी आनंद के ख़िलाफ़ चुनाव लड़ रहा था, वही पिंकी आनंद जो अब एक जानेमाने वकील हैं और एनडीए सरकार के साथ अतिरिक्त सॉलिसिटर जनरल के रूप में काम कर रहे हैं। दिल्ली विश्वविद्यालय में उसके वरिष्ठों में जानेमाने पत्रकार रजत शर्मा और पंकज वोहरा शामिल थे और वह जनपथ स्थित वेस्टर्न कोर्ट में सांसद जी के मूपनार के फ़्लैट में कॉंग्रेस के सदस्यों के साथ ढेरों वक़्त बिताया करता था। कॉंग्रेस में उसके तमाम दोस्त उदीयमान नेता हुआ करते थे जो अब प्रभावशाली पदों पर हैं, और आप सुशील के चेहरे पर उस आजीवन पश्चाताप का भाव देख सकते हैं जिसे वह किसी भी तरह करियर से हमेशा के लिए वंचित हो जाने के नाते महसूस करता है। जब वह पहली बार ज़मानत पर रिहा हुआ था तो वह मचान वापस गया था, लेकिन इस बार वहाँ कॉंग्रेस पार्टी का उसका कोई दोस्त या कोई पिछलग्गू नहीं था, सिर्फ़ उसका वफ़ादार चचेरा भाई वैभव था।

"मुझे भयानक लगता है कि मैंने उन सबकी उम्मीदों पर पानी फेर दिया। वे सब जिनको यक़ीन था कि मैं कॉंग्रेस पार्टी में बहुत आगे जाऊँगा।" सुशील शर्मा बहुत चिंतित होकर सोचता है, लेकिन वह मेरे सवालों के जवाब भी देता है क्योंकि वह संयोगों में विश्वास रखता है। उसका विश्वास है कि यह निरा संयोग नहीं है कि हम पहली बार 2003 में जेल में मिले थे, जब मैं क़ैदियों की मनोरंजन संबंधी गतिविधियों के बारे में एक सीधे-सादे क़िस्से को फ़िल्मा रही थी। हमारा कैमरा शॉट के लिए घूम रहा था, और जब सुशील फ्रेम में आया तो वह सहसा रुक गया था। उसने एक चमकदार सफ़ेद शर्ट, काली जींस और चमकीला बैल्ट पहन रखा था और मुझे सहसा लगा कि वह किसी भी ऐसे व्यक्ति की तरह लग रहा था जो नियमित मेल-मुलाक़ात के लिए शाम के समय घूमने निकलते हैं।

हमने उससे पूछा था कि क्या वह हमसे बात करना पसंद करेगा। उसने बड़ी विनम्रता के साथ मना कर दिया था लेकिन हमें अपने कुछ शॉट लेने देने पर उसने कोई आपत्ति नहीं की थी। "हाँ, ये वही है," एक-दूसरे क़ैदी ने कहा जो 'तंदूर हत्यारे' से अचानक हमारा सामना हो जाने से हमारे चेहरे पर आए विस्मय के भाव को लक्ष्य कर रहा था। *"भले आदमी हैं,"* उन्होंने कहा। आप जानते हैं तिहाड़ एक ऐसी समानांतर दुनिया है जहाँ एक व्यक्ति, जिसने अपनी बीवी की हत्या करने और

फिर उसकी लाश को तंदूर में ठिकाने लगाने के आरोप को कमोबेश स्वीकार कर लिया है, को एक 'भला' आदमी बताया जाता है।

इसके बाद जल्दी ही एक और संयोग घटित हुआ जब निचली अदालत द्वारा उसको अपराधी पाए जाने की ख़बर आई। "अरे, क्या आप उससे तिहाड़ में नहीं मिली थीं?" स्टार न्यूज़ के प्रोड्यूसर काली जींस और सफ़ेद शर्ट के परिधान में उसके मुस्कराते हुए शॉट को किसी मरे हुए आदमी की तरह चलते चिंतित चेहरे वाली उसकी लाइव तसवीरों के साथ दिखाते हुए चिल्ला रहे थे।

मैं स्टार न्यूज़ छोड़ चुकी हूँ, सुशील शर्मा आरोपी से अपराधी साबित हो चुका है, उसने अपने निजी वस्त्र जेल की पोशाक से बदल लिए हैं, लेकिन उन लोगों पर निगाह रखे हुए है जिन्होंने जेल के भीतर उसको कैमरे में क़ैद कर लिया था। "क्या आप एक बार सीमा पर नहीं गई थीं?" वह जुलाई 2015 के मेरे एक असाइनमेंट के बारे में पूछता है। "आप लोगों से जिस तरह शिष्टतापूर्वक सवाल पूछ रही थीं, वह मुझे बहुत अच्छा लगा था। मैंने दूसरों से भी कहा था। वे सब मुझसे कहते - देख सुशील, टीवी पर तेरी 'सुनित्रा' है।"

ये बात उसने 13 साल बाद हमारी अगली मुलाक़ात में कही थी, और संयोग से, यह उस हत्या की 21वीं बरसी के ठीक एक दिन पहले की बात थी। अब तक सुशील शर्मा को पर्याप्त वक़्त मिल चुका था कि वह अपनी ज़िंदगी के सारे संयोगों का हिसाब लगा सकता और उन बिंदुओं को अर्थ दे सकता जहाँ वे अदृश्य रेखाएँ एक-दूसरे को काटती थीं। वे रेखाएँ उसकी ज़िंदगी की एक घटना पर जाकर ख़त्म होती थीं या उस घटना में उनका उत्स था - वह घटना जो 2 जुलाई 1995 की शाम घटित हुई थी।

वह रात जिसने सब कुछ बदलकर रख दिया

"मैं हमेशा सोचता हूँ कि क्या होता अगर मैं दो मिनट बाद पहुँचा होता। बस। सिर्फ़ 2 मिनट। तो मैंने ये न किया होता।" एक बार फिर ये संयोग था और एक दैवयोग कि सुशील शर्मा मंदिर मार्ग फ़्लैट के अपने घर पहुँचा और उसको अपनी बीवी नैना शर्मा फ़ोन करती मिली। सुशील दिल्ली की युवा कॉंग्रेस का प्रदेशाध्यक्ष था और उसकी पत्नी, जोकि एक अर्हताप्राप्त पायलट भी थी, युवा कॉंग्रेस की लड़कियों की शाखा की महामंत्री थी। उनके रिश्ते उलझे हुए थे, जोकि विभिन्न अदालती दस्तावेज़ों से भी समझ में आते हैं। अपने कामकाज की वजह से वे एक-दूसरे के क़रीब आए थे और कुछ समय साथ रहने के बाद उन्होंने 1992 में शादी कर ली थी। लेकिन लगता है कि नैना का युवा कॉंग्रेस के एक अन्य सदस्य मतलूब करीम के साथ एक सुस्त-सा रिश्ता बना हुआ था। वे सुशील के दृश्य में आने से बहुत पहले से एक-दूसरे को

जानते थे, और मतलूब के मुताबिक़, वे आपस में शादी करने वाले थे लेकिन कर नहीं सके क्योंकि वह हिंदू-मुसलमान मसला था। मतलूब ने 1988 में किसी और से विवाह कर लिया लेकिन वह और नैना संपर्क में बने रहे। दरअसल नैना उसको सुशील के प्रस्ताव, उनकी शादी और उनके आपसी झगड़ों तक के बारे में नियमित रूप से बताती रहती थी।

"मैंने उससे पूछा कि वह किससे बात कर रही थी और उसने कहा कि अपने परिवार से। मैंने रिडायल दबाया और पाया कि वह उसके परिवार का नहीं बल्कि किसी और का नंबर था।" सुशील ने मतलूब के साथ नैना के रोमांस के बारे में सुन रखा था और वह उनके वैवाहिक जीवन में बहुत बड़ी अनबन का कारण बन चुका था। लेकिन उस रात, हिंसा एक बिलकुल ही दूसरे स्तर पर जा पहुँची।

"हम झगड़ने लगे और यह सबसे बुरी बात थी कि उसने आत्महत्या करने की कोशिश की। तभी गुस्से में आकर मैंने अपनी बंदूक उठाई और उसपर दो बार गोली चला दी।"

जब आपके पास, सुशील शर्मा की तरह, उन दो मिनटों के बारे में जुगाली करने के लिए 20 साल हों जिन्होंने आपकी ज़िंदगी को बदलकर रख दिया हो, तो स्वाभाविक ही आप तरह-तरह की संभावित परिस्थितियों की कल्पना करते हैं। क्या होता, अगर वह दो मिनट बाद घर पहुँचा होता? उसने उसको फ़ोन करते न सुना होता, और न ये पूछा होता कि वह किससे बात कर रही थी, जिसका मतलब था कि वह आपे से बाहर न हुआ होता और उसने अपनी बीबी की हत्या न की होती। और क्या होता, अगर वह काँग्रेस पार्टी का प्रभावशाली युवा नेता न होता? तो उसके पास कभी एक लायसेंसशुदा बंदूक न होती। यह दिल्ली के सत्ता के दायरे में होने के नाते मिली अतिरिक्त सुविधा थी, और अब यह सुविधा इस जगह ले आई थी, ठीक उसी तरह जैसे 1984 में, नैना साहनी से मुलाक़ात के ठीक पहले, अमेठी में एक ज्योतिषी ने भविष्यवाणी की थी।

सुशील साफ़ तौर पर याद करता है कि किस तरह वह जगदीशपुर में भारत हैवी इलेक्ट्रिकल्स लिमिटेड (बीएचईएल) की इकाई के उद्घाटन के अवसर पर आयोजित गाँधी के गढ़ में काँग्रेस की ज़बरदस्त रैली का हिस्सा था। उस रैली में राजीव गाँधी और अरुण सिंह जैसे काँग्रेस के आला नौजवान मौजूद थे और सुशील ने पार्टी के 60 कार्यकर्ताओं को पोस्टर लगाने तथा प्रचार करने के काम में लगाया था। जगदीशपुर के अतिथिगृह में, जहाँ हर कोई ठहरा हुआ था, दक्षिण भारत का एक सिद्धपुरुष-नुमा व्यक्ति भी था, जिससे हर कोई अपनी हस्तरेखाएँ दिखवा रहा था। सुशील से हथेली दिखाने के लिए हर किसी ने आग्रह किया। उस पंडित ने उससे कहा - "वैसे तो तुम्हारा सब कुछ ठीक-ठाक है लेकिन सावधान रहना। एक

स्त्री तुम्हारी ज़िंदगी में भयानक बदनामी का कारण बनेगी।" सुशील उस प्रसंग की ओर बार-बार लौटता है, जैसे उस भविष्यवक्ता के शब्दों पर यक़ीन करने से उसका अपराध-बोध दूर हो जाने वाला हो। "मैंने तब उसको अपने दिमाग़ से झाड़ दिया था। मुझे क्या पता था कि 11 साल बाद उसकी भविष्यवाणी सही साबित होगी।"

।।।।

सुशील कभी भी इस बात से इंकार नहीं करता कि उसने नैना साहनी की हत्या की। जिस बात से वह इंकार करता है वह ये है कि उसने उसके शरीर के टुकड़े-टुकड़े किए थे ताकि उनको तंदूर में पकाकर हत्या को मुकम्मल शक्ल दी जा सकती। तंदूर उसके घर और वेस्टर्न कोर्ट के क़रीब अशोक यात्री निवास होटल में उसके नए रेस्तराँ बगिया बारबेक़ में था। यह निवेश उसने पाँच अन्य साझेदारों के साथ मिलकर किया था, लेकिन इस घटना ने उस रेस्तराँ को उसके शुरू होने के महज़ आठ महीनों बाद ही बंद कर दिया। आख़िरकार, जैसा कि पोस्टमॉर्टम रिपोर्ट से खुलासा हुआ, वहाँ से बेहद रक्तरंजित तथ्य सामने आए थे - "अँतड़ियाँ बाहर निकली हुई थीं और अंदरूनी अंगों के हिस्से पेट के अंदर थे, जाँघ 28 सेंटीमीटर नीचे बाईं तरफ़ कटी हुई थी, पैर घुटने से 23 सेंटीमीटर नीचे कटा हुआ था, हाथ की अँगुली की हड्डियाँ ग़ायब थीं (कटी हुई थीं)।"

इन ब्यौरों की जानकारी के साथ सुशील शर्मा के सामने बैठना इस विस्मय जगाने वाले अहसास से भर देता है कि इंसान इस क़दर इंतिहा पर जाकर अकल्पनीय कृत्य कर सकता है। सुशील, हालाँकि, 2013 के सर्वोच्च न्यायालय के फ़ैसले का हवाला देता है जो कहता है, "इस बारे में कोई राय नहीं दी जा सकती कि लाश को काटा गया था, क्योंकि अंगभंग लाश के जलने से भी हुआ हो सकता है। गँडासे जैसा कोई हथियार बरामद नहीं हुआ है जिससे यह संकेत मिल सकता कि अपीलकर्ता ने लाश के टुकड़े किए थे।" दूसरे शब्दों में, अगर उसने वाक़ई उसके टुकड़े किए थे, तो पुलिस को वह हथियार नहीं मिला था जिसका इसके लिए इस्तेमाल किया गया था और इसलिए यह बात स्पष्ट रूप से प्रमाणित नहीं थी। सुशील का कहना है कि यह आग की तपिश का असर था जिससे उसके अंग अलग-अलग हो गए थे।

बगिया रेस्तराँ के तंदूर में उसकी लाश को रखने के लिए अपने कर्मचारियों की मदद लेने के बाद सुशील फ़रार हो गया। किसी ने रेस्तराँ में आग देखकर चेतावनी दी और उस इलाक़े का काँस्टेबल मौक़ा-ए-वारदात पर पहुँच गया, जिस दौरान सुशील गुजरात भवन चला गया, जहाँ पर उसने रात गुज़ारी। अगले दिन वह जयपुर गया, जहाँ से वह तिरुपति के लिए रवाना हो गया। "मैंने वहाँ प्रायश्चित किया," उसने कहा था और इस पाप के 'प्रायश्चित' के तौर पर अपना सिर मुँड़ा

लिया था। लेकिन इसी प्रायश्चित के दौरान उसने अपने एक वकील दोस्त से संपर्क क़ायम किया और किसी तरह मद्रास उच्च न्यायालय से 14 दिन की एहतियाती ज़मानत हासिल कर ली। मीडिया की ज़बान के उस सीमित युग में भी ज़बरदस्त हंगामा हुआ। आख़िर न्यायपालिका इस तरह के एक क्रूर हत्यारे को यह सुविधा कैसे दे सकती थी? "प्रेस बड़ी तादाद में, चेन्नई में मेरे वकील के बाहर आने का इंतज़ार कर रहा था," वह याद करता है। इस तरह 10 जुलाई 1995 को, अपनी बीवी की हत्या करने के ठीक एक सप्ताह बाद, शर्मा को बेंगलूरू पुलिस द्वारा गिरफ़्तार करते दिखाया गया। "अपने वकील से परामर्श करने के बाद मैं पुलिस के पास गया और उन्होंने इसे एक गिरफ़्तारी जैसी शक्ल दी," उसने कहा। आईपीएस अधिकारी मैक्सवेल पेरेरा ने दिल्ली पुलिस दल का नेतृत्व किया जो सुशील शर्मा को राजधानी में अदालत का सामना करने को वापस लाने के लिए पूरी धूमधाम के साथ पहुँची। लेकिन वह क्षण इतना तनाव से भरा हुआ था कि हर कोई बेहद उत्तेजना से भरा हुआ लगता था। शर्मा को अभी हथकड़ियाँ तक नहीं लगी थीं और पेरेरा ने ऐलान किया - "मैं सुनिश्चित करूँगा कि उसको फाँसी दी जाए।"

"हो सकता है, उसी पल में मेरी नियति तय हो गई हो। मेरा केस खुला था और बंद था," उसने मुझसे कहा।

प्रेम और उत्तरजीविता के अन्य सिद्धांत

जब आप सुशील शर्मा से बात करते हैं, तो उसके पास *पंचतंत्र* जैसे ग्रंथों के ढेरों मिथकीय क़िस्से होते हैं। उसने उनको बहुत पहले कभी पढ़ा था लेकिन तिहाड़ में वे उसकी यादों में वापस लौटते हैं और पहले से कई गुना अर्थपूर्ण हो उठते हैं। "जब मैं राजनीति में आया ही आया था तब आर कुमारमंगलम (एनडीए के भूतपूर्व मंत्री जो 2000 में दिवंगत हुए) ने मुझे *पंचतंत्र* की कहानियाँ पढ़ने को दी थीं क्योंकि उनका कहना था कि वे मुझे कूटनीति की शिक्षा देंगी।" उसने उन सीखों को कूटनीति में तो लागू नहीं किया लेकिन उसने उन कहानियों को अपनी कहानी के समानांतर ज़रूर पाया। इनमें से कई क़िस्से आसक्ति और प्रेम के विषयों से भरे हुए हैं, क्योंकि सुशील की निगाहों में, नैना की हत्या 'आसक्ति से जुड़ा अपराध' है। "मैं बिना यह जाने घर गया था कि मैं हत्या करने जा रहा था," वह मुझसे कहता है। "वह ज़रा भी योजनाबद्ध नहीं था।" अदालत के आदेशों में शराब के असर में होने का कोई ज़िक्र नहीं है। सुशील ताईद करता है कि उसने 1984 के काँग्रेस के किसी सत्र के बाद पीना छोड़ दिया था। तब फिर उसने जो किया वह क्यों किया? इसकी कैफ़ियत के तौर पर वह दो क़िस्से सुनाता है।

पहला क़िस्सा उज्जैन के राजा भर्तृहरि का है। क़िस्से के मुताबिक़ भर्तृहरि अपनी सबसे छोटी रानी पर मोहित था। जब किसी ने उसको अमरता का फल लाकर

दिया, तो वह फल उसने तुरंत अपनी प्रिय रानी को भेंट कर दिया। लेकिन उस रानी का एक प्रेमी था और उसने वह फल अपने उस प्रेमी को दे दिया, जिसने वह फल राजदरबार की एक दासी को दे दिया जिससे वह सच्चा प्रेम करता था। जैसा कि बाद में पता चला, वह दासी दरअसल राजा को प्रेम करती थी और इसलिए वह फल राजा के पास वापस आ गया। राजा को न सिर्फ़ अपनी रानी की बेवफ़ाई का पता चला बल्कि उसको इस बात का भी अहसास हुआ कि वह प्रेम कितना अंधा हो चुका था। उसने तुरंत रानी का सिर काटने का आदेश दे दिया, लेकिन इसी के साथ उसने अपना राजसिंहासन और सांसारिक भोग की तमाम वस्तुओं का त्याग कर दिया।

"राजा उसको बहुत प्रेम करता था और प्रेम का मुख्य तत्व त्याग होता है," सुशील ने कहा।

दूसरा जो क़िस्सा वह सुनाता है वह परीक्षित का है। परीक्षित जंगल में विनाशकारी जानवरों का शिकार करने गया था। शिकार से थककर वह एक महर्षि के आश्रम में जा पहुँचा। लेकिन ऋषि अभेद्य ध्यान में डूबा हुआ था और इसलिए उसने परीक्षित की ओर ध्यान नहीं दिया। इससे परीक्षित कुपित हो उठा। क्रोध के आवेश में आकर परीक्षित ने एक मरा हुआ साँप उस ऋषि के ऊपर फेंक दिया जो अभी भी समाधि की अवस्था में था। उसके इस कृत्य से कुपित होकर ऋषि ने उसको शाप दे दिया कि परीक्षित की मृत्यु भी साँप के काटने से होगी, और परीक्षित के पश्चाताप करने के बावजूद उसको अपने किए की क़ीमत चुकानी पड़ी।

"जब मैंने ये कहानी सुनी थी तो मैं रो पड़ा था। क्योंकि यह कहानी एकदम ठीक ढंग से यह बताती है कि एक *लम्हा* किस तरह आपकी ज़िंदगी को बदलकर रख दे सकता है। अगर परीक्षित ने वह साँप न फेंका होता तो क्या होता? अगर युधिष्ठिर जुआ खेलने के लिए तैयार न हुए होते तो क्या होता? ये सब महज़ वे लम्हे हैं जिन्होंने जीवन की दिशा ही बदल दी।"

समय की अवधारणा पर चिंतन शायद सहज संभावित है। सुशील शर्मा ने अपनी पत्नी की हत्या के लिए 21 साल का वक़्त काटा है। सबसे पहले उसको पहली अदालत ने मौत की सज़ा सुनाई थी। उच्च न्यायालय ने भी इस फ़ैसले को बरकरार रखा था। इसका मतलब था कि 1995 से 2013 तक, यानी सर्वोच्च न्यायालय द्वारा इस फ़ैसले को उलट दिए जाने तक की अवधि में, शर्मा एकांत कारावास में रहा था। "क्या मुझे देखकर ऐसा लगता है कि मैंने एकांत कारावास में इतना अधिक वक़्त बिताया है? मैं नहीं समझता कि आप पता लगा सकती हैं," वह मुझसे आडंबरपूर्ण लफ़्ज़ों में पूछता है। राजधानी में यह एक बरसाती दोपहर के बाद का समय है, और जहाँ बाहर धुँधलका और उदासी फैली हुई है, शर्मा को देखकर लगता है कि उसने अपने चेहरे पर किसी हद तक चमक को क़ायम रखा हुआ है। उसके चेहरे पर एक सहज मुस्कराहट है और वह मुझसे कहता है कि वह सावधानी के

साथ तैयार की गई रणनीति का नतीजा है - समय को ऐसी इकाइयों में विभाजित करने की युक्ति जिनको वह समझ सकता है।

शर्मा की समय की इकाई इस मान्यता पर आधारित है कि हर इंसान को 100 वर्षों का जीवन मिला हुआ है, जिसका मतलब है कुल 36,500 दिन। उसके मुताबिक़, ईश्वर आदमी को ख़र्च करने के लिए प्रतिदिन एक रुपया देता है, और शर्मा की रणनीति यह थी कि उस एक रुपये को कैसे ख़र्च किया जाए। बस उसको इतना ही करना था, एक रुपया ख़र्च करना, और अपने कारावास के दौरान हर सुबह वह इसी की योजना बनाता था। "इससे मुझे सचमुच अवसाद से बचने में मदद मिली," उसने कहा। "अगर आप अपने को इसके लिए तैयार नहीं करते, तो आप उस हर लम्हे में मरते रहते हैं जो आप वहाँ गुज़ारते हैं।"

जब जुलाई 1995 के अंत के क़रीब सुशील तिहाड़ में पहुँचा था तो किरण बेदी ने कुछ ही समय पहले मई में अपना कार्यकाल पूरा किया था। किरण बेदी को मेगसैसे पुरस्कार दिलाने वाला काम - तिहाड़ के क़ैदियों को विपश्यना, योग और शैक्षणिक पाठ्यक्रमों से परिचित कराने का काम - सुशील शर्मा में मूर्तिमान होता है। उसने इनमें से एक के बाद एक गतिविधियों में हिस्सा लिया जिनमें कम्प्यूटर साइंस भी शामिल है। उसने बताया कि बिना इसके अपने जीवन को बचाए रखने का उसके पास कोई दूसरा तरीक़ा न होता।

"वे आपको 'खड़े हो जाओ, ओय, बाहर आओ' चिल्लाकर गालियाँ देते हुए सुबह 5.30 और 6 के बीच जगा देते हैं ताकि वे हाज़िरी ले सकें। यह दिन की भयावह शुरुआत होती है। आपकी निशानदेही के बाद 10 शौचालयों के लिए 200 लोगों की क़तार लगती है।" ब्राह्मण होने के नाते वह हर बार शौचालय का इस्तेमाल करने के बाद नहाता था, और यही जाड़ों में होता था, ये क्रूरता थी। "सुबह से लेकर बत्तियाँ जलने तक ये एक युद्ध होता है, आपकी स्वतंत्र इच्छा छीन ली गई होती है, आप अपनी इच्छा से बात नहीं कर सकते," उसने कहा। जहाँ वह इस स्थिति से सामना करने के लिए जूझता रहा, वहीं दूसरे लोग उसे लगातार बताते रहते थे कि कुछ ही साल पहले तक स्थितियाँ कितनी मुश्किल हुआ करती थीं। उदाहरण के लिए, जेल में धूम्रपान पर प्रतिबंध के किरण बेदी के निर्देश के पहले कोठरियाँ लोगों के खाँसी के दौरों से व्यथित हुआ करती थीं। "जेल के गार्डों ने मुझे बताया कि उनको सुबह कोठरियों के ताले खोलने में मुश्किल पेश आती थी क्योंकि कोठरियों के बाहर का इलाक़ा बलगम और थूक से भरा होता था।" धूम्रपान अभी भी जारी था लेकिन अब वह लुक-छिप कर होता था और उसके बदले यह सज़ा थी कि एक महीने या उससे भी ज़्यादा समय तक आपको न तो परिवार के लोगों से मिलने की इजाज़त थी और न पत्र-व्यवहार की। ये वाक़ई कोई हतोत्साहित करने वाली बात नहीं थी; लोग सिगरेट जैसी वर्जित चीज़ों को लाने के लिए 'गोदरेजों' का इस्तेमाल

करते थे। 'गोदरेज' शब्द उन लोगों के लिए इस्तेमाल होता था जो ग़ैरक़ानूनी चीज़ों को अपनी गुदा में भरकर लाया करते थे। किसी गोदरेज को भाड़े पर लेने की क़ीमत बहुत ज़्यादा नहीं थी, कभी-कभी कुछ सिगरेटें ख़र्च करने से भी काम चल जाता था। सुशील धूम्रपान नहीं करता था और इस तरह के उपायों को लेकर उसमें ज़रा भी उदारता नहीं थी। "आप जानती हैं कि अमेरिका में जब भी कोई जेल के अंदर प्रवेश करता है तो हर बार उसके एक-एक छेद की तलाशी ली जाती है। इसका मतलब है कि लोगों को नंगा करके, उनके एक-एक छेद की तलाशी ली जाएगी। अगर यहाँ भी ऐसा होता तो हमें कोई समस्या न झेलना पड़ती और कहीं ज़्यादा साफ़-सफ़ाई रहती।"

दिल्ली में एक होनहार राजनीतिज्ञ के जीवन की सुख-सुविधाओं की जगह अनिश्चित काल की क़ैद को स्वीकार करना सुशील के लिए असहनीय चीज़ थी और उसके मन में आत्महत्या का ख़याल भी आया। यह ख़याल शुरू के दिनों में उसको तब तक निगलता रहा जब तक कि उसकी मुलाक़ात दिल्ली विकास प्राधिकरण (डीडीए) के अधिकारी से नहीं हुई थी जो एक दहेज़ के मामले में फँसा हुआ था। उस अधिकारी की बहू ने उन लोगों के ख़िलाफ़ दहेज प्रताड़ना के आरोप लगाए थे जिससे उसका समूचा परिवार, जिसमें उसकी बेटी तक शामिल थी, जेल में था, और उनके घर पर भी सरकार का ताला जड़ दिया गया था। उसको अपने से बदतर हालत में पाकर सुशील ने उसका पूरा क़िस्सा सुना। उस अधिकारी ने उसको एक ही सलाह दी - गायत्री मंत्र का जाप करो। उसने उससे कहा कि उसने सुन रखा था कि अगर इस पवित्र हिंदू मंत्र को 1.25 करोड़ बार दोहराया जाए तो देवता उस व्यक्ति की प्रार्थना सुनते हैं। "मैं इसमें पूरे उत्साह से लग गया और 108 मनकों की 40 मालाओं को गिनकर जाप करने लगा। इसमें मुझे हर रोज़ क़रीब तीन घंटे लग जाते थे।" दिन के तीन घंटे इस काम में लगा देने से उसके कंधों बहुत बड़ा बोझ उतर गया, और इस चीज़ ने सलाख़ों के पीछे की उसकी ज़िंदगी के लिए एक मक़सद भी मुहैया कराया।

बाक़ी गतिविधियाँ उसके इर्दगिर्द जारी रहीं। वह जागता, पूजा करता, योग करता, इसके बाद बिस्कुट और चाय का नाश्ता करता। जब सुशील एकांत कारावास में था, तो वह अपने शौचालय को साफ़ करने में भी वक़्त बिताता था। फिर दिन अदालत जाने की तैयारियों में निकल जाता, जिसके अंतर्गत उन तमाम लोगों को जिनको अदालत की तारीख़ मिली होती थी, जेल के वाहन में भरकर ले जाया जाता और फिर वे अपनी बारी आने तक अदालत के लॉकअप में बंद रहते। फिर सारे लोग साथ-साथ जेल कॉम्प्लैक्स में वापस आ जाते। उसके बाद, जिनको रोज़गार मिले हुए होते वे अपने कामों में लग जाते। सुशील ने पहले कम्प्यूटर सीखा और फिर उसको 90 रुपये रोज़ की मज़दूरी पर कम्प्यूटर सिखाने का काम दे दिया गया। यह

मज़दूरी उसके पीपी या प्रिज़नर्स पर्सनल एकाउंट में जमा हो जाती। पीपी खाते का इस्तेमाल शुरू में वे कूपन हासिल करने के लिए किया जाता था जिनसे क़ैदी कैंटीन से खाने-पीने की चीज़ें या प्रसाधन का सामान जैसी चीज़ें ख़रीद सकता था, लेकिन अब वह स्मार्ट कार्ड के रूप में काम करता है। उदाहरण के लिए, सुशील ज़्यादातर जेल का खाना छोड़कर कैंटीन में सुबह के वक़्त पराठा खा लेता था। इससे उसकी कमर की अच्छी-ख़ासी मोटाई की कैफ़ियत मिल जाती है। “अब मैं अपना वज़न कम करने की कोशिश कर रहा हूँ,” उसने कहा, और फिर बोला, “मैं व्यायाम के लिए घूमने जाने वाला नहीं हूँ क्योंकि इससे आपको फ़ालतू लोगों के साथ बातचीत में ढेर सारा वक़्त बरबाद करना पड़ता है। इसलिए मैंने एक तरीक़ा निकाल लिया। मैं पानी से भरी अपनी बाल्टी लेता और बार-बार उसका वज़न उठाता।”

दूसरे लोगों के साथ काम करने के बीच वह अपने नोट्स भी लिखता रहता और उनके प्रिंट निकाल लेता। ये नोट उसकी मुहिम के ब्यौरों जैसे थे जिनको रात में वह अपने बिस्तर की बग़ल में रखता था। “मैं किन्हीं-किन्हीं रातों में जाग जाता और लिखना शुरू कर देता। जेल में पूरी तरह से अँधेरा कभी नहीं होता, इसलिए जब आपको नींद न आ रही हो तो आप ये कर सकते हैं।”

शर्मा ने मुझे इन नोट्स के बारे में विस्तार से बताने में काफ़ी समय ख़र्च किया। ये विभिन्न मुद्दों पर उसके सिद्धांत थे - प्रेम और बच्चे का पालन-पोषण और कभी-कभी लोकपाल बिल जैसे राजनैतिक मुद्दे। विवाह के बारे में लिखा गया उसका एक सिद्धांत पूरी तरह से उसकी अपनी परिस्थितियों से प्रेरित लगता था। उसका एक आलीशान विचार यह था कि जो जोड़े विवाह करने की योजना बना रहे हों, उनके लिए एक डिप्लोमा पाठ्यक्रम शुरू किया जाना चाहिए। यह पाठ्यक्रम तीन महीने का हो और किसी मनोवैज्ञानिक द्वारा पढ़ाया जाए। “उस पाठ्यक्रम में सब कुछ होगा, यह लड़की को सिखाएगा कि अपनी सास के साथ किस तरह बरता जाए, लड़के को सिखाया जाएगा कि वह लड़की के परिवार से किस तरह बरते और किस तरह अब उसके दो-दो अभिभावक होंगे। लड़के को यह भी सिखाएगा कि अपनी बीवी को महज़ प्रेम करने की बजाय वह उसकी इज़्ज़त भी करे। “समस्या ये है कि जब एक पति अपनी बीवी से प्रेम करता है, तो शारीरिक अंतरंगता की वजह से यह प्रेम बड़ी-बड़ी अपेक्षाओं की ओर ले जाता है। आदमी को अपने बच्चों से प्यार करना चाहिए और अपनी बीवी की सिर्फ़ इज़्ज़त करनी चाहिए।” एक तरह से यह एक बार फिर राजा भर्तृहरि की ही कहानी थी - उस चीज़ के नतीजे जिसको वह इंतिहाई प्रेम के रूप में देखता था और जो उस प्रेम में निराशा हाथ लगने के बाद इंतिहाई क्रोध की ओर ले गई। “मुझे मेरे आर्ट ऑफ़ लिविंग कोर्स ने यही सिखाया है,” उसने कहा, “उम्मीदें विवाह की हत्या कर देती हैं।” इसका सबसे विचित्र पहलू यह है कि प्रेम और विवाह के बारे में ये विचार सर्वोच्च न्यायालय के

मुख्य न्यायाधीश न्यायमूर्ति सदाशिवम के 2013 के उस आदेश में भी प्रतिबिंबित होते हैं जो सुशील शर्मा की मौत की सज़ा को आजीवन कारावास की सज़ा में बदलता है। यह आदेश कहता है कि सुशील शर्मा "भलीभाँति यह जानते हुए भी कि मृतक (नैना) मतलूब करीम के बेहद क़रीब थी, मृतक से गहरा प्रेम करता था। उसने इस उम्मीद के साथ विवाह किया था कि मृतक उसके साथ शांतिपूर्ण ढंग से रहकर एक सुखी जीवन जिएगी।" एक-दूसरे स्थल पर आदेश कहता है, "मतलूब करीम के साथ उसके अंतरंग रिश्ते की जानकारी होते हुए भी, उसने उसको घर से नहीं निकाला। उसने सिर्फ़ उसकी गतिविधियों पर ही प्रतिबंध लगाया था क्योंकि वह उसके स्वच्छंद रवैयों पर रोक लगाना चाहता था।" आदेश यह निष्कर्ष देता है कि "ऐसा प्रतीत होता है कि याचिकाकर्ता मृतक के प्रति इंतिहाई तौर पर पूर्ण समर्पण की उम्मीद करता था... याचिकाकर्ता (सुशील) को उसकी बेवफ़ाई का शक हो गया था और हत्या इसी पूर्ण समर्पण की आकांक्षा के परिणामस्वरूप की गई" और इसलिए वह समाज के विरुद्ध किया गया अपराध नहीं था।

यह बात साफ़ नहीं है कि सुशील शर्मा ने बच्चे के पालन-पोषण के बारे में नोट क्यों लिखा, और क्या यह स्वयं उसके बचपन से व्यवहार का एक ढंग था। वह 24 जनवरी 1959 को एक बैंक कर्मचारी इन्द्रमणि शर्मा और प्रेमलता के यहाँ पैदा हुआ था। वे लोग अब क्रमशः 82 और 79 बरस के हैं, और जेल से बाहर होने के ज़्यादातर वक़्त वह उनके पीतमपुरा निवास पर उनकी देखभाल करता है। वह अपने माँ-बाप के चार बच्चों में सबसे बड़ा है, उसकी दो बहनें विवाहित हैं और अलग रहती हैं, और उसका छोटा भाई, जो हिन्दू कॉलेज में पढ़ता था, 1980 में एक दुर्घटना में मारा गया था। सुशील ने दिल्ली विश्वविद्यालय के सत्यवती कॉलेज में पढ़ाई की थी और विश्वविद्यालय के इलाक़े में लुडलोव कैसल स्कूल में गया था। स्कूल में उसके रिज़ल्ट बहुत अच्छे नहीं थे, वह सामान्य तौर पर तीसरी श्रेणी में पास होता रहा था।

"मुझे लगता है कि एक बच्चे के लिए महत्त्वपूर्ण प्रशिक्षण वृद्धाश्रम में मिल सकता है ताकि उसमें दया का भाव पैदा हो," वह अपने नोट्स के कुछ ब्यौरे देते हुए कहता है। "इससे यह सुनिश्चित होगा कि बच्चे अपने अभिभावकों के बूढ़ा होने पर सिर्फ़ उन्हीं की देखभाल नहीं करेंगे बल्कि अपने आसपास के लोगों की भी देखभाल करेंगे। अगर एक पिता थका हुआ घर आता है और उसका बच्चा भूखा होने की वजह से या पेट में दर्द होने की वजह से रो रहा है, तो वह उसका रोना बंद करने के लिए उसको पीट देता है। लेकिन ये ठीक नहीं है क्योंकि इससे बच्चे को डरने की या अपनी भावनाओं को कुचलने की शिक्षा मिलती है। अगर घर पर दादा-दादी हों तो वे स्थिति को बेहतर ढंग से सँभाल सकते हैं। वे बच्चे का ध्यान बँटा सकते हैं।" मैंने सुशील से जानने की कोशिश की कि क्या उसके पिता वैसे थे,

लेकिन वह मेरे सवाल को टाल गया। मैं लगातार सोचती रही कि क्या वह बच्चे के इस क़िस्म के पालन-पोषण की पैरवी इसलिए कर रहा था ताकि बड़े होने पर लोगों में दबे हुए गुस्से या आक्रामकता के तत्त्व अपनी जड़ें न जमा सकें, और क्या उसको अपने संदर्भ में ऐसा ही लग रहा था। शायद उसको लगता हो कि वह अपने पिता की आक्रामकता का शिकार हुआ था, और फिर हिंसा के एक चक्र में फँसता चला गया जिसका अंत उसके द्वारा उसकी बीवी की हत्या में हुआ। ये वो चीज़ थी जिसके बारे में बोलने के लिए मैं उसको उकसाती रही लेकिन सुशील ने अपना मुँह नहीं खोला, इसकी बजाय वह इसी पर बात करता रहा कि विवाह की ही तरह पति-पत्नी को बच्चे के पालन-पोषण का प्रशिक्षण देना भी ज़रूरी है। सुशील को अपने अभिभावकों की देखभाल के लिए निश्चय ही किसी प्रशिक्षण की ज़रूरत नहीं थी। उसका चचेरा भाई वैभव बताता है कि किस तरह सुशील अपने माता-पिता के पैरों की तब तक मालिश करता रहता है जब तक कि वे सो नहीं जाते।

यहाँ तक कि नैना साहनी के अभिभावकों तक ने सुशील शर्मा के पक्ष में गवाही दी थी। जैसा कि सर्वोच्च न्यायालय का आदेश कहता है, नैना के भाई और भाभी ने ये तक कहा कि उसने उनके लिए जो कुछ किया, उस सबके लिए वे उसके 'कृतज्ञ' थे। "मेरा ख़याल है, उन्होंने नैतिक रुख़ अपनाया," सुशील ने कहा। "उनको लगा कि उनकी बेटी ने मेरे साथ बुरा किया था इसलिए उन्होंने मेरा पक्ष लिया। वे दो बार अदालत आए और मैं हमेशा उनके पैर छूता था।" स्पष्ट संकेत ये है कि उसको सबकी सहानुभूति प्राप्त हुई, सर्वोच्च न्यायालय से लेकर जेल के उसके दोस्तों तक की और यहाँ तक कि नैना के अभिभावकों की भी - उसकी पत्नी ने उसके साथ बेवफ़ाई की इसलिए उसने अपना मानसिक संतुलन खो दिया और उसकी हत्या कर दी। निश्चय ही सुशील कभी नहीं कहता कि नैना ने उसके साथ बेवफ़ाई की। "अब वह मर चुकी है इसलिए जो लोग मर चुके हैं उनके बारे में बात करना ठीक नहीं है।"

जो दूसरा महत्त्वपूर्ण नोट सुशील ने जेल में रहते लिखा वह जूरी व्यवस्था की ओर वापस लौटने के बारे में था। इस नोट के पीछे की प्रेरणा को खोजना मुश्किल नहीं है। सुशील शर्मा के जेल जाने के बाद जल्दी ही, अक्टूबर 1995 में ओजे सिम्प्सन का पंच फ़ैसला सामने आया था जो दुनिया भर में सुर्ख़ियों में रहा था। इस भूतपूर्व नेशनल फ़ुटबॉल लीग खिलाड़ी और अभिनेता (ओजे सिम्प्सन) और सुशील शर्मा में कई बातें समान थीं। ओजे पर भी अपनी बीवी की हत्या का आरोप था क्योंकि वह किसी और के साथ रहने लगी थी। सुशील शर्मा की ही भाँति ओजे का भी घरेलू हिंसा का इतिहास था और दोनों ने ही अपनी प्रिय जीवन-संगिनियों की कथित हत्या के बाद अपनी आत्महत्या-संबंधी अनुभूतियों को दर्ज़ किया है। लेकिन ओजे की कहानी सुशील की कहानी से इस जगह अलग हो जाती है कि ओजे को

जूरी ने निर्दोष करार दिया था क्योंकि इस बात के कोई विश्वसनीय साक्ष्य नहीं थे कि उसने अपनी बीवी और उसकी दोस्त की हत्या की थी।

"आप जानती हैं कि जूरी के ज़्यादातर सदस्य अश्वेत थे और इस चीज़ ने उसके केस में मदद की थी?" सुशील भले ही जेल में था लेकिन वह इन बारीक़ चीज़ों पर क़रीब से नज़र रखे हुए था। मुमकिन है उसको लगता रहा हो कि अगर उसकी क़िस्मत का फ़ैसला भी जूरी ने किया होता तो उसको कहीं ज़्यादा सहानुभूतिपूर्ण फ़ैसला मिला होता। जिस तरह अश्वेत जूरी सदस्यों को लगा था कि ओजे को मुख्यतः श्वेत पुलिस बल के द्वारा फँसाया जा रहा था, या ओजे उन तमाम ज़्यादतियों का प्रतिनिधित्व करता था जो क़ानून के हाथों अश्वेतों को झेलनी पड़ती थीं, उसी तरह मुमकिन है कि हिंदुस्तानी जूरी भी अपराध की प्रकृति को लेकर कोई नैतिक रुख़ अख़्तियार करती और एक ऐसे पति के प्रति सहानुभूति दिखाती जिसकी बीवी ने उसके साथ बेवफ़ाई की थी।

जेल के भीतर की मुठभेड़ें

जब सुशील शर्मा पहली बार तिहाड़ पहुँचा था तो वह एक उच्च सुरक्षा वॉर्ड में ठहरा था जो आला दर्ज़े के कैदियों के लिए अधिकृत था। यही वही वॉर्ड था जिसमें इंदिरा गाँधी को रखा गया था जब उनको 1978 में मोरारजी देसाई सरकार द्वारा जेल भेजा गया था। यहीं पत्रकार शिवानी भटनागर की हत्या का आदेश देने के आरोपी आईपीएस अधिकारी आर. के. शर्मा रहे थे। यह महज़ एक आरामदेह जगह नहीं थी जिसको जेल नंबर 1 में बनाया गया था और जिसमें पाँच कोठरियाँ थीं। ये वो जगह थी जहाँ पर उन लोगों को रखा जाता था जिनको दूसरों से ख़तरा था। मसलन, आईपीएस आर. के. शर्मा जेल के महानिदेशक रहे थे और इसलिए उनको साथ के उन क़ैदियों से ख़तरा हो सकता था जिनको उन्होंने पुलिस के अपने कार्यकाल के दौरान जेल में रखा था। इन उच्च सुरक्षा इलाक़ों में हमेशा टीएसपी के लोग तैनात रहते थे। तर्क ये था कि ऐसे थोड़े-से ही क़ैदी थे जो उनके साथ कोई रिश्ता क़ायम करते या उनसे उनकी ज़बान में बात कर पाते।

यह उच्च सुरक्षा इलाक़ा अपेक्षाकृत बड़ा और राहत का इलाक़ा था, लेकिन जल्दी ही एकांतिक कारावास का समय आया, जिसमें उसका गिरोहबाज़ बबलू श्रीवास्तव और सुभाष ठाकुर जैसे बुरे लोगों के क़रीब होना शामिल था। एकांतिक कारावास में होने का मतलब एक ऐसी कोठरी में होना था जो बमुश्किल क़ैदी की लंबाई जितनी ही लंबी होती थी और क़ैदी को दिन में सिर्फ़ एक घंटे के लिए उससे बाहर निकलने की इजाज़त थी। "इसके पीछे विचार यह था कि कठोर प्रकृति के अपराधियों को एक जगह रखा जाए ताकि वे अपने से भिन्न दूसरे लोगों के साथ कोई छल न कर सकें या उनको कोई नुक़सान न पहुँचा सकें," सुशील ने समझाया।

और वहाँ पर वह 2003 तक रुका था। जेल में उसको जो पहला ख़त मिला वह कुख्यात बिकनी हत्यारे चार्ल्स शोभराज का था। जब सुशील शर्मा जेल में पहुँचा था तब 20 से ज़्यादा हत्याओं का आरोपी शोभराज अपनी जेल अवधि के अंतिम तीन वर्ष बिता रहा था।

"प्रिय सुशील जी, आपको चिंता करने की कोई ज़रूरत नहीं है। अगर आपको किसी चीज़ की ज़रूरत हो तो मुझसे कहें। सीएस"

सुशील ने आसपास के लोगों से पूछा और पाया कि 'सीएस' उस आदमी का नाम था जो तिहाड़ का लगभग सबसे कुख्यात व्यक्ति था, वह आदमी जिसने जेल के अंदर पार्टी दी थी, जेल के अमले को नशे की दवाएँ खिलाई थीं और जेल से भाग गया था। वह एक महीने बाद पकड़ा गया था और अब दोस्तियाँ करना चाहता था। सुशील ने उस ख़त को किसी हद तक संदेह के भाव से देखा। "वह उस तरह का था, मीठे बोलना और जो भी आदमी काम का लगे उसकी ओर दोस्ती का हाथ बढ़ाना।" सुशील का मानना है कि चार्ल्स शोभराज ने जेल के भीतर तक कुछ लोगों की हत्याएँ की थीं, भले ही वे ज़हरीले खाने की ओट में की गई हों। उदाहरण के लिए, एक 'नंबरदार' हुआ करता था। वह एक अपराधी था जो जेल के अमले की भूमिका भी निभाता था क्योंकि वह जेल में 12 साल गुज़ार चुका था। उसको शोभराज की कोठरी में रखा गया था। शोभराज को यह पसंद नहीं था, लेकिन जेल के अधिकारी नहीं माने। वह आदमी उसके बाद जल्दी ही पेट की बीमारी से मर गया था, लेकिन सुशील के मुताबिक़ यह शोभराज की कारस्तानी थी क्योंकि वह ज़हर देने में माहिर था।

जेल में जिस एक-दूसरे व्यक्ति के प्रति उसके मन में कृतज्ञता का भाव है, वह है आर. के. शर्मा। जेल के इस भूतपूर्व महानिदेशक ने जेल में फ़ोन बूथ स्थापित करने का संघर्ष किया था और इसलिए 2010 में आकर्षक फ़ोन बूथ स्थापित किए गए थे जिनमें क़ैदियों के बायोमैट्रिक डाटा भरे हुए थे। क़ैदी लॉग ऑन करने के लिए अपनी अँगुली के निशान का इस्तेमाल करता है और उसकी पसंद के दो नंबर स्क्रीन पर उभर आते हैं। ये नंबर पहले से सुरक्षित और अधिकारियों द्वारा मान्य किए गए होते हैं। सुशील के लिए ये अपने अभिभावकों के लैंडलाइन नंबर थे। इस तरह हर क़ैदी को प्रतिदिन पाँच मिनट का टॉक टाइम मिला हुआ था - ये उन लोगों के लिए बहुत बड़ा सहारा था जिनको हफ़्ते में दो बार अपने परिवार से *मुलाक़ात* का अवसर मिल पाता था। सुशील के लिए यह सुविधा बहुत माकूल वक़्त पर मिली थी, क्योंकि उसकी माँ को 2009 में हार्ट अटैक आया था और वह इतनी स्वस्थ नहीं थी कि उससे जेल में आकर नियमित रूप से मिल सकती।

जब सुशील जेल में था तब वहाँ काँग्रेस के भी कई आदमी हुआ करते थे। कल्पनाथ राय, तांत्रिक चंद्रास्वामी, शिबु सोरेन और काफ़ी बाद में एक काँग्रेस सांसद

का बेटा और हथियारों का व्यापारी अभिषेक वर्मा। वे सब आपस में मिलते-जुलते थे लेकिन सुशील को जेल में एकाकी व्यक्ति होने की ख्याति पसंद थी। "बहुत सारे लोग व्यावसायिक धोखेबाज़ थे और इसलिए मैं उनसे ताल्लुक़ नहीं रखना चाहता था," उसने कहा। इसकी बजाय वह अपनी ज़िंदगी को एक नया मोड़ देने की छवि बना रहा था।

उदाहरण के लिए, 2010 का सूचना का अधिकार संबंधी एक आवेदन खुलासा करता है कि विकास यादव (नितीश कटारा हत्या प्रकरण से संबंधित) दो साल के दौरान अस्पताल के ओपीडी जाने के बहाने 66 बार जेल से बाहर गया। वही आरटीआई आवेदन खुलासा करता है कि सुशील शर्मा कभी नहीं गया। "नौजवान लड़के चालाकी भरी तकनीक अपनाते थे। जेल के डॉक्टर के साथ उनकी एक सहमति थी जिससे वह उनको किसी विशेषज्ञ से मिलने बाहर भिजवा देता था। इसका मतलब था कि वे पुलिस की अगुवाई में सुबह जेल से निकल जाएँगे और शहर में चले जाएँगे। वहाँ फिर से डॉक्टर के साथ एक और सहमति होगी जिसके तहत डॉक्टर उनको दोपहर 2 बजे के बाद देखेगा। जिसका मतलब था कि वे शाम 5 बजे अस्पताल बंद होने के ठीक पहले तक भी वहाँ पहुँच सकते थे," उसने बताया। इस तरह दिन भर जेल से बाहर रहने का मतलब था कभी-कभी होटल के कमरे में जाना, परिवार और दोस्तों से मिलना और बढ़िया वक़्त बिताना। क़ैदियों के साथ के पुलिसवाले या तो उनके पीछे-पीछे घिसटते रहते या उन पर भरोसा करते कि वे निर्धारित वक़्त पर वापस आ जाएँगे। इससे यह बात समझ में आती है कि क्यों देश के विभिन्न हिस्सों में बहुत-से क़ैदी अदालत या अस्पताल जाते समय भाग निकलते हैं। ये शुद्ध रूप से क़ैदियों द्वारा की जाने वाली सौदेबाज़ी और धोखाधड़ी का मसला है।

इस तरह सुशील शर्मा तमाम चालाकियों को समझता है, लेकिन उसने अपना रिकॉर्ड एकदम साफ़ रखा है क्योंकि वह उम्मीद कर रहा है कि उसको वक़्त से पहले रिहा कर दिया जा सकता है। उसका यक़ीन है यह उसने अर्जित किया है क्योंकि उसने ख़ुद को बदला है और वह एक आदर्श क़ैदी बनकर रहा है। "कई लोग आए और गए, लेकिन मैं वह हूँ जो अपनी जगह चिपका रहा। मैं कितनी क़ीमत चुका सकता हूँ?" एक समय में जिस सुशील शर्मा ने जब जेल में प्रवेश किया था तो वह आत्महत्या करना चाहता था, जिसने उच्च न्यायालय द्वारा उसकी मौत की सज़ा पर मुहर लगाए जाने पर रिपोर्टरों से कहा था कि वह सर्वोच्च न्यायालय में याचिका दायर नहीं करना चाहता था, वही अब लंबा रास्ता पार कर चुका है। अब वह जेल के बाहर जीवन जीने के लिए संघर्ष कर रहा है।

4

प्लैटिनम ब्लॉण्ड जो जेल में एलवी पहनती थी

अगर इस बात की कोई संभावना हो कि आपको जेल जाना पड़ सकता है, तो शुरुआती झटके से उबरने के बाद आप अपने वर्गीकरण को दुरुस्त करने की कोशिश कर सकते हैं। जिस तरह व्यक्तित्व का टाइप ए और टाइप बी होता है, जिसको अमेरिकी सिटकॉम और सेल्फ़-हैल्प बुक्स ने लोकप्रिय बना दिया है, उसी तरह दिल्ली की जेल नियमावली क़ैदियों के बीच साफ़ वर्गीकरण करती है। एक समय था जब वर्ग ए, बी और सी हुआ करते थे। वर्ग ए राजनेताओं और वरिष्ठ नौकरशाहों के लिए था, वर्ग बी आयकर चोरी करने वालों और नैट-वर्थ व्यापारियों के लिए था, और वर्ग सी, जैसा कि जेल के अंदर का एक अक़्लमंद व्यक्ति कैफ़ियत देता है, साधारण लोगों के लिए था।

जब किरण बेदी 1993 में जेल की महानिदेशक बनकर आईं, तो उन्होंने एक विज्ञप्ति जारी की जिसने यह वर्ग-व्यवस्था मुल्तवी कर दी थी, लेकिन 2000 आने तक वर्गीकरण फिर से वापस आ गया। लेकिन किंचित मनमाने ढंग से नई व्यवस्था में ए वर्ग हटा दिया गया (संभवतः यह मानकर कि अगर आप जेल में हैं तो आप ए1 व्यक्ति नहीं हो सकते)।

ताज़ा नियमावली के मुताबिक़ अपराधियों और आरोपियों, दोनों के लिए जो नया वर्गीकरण उपलब्ध है उसमें बी वर्ग और सी वर्ग ही हैं, और आपसे जैसे भी बन पड़े, आपको अपने आपको बी-वर्गीय व्यक्ति के रूप में वर्गीकृत करना ज़रूरी है, न कि सी-वर्गीय व्यक्ति के रूप में। इस वर्ग में आने के लिए कुछ बुनियादी चीज़ें ज़रूरी हैं, जो इस प्रकार हैं :

- आपका चरित्र अच्छा होना चाहिए;
- आपको अधिकारियों को भरोसा दिलाने में समर्थ होना चाहिए कि आप शिक्षित हैं, आपकी 'सामाजिक हैसियत' है और आप एक 'उत्कृष्ट जीवन-शैली' के अभ्यस्त हैं;
- आपको कभी ऐसे अपराधों के लिए दोषी नहीं पाया गया है जिनमें 'क्रूरता,' 'नैतिक गिरावट' या 'व्यक्तिगत लालच' के तत्त्व शामिल हों; और आप किसी सुविचारित हिंसा, गंभीर क़िस्म के ज़ायदाद संबंधी घोटाले या हथियारों से संबंधित अपराधों में मुब्तिला नहीं रहे हैं।

अब किसी भी मानक से देखें, ये सारे प्रावधान भावना आधारित हैं। उदाहरण के लिए, अच्छे चरित्र का होने के पहले ही मानक का अर्थ सरकारी भाषा में यह है कि आपका कोई आपराधिक अतीत नहीं होना चाहिए। लेकिन सच्चाई ये है कि तमाम पहली बार के अपराधियों को बी क़ैदियों की कोटि में नहीं रखा जाता। 'नैतिक गिरावट' जैसी गुणवाचक पदावली को निर्धारित करते ही यह बात निश्चित हो जाती है कि वर्गीकरण की यह प्रक्रिया जेल के सुपरिटेंडेंट की मर्ज़ी पर निर्भर है। बी वर्ग का क़ैदी होने से आपको ये लाभ मिलते हैं :

- वे बैरकों की बजाय कोठरियों में रुकते हैं और अगर क़िस्मत वाले हुए तो उनको लकड़ी के एक स्टूल के साथ-साथ खाट भी मिलती है;
- उनको शेल्फ़, अलमारी या संदूक के रूप में सामान रखने की जगह भी मिल सकती है;
- और वे धुलाई तथा साफ़-सफ़ाई संबंधी सामग्री के पात्र हो जाते हैं।

दोनों वर्गों के बीच खानपान संबंधी भेद भी हैं। बी वर्ग में होने का मतलब है आपको प्रतिदिन 400 मिलीलीटर दूध भी मिलेगा।

यह कोई बहुत बड़ी चीज़ भले न लगे लेकिन कोठरी और बैरक के बीच फ़र्क़ का मतलब यह होगा कि आप अपने शौचालय तीन लोगों के साथ साझा करते हैं या तीस लोगों के साथ! और अगर कोई एक चीज़ है जिसको लेकर हर कोई बुरी तरह परेशान होता है तो वह है फ़र्श पर सोने से बचना, और इसमें भी ये वर्गीकरण मदद करता है। लेकिन तब क्या ख़याल है कि आप जेल में हों और वैसे ही दिखते रहें

जैसे बाहर थे? क्या ख़याल है कि आप अपने एलवी जूते पहने हुए जेल के परिसर में घूमते रहें? कि आपके पास आपके प्रिय चैनलों से युक्त आपका अपना टेलिविज़न सैट हो? ये वे चीज़ें हैं जो अंका वर्मा को तिहाड़ जेल नंबर 6 में हासिल थीं, जहाँ वह 2012 से 2016 के बीच रही थी। ये उसी की कहानी है।

॥॥

ब्लॉण्ड जो अदालत आई

अपराध या तहक़ीक़ात संबंधी रिपोर्टिंग के साथ एक ख़ास हद तक कामुकता जुड़ी हुई है। क्योंकि पुलिस बल मुख्यतः पुरुष वर्ग होता है और जहाँ अपराध की रिपोर्टिंग करने वाली स्त्रियाँ हैं वहीं इस क्षेत्र में पुरुषों की संख्या उनसे आसानी-से ज़्यादा हो जाती है; सीबीआई या पुलिस से आने वाले क़िस्सों में एक पुरुष निगाह होती है जिससे इंकार नहीं किया जा सकता। इसलिए हथियारों के विवादास्पद कारोबारी अभिषेक वर्मा के साथ अंका नास्क्यू वर्मा की गिरफ़्तारी का स्वागत ज़ोरदार सीटियों के साथ किया गया।

गिरफ़्तारी के तुरंत बाद उनको अदालत में पेश किए जाने की उनकी तसवीरों में वह पश्चिमी ढब का सफ़ेद सूट और एवियेटर धूप का चश्मा पहने एक प्लैटिनम ब्लॉण्ड के रूप में चलती हुई दिखाई देती है। जैसे ही पटियाला हाउस कोर्ट में कैमरों के फ़्लैशों ने उसके 5 फ़ुट 11 इंच के क़द पर चमकते हुए उसकी तसवीरें लीं, 'रहस्यमय' अंका और उसके मॉडलिंग अतीत के क़िस्से सहसा हर ओर सामने आने लगे। ब्यौरों के भूखे रिपोर्टरों को दिलचस्प ख़बरें मिलीं कि किस तरह उस अभिषेक वर्मा ने एक बार फिर से रक्षा मंत्रालय से संवेदनशील सूचनाएँ हासिल करने के लिए अंका वर्मा का मोहरे की तरह इस्तेमाल किया जो 2006 में नेवी बार रूम लीक केस में अधिकारियों को रिश्वत देने और सूचना हासिल करने के लिए पहले भी जेल जा चुका था। अंका के बारे में सबसे बड़ा क़िस्सा यह था कि उसने किस तरह रक्षा राज्य मंत्री, काँग्रेस के एन. एम. पल्लम राजू के साथ मुलाक़ात की थी।

मैं एजेंसी को कवर कर रही थी और बावजूद इसके कि जाँच अधिकारी मेरे प्रति कुछ ज़्यादा ही चौकन्ना था, मुझे अच्छी तरह याद है कि किस तरह उसने अंका और अभिषेक के बीच के रिश्ते का वर्णन किया था : "वे पार्टनर हैं और साथ-साथ रह रहे हैं, लेकिन अब वह कहता है कि वे शादीशुदा भी हैं। हम नहीं जानते कि उनकी क्या स्थिति है।"

उन दोनों के ख़िलाफ़ सीबीआई का केस दो टूक था। राइनमेटाल एयर डिफ़ेंस (आरएडी) नाम की एक स्विस फ़र्म को रक्षा मंत्रालय ने 2012 में रिवॉल्वर सिस्टम्स

की आपूर्ति के एक सौदे के सिलसिले में कोलकाता ऑर्डिनेंस फ़ैक्ट्री बोर्ड के तत्कालीन महानिदेशक को रिश्वत देने के लिए ब्लैकलिस्ट कर दिया था। अंका और अभिषेक ने 2005 में गैंटम इंडिया नाम की एक फ़र्म स्थापित की थी और, सीबीआई के मुताबिक़, वे आरएडी के संपर्क में आए और उन्होंने उसकी ओर से उसको ब्लैकलिस्ट से बाहर करने के लिए माहौल बनाने की पेशकश की। अभिषेक के पिता श्रीकांत वर्मा एक काँग्रेस सांसद थे और उसकी माँ वीणा वर्मा भी सांसद थीं, और इसलिए उस समय जो लोग सत्ता में थे, उनके साथ उसके अच्छे संबंध थे। सीबीआई का कहना था कि क्योंकि अभिषेक उस समय अपने नेवी लीक केस में, और फ़ॉरेन एक्सचेंज रेग्युलेशन एक्ट (एफ़ईआरए) उल्लंघन के झगड़ों की वजह से पहले से ही दाग़ी था, इसलिए उसने काँग्रेस के मंत्री और अनेक प्रमुख अधिकारियों से संपर्क के लिए अंका का इस्तेमाल किया।

आरएडी के पक्ष में माहौल बनाने की उनकी सेवाओं के बदले उसने अमेरिका की अपनी एक संबद्ध कंपनी के माध्यम से, जिसका संचालन एडमंड एलन किया करता था, इन दोनों को 530,000 अमेरिकी डॉलर का भुगतान किया। जिस दौरान 2011 तक यह भुगतान उनके न्यू यॉर्क के खाते में गया उसी दौरान एलन के साथ हुए सौदे में खटास पैदा हो गई और उसने उनके ख़िलाफ़ हिंदुस्तानी अधिकारियों से शिकायत कर दी। तब सीबीआई और प्रवर्तन निदेशालय (ईडी) ने उन पर रिश्वत तथा काले धन को वैध करने के आरोप लगाए, 7 जून 2012 को वसंत कुंज स्थित उनके फ़ार्म हाउस पर छापे मारे, और उसके बाद जल्दी ही उन्हें गिरफ़्तार कर लिया। यह घटना उनके विवाह के ठीक चार दिन बाद हुई थी।

चार साल बाद जब वह ज़मानत पर जेल से बाहर थी, उस वक़्त को याद करते हुए अंका ने ज़बरदस्त विनोदभाव का परिचय दिया : "तिहाड़ मेरा हनीमून था," अपने स्पष्ट पूर्वी यूरोपीय लहज़े में उसने कहा। हो सकता है कि चूँकि जब अभिषेक 2006 में नेवी वॉर रूम प्रकरण में जेल गया था, अंका का उससे तभी से रोमांस चल रहा था और इसलिए उसको इसकी पहले से ही उम्मीद रही हो। जिस दौरान अभिषेक जेल में था उसी दौरान उनकी बेटी का जन्म भी हुआ था। दोनों की मुलाक़ात 2003 में हुई थी, जब वह बुख़ारेस्ट में एटलस ग्रुप ऑफ़ कंपनीज़ में काम करती थी। अभिषेक अमेरिका में अपने विदेशी बैंक खातों की वजह से पहले से ही ईडी की मुश्किलों में फँसा हुआ था लेकिन इससे उसके व्यापारिक मंसूबों पर कभी रोक नहीं लगी। "वह किसी-न-किसी काम के बहाने मुझे फ़ोन करता रहता था।" 2008 तक आते-आते वे एक साथ काम करना शुरू कर चुके थे और वह अपना लगभग आधा समय हिंदुस्तान में बिताया करती थी। उन यात्राओं के दौरान वह अपनी बेटी को रोमानिया में अपने अभिभावकों के पास छोड़ आया करती थी। 2012 के बाद से अंका अपनी बेटी को, जो अब आठ बरस की है, सिर्फ़ स्काइप पर ही

देख पाती है, क्योंकि जब तक उसपर मुकदमा चल रहा है तब तक उसको देश से बाहर जाने की इजाज़त नहीं है। उन्होंने पूरी कोशिश की थी कि उसके अभिभावकों को अपनी गिरफ़्तारी की ख़बर से दूर रखा जाए और बहाना बनाते रहे कि वे काम के चक्कर में अमेरिका में फँसे हुए हैं। "जब गिरफ़्तारी के बाद मुझे पहला फ़ोन मिला, तो मैंने अपने पिता से बात की और कोई क़िस्सा गढ़ने की कोशिश की लेकिन उन्होंने कहा कि तुम्हारी गिरफ़्तारी रोमानिया में हर कहीं अख़बार की सुर्ख़ियों में है!"

हिंदुस्तान के देहातों से लेकर रोमानिया तक अख़बार की सुर्खियों में छाये अंका और अभिषेक सीबीआई के लिए बहुत बड़े शिकार थे। हालाँकि सीबीआई मीडिया के सामने बढ़चढ़कर दावा कर रही थी कि किस तरह उन्होंने बोनी-और क्लाइड-नुमा इस जोड़ी को रिश्वतखोरी की उनकी नाकामयाब कोशिशों के दौरान धर दबोचा था, लेकिन असलियत यह थी कि एजेंसी एक शर्मनाक भूल कर रही थी। भारतीय अपराध प्रक्रिया संहिता में किसी स्त्री की गिरफ़्तारी के मामले में मानक प्रक्रियाओं का पालन करने को लेकर दो टूक और सख़्त दिशा-निर्देश दिए गए हैं। इनमें से एक मुख्य दिशा-निर्देश यह है कि किसी भी स्त्री को सूर्यास्त के बाद गिरफ़्तार नहीं किया जा सकता। जब सीबीआई ने छापे की शुरुआत की तो उनका समय का हिसाब गड़बड़ा गया और वे काफ़ी देर बाद इस नतीजे पर पहुँच पाए कि तत्काल गिरफ़्तारी अनिवार्य थी। जब तक कागज़ी खानापूर्ति संपन्न हुई तब लगभग शाम हो चुकी थी, और इसलिए वास्तव में जो हुआ वो ये था कि उन्होंने अपनी गिरफ़्तारी की पहली रात हवालात में बिताने की बजाय अपने घर पर ही बिताई, जिस दौरान सीबीआई टीम के कुछ लोग भी वहाँ रुके ताकि वे लोग भाग नहीं सकें!

अगले दिन उनको उस नई इमारत में लाया गया जिसमें सीबीआई का मुख्यालय है। तब तक सीबीआई उन सारे डिज़ाइनर आइटमों को सील कर चुकी थी जो अभिषेक वर्मा की भड़कीली जीवन-शैली को बयान करते थे। जब वह 1990 के दशक में पहली बार अख़बार की सुर्ख़ियों में आया था तब वह *इंडिया टुडे* के आवरण पर वेरसाचे पहने हुए नमूदार हुआ था। इस बार फिर प्रेस ने 14 डिज़ाइनर घड़ियों और 40 क़ीमती चित्रों को झपट लिया जिनको एजेंसी द्वारा 'अपराध की आमदनी' (proceeds of crime) की संज्ञा दी गई। उस सूची में तमाम आला दर्ज़े के और महँगे लेबल थे - बुल्गारी, ओमेगा, यूब्लो जेनेव, लुई वितों, और बहुत-से दूसरे। इन क़िस्सों का निहितार्थ हमेशा ये होता है कि अपव्यय तथा क़ानून की ख़ास परवाह न करने की प्रवृत्ति का किसी-न-किसी मुक़ाम पर जवाब देना होता है। अभिषेक और अंका के मामले में तो स्थिति यह थी कि वे लंबे समय तक इन फ़ैंसी लेबलों से अलग नहीं हुए थे। अंका वर्मा तो अभी तक सीबीआई को अपनी सोने की रोलेक्स घड़ी को अपने पास बचाए रखने की दलीलें दे रही थी। उसका उनसे कहना था कि उस घड़ी का उसके पति से कोई लेना-देना नहीं था, वह उसकी माँ

की घड़ी थी और उसपर आने वाले वक़्त में उसकी बेटी का हक़ था। यह कहानी इतनी असरदार साबित हुई कि सीबीआई ने वह घड़ी उसको अपने पास रखने की इजाज़त दे दी। उसने वह अपने वकील को दे दी क्योंकि अगर वह उसको अपने साथ हवालात में ले जाती तो वह एक बार फिर से सीबीआई के मालख़ाने में कथित साक्ष्य के रूप में जमा कर ली जाती।

अदालत ने सीबीआई हिरासत की अनुमति दे दी, जिसका मतलब था कि उनसे पूछताछ की जानी थी और तिहाड़ भेजे जाने से पहले उनको कुछ दिन तक लोधी रोड के ऑफ़िस में रहना था। सीबीआई के मुख्यालय में अभिषेक को अलग हवालात में रखा गया, और किसी उपयुक्त जगह के अभाव में अंका को उस अतिथि गृह में रखा गया जो अधिकारियों के लिए था। वरिष्ठ अधिकारियों के कमरों से लगे टेरेस गार्डन और हवादार प्रांगणों से युक्त सीबीआई की इमारत ने इस दौलतमंद आरोपी पर ख़ासा प्रभाव डाला। "वह वाक़ई एक पाँच-सितारा होटल जैसा था जिसमें एसी और फ़ैंसी टीवी लगे हुए थे लेकिन मुझे तब भी कुछ रवैये अख़्तियार करना ज़रूरी थे।" ज़ाहिर तौर पर, तब अंका ने माँग की कि उसको उसके पति के पास ले जाया जाए। उसे लगा कि उनको अलग-अलग रखने के पीछे सीबीआई की कोई चाल थी, इसलिए उसने ज़ोर दिया कि उसको तुरंत उसके पास ले जाया जाए। अधिकारी पिघल गए और जब वह वहाँ गई तो उसने अभिषेक को फ़र्श पर लेटा हुआ पाया। "मैंने तुरंत अपना इरादा बदल दिया और उससे कहा, 'सॉरी बेबी, लेकिन मैं फ़र्श पर नहीं सो सकती।' अधिकारी और मेरा पति सबके सब बहुत चकित हुए।"

लेकिन इन हल्की-फुल्की चीज़ों से इतर, सीबीआई को कुछ गंभीर काम थे। वे न सिर्फ़ अंका को उसके पति के साथ रिश्वतखोरी के जुर्म में आरोपी ठहरा रहे थे, बल्कि जब यह बात सामने आई कि वह रक्षा राज्य मंत्री पल्लम राजू से मिली थी तो वे बेहद सख़्त प्रकृति के ऑफ़िशियल सीक्रेट्स एक्ट के लिए भी दबाव बना रहे थे। अंका ने मदद के लिए अपने दूतावास की ओर देखा और राजदूत, जो उनसे सामाजिक औपचारिकतावश डिनर के लिए मिलने वाली थी, इस इंतज़ाम में लग गई कि वह उनकी हिरासत के दौरान उनको दूतावास की ओर से किस तरह की मदद उपलब्ध करा सकती थी। विकल्प सीमित थे। अंका याद करती है कि किस तरह उसके पति ने जेल के अपने कुछ सालों के अनुभव से उसको तिहाड़ की ज़िंदगी के लिए तैयार कर दिया था। "मैंने उससे कहा, ठीक है। मैं ओके हूँ। जो होना होगा सो होगा।" दूसरे बहुत-से विदेशियों से भिन्न वह हिंदी बहुत अच्छी तरह से समझती थी और अक्सर अपनी बातचीत में दूसरे उत्तर भारतीयों की तरह 'हांजी' का पुट दिया करती थी।

अंका हालाँकि दिमाग़ी तौर पर तैयार थी, लेकिन अभिषेक ने उसको चेतावनी दी। पहली यह कि उसे जेल के अंदर किसी पर भी ज़रूरत से ज़्यादा भरोसा करने

की ज़रूरत नहीं है। दूसरी यह कि अगर उससे कोई अपना सेलफ़ोन इस्तेमाल करने की पेशकश करे तो वह इस लालच में न पड़े। "हम हर चीज़ उचित तरीक़े से हासिल करेंगे," अभिषेक ने उससे वादा किया। इस तरह लगभग दो हफ़्ते बाद सीबीआई हिरासत की अपेक्षाकृत आरामदेह स्थिति समाप्त हुई और वह तिहाड़ जेल चली गई। सीबीआई के नए ऑफ़िस की पाँच-सितारा सुविधाएँ और सामाजिक रूप से असहज किंतु परिष्कृत सीबीआई अधिकारियों का सरल व्यवहार उससे छिन गया। बताया जाता है कि सीबीआई के डिप्टी सुपरिटेंडेंट ऑफ़ पुलिस ने अंका से कहा था कि वह इतनी स्मार्ट थी कि अगर वह आरोपी न होती तो उनके महकमे में आ सकती थी।

तिहाड़ : नंगी सच्चाई

तिहाड़ में अंका के लिए सबसे बड़ा फ़ायदा यह था कि वह श्रीमती अभिषेक वर्मा थी- अभिषेक, जिसके तार भलीभाँति सरकार से जुड़े हुए थे और जो जेल के अपने पिछले अनुभव की वजह से जेल के तमाम अधिकारियों से अच्छी तरह से परिचित था। इसलिए जब 21 जून 2012 को वह वहाँ पहुँची तो वहाँ क़रीब-क़रीब एक स्वागत पार्टी जैसा आयोजन हुआ, क्योंकि अभिषेक ने उसके रहने के इंतज़ामों के लिए पर्याप्त फ़ोन करवा दिए थे। तब भी, छोटे-छोटे अपमान बड़े दिलों को चोट पहुँचाते ही हैं।

6 नंबर तिहाड़ जेल में प्रवेश एक बड़े कमरे की मार्फ़त होता है जहाँ तलाशी लेने और जाँच-पड़ताल करने के लिए बहुत-से गार्ड बैठे होते हैं। कमरे के एक तरफ़ एक पार्टीशन है जो जाँच-पड़ताल के तमाम इलाक़ों की ख़ासियत है। यह अस्पतालों के उन पार्टीशनों से मिलता-जुलता है जो विभिन्न वॉर्डों या बिस्तरों को अलगाते हैं लेकिन उनके पीछे की चीज़ों को पूरी तरह कभी नहीं छिपाते।

इस खुली हुई जगह में, जेल में प्रवेश करने वाली तमाम औरतों की तरह अंका वर्मा से भी उसके अंडरवियर समेत सारे कपड़े उतारने को कहा गया। इसके बाद कमरे में चलने को कहा गया जिस दौरान कम-से-कम पाँच महिला सुरक्षाकर्मी उसको देखते रहे। आगे-पीछे चलने को इसलिए कहा जाता है ताकि यह जाँच की जा सके कि क़ैदी ने अपनी गुदा या योनि में कोई चीज़ छिपाकर तो नहीं रखी है। अतीत में क़ैदी इस तरह से सेलफ़ोन छिपाकर ले जाने की कोशिश करते पकड़े जा चुके थे, और डीएमके की नेता कनिमोझी ने मुझे बताया था, जब उसकी इसी तरह तलाशी ली जा रही थी तब उसने किसी को ऐसा करते हुए पकड़े जाते देखा था।

"एक हाथ से मैंने अपने निचले हिस्से को ढँक रखा था और दूसरे से अपने स्तनों को। वे लोग इसलिए भी देख रही थीं क्योंकि मैं एक विदेशी थी," अंका ने कहा। बाद में जब यह बात उसने अपने पति को बताई, तो वह उनकी इस गुस्ताख़ी

पर काफ़ी आगबबूला हुआ। पता चला कि जब वह जेल में प्रवेश कर रहा था तब टीएसपी ने उससे भी ऐसा करने को कहा था (टीएसपी को निष्पक्ष माना जाता है क्योंकि वे हिंदी ठीक से नहीं बोल-समझ पाते)। वर्मा ने उनकी ओर नियम-पुस्तिका उठाकर फेंकी थी और सुपरिटेंडेंट को बुलाने को कहा था। नियम-पुस्तिका में यह बात स्पष्ट तौर पर कही गई है कि किसी के भी कपड़े उसी सूरत में उतरवाए जाने चाहिए जब सुरक्षा-घंटी बज उठे। अंका की तरह ज़्यादातर क़ैदियों को इस नियम की जानकारी नहीं होती और इसलिए वे चुपचाप इस अपमान को सह लेते हैं।

लेकिन एक बार अंदर पहुँच जाने के बाद अंका जल्दी ही इस बात को भूल गई, क्योंकि उसको वहाँ उसे पसंद करने वाले ऐसे लोग मिल गए जो उसकी अजीबो-ग़रीब, विदेशी शक्ल-सूरत को देखकर भौंचक थे। उन्होंने उसको एक चटाई पर बिठा लिया और किसी ने कहा, "आसमान से एक फ़रिश्ता उतर आया है।" किसी दूसरे ने पूछा, "क्या आप कोई राजकुमारी हैं?" संभवतः इस क़िस्म की ख़ुशामद ने जेल के बंधन के साथ दिमाग़ी तौर पर तालमेल बिठाने में देर तक मदद की। भोगने वाले बताते हैं कि किस तरह उनका स्वागत गालियों, अपमान और यहाँ तक कि शारीरिक हिंसा तक के साथ होता है जो एकदम शुरुआत से ही उनके दिमाग़ में आतंक भर देता है। अंका की ख़ुशामद करने वाली स्त्रियों में एक अर्चना दत्ता थी। अर्चना आंटी (अंका उसको इसी नाम से पुकारती है) इसलिए जेल में थी क्योंकि वह हत्या के एक प्रकरण में फँस गई थी। हुआ ये था कि उसके बेटे की किसी के साथ मारपीट हुई और इस झगड़े में सामने वाले की मौत हो गई। जब पुलिस ने एक गवाह से पूछताछ की तो उसने कहा कि अर्चना और उसका पति भी वारदात के स्थल पर मौजूद थे। इसलिए अर्चना को भी हिरासत में ले लिया था, बावजूद इसके कि बताया जाता है कि उसने कुछ भी नहीं किया था। जब अदालत ने अंततः उसको रिहा किया, तब तक वह दो साल जेल में बिता चुकी थी।

अर्चना जैसे क़ैदियों की कहानियाँ उन लोगों के उदाहरण हैं जिनमें वे 600 स्त्रियाँ शामिल हैं जिनसे 6 नंबर तिहाड़ जेल का महिला प्रभाग भरा हुआ है। यह प्रभाग सिर्फ़ 400 के लिए है लेकिन भीड़ से ज़्यादा बड़ी दूसरी समस्याएँ हैं। जिन स्त्रियों से अंका ने मेरा परिचय कराया उनमें से बहुत-सी बलात्कार में मदद करने के अपराध में बरसों से जेल में थीं। जी हाँ, बलात्कार। तीन या उससे भी ज़्यादा सालों तक जेल में सड़ने के बाद या तो वे बरी कर दी जाती हैं या ज़मानत पर रिहा हो जाती हैं। वे आर्थिक रूप से पिछड़ी हुई हैं और कहती हैं कि उनके केस वास्तव में निजी झगड़ों के केस हैं। उदाहरण के लिए, अनु राजन मूलतः नेपाली है और बलात्कार के एक प्रकरण में बरी होने से पहले उसको तीन साल जेल में गुज़ारने पड़े। वह विधवा है और तीन बच्चों की माँ है और उसके ऊपर ग़ैरक़ानूनी ढंग से ऐसी औरतों का व्यापार करने का आरोप था जिनका दैहिक शोषण किया जाता था।

या एक कहानी ज़िंदादिल फ़रीदा सिद्दीक़ी की है जिसपर अभी भी अपहरण के आरोप में मुकदमा चल रहा है। वह जेल में पाँच साल गुज़ार चुकी है। फ़रीदा क़रीब पाँच फुट लंबी है और हो सकता है उसे अंततः ज़मानत मिल जाने की ख़ुशी हो या उसकी ज़िंदादिली हो जिसके चलते वह ख़ुशमिजाज़ बनी रहती है। वह मुझे बताती है कि उसपर उससे दुगने आकार के व्यक्ति के अपहरण का आरोप है! वास्तव में उसका पड़ोसी भाग गया था और उन लोगों ने उसपर आरोप लगा दिया कि इसमें उसका हाथ था। "यह बात अभी भी मेरी समझ से परे है कि मैं यहाँ पर कैसे आ गई," वह कहती है।

फ़रीदा और अनु तिहाड़ के उन बहुसंख्यकों का प्रतिनिधित्व करती हैं जिनको कोई क़ानूनी मदद उपलब्ध नहीं है। सरकार का आँकड़ा बताता है कि वहाँ रहने वाली लगभग 40 प्रतिशत स्त्रियाँ निरक्षर हैं, जिसका मतलब है उनको अपने अधिकारों का कोई ज्ञान नहीं है। जेल की नियमावली कहती है कि अगर वे पढ़ नहीं सकतीं तो किसी को उनको पढ़कर सुनाना चाहिए, लेकिन ये शायद ही कभी होता हो। दरअसल, औरतों के बीच अंका की लोकप्रियता की एक और वजह यह भी थी कि वह उनके आवेदन लिख दिया करती थी जिससे उनको ज़मानत हासिल करने में मदद मिलती थी।

लेकिन यह सब कुछ समय बाद की बात थी। शुरुआत में, मसला जेल की ज़िंदगी के साथ परिचय स्थापित करना था, उस *मुलाइज़ा* वॉर्ड में जो पहली दफ़ा आए लोगों के लिए था। अभिषेक द्वारा की गई पैरवी के चलते अंका से यहाँ तक पूछा गया था कि वह कोठरी में रहना पसंद करेगी, जो तीन या चार लोगों के रहने का कमरा होता है, या बैरक में रहना चाहेगी जिसमें 20 लोग रहते हैं। निश्चय ही उसका चुनाव ज़ाहिर-सा था।

"बैरकों में रहने वाले लोग बहुत दयनीय दिखते थे और वहाँ की हालत बहुत दर्दनाक थी," उसने याद किया। जब उनको चावल और सब्ज़ी का डिनर दिया जाता था, तो उनके पास उसको अपने हाथों से खाने के अलावा और कोई विकल्प नहीं होता - इसलिए नहीं कि वह हिंदुस्तानी ढंग था, बल्कि इसलिए कि जेल में चम्मच को क़ैदी पैना करके हमले के लिए हथियार की तरह इस्तेमाल कर सकते हैं।

इसलिए वॉर्ड 8 की कोठरी नंबर 17 उसकी निजता का टापू था, और उसकी साथी क़ैदियों में शामिल थीं श्रीदेवी, जिसपर धोखाधड़ी का आरोप था; मनीषा जो चैक-बाउंस केस की आरोपी थी; और अर्चना आंटी, जो जल्दी ही जेल की उसकी माँ बन गई थी। जहाँ अर्चना ने उसको बहुत लाड़-प्यार से बिगाड़ रखा था और वह उसकी हर ज़रूरत का ध्यान रखती थी, वहीं श्रीदेवी का कोठरी में होना उपयोगी था क्योंकि वह अधिकृत *मुंशी* थी। *मुंशी* की ज़िम्मेदरी बाक़ी सभी कोठरियों में ताला

डालने की होती है, जिसका मतलब था कि उनकी कोठरी में हमेशा आख़िरी में ताला पड़ता था।

इस दिनचर्या के बारे में आपको सबसे ज़्यादा जो बात चौंकाती है वह यह है कि यह सब सज़ा का हिस्सा मालूम देता है। क़ैदियों को सुबह 5 बजे जगा दिया जाता है और चाय-बिस्किट का उनका नाश्ता सुबह 6.45 पर होता है। उनको कभी-कभी ब्रेड भी दी जाती है लेकिन वह नियमित रूप से नहीं दी जाती थी। दोपहर का भोजन प्रतिदिन सुबह 10.30 पर दिया जाता है और डिनर 4.45 से 5 बजे के बीच। इसमें एकमात्र तब्दीली यह थी कि कभी-कभी दोपहर के भोजन के साथ उनको लस्सी मिल जाती थी। इसके विपरीत पुरुषों के लिए दम लेने की थोड़ी गुंजाइश थी क्योंकि उनका डिनर शाम 6 और 7 के बीच होता था। ये एक ऐसी दिनचर्या है जिसका कोई भी कभी अभ्यस्त नहीं हो पाता, केवल उन्हीं लोगों के लिए यह ठीक बैठती थी जिनको मुलाक़ातों के दौरान घर का भोजन हासिल करने की अदालत से विशेष इजाज़त मिली हुई थी। मुलाक़ात वे अवसर होते हैं जिनमें क़ैदी अपने परिवार के लोगों से मिलते हैं, जो सप्ताह में दो बार आते हैं, और वकील के साथ क़ानूनी *मुलाक़ात* सप्ताह में एक बार की जा सकती है। विशेष अनुमति का मतलब एक बार फिर यह है कि आप इतने पर्याप्त सुविधा-संपन्न हों कि वकील रख सकें जो आपकी अनुमति का लगातार नवीनीकरण कराता रह सके।

उदाहरण के लिए, ज़िला न्यायाधीश अंका को अदालत की पेशियों के दौरान, जहाँ वह जेल से बाहर क़दम रखती है, घर का भोजन करने की अनुमति देते हैं। ये पेशियाँ उसके ख़िलाफ़ जारी तीन प्रकरणों के चलते लगभग रोज़ होती थीं, और इसलिए यह ख़ासा कारगर था। लेकिन वैधानिक आवेदन में उन इजाज़तों का उल्लेख होना ज़रूरी था जो साकेत, पटियाला हाउस और तीस हज़ारी अदालतों के न्यायाधीशों ने इसी काम के लिए अतीत में दी हों। इसमें डॉक्टर की वह रिपोर्ट भी शामिल थी जिसमें यह संकेत दिया गया होता था कि जेल का मसालेदार खाना उसके स्वास्थ्य के लिए नुक़सान पहुँचा रहा था। एक सामान्य क़ैदी के लिए बिना किसी क़ानूनी मदद के इस तरह का आवेदन तैयार करना मानवीय तौर पर मुमकिन नहीं है। समस्या सिर्फ़ इतनी ही नहीं है।

एक विकल्प जेल में 'वेट' कैंटीन का है जिसमें जलपान का इंतज़ाम होता है। हर क़ैदी को हर महीने ख़र्च करने के लिए अपने कार्ड में 6,000 रुपये रखने की छूट मिली होती है। अगर वे चाहें तो उस पैसे से जेल के खाने की जगह कैंटीन से खाना लेकर खा सकते हैं। लेकिन समस्या ये है कि ढेर सारी स्त्रियों का ऐसा कोई परिवार ही नहीं है जो उनको इतने पैसे भी दे सके। जेल में लगभग 80 प्रतिशत क़ैदी ऐसे हैं जिनकी आय 8,000 रुपये महीने से कम रही है। इसलिए अगर वे काम करने की बजाय जेल में बैठी हैं तो आय की भरपाई करने वाला कोई नहीं है। उदाहरण

के लिए, अनुआरा से मिलने कभी कोई नहीं आता, कोई वकील नहीं, कोई परिवार नहीं, इसलिए उसके पास पैसा ही नहीं होता। कुछ पैसा कमाने के लिए, वह जेल की दूसरी क़ैदियों के लिए नौकरानी का काम करती है। उसको उनकी कोठरियों की सफ़ाई और कभी-कभी उनकी मालिश करने के बदले 200 रुपये महीने मिलते हैं।

जहाँ कोई 200 रुपये देता था, वहीं अंका उदारतापूर्वक 2,000 रुपये का भुगतान करती थी, और इसलिए वे उछलकर उसके लिए सफ़ाई के तथा दूसरे काम करती थीं। ये ऐसा काम नहीं है जिसे कोई स्वीकार करता हो क्योंकि यह स्पष्ट तौर पर ग़ैरक़ानूनी है, लेकिन अंका शायद इसे ठीक समझती थी क्योंकि इससे दूसरी औरतों को मदद मिलती थी। "जेल के भीतर सिर्फ़ उन्हीं को ही काम करने की छूट होती है जिनका अपराध सिद्ध हो चुका होता है, जिसके लिए उनको 90 रुपये रोज़ के मिलते हैं। इसलिए इन औरतों का जीवन कैसे चलने वाला है?" जब वह अदालत नहीं जाती थी और उसको घर का खाना नहीं मिलता था तो कोई-न-कोई उसको वह खाना दे देता था जो बाल सदन में बच्चों के लिए उपलब्ध कराया जाता था। यह खाना कम मसालेदार और कहीं ज़्यादा स्वादिष्ट होता है।

जैसा कि अंका बताती है, खाने का जुनून विचित्र तरीक़ों से सामने आता है। उसके और अभिषेक की ही तरह जेल में और भी विवाहित जोड़े थे जिनको हर सप्ताह 30 मिनट की मुलाक़ात की छूट होती थी। "वह बहुत ही विचित्र था," अंका ने याद किया। "पहली बार जब मुझे इस मुलाक़ात का तजुरबा हुआ, तो मैंने भी दूसरी स्त्रियों की तरह कपड़े पहने। इसके बाद वे सब स्त्रियाँ अपने पतियों के लिए कैंटीन से खाना लेकर आईं। जब उनके पति आए, तो वे खाने में लगे रहे और औरतें बात करती रहीं। क्या मुलाक़ात का उद्देश्य ये था?"

जनवरी 2014 के *हिंदुस्तान टाइम्स* के एक लेख का शीर्षक था 'आर्म्स डीलर, वाइफ़ हैव अ जेलहाउस रोमांस,' जो इन साप्ताहिक डिनर-मुलाक़ातों के बारे में जेल के सूत्रों का हवाला देता है। जेल के प्रवक्ता को यह कहते हुए उद्धरित किया गया था कि वहाँ कुछ ख़ास नहीं होता और सारे पति-पत्नी एकसाथ मिलकर यह वक़्त बिताते हैं, लेकिन गुप्त सूत्र यह बताते हैं कि इस मुलाक़ात के लिए अंका किस तरह सजधज कर आई थी। शायद सबसे रोमांटिक पहलू यह है कि उन्होंने इन मुलाक़ातों के दौरान कभी भी न खाने-पीने का फ़ैसला कर रखा था। उनको इसकी ज़रूरत भी नहीं थी क्योंकि दूसरे क़ैदियों की तरह उनको कभी अपने अगले भोजन की चिंता करने की ज़रूरत ही नहीं होती थी, जेल में भी; उनको कभी भूखा नहीं रहना पड़ा।

'आपको अपने वेरसाचे में बने रहने का हक़ है'

जब जेल के भीतर निर्धारित *मुलाक़ात* के दौरान अभिषेक पहली बार अंका से मिला तो बताया जाता है कि वह ट्रैकसूट बॉटम्स पहनकर आया था। उसे उन कपड़ों में

देखकर उसको जितना बड़ा झटका लगा उतना जेल में किसी और चीज़ को देखकर नहीं लगा था। "मैंने उससे उस ट्रैकसूट को हमेशा के लिए जला देने को कहा," अंका ने कहा। इसलिए उनके वकील और उनके परिवार के सदस्य उनकी घरेलू अलमारियों से कपड़े लेकर आए जिनके बारे में न सिर्फ़ तिहाड़ जेल में बल्कि क़ानूनदाँ लोगों के बीच भी ख़ासी चर्चा हुई। "तुमने अभिषेक को देखा है? वह अदालत में हर्मेस पहनकर आता है," एक वकील ने मुझे इन शब्दों में उसके बारे में बताया था। ऐसा नहीं है कि पटियाला हाउस या तीस हज़ारी ने रईस लोगों को हाज़िर होते नहीं देखा है, बात सिर्फ़ इतनी है कि बहुत कम होंगे जो अपनी जीवन-शैली को लेकर इसके पहले इस तरह इतराए होंगे। सँकरी गलियों, गलियारों में सुस्ताते कुत्तों और अपने खुले पेशाबघरों के साथ तीस हज़ारी इस क़िस्म के आगंतुकों के साथ मिलकर जो विषमता रचता है, वह लगभग अविश्वसनीय लगती है। ये तो उस तरह की जगह है जहाँ जब क़ानूनी रिपोर्टिंग करने वाली मेरी पत्रकार साथी बिना बाँहों वाला टॉप पहनकर चली गई थी, कोई उसपर चिल्लाया था, *"नंगी होकर क्यों घूम रही है?"*

उस नीरस माहौल में ली गई एक तसवीर है जिसमें अंका और अभिषेक अपनी पेशी के इंतज़ार में बैठे दिखाए गए हैं। वे लोग अदालत के कमरे के बाहर पड़ी लोहे की बेंच पर एक-दूसरे के बेहद क़रीब बैठे हुए हैं। अंका ने पीच शिफ़्ट ड्रेस, जो आधी जाँघों पर जाकर ख़त्म हो जाती है और काले पीप-टो हील्स को पहन रखा है और अभिषेक ने जींस और शर्ट पहन रखी है। उन कपड़ों के लेबल दूर से पहचाने नहीं जा सकते, लेकिन अभिषेक के पैरों के बीच दबा हुआ लुई वितों ऑफ़िस बैग आसानी-से पहचाना जा सकता है।

अंका कहती है कि जब वह अदालत आती है तो उसको ठीक ढंग से वेशभूषा पहनना पसंद है। "न्यायाधीश मेरे कपड़ों को नहीं मेरे केस को देख रहे होते हैं," वह कहती है, और वह अपनी स्थिति के पक्ष में जेल की नियमावली के एक उपनियम तक का हवाला देती है। नियम-पुस्तिका के 6वें अध्याय का 31वाँ पैरा 'कुछ ख़ास क़ैदियों का निजी संसाधनों से रखरखाव' कहता है : "सिविल क़ैदियों को अपना रखरखाव करने की इजाज़त होगी, और वे निर्धारित समय और दिनों में भोजन, वस्त्र, बिस्तर और दूसरी ज़रूरी वस्तुएँ ख़रीद सकेंगे या निजी स्रोतों से प्राप्त कर सकेंगे, लेकिन यह सब परीक्षण के और उन नियमों के अधीन होगा जिसको महानिदेशक का अनुमोदन प्राप्त हो।"

ये वो सामान्य नियम है जिसने अंका को जेल के भीतर अपनी डिज़ाइनर अलमारी के 'रखरखाव' के लिए सक्षम बनाया था। जेल के फ़ोटोग्राफर द्वारा लिए गए फ़ोटोग्राफ़ उसको क्रिसमस के दिन फ़ैशनेबुल वेरसाचे धूप का चश्मा और असली 24 कैरेट सोने के लीफ़-वर्क से युक्त लुई वितों वेजेज़ पहने हुए दर्शाते हैं। वह मुझे

बताती है कि ये चीज़ें 2015 के विंटर कलेक्शन की हैं। एक और फ़ोटोग्राफ़ उसको लेपर्ड प्रिंट ड्रेस में, और एक दूसरा फ़ोटोग्राफ़ तिहाड़ जेल के पुस्तकालय में उसको काली शिफ़्ट ड्रेस में दर्शाता है। दरअसल दो सालों तक तो वह जेल में अपनी ऊँची एड़ी की जूतियाँ भी रखती थी, लेकिन जेल के एक सुपरिटेंडेंट ने आकर उससे कहा कि उसकी ये जूतियाँ, ख़ासतौर से किसी दूसरे क़ैदी के साथ मारपीट होने की स्थिति में, ख़तरनाक साबित हो सकती हैं।

अंका का दावा है कि इस सबकी शुरुआत इसलिए हुई कि जेल की एक अधिकारी बहुत सारी रिश्वत चाहती थी। जब उसकी माँग पूरी नहीं हुई तो उसने सोनिया नाम की एक अपराधी को उसके साथ भिड़ा दिया। झगड़े की शुरुआत गालीगलौज़ से हुई और फिर मारपीट शुरू हो गई जिसमें उसने अंका का अँगूठा तोड़ दिया। घटना को यूँ ही नहीं छोड़ दिया गया बल्कि अंका के वकीलों और सास ने न सिर्फ़ पुलिस में इसकी एफ़आईआर दर्ज़ कराई बल्कि उन्होंने इस बारे में भारत के राष्ट्रपति को भी लिखा। अंका के अँगूठे में दो महीने तक प्लास्टर बँधा रहा, लेकिन जेल की उस अधिकारी का ट्रांसफ़र कर दिया गया और उसके ख़िलाफ़ विभागीय जाँच भी बिठाई गई। लेकिन अब अंका की ऊँची एड़ी की जूतियाँ ख़तरनाक घोषित हो गई थीं, और इसलिए 16 अप्रैल 2014 को उसने सुपरिटेंडेंट को लिखा :

> प्रिय मैडम,
>
> मैं एक यूरोपीय देश की रहने वाली हूँ और सीबीआई तथा प्रवर्तन निदेशालय के दो प्रकरणों में जेल नंबर 6 में आरोपी के तौर पर रह रही हूँ। मेरी सास के अलावा जो कि 73 बरस की हैं, हिंदुस्तान में मेरा और कोई रिश्तेदार नहीं है। मेरे पति भी मेरे ही जैसे प्रकरणों में तिहाड़ जेल में बंद हैं।
>
> जो सैंडिलें मैं जून 2012 से पहन रही थी वे पुरानी होकर जर्जर हो चुकी हैं, टूट चुकी हैं। बाहर मेरा कोई रिश्तेदार नहीं है जिससे मैं अपने लिए जूतियाँ मँगा सकूँ। इसलिए विनम्र निवेदन है कि मुझे मुलाक़ात के मार्फ़त बाज़ार से एक जोड़ी जूतियाँ हासिल करने की इजाज़त दी जाए।
>
> जो सामान मुझे मँगाना है उसका विवरण नीचे अंकित है :
>
> ब्रांड : मोची (वेजेज़ सैंडिल्स)
> साइज़ : 38
> रंग : गहरा पीला
> क़ीमत : 2500-3500 रुपये
> दुकान : मोची, साउथ एक्स्टेंशन स्टोर

इसके बाद वह उसी उपनियम को फिर से उद्धरित करती है और जूतियों की स्टाइल बताने के लिए अपने सहयोगी द्वारा ली गई दुकान की खिड़की की फ़ोटो आवेदन के साथ संलग्न करती है। जेल के नियमों के अनुसार आवेदन तुरंत मंज़ूर कर लिया जाता है, और इसी तरह वे बहुत सारी सुविधाएँ भी मिल जाती हैं, जिनका आवेदन वह जेल में अपने 'रखरखाव' के लिए करती है। कुछ आवेदन निजी विलासिता के रूप में देखे जा सकते हैं, जैसे कि उसके ब्लांड बालों को सुंदर शक्ल देने के लिए इलेक्ट्रिक ब्रश, लेकिन दूसरी चीज़ों के बार में उसका कहना था कि वे पूरी तरह अनिवार्य थीं। उदाहरण के लिए, पश्चिमी शैली के संडास के लिए उसकी लड़ाई। सामान्य तौर पर 'शौचालय' कोठरी के अंदर महज़ एक पेशाबघर होता है जिसमें कोई परदा नहीं होता। अंका और दूसरी स्त्रियाँ परदे के तौर पर अपने कपड़ों या चादर का इस्तेमाल करती थीं। लेकिन संडास की कमी के लिए अंका अपनी लड़ाई छोड़ने को तैयार नहीं थी। उसने अपने प्रकरण को जेल के डॉक्टर के ख़तों से मज़बूत बनाया। एस. एस. राठी ने एक पत्र दिया था जिसमें कहा गया था कि "उसको उकड़ूँ बैठने से बचना चाहिए" क्योंकि उसके घुटनों में सूजन थी। इस तरह अंततः, अपनी दूसरी क़ानूनी लड़ाइयों के साथ-साथ, उसने आराम से फ़ारिग़ होने की लड़ाई भी जीत ली। इसके लिए, उसे सिर्फ़ जेल के अधिकारियों या ज़िला अदालत से ही याचना नहीं करनी पड़ी बल्कि दिल्ली उच्च न्यायालय में भी कई बार दलीलें देनी पड़ीं। इसमें उसको दो साल लग गए लेकिन अंततः उसकी जीत हुई, और इसका अतिरिक्त फ़ायदा यह हुआ कि उस संडास का इस्तेमाल चूँकि कोई और नहीं करना चाहता था इसलिए वह लगभग अकेले ही उसकी मालकिन थी।

8 फुट गुणा 10 फुट की कोठरी की उस जगह में अंका का महँगा सामान था - स्टार वर्ल्ड प्रीमियर समेत 27 चैनलों से युक्त 14-इंच का एक एलसीडी टीवी। जेल आने के महीने भर बाद हाथ के लिखे एक नोट में अंका वादा करती है कि वह जब जेल से जाएगी तो उस टेलिविज़न सैट को जेल के लिए भेंट कर देगी। इसकी इजाज़त तुरंत मिल गई, और हाई प्रोफ़ाइल क़ैदियों के साथ के मेरे साक्षात्कारों में यह बात स्पष्ट है कि यह कोई असामान्य बात नहीं है। अगर आपकी हैसियत है तो चीज़ आपकी हो सकती है। "मैं ये बात हमेशा कहती हूँ, जेल ग़रीब लोगों के लिए नर्क है," अंका कहती है।

❙❙❙❙

अंका को इलेक्ट्रिक हेयर ब्रश ख़रीदने की इजाज़त देने वाले ख़त की बग़ल में एक नोट डिप्टी सुपरिटेंडेंट का है जो कहते हैं कि उसे 'ब्यूटी पार्लर' में रखा जाना चाहिए। यह सोचकर अजीब लगता है कि क़ैदियों को पार्लर का आनंद लेने की

छूट दी जाती है, लेकिन वह दरअसल एक ऐसी जगह थी जहाँ अपराधी काम कर सकते थे और ऐसे हुनर सीख सकते थे जिसका इस्तेमाल वे जेल छोड़ने के बाद कर सकते थे। अंका जैसे क़ैदी, जिनको अपने सौंदर्य-प्रसाधनों का इस्तेमाल करने के लिए अदालत की अनुमति मिल गई थी, उन तमाम चीज़ों को इस जगह पर रखती थीं और उनका इस्तेमाल करती थीं - शैम्पू, शॉवर जैल, हेयर कलर, और कोई भी ऐसी चीज़ जिसका शुल्क वे क़ैदी के निजी खाते से ले सकते थे।

वहाँ काम करने वाली एक औरत वह थी जिसने अभिषेक की आशंका को सही साबित कर दिया था। मैडम ज़ोरा एक जाने-माने गिरोहबाज़ की बीवी थी और वह अंका के तिहाड़ आने के तुरंत बाद उससे इस आश्वासन के साथ मिलने आई थी कि वह अपनी ज़रूरत के मुताबिक़ उसका सेलफ़ोन या कोई भी दूसरी चीज़ उससे लेकर उसका इस्तेमाल कर सकती थी। वह एक षड्यंत्र के प्रकरण में आठ सालों से भी ज़्यादा समय से तिहाड़ में रह रही थी। "मैंने अपने हाथ बाँधे और उससे कहा कि मुझे किसी भी चीज़ की ज़रूरत नहीं है," अंका ने बताया। लेकिन उसने याद किया कि ज़ोरा जेल के भीतर अपने तमाम सुनियोजित अपराधों के बावजूद भयानक रूप से परेशान और अंतर्द्वंद्व की स्थिति में रही थी। उसके हाथों पर जगह-जगह ख़ुद के द्वारा किए गए घावों के निशान बने हुए थे।

बहुत-सी औरतें ऐसी थीं जिनके पास जेल में अंका जैसे साधन नहीं थे, न पड़ोस के लॉकअप में ऐसा प्रभावशाली पति जो जेल के अधिकारियों पर अपनी शर्तें आरोपित कर सकता, न वकीलों की फ़ौज। ऐसी औरतों के लिए जेल का अकेलापन एक-दूसरे की ओर आकर्षित करता लगता था। इस्मत चुग़ताई की कहानी *रजाई* की याद दिलाने वाला एक क़िस्सा सुनाती हुई अंका औरतों की जेल की 'जोड़ीदारों' की चर्चा करती है। समझा जाता है कि सुपरिटेंडेंट के पास 22 ऐसी औरतों की फ़ेहरिस्त थी जिन्होंने अपनी जोड़ियाँ बना रखी थीं। यह फ़ेहरिस्त इसलिए बनाई गई थी क्योंकि मैट्रन ने एक लड़की को रँगे हाथ पकड़ लिया था, और उसने दूसरी जोड़ियों के नाम उगल दिए थे। उनमें से कुछ ने आपस में अंतरंगता के कुछ पल बिताए थे जिनको पकड़ लिया गया था और उनकी चर्चा सब लोगों के बीच फैला दी थी। चूँकि जेल में बत्तियाँ कभी नहीं बुझाई जातीं, ये औरतें रोशनी को धीमा करने के लिए अख़बारों का इस्तेमाल करती थीं।

उदाहरण के लिए दो औरतें ऐसी थीं जो कुछ समय के लिए अंका के साथ उसके वॉर्ड में रही थीं। वे 45 और 20 की उम्र की थीं, और अंका ने उनको एक सुबह एक-दूसरे को सहलाते देख लिया था। जब उसको किसी और दिन भी इसी तरह का संदेह हुआ तो उसने कहा कि अगर वे ये हरक़तें जारी रखना चाहती हैं तो वे किसी दूसरी कोठरी में चली जाएँ। "उन्होंने मुझसे कहा कि मेरे भेजे में गंदगी भरी हुई है। मैंने कहा, हो सकता है मेरे दिमाग़ में गंदगी भरी हो लेकिन वो दिखाई

नहीं देती। वे लोग जो कर रही थीं वो साफ़ दिख रहा था!" अंका की शिकायत के बाद उनमें से एक को वहाँ से हटा दिया गया, लेकिन पता चला, जैसे ही सबेरे ताले खुलते, वह उस दूसरी स्त्री की कोठरी में चुपचाप घुस जाती थी।

इस घटना को ख़ासी संजीदगी से लिया गया क्योंकि एक दोपहर सुपरिटेंडेंट ने इंटरकॉम पर तमाम जोड़ीदारों के नाम पुकारे। ऑफ़िस में हुई बैठक में सुपरिटेंडेंट ने किंचित दो टूक शब्दों में पूछा, "क्या वो तुम्हारी गर्लफ्रैंड है?" जिस एक सुझाव पर गंभीरता से विचार किया गया वो ये था कि, बजाय इसके कि उनको अलगाया जाए और इसलिए उनको अपमानित होना पड़े, उन सारी-की-सारी 22 स्त्रियों को एक ही बैरक में भेज दिया जाए। उद्देश्य ये था कि बाक़ी लोगों को उनके बारे में शिकायत करने से रोका जा सके। दूसरा विकल्प कोठरी की साप्ताहिक जाँच के दौरान उनको हतोत्साहित करने का था। उनसे कहा जाता कि वे सुनिश्चित करतीं कि वे एक ही जगह पर न सोएँ।

"मैं नहीं समझती कि वे सब-की-सब लेस्बियन थीं, उनमें से ज़्यादातर महज़ ऊबी हुई थीं।"

कुछ महीनों बाद, अक्टूबर 2016 में, अंका का पति अभिषेक एक बार फिर जेल से बाहर था। जिस दौरान वह ज़मानत पर थी और वह अंदर था, वह उसको सुपरिटेंडेंट के ऑफ़िस से नियमित रूप से फ़ोन किया करता था। यह उन अतिरिक्त लाभों में से एक था जो ढेरों प्रभावशाली दोस्तियों के नाते उसको मिले हुए थे। जिस रात वह रिहा हुआ, दोनों ने बॉलीवुड अभिनेता राजपाल यादव के साथ मौर्या शेरेटन में बुखारा रेस्तराँ में रिहाई के जश्न का डिनर लिया। राजपाल ने जेल में 10 दिन बिताए थे क्योंकि वह एक व्यापारी से लिया गया 5 करोड़ रुपये का क़र्ज़ नहीं चुका पाया था। बावजूद इसके कि उसको जेल में ज़्यादा लंबा समय नहीं बिताना पड़ा था, अभिषेक ने जेल में उसके दिनों को आरामदायक बनाया था। इसीलिए वह उसकी रिहाई पर हवाई यात्रा कर उससे मिलने आ गया था। कारावास में होने की यही ख़ासियत है - वहाँ जो रिश्ते और स्मृतियाँ आप रचते हैं, वे ज़िंदगी भर आपके साथ बने रहते हैं।

5

आतंकवादी की दुल्हन

बीए पास सुन्नी लड़की, शाहनाज़-डिप्लोमा और कम्प्यूटर का ज्ञान, स्मार्ट, छरहरी, 32/5'3" इज्ज़तदार उच्च जाति। पश्चिमी उत्तर प्रदेश निवासी ख़ानदान। जल्द शादी। विधुर भी आवेदन कर सकते हैं।

दहेज़ के इच्छुकों से मुआफ़ी। सम्मानित, ठीक तरह से आत्मनिर्भर, मिलनसार, स्नेहिल, शराब से गुरेज़ रखने वाला मज़हबी व्यक्ति अपेक्षित।

फ़ोन सम्पर्क - सेफ़िया (011XXXX223)/ पत्र व्यवहार बॉक्स नं. डीईबी 145 सी

टाइम्स ऑफ़ इंडिया, नई दिल्ली - 110002

यह वैवाहिक विज्ञापन *टाइम्स ऑफ़ इंडिया* में अक्टूबर 2000 में प्रकाशित हुआ था और जब रहमाना इसको आज पढ़ती है, तो उसको काग़ज़ के उस पीले पड़ चुके टुकड़े को देखने की भी ज़रूरत नहीं पड़ती जिसको उसने सावधानी से बचाकर रखा है। वह सारे शब्दों को पहचानती है और वह ख़ासतौर से 'मज़हबी' पर ज़ोर देती है। उसने न सिर्फ़ उस अख़बार को बचाकर रखा है जहाँ वह छपा था, बल्कि उस वर्गीकृत प्रभाग की रसीद को भी सँभालकर रखा है जो साबित करती है कि उन्होंने हर इतवार को प्रकाशित होने वाले मैट्रीमोनियल सप्लीमेंट में उसको छपाने के लिए 3,380 रुपयों का भुगतान किया था। 16 साल हो चुके हैं लेकिन रहमाना काग़ज़ के इन टुकड़ों को कभी नहीं फेंकेगी। ये वे टुकड़े हैं जिनकी मदद से वह जेल से बाहर आ सकी और 2007 में निर्दोष करार दी गई थी। यही वह चीज़ भी थी जिसकी वजह से उसको जेल जाना पड़ा था।

दिल्ली के जामिया नगर में क़द्री मस्जिद के क़रीब उसके घर में रहमाना के पास ऐसे बहुत-से काग़ज़ के पुरज़े हैं जो तमाम तरह के फ़ोल्डरों और नोटबुकों में सँभालकर रखे हुए हैं। उसको दूसरी मंज़िल के एक कमरे वाले इस किराये के

मकान में रहते हुए तीन साल से ज़्यादा हो चुके हैं लेकिन ऐसा लगता है जैसे वह यहाँ अभी-अभी आई हो। दूध की एक पतीली है जिसको उबलने के बाद ठंडा करने के लिए फ़र्श पर रखा गया है। एक बिस्तर है जो काम करने की जगह के रूप में भी इस्तेमाल में आता है जिसपर उसके सारे फ़ोल्डर पड़े हुए हैं। उसके ऊपर की तरफ़ एक रैक है जिसमें ऐसी ही बहुत सारी नोटबुक्स और काग़ज़ रखे हुए हैं। रहमाना अभी भी उसी तरह छरहरी है जिस रूप में उन तमाम सालों पहले उसको उस विज्ञापन में बताया गया था लेकिन वह अपनी आज की 48 साल की उम्र के मुक़ाबले कहीं ज़्यादा उम्र की लगती है। जब वह बोलती है तो उसकी कमज़ोर आवाज़ ऐसी लगती है जैसे वह अभी-अभी रोती रही हो। जैसे-जैसे आप उसको जानना शुरू करते हैं, आपको अहसास होता है कि ऐसा इसलिए है क्योंकि रहमाना लगातार रोती रहती है, उसकी बड़ी-बड़ी आँखें भरी रहती हैं। उसका कमरा उसकी जेल की कोठरी के मुक़ाबले थोड़ा बड़ा हो सकता है लेकिन वह आज भी उन वर्षों के शोक की गिरफ़्त में है जो उसने जेल में बिताए हैं।

"हमें उस विज्ञापन के बहुत-से जवाब मिले थे। तीन हफ़्तों तक हमें फ़ोन और ख़त आते रहे।" अपनी छलछलाती आँखों के साथ वह किसी तरह बीच-बीच में एक फीकी-सी मुस्कराहट चेहरे पर ले आती है। नियति भी विचित्र ढंग से लोगों को एक-दूसरे के क़रीब ले आती है, जिस तरह मुरादाबाद के महाराजा हरिश्चंद्र कॉलेज से बीए (पास) यह स्त्री आरिफ़ से मिली थी, जो अबोटाबाद का रहने वाला एक पाकिस्तानी है और जो दिल्ली के लाल क़िले में गोली चलाने और दो सैनिकों तथा एक नागरिक को मारने के अपराध में मौत की सज़ा का इंतज़ार कर रहा है। यह भी उन दुर्भाग्यपूर्ण दुर्घटनाओं में से एक है जहाँ अगर महज़ एक छोटी-सी घटना में हेरफेर हो गया होता तो स्थितियाँ बिलकुल ही भिन्न होतीं। रहमाना लगातार आगे-पीछे हिलती रहती है क्योंकि ऐसा करने से उसको अपनी पीठ के दर्द से राहत मिलती है, और यह उसके वश में नहीं है कि वह बार-बार एक ही बात कहती है, काश।

मुरादाबाद से जेल तक का सफ़र

मुमकिन है इसकी शुरुआत 1997 में ही हो गई हो जब रहमाना स्नातक पास करने के बाद अपनी बहन के पास रहने दिल्ली आ गई थी। आज उसकी ज़िंदगी जिस शक्ल में दिखती है उससे आप यह बात नहीं कह सकते लेकिन वह एक ऐसे परिवार से है जिसमें उसके चार और भाई-बहन थे - तीन बहनें और एक भाई। "मेरे अलावा मेरे परिवार का हर व्यक्ति सम्पन्न है।" जब वह अपने लश्कर-ऑपरेटिव पति को पनाह देने, छिपाने और उसकी मदद करने के जुर्म में जेल गई तो उसने अपने सारे भाई-बहनों को खो दिया। लेकिन 1997 में उसके सामने उसकी ज़िंदगी पड़ी थी और वह अपनी बहन के पास आ गई थी जोकि एक पेशेवर महिला थी

और दक्षिण दिल्ली के सॉफ़ीटेल होटल में काम करती थी।

"उनके नाम मत लिखिए," रहमाना को इस बात का अहसास है कि उसने पहले ही अपने साथ जुड़े हर व्यक्ति की ज़िंदगी में ख़ासी मुश्किलें खड़ी की हुई हैं। उसकी एक बहन को, जो भोपाल में एक सरकारी स्कूल में अध्यापिका है, यह आशंका है कि रहमाना की वजह से उसकी बेटी को अच्छा रिश्ता मिलने की संभावना ख़त्म हो गई है। रहमाना से एक साल छोटा उसका भाई इस सारे घटनाक्रम से आज भी दिमाग़ी तौर पर विचलित है। रहमाना ने भले ही आरिफ़ से शादी की थी लेकिन वे सब दिसंबर की एक रात पुलिस थाने में घसीट ले जाए गए थे।

"मैं शाहनाज़ हुसैन कोर्स करना चाहती थी और मैंने अपने को पूरी तरह उसी में डुबा रखा था।" पूर्व दिल्ली स्थित ग़ाज़ीपुर के अपनी बहन के फ़्लैट में रहते हुए रहमाना ने जल्दी ही दिल्ली में घूमना-फिरना सीख लिया था। वह रोज़ बस से डिप्लोमैटिक एन्क्लेव में माल्चा मार्ग जाती और सुबह 9 से शाम होने तक लगातार काम करती रहती। उसको यह बहुत अच्छा लगता था, लेकिन ब्यूटीशियन का हुनर सीखने के साथ-साथ उसको पीठ की गंभीर समस्या ने भी घेर लिया। यह उसकी ज़िंदगी में एक महत्त्वपूर्ण चीज़ थी क्योंकि इसी से यह तय होने वाला था कि वह किससे शादी कर सकती थी, या यह कि उसको कमतर से ही संतोष करना पड़ता क्योंकि वह पूरी तरह से तंदुरुस्त नहीं थी।

"मैं इतवार के रोज़ भी काम करती, इस काम के सिलसिले में कई-कई घंटे खड़े रहना पड़ता था। मैं अपने आपको व्यस्त रखने की कोशिश करती लेकिन मैंने अपनी तंदुरुस्ती के प्रति लापरवाही बरती।" एक ग्राहक ने उसको अपनी पीठ की जाँच कराने के लिए ज़ोरदार भाषण पिलाया और रहमाना ने पाया कि उसको स्लिप्ड डिस्क की समस्या थी। वह अपने काग़ज़ों के ख़ज़ाने में हाथ डालती है और मेरे सामने अपना सारा चिकित्सीय इतिहास निकालकर रख देती है। इनमें से कुछ दस्तावेज़ मध्य दिल्ली स्थित स्पाइनल इंजुरीज़ सेंटर के हैं जहाँ वह सबसे पहले गई थी।

"जब उन्होंने मेरी जाँच की, तो उन्होंने मुझसे पूछा कि मैं वहाँ तक चलकर भी कैसे पहुँच गई थी?" समस्या गंभीर थी लेकिन डॉक्टर ने यह भी वादा किया कि अगर वह सर्जरी करा लेती है तो वह छह महीनों के भीतर बिलकुल ठीक हो जाएगी। इतनी ठीक कि शादी भी कर सकेगी। "आप 12 बच्चे पैदा कर सकेंगी, उसने कहा," वह इसपर ज़ोर देती है क्योंकि जब पुलिस ने रहमाना के ख़िलाफ़ प्रकरण को साबित करने की कोशिश की थी, तो उन्होंने कहा था कि वह षड्यंत्र का हिस्सा थी क्योंकि सिवा इसके और क्या वजह हो सकती थी जो आरिफ़ जैसा एक अपेक्षाकृत नौजवान किसी ऐसी औरत से शादी करता जोकि बच्चे भी पैदा नहीं कर सकती थी।

अभियोजन पक्ष का केस यह था कि आरिफ़ ने उसकी बीवी बनने और लाल क़िला हमला मामले में उसकी सह-षड्यंत्रकारी बनने के लिए उसको 2.8 लाख रुपये दिए थे। उसके एक कमरे के मकान में सहारा लेकर चलने के लिए एक छड़ी अब भी एक कोने में टिकी हुई है, और उस छड़ी की ओर देखती हुई रहमाना याद करती है कि किस तरह भावी आतंकवादी उसका पति बना था।

टाइम्स ऑफ़ इंडिया का वह विज्ञापन उसकी सेहत सही होने के तुरंत बाद की घटना थी। उसकी सेहत को देखते हुए उसके परिवार को कुछ रियायतों की गुंजाइश देनी पड़ी थी। उन्होंने पहले किसी 'विधुर' से शादी करने की पेशकश न की होती लेकिन उन्होंने ऐसा इसलिए किया क्योंकि रहमाना का एक बड़ा ऑपरेशन हो चुका था और परिवार के लोग इस बारे में ईमानदारी बरतना चाहते थे। विज्ञापन 8 अक्टूबर को प्रकाशित हुआ था और अशफ़ाक़, जैसा कि उसने अपना नाम ज़ाहिर किया था, उन कुछ लोगों में से एक था जिन्होंने विज्ञापन के जवाब में उनसे संपर्क किया था। जब उसने उनके दिए हुए नंबर पर फ़ोन किया, तो उसने बताया कि वह ओखला में रहता था, वह जगह जो वहाँ से बहुत दूर नहीं है जहाँ पर वह अब रहती है। "दरअसल हम लोगों ने सोचा था कि हम पहले दूसरों से मिलेंगे और उससे बाद में मिलेंगे क्योंकि वह तो क़रीब ही रहता था।"

इसलिए लगभग एक महीने तक दूसरों से मिलने के बाद आरिफ़ उर्फ़ अशफ़ाक़ उनसे मिलने आया। रहमाना याद करती है कि उसकी बहन उसको लेने बस स्टॉप तक गई थी और उसको लिवाकर घर आई थी। वह यह भी याद करती है कि इस अच्छी तरह हज़ामत किए चेहरे वाले व्यक्ति में कुछ ऐसा था जो उसको वाक़ई पसंद आया था। "वह नीची नज़रें करके फ़र्श पर बैठ गया। मैं चाय लेकर आई और उसने तब भी सिर उठाकर नहीं देखा।" रहमाना तो यह तक ठीक से नहीं समझ सकी कि वह उसका होने वाला दूल्हा था। "वह भला और शरीफ़ लगता था।" उसकी बहन ने उसके अतीत की जाँच की और उसके पड़ोसी ने भी बताया कि वह काफ़ी भला आदमी था। आरिफ़ ने उनको बताया कि वह एक कम्प्यूटर सेंटर का मालिक था, मूलतः जम्मू का रहने वाला था, उसके पिता मर चुके थे और उसकी माँ सौतेली माँ थी। जैसा कि कहा जाता है, क़िस्मत अजीबो-ग़रीब खेल खेलती है। यह संयोग ही था कि रहमाना की भी एक सौतेली माँ थी और इसलिए उसने ख़ुद को उसके साथ और भी क़रीबी पाया। लेकिन उसने एक बेहद मुख्य बात छिपाई। "उसने कभी नहीं बताया कि वह एक पाकिस्तानी था।"

उसकी पृष्ठभूमि की आधी-अधूरी जाँच हुई और दिसंबर के पहले सप्ताह में उनका निकाह हो गया। इसके पहले कि उसकी विदाई होती, रहमाना की दुनिया उल्टी हो गई। 22 दिसंबर 2000 को दिल्ली के ऐतिहासिक लाल क़िले में उस जगह गोलियाँ चलीं जहाँ हिंदुस्तानी सेना की एक टुकड़ी तैनात थी। बीबीसी के ऑफ़िस

में एक फ़ोन कॉल की रिपोर्ट के बाद पुलिस ने घोषणा की कि वह आतंकवादी गुट लश्कर-ए तैयबा (एलईटी) द्वारा किया गया हमला था। लाल क़िले के ठीक बाहर एक मोबाइल नंबर लिखा हुआ कागज़ का एक टुकड़ा मिला जो पुलिस को आरिफ़ तक ले गया। बचाव पक्ष का कहना था कि वह कभी मोबाइल रखता ही नहीं था लेकिन यही वह चीज़ थी जिसकी अदालत ने पुष्टि की और यही वह चीज़ थी जो पुलिस को 25 दिसंबर की रात गाज़ीपुर ले गई।

"मेरी *रुख़सत* अभी तक नहीं हुई थी। एक तरह से मेरी *विदाई* जेल में हुई। *मेहंदी* नहीं, उन्होंने मेरे हाथों में *कालिख* पोती।"

जैसा कि रहमाना याद करती है, वह रमज़ान का पाक महीना था और उसे और उसके पति से शारीरिक संबंध स्थापित कर अपने विवाह को उसकी पूर्णता तक पहुँचाना बाक़ी था। उनको अभी अपने पैर जमाने थे और अशफ़ाक के घर जाना था, इसलिए अपनी बहन के छोटे-से फ़्लैट में, जहाँ अभी भी शादी की गंध बसी हुई थी और कुछ रिश्तेदारों के यहाँ से खाने-पीने का सामान आया हुआ था, वे लोग दूल्हे के काम से लौटने का इंतज़ार कर रहे थे। प्रीत विहार में रहने वाली रहमाना की चाची को भी अपने भाई के लिए भावी वधू मिल गई थी, इसलिए वह ख़ुशी का माहौल था और हालाँकि अशफ़ाक और रहमाना एक-दूसरे के लिए अजनबी थे तब भी वातावरण में आत्मीयता थी।

"मुझे याद है कि वह घर में मेरे पीछे घूमता रहता था। उस दिन भी, वह मेरे पास आया और उसने कहा कि वह खाना खाकर आया है।" वह रात के 10.30 का वक़्त था और जब रहमाना गुसलख़ाने से बाहर निकली और उसने बाहर नज़र डाली तो उसको जैकेटें पहने तीन आदमी दिखाई दिए, जो उनके फ़्लैट की ओर ताक रहे थे । उसे लगा कि वे लुटेरे हैं इसलिए उसने जल्दी-से दरवाज़े को अंदर से बंद कर लिया, और जब उसने दूसरे लोगों को यह बात बताई तो वे सभी डर गए। वे दुबके हुए थे कि तभी उन्होंने उन आदमियों को उनके अहाते के भीतर छलांग लगाते देखा जो अंदर कूदते ही चिल्ला रह थे, "दरवाज़ा खोलो!" ये वो घर था जहाँ अभी-अभी एक शादी हुई थी, *शादी का घर* और इसलिए स्वाभाविक ही वहाँ कुछ गहने-जेवर और नक़दी मौजूद थी। उनके दिमाग़ में जो पहला ख़याल आया वो ये था कि वे लोग 'सरिया मार गिरोह' के लोग हैं। यह गिरोह, जैसा कि उसके नाम से ज़ाहिर है, उन लोहे के सरियाओं के लिए जाना जाता था जिनका इस्तेमाल वे अपने शिकारों के घरों को लूटने से पहले उनको मारने के लिए किया करते थे। वे *'कच्छा बनियान गिरोह'* की तरह होते हैं जो राजधानी के बाहरी हिस्सों तथा पूर्वी उत्तरप्रदेश में सक्रिय हैं और जिनका काम करने का तरीक़ा ये है कि वे कच्छा-बनियान पहने आते हैं और जिस परिवार को लूटते हैं उसके परिवार के सदस्यों को पीटते हैं। कभी-कभी वे घर की औरतों के साथ बलात्कार भी करते हैं।

रहमाना और उसकी चाची दहशत में थीं। उन्होंने 100 नंबर डायल किया लेकिन फ़ोन नहीं लगा। उन्होंने सोफ़ीटेल होटल में रहमाना की बहन को फ़ोन लगाने की कोशिश की लेकिन तब उनको अहसास हुआ कि उनका फ़ोन कटा हुआ था। तब तक उनका दरवाज़ा क़रीब-क़रीब टूट चुका था। “मैंने दरवाज़े की सिटकनी खोल दी क्योंकि मैं जानती थी कि अगर मैं वैसा न करती तो वे हमपर गोली चला देते। आज वापस मुड़कर देखते हुए मैं सोचती हूँ कि उन्होंने एनकाउंटर कर दिया होता।”

जो चीज़ रहमाना नहीं जानती थी वह ये थी कि वे कोई लाठियाँ भाँजने वाले गुंडे नहीं थे। ये दिल्ली पुलिस का विशेष प्रभाग था। उन्होंने तुरंत ही आरिफ़ और रहमाना के भाई को पकड़ा और उनको दूर ले गए। घर की औरतों - रहमाना और उसकी चाची - से मुँह बंद रखने को कहा गया। उनको अलग एक तरफ़ ले जाया गया। अगर आप पुलिस की कोई भी नियमावली देखें, तो वह सर्वोच्च न्यायालय द्वारा तय किए गए डी. के. बसु दिशा-निर्देशों के बारे में बताते हैं जिनका ताल्लुक़ उन बुनियादी नियमों से है जिनका पालन गिरफ़्तारी के वक़्त अनिवार्य माना गया है। पुलिस अधिकारियों के लिए ज़रूरी है कि वे अपनी पहचान उजागर करें, और गिरफ़्तारी के स्थल और समय को दर्ज़ करने के लिए गवाहों को साथ रखें। इन नियमों का हमेशा पालन नहीं होता और रहमाना के मामले में तो यह निश्चय ही नहीं हुआ।

जो बात और भी चौंकाने वाली है वो यह है कि जहाँ इन प्रक्रियाओं की आमतौर से उपेक्षा की जाती है, वहीं पुलिस अधिकारी इस बात के प्रति चौकस होते हैं कि स्त्रियों से पूछताछ करने या उनको गिरफ़्तार करने के मामले में वे उचित दिशा-निर्देशों का पालन सुनिश्चित करें। रहमाना के मामले में, कोई महिला कॉन्स्टेबल मौजूद नहीं थी और इसलिए यह पूरी तरह से क़ानून का उल्लंघन था। हालाँकि स्त्रियों को सूर्यास्त से लेकर सूर्योदय तक की अवधि में हिरासत में लिए जाने की इजाज़त नहीं है, लेकिन रहमाना और उसकी चाची को, और बाद में उसकी बहन को पकड़कर पुलिस थाने में ले जाया गया।

लोधी रोड स्थित पुलिस थाने में उनकी मुलाक़ात कुख्यात पुलिस मुठभेड़ विशेषज्ञ एसीपी राजबीर सिंह से हुई। जिस तरह मुंबई में एनकाउंटर पुलिसकर्मियों की एक नस्ल है उसी तरह दिल्ली का भी अपना दस्ता है। एसीपी राजबीर सिंह उनका नेतृत्व कर रहे थे। चाहे वह दिल्ली के अंसल प्लाज़ा का एनकाउंटर रहा हो या दूसरे कथित रूप से लश्कर के दलालों को मार गिराने के अवसर रहे हों, इनका श्रेय लेने राजबीर हमेशा मौजूद रहते थे। बदक़िस्मती से, मार्च 2008 में राजबीर उनके अपने साथी की गोली से मारे गए क्योंकि बताया जाता है कि वह राजबीर द्वारा की जाने वाली पैसे की माँग से तंग आ गया था।

रहमाना की पूछताछ उसके सिर पर एक थप्पड़ के साथ शुरू हुई। "तुम आरिफ़ को कैसे जानती हो?" उन्होंने उसकी बहन के सिर पर भी आघात किया। इस नुक़्ते पर रहमाना को ज़रा भी अनुमान नहीं था कि क्या हो रहा था, कि उसके पूरे परिवार को पुलिस ने क्यों पकड़ लिया था। वह तो सिर्फ़ इतना जानती थी कि वह एक नई-नवेली दुल्हन थी और किसी वजह से वह पुलिस थाने में घसीट लाई गई थी। "जब मैं कुछ जानती ही नहीं थी, तो बताती क्या?" लेकिन, धीरे-धीरे पुलिस ने उसको बुरी ख़बरें दीं - ये कि उसका पति जम्मू का रहने वाला नहीं था जैसा कि उसका कहना था, बल्कि वह पाकिस्तान का था। जो नक़दी और ज़ेवरात उनके घर से ज़ब्त किए गए थे वे किन्हीं गिरोहबाज़ों द्वारा नहीं लूटे जा रहे थे बल्कि उनको 'आतंकवादी गतिविधियों के लिए निधि जुटाने के साधनों' के रूप में पेश किया जाने वाला था। अगर वह ख़ुद को और अपने परिवार को बचाना चाहती थी तो उसको तुरंत पुलिस की मदद करना ज़रूरी था। बताया जाता है कि राजबीर ने उससे कहा : "तुम्हारे प्रति मेरी सहानुभूति है क्योंकि तुम हिंदुस्तानी हो।" यह साबित करने के लिए कि वह हिंदुस्तानी थी और अपने मुल्क के ख़िलाफ़ जेहाद में मुब्तिला नहीं थी, राजबीर चाहते थे कि वह अपने पति के विरुद्ध बयान देती और अपने को उससे अलग कर लेती। यह नई नवेली दुल्हन अभी अपने पति के घर तक नहीं गई थी और उससे अपने पति से तलाक़ लेने को कहा जा रहा था। जब वह उस दिन की घटनाओं को बयान करती है तो रहमाना अपनी कशमकश की कैफ़ियत देती है और उस चीज़ की भी जिसने उस कशमकश को और भी मुश्किल बना दिया था। "उन लोगों ने कहा कि वह उस हमले के लिए ज़िम्मेदार था, लेकिन हमले वाले दिन वह मेरे साथ था। वह शुक्रवार का दिन था और काज़ी तक ने उसको नमाज़ के दौरान देखा था।"

यह कैफ़ियत रहमाना के दिल और रूह में इस क़दर जड़ें जमाए हुए है कि वह आज भी उसपर अडिग है। ये वो चीज़ थी जो उसने उस रात कुछ पुलिस अधिकारियों के द्वारा पीटे जाने के दौरान महसूस की थी, जब उसको पता चला था कि उसका पति जम्मू का रहने वाला नहीं था, जैसा कि उसका दावा था। यह आज भी सही है जब वह बाहर आज़ाद है और आरिफ़ को मौत की सज़ा से बचाने के लिए लड़ रही है। जब वह अपने नए पति के साथ वफ़ादार बने रहने और उसका पक्ष लेने का फ़ैसला कर रही थी तब वह ख़ुद को अपने परिवार से भी अलग कर रही थी - अपने उस भाई से जिसे इसके लिए यातना दी गई थी।

रहमाना अपने उस भाई के बारे में बात करते हुए रो पड़ती है जो उसकी शादी के बाद अपनी शादी की बाट जोह रहा था लेकिन जो 16 बरस बीत जाने के बाद आज भी कुँवारा है। *"पेशाब की जगह पर टॉर्चर किया।"* पूरी रात ये चलता रहा। उन सब को हिरासत में रखा गया। लेकिन 24 घंटे बाद परिवार को रिहा कर

दिया गया और रहमाना को समझ में आया कि उसको रोका जाने वाला है और औपचारिक तौर पर गिरफ़्तार किया जाने वाला है। वह तभी समझ गई कि उसका परिवार उन लोगों को इस मुश्किल में डालने के लिए आरिफ़ से भयानक नाराज़ था। वे लोग उससे छुटकारा पाने के लिए कुछ भी करने को तैयार थे, लेकिन रहमाना ने कहा, "मुझे कोई परवाह नहीं थी कि सबके साथ क्या हुआ।" बहुत बाद में, जब उसकी बहन इस सदमे से काफ़ी बाहर आ चुकी थी, वह उसके पास आई और उसने वे सारे भयानक क़िस्से बताए और बताया कि उनमें से हरेक को किन हालातों से गुज़रना पड़ा था कि किस तरह उसकी बहन को पिस्तौल दिखाकर धमकाया गया था। जिस तरह रहमाना से आरिफ़ के ख़िलाफ़ बयान देने को कहा गया था, उसी तरह उसकी बहन से भी दस्तख़त कराए गए थे। "उसने कहा कि आप जिस किसी भी चीज़ पर कहेंगे मैं दस्तख़त कर दूँगी।" गिरफ़्तारी के दिशा-निर्देश और फ़िल्में हमेशा ये दिखाती हैं कि किस तरह आरोपी से क़ानूनी मदद की पेशकश की जाती है लेकिन इस मुक़ाम पर कोई नहीं था। आपको खड़े-खड़े देखते रहना था और जो कुछ पुलिस करने को कह रही थी वह करना था या फिर नतीजे भुगतने को तैयार रहना था।

जेहाद के लिए जेल में

जब आप आरिफ़ और रहमाना के प्रकरण से संबंधित दस्तावेज़ों और फ़ैसलों को पढ़ते हैं तो कई ऐसे सवाल हैं जिनके जवाब नहीं मिलते, बावजूद इसके लश्कर के एक आतंकवादी के रूप में आरिफ़ की अपराध-सिद्धि की उच्चतर अदालत द्वारा ताईद की गई और इस तरह पुलिस द्वारा गढ़ा गया क़िस्सा उचित ठहराया गया। पुलिस का कहना है कि आरिफ़ कश्मीर पर भारत के क़ब्ज़े के ख़िलाफ़ लड़ने के लिए पाकिस्तान में प्रशिक्षित किया गया था। वह 1999 में लाल क़िले पर हुए हमले के एक साल पहले हिंदुस्तान आया था, और दूसरे षड्यंत्रकारियों के साथ श्रीनगर में रहा था जहाँ उन लोगों ने हिंदुस्तान के ख़िलाफ़ षड्यंत्र रचा था। पुलिस का यह भी तर्क था, जिसपर उच्च न्यायालय ने विश्वास नहीं किया, कि रहमाना ने यह जानते हुए आरिफ़ से शादी की थी कि वह एक पाकिस्तानी था और वह आतंकवादी हमला करने वाला था। बताया गया कि उसने ऐसा इसलिए किया क्योंकि आरिफ़ ने उसको ख़ासी रक़म दी थी और फिर उसने आरिफ़ को अपने फ़्लैट में रहने दिया।

पुलिस के मुताबिक़, यह मुल्क के ख़िलाफ़ 'जेहाद छेड़ने' के लिए हवाला का पैसा है। पुलिस ने उनके समूचे विवाह पर संदेह किया और उसको हर दस्तावेज़ में 'तथाकथित' विवाह बताया। लेकिन जो चीज़ वाक़ई विचित्र है वह यह है कि इस क़िस्से के विरोध में आरिफ़ वास्तविक लोगों और नामों के साथ एक बहुत विस्तृत ब्यौरा पेश करता है। उसका कहना था कि वह रिसर्च ऐंड एनालिसिस विंग (रॉ) के

लिए काम करने वाला जासूस था। वह रॉ के एक अन्य गुप्तचर, संजय गुप्ता से मिलने कराची गया था जिसने उसको सलाह दी कि वह हिंदुस्तान जाकर नैन सिंह से मिले। अदालत में दिए गए अपने बयान में आरिफ़ दावा करता है कि ये नैन सिंह था जिसने उसको जम्मू में रहने वाले किसी व्यक्ति की पहचान ओढ़ने को कहा था और ओखला में उसके लिए कम्प्यूटर की दुकान खुलवाई थी। ये पूरा-का-पूरा क़िस्सा किसी आतंकवादी द्वारा गढ़े गए लंबे-चौड़े क़िस्से जैसा लगता, लेकिन मुश्किल ये है कि नैन सिंह एक गवाह के रूप में अदालत में पेश हुआ और उसने स्वीकार किया कि वह कैबिनेट सचिवालय का कर्मचारी है, जोकि रॉ के लिए इस्तेमाल किया जाने वाला एक शिष्ट शब्द है! मानवाधिकार संगठन जिस चीज़ की ओर संकेत करते हैं वो ये है कि क्योंकि आरिफ़ के क़िस्से में सच्चाई के तत्त्व थे और इसलिए उस सिलसिले में आगे और जाँच की जानी चाहिए थी, लेकिन न्यायाधीश ने ऐसा नहीं किया। न्यायाधीश ने आरिफ़ के इस आरोप की जाँच करना ज़रूरी नहीं समझा कि नैन सिंह और उसके बीच पैसे को लेकर मतभेद हो गया था, और नैन सिंह ने उसको बलि का बकरा बनाने के लिए पुलिस के साथ साँठगाँठ की थी।

निश्चय ही यह सब मुकदमे की प्रक्रिया का हिस्सा था। जेल में रहमाना अपने पति के बारे में काफ़ी कुछ जान रही थी। उन्होंने पहले बमुश्किल ही कभी बात की थी लेकिन अब वे स्पेशल सेल के मुक़ाबलों (कॅन्फ्रंटेशन्स) के तरीक़ों को अनुभव कर रहे थे - रात 2.30 बजे। पुलिस हमेशा यह उम्मीद करती है कि यह तरीक़ा आरोपियों द्वारा दिए गए अलग-अलग तरह के बयानों में की गई ग़लतियों को पकड़ने के काम आता है, लेकिन रहमाना तो अपने लिए जवाब चाहती थी।

"तुमने निकाह क्यों किया था?" रहमाना याद करती है कि आरिफ़ ऐसा दिख रहा था, जैसे वह जाल में फँसा हुआ हो। वह ज़्यादा कुछ नहीं कह पाया। चारों तरफ़ अधिकारी खड़े हुए थे, जो उन दोनों कथित आतंकवादियों की बातों को सुन रहे थे, जो अपने मिलन के बारे में बता रहे थे। काफ़ी देर बाद, आरिफ़ ने जवाब में सिर्फ़ एक वाक्य कहा, *"मेरे भी जज़्बात हैं।"* किसी वजह से उसकी इस बात ने पूछताछ करने वालों को गुस्सा दिला दिया। उन्होंने उसकी नाक पर ज़ोर का घूँसा मारा और उसकी नाक से ख़ून बह निकला। "मैं और नहीं झेल सकती थी।" वह इतनी आक्रांत हो उठी थी कि उसकी आँखों में छलछलाते हुए आँसू बह निकले। समझा जाता है कि आरिफ़ ने उसको बताया था कि जब वह हमला हुआ था तो वह घर पर था और शुक्रवार की नमाज़ में शामिल हुआ था, लेकिन पुलिस उसको घसीटकर लिए जा रही थी। इस मुक़ाबले ने एक प्रयोजन पूरा कर दिया था। रहमाना ने इमाम के अलावा कुछ दूसरे गवाहों का याद किया। उसने याद किया कि हमले के दिन उनके घर पर कुछ लोग आए थे। वे दो औरतें थीं जो घर आई थीं और वे उसके पति से भी मिली थीं। इस चीज़ ने उसके इरादे को और भी मज़बूत बना दिया - उसका

पति निश्चय ही हिंदुस्तानी होने की बजाय पाकिस्तानी हो सकता था लेकिन उस दिन लाल क़िले में हुई हत्या की वारदात में उसका हाथ नहीं था। वह इसपर अडिग रही, बावजूद इसके कि और भी मुक़ाबले हुए जिनके दौरान पुलिस उसको अपने पक्ष के समर्थन में लाने की कोशिश करती रही। उन्होंने उससे कहा कि वे उसको रिहा भी कर देंगे। लेकिन वे जो कुछ सुनना चाहते थे वह रहमाना ने कभी नहीं कहा और इसलिए उन्होंने उसको रिहा भी कभी नहीं किया। रहमाना याद करती है कि किस तरह जब उन्होंने उनको एक महिला न्यायाधीश के सामने पेश किया था तो आरिफ़ ने उसको समूचे मामले से अलग करने की कोशिश की थी। "मेरी बीवी बेक़सूर है।" न्यायाधीश ने महज़ उनको हिरासत में भेज दिया था।

"जेल में मैंने क्या नहीं भोगा - अगर किसी ने मेरे बिस्तर के नीचे एक करोड़ रुपये भी रख दिए होते तो उस सबकी भरपाई नहीं होती, मैंने वे पैसे लेने से इंकार कर दिया होता।"

जेल में पीड़ा के अलग-अलग रूप होते हैं, लेकिन आतंकवाद का आरोपी जिन यातनाओं से गुज़रता है, वह उन तमाम रूपों से बिलकुल अलग ही कोटि की होती है। दूसरे क़ैदियों के बीच आपसी भाईचारा हो सकता है, लेकिन जेल के भीतर उन छोटी-छोटी जगहों में राष्ट्रीयता की भावना इतनी घनी होती है कि उसमें कथित देशद्रोहियों के लिए कोई गुंजाइश नहीं होती। शायद यही वह चीज़ थी जिसने रहमाना के लिए छोटी-छोटी चीज़ें भी मुश्किल बना दी थीं, जैसे कि साप्ताहिक *मुलाक़ात* में उसके क़ैदी पति से उसका मिलना।

जब तक वे पुलिस की हिरासत में थे, तो वे 'मुक़ाबले' के लिए जाँच-पड़ताल के उद्देश्य से साथ-साथ लाए जाते थे। जेल में, वे सिर्फ़ निर्धारित प्रक्रियाओं के तहत ही मिल सकते थे। लेकिन, जेल के अधिकारियों ने इसका विरोध किया। पुलिस ने अपने केस में उनको 'तथाकथित रूप से विवाहित' या 'संभावित पति' घोषित किया हुआ था जिससे जेल के अधिकारियों को जेल की उस नियमावली को ताक में रख देने की पर्याप्त गुंजाइश मिल गई थी जो यह कहती है कि आपको पति और पत्नी के बीच साप्ताहिक मुलाक़ात की सुविधा देनी होगी। लेकिन जिस तरह रहमाना आरिफ़ के ख़िलाफ़ गवाही देने से इंकार करती हुई, अपनी कष्टदायी पीठ के बावजूद, स्पेशल सेल में खड़ी रहती थी, उसी तरह उसने जेल के अधिकारियों के ख़िलाफ़ भी लड़ने का फ़ैसला कर लिया था।

इसलिए अदालत में उसने न्यायाधीश से कहा कि जेल कैसे उसको उसके पति से मिलने नहीं दे रही थी। न्यायाधीश ने उसकी बात पर यक़ीन किया और उसके पक्ष में आदेश जारी कर दिया। जब रहमाना ने वह दस्तावेज़ जेल में दिखाया, तो असिस्टेंट सुपरिटेंडेंट ने अदालत के उस आदेश को फाड़ दिया जो उसको उसके पति से मिलने की छूट देता था। ये वो चीज़ है जिसे क़ैदी बार-बार दोहराते रहे हैं -

नियम और क़ानून उसी रूप में होते हैं जिस रूप में उनको जेल का प्रभारी अधिकारी देखता है। इसके अलावा और कोई चीज़ वाक़ई मायने नहीं रखती।

यह लड़ाई 17 महीनों तक जारी रही। रहमाना अपने पति को सहारा देना चाहती थी लेकिन उनकी मुलाक़ातें तभी मुमकिन हो पाती थीं जब अदालत में संयुक्त पेशियाँ होती थीं, जिसका मतलब था कि उनकी आपसी बातचीत उस समय पर निर्भर करती थी जिसकी गुंजाइश उनके साथ चलने वाले सुरक्षाकर्मी उनको देते थे। आख़िरकार, डेढ़ साल बाद, जब राष्ट्रीय मानवाधिकार आयोग (एनएचआरसी) ने उनके निवेदन को स्वीकार कर लिया, तब जाकर उनको जेल की *मुलाक़ातों* की छूट मिल सकी। रहमाना को एक महत्त्वपूर्ण सीख मिली - आप लड़ना बंद नहीं कर सकते। वह पढ़ी-लिखी थी और उसके लिए यह सुनिश्चित करना ज़रूरी था कि वह अपने हक़ों की लड़ाई के लिए अपनी शिक्षा-दीक्षा का उपयोग करती। जेल में हर मुक़ाम पर इसको चुनौती मिलने वाली थी।

पहली *मुलाक़ात* के दौरान आम तौर से मिलने वाले 30 मिनट की बजाय उनको सिर्फ़ पाँच मिनट दिए गए। जैसे ही पाँच मिनट समाप्त हुए, जेल की अधिकारी चिल्लाई, "तुम तो कहती थी कि तुम मिलना ही नहीं चाहती, तुमने कहा था कि वो तुम्हारा पति नहीं है। अब तुम उससे क्यों मिल रही हो?" रहमाना को अपने कानों पर यक़ीन नहीं आया कि वह यह झूठ सुन रही थी। यह एक हास्यास्पद स्थिति थी जिसने उसको चकित कर दिया कि अपने पति से मुलाक़ात के लिए जिस लंबी लड़ाई के बाद, वह उससे मिल रही थी, उसके बाद उसपर उसके सामने यह आरोप लगाया जा रहा था कि उसकी उससे मिलने में कोई दिलचस्पी नहीं थी।

जेल की अधिकारी ने कहा, "मैं सबको बता दूँगी कि रहमाना का पति पाकिस्तानी है।" ये रहमाना की स्थिति को और मुश्किल बना देने का एक आसान तरीक़ा था जो शायद एनएचआरसी के उस निर्देश का तीखा जवाब था जिसके तहत उसने उसके आदेश के बावजूद उन लोगों को आपस में मिलने की इजाज़त दे दी थी। अब तक हर किसी ने इस कमज़ोर दिखती, शांत, और ज़ाहिर तौर पर बीमार स्त्री को अकेला छोड़ रखा था। लेकिन जब उनको पता चलता कि उसने एक पाकिस्तानी व्यक्ति को पनाह दे रखी थी तो क्या वे उसपर हमला करने या उसको चोट पहुँचाने की कोशिश नहीं करते? वह उससे विवाहित होने से इंकार भी नहीं कर सकती थी क्योंकि इसका मतलब इन साप्ताहिक मुलाक़ातों के हक़ से हाथ धो बैठना होता।

अपने दिल में इन धमकियों का ख़ौफ़ लिए वह रोती हुई अपनी कोठरी में चली गई। संयोग से किसी घटना की वजह से जेल के महानिदेशक उस दिन महिलाओं की जेल के दौरे पर थे। *मुलाक़ात* के मुद्दे पर अपनी जीत की ताज़गी से भरी उसने किसी तरह महानिदेशक का ध्यान अपनी ओर आकर्षित किया और उनको सब कुछ

बता दिया। "उन्होंने कहा, चिंता मत करो, हम देखेंगे कि तुम्हारे लिए कोई ख़तरा न हो।" और कुछ नहीं तो ये शब्द उस अधिकारी के लिए एक चेतावनी तो थे ही जिसने उसको धमकाया था।

इन छोटी-छोटी जीतों ने जेल में उसके रहने को आसान नहीं बना दिया था। उसकी पीठ, जिसे ऑपेरशन के बाद पूरी तरह ठीक हो जाना चाहिए था, असाधारण दबाव की परीक्षा से गुज़र रही थी - जेल के जीवन की परीक्षा जहाँ न कोई बिस्तर थे और न मदद के लिए कोई था। जैसे ही उसने मुलाइज़ा वॉर्ड में प्रवेश किया, और जब वॉर्डन ने उससे फ़र्श पर से एक कंबल उठाने को कहा तो रहमाना ने पाया कि उसके सामने कितनी भीषण चुनौती थी। "मैं ये कर ही नहीं सकी। मैंने अपने ऑपरेशन के बारे में बताने की कोशिश की, मैंने उनको अपनी पीठ दिखाई, लेकिन किसी पर कोई असर होता नहीं दिखा।"

इस तरह आतंकवाद की आरोपी और उसको पनाह देने वाली रहमाना फ़ारुक़ी ने जेल में दो हफ़्ते बिताए जिस दौरान वह नहा भी नहीं सकी। वह सिर्फ़ रोती ही रहती थी क्योंकि वह अपने शरीर पर ठंडा पानी डालने की स्थिति में नहीं थी। तब किसी ने सलाह दी कि उसको कुछ करना चाहिए, उसको सरकारी तौर पर मदद हासिल कर जेल के डॉक्टर को ही ख़ुद को दिखा देना चाहिए। रहमाना डॉक्टर कक्कड़ को एक बेहद सख़्त महिला के रूप में याद करती है। "मैं उसके सामने रोती रहती, लेकिन मेरे सारे लिखित आवेदनों को वह यह कहकर ख़ारिज़ कर देती कि मैं शारीरिक तौर पर एकदम ठीक हूँ।" अब यह बात समझ में आती है कि क्यों रहमाना अपने सारे चिकित्सकीय दस्तावेज़ों को इतना सँभाल कर रखे हुए है। ये स्पाइनल इंजुरीज़ सेंटर के डॉक्टरों द्वारा हस्ताक्षरित तब के चिकित्सीय दस्तावेज़ थे जब वह यह नहीं जानती थी कि वह एक आतंकवादी से शादी करने वाली थी।

जब जेल की डॉक्टर नहीं पिघली, तो रहमाना मसले को न्यायाधीश के सामने ले गई और इस बार न्यायाधीश ने उसकी शिकायत पर ध्यान दिया। न्यायाधीश ने डॉक्टर को निर्देश दिया कि वह बड़ा हिन्दू राव नामक सरकारी अस्पताल में उसकी जाँच कराए। जब रहमाना उस अस्पताल में गई तो डॉक्टर ने कहा कि वह ऑल इंडिया इंस्टिट्यूट ऑफ़ मेडिकल साइंस (एम्स) से संबंधित केस है क्योंकि उनके पास उस तरह के केस के लिए ज़रूरी सुविधाएँ नहीं हैं। किसी स्तर पर ऐसा लगता है कि उसकी पीठ की वास्तविक स्थिति को दर्शाने वाले एक्स-रे में भी हेराफेरी की गई थी। ज़रा कल्पना करिए कि यहाँ-से-वहाँ का यह भटकाव महज़ यह तय करने के लिए था कि रहमाना को जेल में चिकित्सीय देखभाल की ज़रूरत थी या नहीं थी। जिस चीज़ पर उन्होंने ध्यान नहीं दिया था वह यह थी कि रहमाना बिना लड़े आसानी-से हार मानने वाली नहीं थी, भले ही वह कमज़ोर लगती थी, और बीमार

थी जिस सच्चाई के ख़िलाफ़ पुलिस ने अदालत में ज़ोरदार तर्क रखे थे।

उसने एक बार फिर न्यायाधीश से शिकायत की कि उन लोगों ने उसके एक्स-रे में हेराफेरी की थी और वे उसके स्वास्थ्य को लेकर अदालत को गुमराह करने की कोशिश कर रहे थे। इस मुक़ाम तक आते-आते न्यायाधीश इस सबसे तंग आ चुकी थी। उसने डॉक्टर को तलब किया और लताड़ लगाई। उसने तत्काल रिपोर्ट की माँग की। "मेरा ख़याल है वह तिहाड़ जेल की डॉ. कक्कड़ के लिए एक नया मोड़ था। उसने अपनी मर्ज़ी से ही मुझे गर्म पानी का इस्तेमाल करने की इजाज़त भी दे दी।" इसके बाद डॉक्टर ने आगे की चिकित्सा के लिए उसको एम्स जाने की इजाज़त दे दी।

इसने किसी हद तक कुछ दूसरी राहतों का रास्ता भी साफ़ कर दिया। रहमाना के साथ दूसरी क़ैदियों द्वारा बुरे ढंग से व्यवहार किया जा रहा था। वे उम्मीद करती थीं कि वह साफ़-सफ़ाई के काम में उनका हाथ बटाती। भले ही जेल की नियमावली यह कहती है कि मुकदमे की प्रक्रिया के अधीन आरोपियों को इस तरह का श्रम करना ज़रूरी नहीं है, क़ैदी लंबे समय से रह रहे अपराधियों की देखरेख में ये काम करते हैं। रहमाना को यह मर्मांतक रूप से मुश्किल पड़ रहा था और इसी नुक़्ते पर डॉ. कक्कड़ ने फिर से मदद की। उसने उसको एक प्रमाण-पत्र दिया जिसमें कहा गया था कि वह इस तरह के कामों के लिए फ़िट नहीं थी।

मुज़रिम जैसा कि फ़ैसला सुनाया गया

जेल में कभी भी कोई सुस्ती का पल नहीं आता और जब रहमाना सलाख़ों के पीछे अपनी दयनीय किंतु उबाऊ ज़िंदगी के साथ पैर जमा रही थी, तभी एक ऐसी घटना हुई जिसने उसके पहले से ही नाटकीय प्रकरण में एक और योगदान किया। इस सबकी शुरुआत एक मुलाक़ात सत्र के दौरान हुई। ये *मुलाक़ातें* उनसे ताल्लुक़ रखने वाले सभी लोगों के लिए बहुत पीड़ादायी होती थीं - वक़्त के लिए झगड़ा, अपने रिश्तेदारों की बात सुनने के लिए चीख़पुकार, उन तक पहुँचने के लिए छटपटाना और गोपनीयता के अभाव को लेकर असंतोष - और इसलिए उस मुलाक़ात के दौरान दो क़ैदियों के बीच मारपीट होने लगी। इस झगड़े से निपटने के लिए पुलिस ने एक क़ैदी को लात मार दी। इस झगड़े के दो दिन बाद अचानक उस स्त्री की मौत हो गई जो उस झगड़े में शामिल थी। इस घटनाक्रम के नतीजे में जेल के बहुत सारे क़ैदियों ने जेल के अमले के ख़िलाफ़ सवाल उठाना और विरोध प्रदर्शित करना शुरू कर दिया। उन सबको बंद कर दिया गया और जैसे ही यह ख़बर फैली, विरोध-प्रदर्शन और भी तेज़ और हिंसक हो उठे। एक कोठरी थी जिसमें जीबी रोड की स्त्रियाँ थीं जिनपर यौन कर्म और अवैध धंधे को उकसावा देने का आरोप था। इन स्त्रियों ने

कोठरी के गेट को इतने ज़ोर-ज़ोर से हिलाना शुरू कर दिया कि उसका ताला और कुंदा टूट गया। रहमाना ने अपने आपको इन औरतों के साथ पाया और जब वे नारे लगाने लगीं कि 'ज़ोहरा की हत्या की गई थी,' तो उसने भी उनके साथ नारा लगाया। बदले की भावना से भरे हुए जेल के अधिकारी इसको बरदाश्त नहीं कर सके। पुलिस ने रहमाना समेत छह स्त्रियों के ख़िलाफ़ जेल की संपत्ति की तोड़फोड़ करने का प्रकरण दर्ज़ कर दिया। इसके बावजूद कि जब उच्च न्यायालय ने रहमाना को बरी कर दिया था, वह इस प्रकरण से जूझ रही थी और उससे हमेशा के लिए छुटकारा पाने के लिए उसको नक़द भुगतान करना पड़ा था।

लेकिन इस प्रकरण ने रहमाना को दूसरी क़ैदियों के साथ रिश्ता बनाने का एक अवसर मुहैया कराया। मुरादाबाद की इस ख़ामोश औरत ने, जो आमतौर से किसी कोने में बैठी रोती दिखाई देती थी, कुछ सहेलियाँ बना लीं। उन यौनकर्मियों ने उससे कहा कि वे उसकी निर्दोषिता तक पर भरोसा करने को तैयार थीं। उन्होंने कहा कि वे अदालत में यह बयान देने वाली हैं कि उसने कुछ भी नहीं किया था। इस क़िस्म का समर्थन इतना जल्दी मिलना क़तई मुमकिन नहीं था क्योंकि अक्टूबर 2005 में, जब उसको जेल में आए हुए पाँच साल हो चुके थे, रहमाना फ़ारुक़ी यह जान चुकी थी कि उसका जेल प्रवास अब कोई अस्थायी चीज़ नहीं थी। अब उसको एक आतंकवादी को 'छिपाने' का दोषी ठहराया जा चुका था। न्यायाधीश ने अपने फ़ैसले में कहा कि रहमाना "अपने होने वाले पति की वास्तविकता को लेकर संदेहशील रही। लेकिन उसने इन तमाम चीज़ों को नज़रअंदाज़ किया क्योंकि वह आरोपी मो. आरिफ़/अशफ़ाक को पनाह देने की इच्छुक थी, यह जानते हुए भी कि वह एक एलईटी का आतंकवादी था और पाकिस्तानी था और वह आतंकवादी गतिविधियों को अंजाम देने हिंदुस्तान में घुसा था।"

जब यह फ़ैसला सुनाया गया तो रहमाना अदालत के कमरे में ज़ोर-से चीख़ उठी थी। उसने न्यायाधीश पर ज़ोर डालकर उन बातों को रिकॉर्ड कराया जो उसको उन आरोपों के बारे में कहनी थीं। उसने अदालत में न्यायाधीश ओ. पी. सैनी के सामने ये जज़्बाती दलीलें रखीं :

> मैं निर्दोष हूँ। मुझको इस मामले में छलपूर्वक फँसाया गया है। पुलिस चाहती थी कि मैं मोहम्मद आरिफ़ के ख़िलाफ़ गवाह बनूँ जिससे मैंने इंकार कर दिया। वे लोग यह भी चाहते थे कि मैं उससे तलाक़ ले लूँ जिससे भी मैंने इंकार कर दिया। मेरी बहन, मेरी मौसी और मेरे भाई एच. फ़ारुक़ी को पुलिस हिरासत में यातनाएँ दी गईं। उनको अनधिकृत रूप से हवालात में रोककर रखा गया। मेरे ऊपर उल्लेखित रिश्तेदारों को मोहम्मद आरिफ़ के ख़िलाफ़ उन तथ्यों के लिए गवाही देने के लिए यातनाएँ दी गईं जिनके बारे में मेरे रिश्तेदारों को

> और मुझे कोई जानकारी नहीं थी। चूँकि हमने मोहम्मद आरिफ़ के ख़िलाफ़ गवाह बनने से इंकार कर दिया इसलिए मुझे इस प्रकरण में छलपूर्वक फँसा दिया गया। मोहम्मद आरिफ़ ने हमें यह नहीं बताया था कि वह पाकिस्तानी है। उसने हमसे कहा था कि वह जम्मू का रहने वाला है।

इस सारी चीख़पुकार और आपत्तियों का कोई फ़ायदा नहीं हुआ। रहमाना अब अपने पति के साथ सिद्धदोष आतंकवादी थी जिसको सात साल की बामशक्कत क़ैद की सज़ा सुना दी गई थी। तमाम दूसरे संगठनों के साथ-साथ पीपल्स यूनियन फ़ॉर डेमोक्रैटिक राइट्स जैसे संगठनों ने उसके प्रकरण के बारे में विस्तार से लिखा और लिखा कि साक्ष्य उसके ख़िलाफ़ नहीं जाते, लेकिन उस समय उनका कोई असर नहीं हुआ।

"मैं अपने साथ अदालत में एक काग़ज़ का पुरज़ा लेकर गई थी जिसपर मैंने लिख रखा था कि *'मैं बेक़सूर हूँ'* ताकि मैं वह अदालत के बाहर इंतज़ार कर रहे मीडिया को दिखा सकती। लेकिन पुलिस ने मुझे यह भी नहीं करने दिया।" उन्होंने उसको सुरक्षा के लिए ख़तरा बताया। उन्होंने उसको मुझसे छीनने की कोशिश की और इस छीनाझपटी में रहमाना का सिर लॉकअप की दीवार से टकरा गया।

इस तरह क़सूरवार घोषित किए जाने के इस छोटे-से तिरस्कार को भी वह सार्वजनिक नहीं कर पाई। इस बात ने उसको गहरा आघात पहुँचाया था कि उसको इतना नीचे गिरकर और एसीपी राजबीर तथा उसके गिरोह द्वारा लगाए गए इल्ज़ामों के साथ अपना समय गुज़ारने को मजबूर होना पड़ा था, और अब दुनिया भी इसको सही मान रही थी। वह कई दिनों तक बीमार होकर बिस्तर पर पड़ी रही। वह बोल नहीं पाती थी, और इस सदमे से इस क़दर स्तंभित रह गई थी कि उसका चलना-फिरना भी बंद हो गया था और उसको व्हीलचेयर का सहारा लेना पड़ा था। उसके दिमाग़ में केवल एक ही बात गूँजती रहती थी – "मैं अब एक मुजरिम आतंकवादी हूँ।" जब उसने खाने से इंकार कर दिया और पानी की मात्रा भी कम कर दी तो जेल में बंद एक कश्मीरी डॉक्टर ने उसको आगाह किया कि उसको बलपूर्वक खिलाया जा सकता है।

"उसने मुझसे कहा, मैं तुम्हारा दर्द समझती हूँ, हम उसको घाटी में महसूस करते हैं।" इसका रहमाना पर कुछ असर हुआ और उसने अपनी उन दूसरी सहेलियों को देखा जिनसे उसने जेल में दोस्ती कर ली थी। एक एलिज़ाबेथ नाम की अफ़्रीकी स्त्री थी जो उसका मज़ाक़ उड़ाया करती थी और उसको हँसाती थी। एलिज़ाबेथ ने एक बार सुपरिटेंडेंट पर मटका फेंक दिया था, क्योंकि वह गुस्से में थी और उन दोनों के बीच कहा-सुनी हो गई थी। पुलिस ने उसको नंगा कर सबके

सामने पीटा था। वह ड्रग के एक छोटे-से प्रकरण की आरोपी थी और कई सालों से जेल में सड़ रही थी। रहमाना ने कहा कि उसको अहसास हुआ कि उसको इस बात के लिए शुक्रगुज़ार होना चाहिए कि उसको कभी उस तरह से शारीरिक यंत्रणाएँ नहीं दी गई थीं।

जेल में, जब उसने अपने इर्दगिर्द देखा तो उसको हर कहीं महज़ हताशा ही दिखाई दी। जैसे कि उसकी कोठरी में उसके साथ रहने वाली स्त्री थी जो अपनी माँ के साथ दहेज़ के एक प्रकरण में गिरफ़्तार की गई थी। उसका कहना था कि वह बेक़सूर थी लेकिन उन्होंने जेल में इतना अधिक वक़्त बिताया था कि उसने आत्महत्या तक की कोशिश की थी, लेकिन ऐन मौक़े पर उसको बचा लिया गया था। उसके बाद उसको मेडिकल सेल में रखा गया और वहाँ भी उसने गुसलख़ाने में अपने ही दुपट्टे से ख़ुद को फाँसी पर लटकाने की कोशिश की थी!

रहमाना उठ खड़ी हुई और फिर से अपनी लड़ाई लड़ने लगी। साल भर के भीतर उसको ज़मानत मिल गई, और अंततः एक साल बाद, 2007 में दिल्ली उच्च न्यायालय का वह आदेश उसको मिला जिसका उसे इंतज़ार था :

> इसलिए, हमारा यह दृष्टिकोण है कि यह कहना मुमकिन नहीं है कि अभियोजन पक्ष यह बात साबित कर सका है कि रहमाना यूसुफ़ फ़ारुक़ी ने मोहम्मद आरिफ़/अशफ़ाक़ से इसलिए विवाह किया था कि वह उसको पनाह दे सके ताकि वह रहमाना यूसुफ़ फ़ारुक़ी, उसकी माँ, उसकी बहन और भाई के साथ गाज़ीपुर के उनके उस घर में जहाँ से उसको गिरफ़्तार किया गया था, रहने के नाते संदेह से परे बने रहकर अपनी आतंकवादी गतिविधियों में लगा रह सकता। इसलिए दक्ष ट्रायल कोर्ट द्वारा उसको मुजरिम करार दिया जाना सही नहीं है और अभियोजन पक्ष द्वारा जो भी साक्ष्य प्रस्तुत किए गए हैं उनमें ऐसे कोई साक्ष्य नहीं हैं जिनके आधार पर यह नतीजा निकाला जा सकता हो कि वह लाल क़िले के भीतर सेना के शिविर पर हुए हमले के षड्यंत्र का हिस्सा थी या उसको उस योजना की कोई जानकारी थी इसलिए उसको भारतीय दंड संहिता की उस धारा 120-बी के तहत किए गए अपराध के लिए दोषी नहीं ठहराया जा सकता, जिसके लिए दक्ष ट्रायल कोर्ट ने उसको बरी किया है। इसलिए भारतीय दंड संहिता की उस धारा 120-बी के तहत उसको अपराधी ठहराने के लिए राज्य द्वारा दायर की गई याचिका ख़ारिज़ की जाने योग्य है और रहमाना यूसुफ़ फ़ारूक़ी द्वारा दायर की गई याचिका मान्य किए जाने योग्य है।

दूसरे शब्दों में, वह न तो किसी तरह के षड्यंत्र का हिस्सा थी, न ही उसने आरिफ़ से विवाह करके कुछ ग़लत किया था। रहमाना अंततः अपने को बेदाग़ साबित करने में कामयाब रही।

।।।।

असल बात ये है कि सालों जेल में गुज़ारने के बाद आपकी ज़िंदगी कभी पटरी पर वापस नहीं लौटती। रहमाना अभी भी उस एक कमरे के किराये के मकान में रहती है। उसने भले ही अपने आपको बेदाग़ साबित कर लिया है लेकिन अब मुरादाबाद वापस नहीं जा सकती। ये पाकिस्तान में रहने वाला आरिफ़ का परिवार था जिसने उसके लिए और आरिफ़ के लिए वकील की फ़ीस चुकाई थी, और इसलिए अब कई ऐसे रिश्ते हैं जिनमें वह उसके साथ साझा करती है। वह हमेशा अपने पति के साथ खड़ी रही जिसके साथ वह अभी तक हमबिस्तर नहीं हुई है, और अब वह पक्का निश्चय कर चुकी थी कि वह उसका साथ देना जारी रखेगी। "वह बेक़सूर है। मैं जानती हूँ कि वह बेक़सूर है।"

किसी ऐसे व्यक्ति के लिए लड़ना आसान नहीं है जो लाल क़िला हमला जैसे प्रकरण में मौत की सज़ा का इंतज़ार कर रहा हो। जब उसको निर्लज्ज वकीलों से उलझना पड़ता है, तो वे उसको आज भी गालियाँ देते हैं और उसको आतंकवादी कहते हैं, जबकि उसके पास उच्च न्यायालय का आदेश है जो ये कहता है कि वह आतंकवादी नहीं है। इसीलिए जब वह अपनी बहन के पास वापस रहने गई, तो पहले वाली बात नहीं रह गई थी। वे नहीं चाहते कि उस आरिफ़ के साथ उनकी ज़िंदगी का कोई ताल्लुक़ रहे जिसकी वजह से उनको पुलिस हिरासत में यातना से भरी रात गुज़ारनी पड़ी थी। जबकि रहमाना हर शुक्रवार को पूरा दिन जेल भागकर आरिफ़ से मिल रही थी और उसके नोट्स एकत्र कर उसके वकीलों से संपर्क कर रही थी।

दूसरे ज़ख़्म भी थे। जिस दौरान रहमाना जेल में थी, उसकी बहन एक गंभीर दुर्घटना की शिकार हुई थी और लगभग एक साल तक बिस्तर पर पड़ी रही थी। उस समय जब उसकी देखभाल के लिए कोई नहीं था, वह रहमाना के जेल में जा पड़ने को लेकर असंतोष जताती थी। रहमाना, इस बात से बेख़बर कि वह गंभीर रूप से घायल पड़ी हुई थी, इससे असंतुष्ट रहती थी कि वह उससे मिलने जेल नहीं आती थी।

वह बहन के घर से चली आई। "मैंने घर छोड़ा और चलती रही।" वह चलती गई और उस आदमी के घर जा पहुँची जिसकी दयालुता के बारे में जेल की उसकी सहेली ने उसे बताया था। ये रहमान भाई एक अन्य क़ैदी से मिलने जेल आया करते थे और वे काफ़ी भले इंसान लगे। उसको उनके घर के सिवा और किसी की

जानकारी नहीं थी जहाँ वह जा सकती। "बेशक मैंने ये नहीं सोचा कि उसके परिवार और उसकी बीवी को यह बात अजीब लगेगी कि एक अजनबी औरत उनके घर आ पहुँची है।" क़िस्मत से रहमान को यह बात बात अजीब नहीं लगी। उन्होंने उसकी मदद की और अब वे उसका बहुत महत्त्वपूर्ण सहारा हैं। जेल के बाद की उसकी ज़िंदगी उस मदद के लिए शुक्रगुज़ार है जो उसको जेल की उसकी दोस्तों से मिलती है। जब कभी उसको अपने परिवार की याद आती है तो वह मुरादाबाद चली जाती है या वे लोग उसके पास आ जाते हैं। लेकिन बाक़ी समय वह जामिया नगर में बनी रहती है। इस आतंकवादी की दुल्हन की ज़िंदगी की एक ही मुहिम है - अपने पति को 'आतंकवादी' होने के कलंक से छुटकारा दिलाना। या कम-से-कम उसको मौत की सज़ा से छुटकारा दिलाना।

6

राजा जिसे बहिष्कृत कर दिया गया

2010 के पतझड़ के मौसम से लेकर 2012 तक अगर कोई एक क़िस्सा सुर्ख़ियों में छाया रहा तो वह था 2जी स्पैक्ट्रम का क़िस्सा, और सीबीआई बीट की रिपोर्टर होने के नाते यह एकमात्र क़िस्सा था जिसका मैंने पीछा किया था। जब संसद का शीतकालीन सत्र प्रारंभ हुआ, तो स्पैक्ट्रम आवंटन पर नियंत्रक एवं महालेखा परीक्षक (सीएजी) की रिपोर्ट सदन के पटल पर रखी गई जिसमें दूरसंचार मंत्रालय और उसके मंत्री ए. राजा पर दूरसंचार लायसेंस मंज़ूर करने पर हुई 1.76 लाख करोड़ रुपयों की क्षति का आरोप लगाया गया था।

द्रविड़ मुनेत्र कषगम (डीएमके) के उदीयमान सितारे, नीलगिरी के दलित नेता ए. राजा पर कुछ पसंदीदा लोगों को 2जी लायसेंस देने में लायसेंस आवंटन की प्रक्रिया में धाँधली बरतने का आरोप लगाया जा रहा था, और अनिल अंबानी की एडीएजी पर लायसेंस हथियाने के लिए एक फ्रंट कंपनी के इस्तेमाल का आरोप था। जैसा कि राजा का दावा था, जहाँ सीबीआई के जाँचकर्मियों समेत ज़्यादातर लोग इस प्रकरण की तकनीकी प्रकृति के चलते इसके बारे में कुछ भी नहीं जानते थे, वहीं जो चीज़ वे लोग समझ गए थे वो ये थी कि ये वह प्रकरण था जिसमें देश के नामी-गिरामी लोग मुब्तिला थे - अंबानी, रुइया, रतन टाटा, गोयनका, यूनिटेक के चंद्रा और शीर्षस्थ राजनेता, और ये सब-के-सब जाँच के अधीन थे। राजा के अलावा, उनकी पार्टी और सरकार की दक्षिणी सहयोगी डीएमके के मुखिया करुणानिधि की बेटी के कनिमोझी पर भी आरोप थे क्योंकि वे पार्टी के उस प्रवक्ता टेलिविज़न कलैनार टीवी का हिस्सा थीं जिसने, जैसा कि बताया जाता है, 2 करोड़ रुपये की रिश्वत प्राप्त की थी। मसला और भी पेचीदा हो गया था क्योंकि कनिमोझी

की सौतेली माँ और करुणानिधि की पत्नी दयालु अम्मल जो 60 से ऊपर की थीं, रिश्वत हासिल करने वाली उस कंपनी में सबसे बड़े अंश की साझेदार थीं! एक और चीज़ थी जो इन आला दर्ज़े के लोगों के ख़िलाफ़ जा रही थी और वह चीज़ थी उस समय का माहौल। जैसे-जैसे सीबीआई इन लोगों के क़रीब पहुँच रही थी, इंडिया अगेन्स्ट करप्शन नाम की एक संस्था भ्रष्टाचार के विरुद्ध एक नैतिक युद्ध की तैयारी कर रही थी। इस संस्था में मेगसैसे पुरस्कार से सम्मानित अरविंद केजरीवाल, किरण बेदी, एक्टिविस्ट अन्ना हज़ारे और प्रशांत भूषण जैसे लोग शामिल थे। जंतर-मंतर पर बैठी ये जानीमानी हस्तियाँ राजनेताओं और उद्योगपतियों को 'चोर' बता रही थीं, और सीबीआई, सरकार और अदालतें समझ चुकी थीं कि ये वीआईपी इस बार बचकर नहीं निकल पाएँगे।

मैं इस वक़्त को याद करती हूँ जब मैं अक्टूबर 2010 में अपने प्रसवकालीन अवकाश से वापस लौटी ही थी। उस वक़्त के साथ जुड़ी जो एक स्पष्ट स्मृति मुझे बनी हुई है, वह अनिल अंबानी को सीबीआई द्वारा तलब किए जाने के समाचार की है। सर्वोच्च न्यायालय इस जाँच पर नियमित नज़र रखे हुए था और जाँच-पड़ताल को मार्गदर्शन दे रहा था और वे इस प्रकरण में मुब्तिला 'अपने आपको तोप' समझने वाले लोगों को तलब करने के लिए सीबीआई को लगातार धकिया रहे थे - आख़िर उनका कोई टोटा तो था नहीं। राजा ने कई ऑपरेटरों को लायसेंस दिए थे - संजय चंद्रा का यूनिटेक या यूनिनॉर, शहीद बालवा का स्वान टेल्कॉम (लेकिन इसपर अनिल अंबानी की रिलायंस की फ़्रंट कंपनी होने का आरोप था), टाटा टेल्कॉम, खेतानों की लूप टेल्कॉम, और रुइयाओं की एस्सार। सीबीआई ने यह पता लगाने के लिए इन सभी से पूछताछ की थी कि इनमें से किनको उस मंत्री का विशेष अनुग्रह प्राप्त हुआ था जिसने उनको 2जी लायसेंस हासिल करने में मदद की थी।

हम जानते थे कि उन सभी को तलब किया जाएगा, लेकिन सीबीआई तो सीबीआई थी, पहले से कुछ भी खुलासा नहीं हो रहा था, और कोई किसी चीज़ की ताईद करने वाला नहीं था। इसलिए एक नई-नई माँ के लिए ये एक दुःस्वप्न था क्योंकि मुझे हमेशा एजेंसी (सीबीआई) भागने के लिए तैयार रहना पड़ता था क्योंकि मैं एक साधारण सरकारी माहौल में इन लोगों से की जाने वाली पूछताछ की तसवीरों से अपने आपको वंचित नहीं कर सकती थी। हुआ ये कि मैं अपने सात महीने के बच्चे के साथ कार में थी जब अनिल अंबानी के उस इमारत में क़दम रखने की अफ़वाह मेरे कानों में पड़ी। मेरे अंदरूनी सूत्रों ने इस ख़बर की पुष्टि की और मैं तत्काल टेलिफ़ोन-आधारित रिपोर्ट ही कर सकती थी। लेकिन इसमें एक और चुनौती थी - मेरे बेटे नील के साथ एक अनूठी समस्या थी कि जब भी मेरी कार ट्रैफ़िक में रुकती थी तो वह रोना शुरू कर देता था, और मैं यह गारंटी नहीं ले सकती थी कि मेरी फ़ोन रिपोर्ट की पृष्ठभूमि में एक बच्चे के रोने की आवाज़ सुनाई देती।

इसलिए मेरी समस्या सिर्फ़ यह नहीं थी कि मैं एक टालू क़िस्म के अधिकारी से एक ख़बर की पुष्टि कराने की कोशिश कर रही थी और अपने श्रोताओं को एक बेहद तकनीकी क़िस्से की कैफ़ियत देने की कोशिश कर रही थी, मेरी विचित्र समस्या एक नवेली माँ होने की भी थी। क़िस्मत से मुझे अपने बैग में जेम्स के चॉकलेट बटन हाथ लग गए, और हालाँकि इसकी बिलकुल भी सलाह नहीं दी जाती लेकिन अपने कर्तव्य का पालन करने के नाते मैंने योजना बनाई कि जैसे ही मेरी रिपोर्ट शुरू होगी, मैं उन चॉकलेटों को एक के बाद एक नील के मुँह में डालती जाऊँगी। यह एक सोच-समझकर उठाया गया जोख़िम था क्योंकि एक ताक़तवर उद्योगपति को एक जाँच एजेंसी द्वारा तलब किए जाने की उस ख़बर की एक लंबे समय तक जारी रहने वाली फ़ोन-रिपोर्ट होने की संभावना थी, लेकिन उस वक़्त कोई और विकल्प भी नहीं था। जैसे ही मेरा ड्राइवर कार को तेज़ी-से एजेंसी के मुख्यालय की ओर लेकर भागा, मैंने फ़ोन पर रिपोर्टिंग जारी रखी जिस दौरान मेरे बेटे के 'गू-गू गागा' के व्यवधान जारी थे, जो यह बता रहे थे कि वह चॉकलेट खाना जारी रखे हुए था और अगली की तैयारी में था। मेरी भरपूर कोशिशों के बावजूद नील की आवाज़ें मेरी रिपोर्ट की पृष्ठभूमि में सुनाई दे ही गईं, क्योंकि मेरे एक दर्शक ने ट्वीट कर मुझे बताया कि मेरे बच्चे ने अपनी पहली ऑन-एयर शुरुआत कर दी है।

ख़ैर, जिस तरह आप सीबीआई के ऑफ़िस में नील जैसे शिशु की मौजूदगी की उम्मीद नहीं करेंगे, वहाँ भी बहुत-से ऐसे लोग थे जिन्होंने इस दृश्य की कल्पना नहीं की थी। मुख्यालय उन पुराने सरकारी दफ़्तरों में से एक था जहाँ गलियारों में पेशाब की बदबू भरी होती है। ये वो वक़्त था जब सीबीआई उस भयानक इमारत को तजकर काँच के बाहरी आवरण वाली नई इमारत में जाने वाली थी, लेकिन ए. राजा और ए. अंबानी के भाग्य में यह पुरानी ही इमारत बदी थी जो मटमैली और जगह-जगह से जर्जर हो रही थी। जैसा कि हमारे सूत्रों ने हमें बताया था और जैसा मैंने उस रात रिपोर्ट किया था, यह वैसी ही एक नाटकीय मुठभेड़ थी जिसके बारे में अपराधों की रिपोर्टिंग करने वाले पत्रकारों को अक्सर बताया जाता है। जब भी कोई सीबीआई अधिकारी इस सूचना का ख़ुफ़िया तरीक़े से खुलासा करता है, मेरा दिमाग़ उस फ़िल्म की ओर चला जाता है जहाँ दो आदमी द्वंद्व युद्ध करने वाले हैं और सीबीआई के गुप्तचर एक तरफ़ खड़े इंतज़ार करते हैं कि दोनों में से कौन पहले किसको गोली मारता है।

सीबीआई हमें यह यक़ीन दिलाना चाहती थी कि अनिल अंबानी ऐसी जगह पर तलब किए जाने की वजह से दबाव में आकर पसीना-पसीना हो रहे थे, और जब वे जाने लगे तो उन्होंने सौजन्यवश उनको पिछले दरवाज़े से निकाल दिया। वह भले ही सौजन्य रहा हो, लेकिन यह एक गहरी प्रतीकात्मकता से युक्त चाल भी थी, एक ऐसे व्यक्ति के प्रति जिसको नॉर्थ ब्लॉक के वित्त मंत्रालय में उद्योग जगत के एक

सम्मानित कप्तान के रूप में गर्व के साथ देखा जा सकता था या रायसीना हिल में इस उम्मीद में आड़ में छिपकर जॉगिंग करते हुए देखा जा सकता था कि इंतज़ार करते हुए पत्रकार उसपर झपट नहीं पड़ेंगे।

लेकिन उन्होंने वैसा किया। यह पीछा करने के लिए की गई ऐसी भागदौड़ थी जिसमें कैमरामैन एक-दूसरे के ऊपर गिरे पड़ रहे थे और उनसे भी टकराते-टकराते बच रहे थे। वे किसी संन्यासी की तरह दिख रहे थे, तेज़ी-से चलते हुए, जैसे वह दुनिया की निहायत ही सामान्य-सी बात हो। ये तसवीरें जल्दी ही टीवी के पर्दों पर चमक उठीं, जिनके साथ रिपोर्टर 'दरियाफ़्त,' 'दबाव में,' 'शीर्षस्थ उद्योगपति स्कैनर के अधीन' जैसे लफ़्ज़ों का इस्तेमाल कर रहे थे।

लेकिन, ये बातें किंचित भ्रम उपजाने वाली हैं। सीबीआई भले ही देश की सर्वश्रेष्ठ तहक़ीक़ात करने वाली पुलिस हो लेकिन न तो उस वक़्त उनकी मौजूदगी ही ऐसी थी (उनका नया दफ़्तर कहीं ज़्यादा आधुनिक है) और न ही उनके कामकाज के तरीक़े ही वैसे थे कि वह किसी को 'दबाव में' रखने वाली लगती। सीबीआई के दफ़्तर का मुख्य स्वागत कक्ष दरवाज़े से लगा हुआ एक छोटा-सा कमरा था। जैसे ही आप घुसते थे तो वहाँ एक पुलिसवाला बैठा मिलता था जो चौकीदार का काम भी करता था। दिसम्बर की उन ठंडी रातों में वह ख़ुद को गरमाने के लिए लोहे की रॉड के एक पुराने हीटर की बग़ल में एक रजिस्टर लिए बैठा रहता था। वहीं पड़े हुए सोफ़े पर आपको मेरे जैसे रिपोर्टर बैठे मिलते जो उससे आगे नहीं जा सकते थे और बाहर निकलने वालों के इंतज़ार में वहीं बैठे रहते थे। कभी-कभी स्वागत कक्ष में आपकी मुलाक़ात राजा के डॉक्टर या उनके भतीजे जैसे लोगों से भी हो जाती थी। उनका वह भतीजा उन्हीं जैसा दिखता था। जब भी वह चलता-फिरता दिखाई देता, कैमरे वाले उसको मंत्री समझकर टॉयलेट तक उसका पीछा करना शुरू कर देते।

ऐसा लगता था वहाँ का वातावरण और सीबीआई का रंगढंग भी उस छाप के बिलकुल उलट थे जो छाप रिपोर्टरों के मन पर पड़ी हुई थी। उनके द्वारा ख़ुफ़िया तरीक़े से दी जाने वाली सूचनाएँ संकेत देती थीं कि सीबीआई के तहक़ीक़ातकर्ता वीआईपी लोगों के दिलों में ईश्वर का भय जगाने की कोशिश कर रहे होते थे, लेकिन अंदर का नज़ारा एकदम भिन्न होता था। पहली बार जब राजा को पूछताछ के लिए तलब किया था तो वह 2010 की क्रिसमस की पूर्व-संध्या थी। ये वो वक़्त था जब सीबीआई को स्पैक्ट्रम आवंटन प्रकरण को दर्ज़ किए हुए एक साल से ज़्यादा हो चुका था और उनपर छापा मारे हुए भी कई दिन हो चुके थे। यह कहना कि राजा को तलब किए जाने की उम्मीद थी, एक कम बयानी होगी। दरअसल, जब प्रकरण के दर्ज़ होने के एक साल बाद आपके घर पर छापा पड़ा होता है तो यह महज़ एक सिरदर्द का ही स्रोत हो सकता है न कि तनाव की वह स्थिति जहाँ आपको यह भय सताता रहता है कि पता नहीं तहक़ीक़ात करने वालों के हाथ क्या लग जाएगा। उन

दिनों में राजा के लिए तंग करने वाली एक ही चीज़ थी और वह यह कि जब तक दो महीने बाद वे गिरफ़्तार नहीं कर लिए गए, तब तक मीडिया हर कहीं उनका पीछा करता रहता था।

"मेरी बेटी सुबह 6 बजे स्कूल जाती थी, और कैमरा उसका पीछा करता। मेरी पत्नी दरवाज़े के बाहर अल्पना बना रही थी और वह अपने नाइट गाउन में बाहर आ गई थी। कैमरे ने फिर से उसकी फ़िल्म लेना शुरू कर दिया, इस तरह कहीं भी प्रायवेसी नहीं है! ये सब सुबह 6 बजे शुरू हो जाता। आप कल्पना कर सकती हैं?"

मीडिया के लोगों की लाइन 2, मोतीलाल नेहरू मार्ग के उनके मकान से लेकर लोधी रोड स्थित सीबीआई ऑफ़िस तक लगी रहती। उनके घर के बाहर और, ज़ाहिर है सीबीआई ऑफ़िस के बाहर भी, ओबी (आउटसाइड ब्रॉडकास्टिंग) वैन हर दिन ए. राजा की गिरफ़्तारी की ख़बर के इंतज़ार में खड़ी रहतीं। हमारे लिए, यानी बाहर इंतज़ार करते मीडिया के लिए, ऐसा लगता था जैसे उनको धीमी आँच पर पकाया जा रहा हो, उन पर सच्चाई को स्वीकार करने का दबाव डाला जा रहा हो, लेकिन जैसा कि सुनने में आता था, यह सब सर्वोच्च न्यायालय को शांत करने की कोशिश थी। सर्वोच्च अदालत तहक़ीक़ात पर निगाह रखे हुए थी और जाँच एजेंसी केवल उसके निर्देशों का पालन कर रही थी। यही कारण था कि उन्होंने शुरुआत में मंत्री की बजाय अज्ञात लोगों के ख़िलाफ़ एफ़आईआर दर्ज़ की थी और पूरे साल भर तक कुछ नहीं किया था। फिर शीर्षस्थ न्यायपीठ ने सीएजी की रिपोर्ट को देखा, जो कहती थी कि करदाताओं के पैसे के 1.76 लाख करोड़ रुपये गए हैं, तब वे ज़ोर-से चिल्लाए, "ये लूट है, ये लूट है!" इसी के बाद कार्रवाई शुरू हुई और सीबीआई, जिसे बाद में इसी अदालत द्वारा 'पिंजरे में बंद तोता' की संज्ञा दी गई, ने फ़ैसला किया कि अब वह इस मंत्री पर कार्रवाई को और नहीं टाल सकती थी। शीर्षस्थ अदालत को ए. राजा को आदेश देना पड़ा - कृपया तहक़ीक़ात में शामिल हों।

"मैं वहाँ सुबह के वक़्त जाता। तब उनके पास कुल मिलकार एक या दो फ़ाइलें थीं। वे उनको पलटते रहते और वाक़ई किसी को समझ में न आता कि 2जी घोटाला या दूरसंचार नीति क्या चीज़ थी। हम लोग कुल मिलाकर बिरयानी खाते रहते और चाय और कॉफ़ी पीते रहते, जिस दौरान सीबीआई के लोग 2जी प्रकरण को समझने की कोशिश में लगे रहते। उन्होंने वहाँ मौजूद सारे-के-सारे दस्तावेज़ पढ़े ही नहीं थे - टीआरएआई (ट्राई) की सिफ़ारिशें, राष्ट्रीय दूरसंचार नीति, कुछ भी नहीं, और चूँकि उनको समझ में नहीं आता था इसलिए वे सब-के-सब असमंजस में थे। वे सिर्फ़ इतना जानते थे कि उनको कुछ करना ज़रूरी था।"

राजा ने बताया कि सुबह के कुछ घंटों तक फ़ाइलों की छानबीन जारी रहती। फिर उनके घर से दोपहर का भोजन आ जाता। वे उसको खाते रहते, और जहाँ बाहर बैठा मीडिया यह मानकर चल रहा होता कि अंदर उनसे तगड़ी पूछताछ चल

रही होगी, वे अधिकारी-कक्ष में दोपहर की झपकी ले रहे होते थे। इसके बाद यह समझने की कोशिश में फ़ाइलों की और छानबीन होती कि सीएजी रिपोर्ट में राजा पर किस बात का दोषारोपण किया जा रहा था, और फिर उनको वापस घर भेज दिया जाता। इस खुलासे से अंततः यह बात स्पष्ट हुई कि क्यों उनको फ़रवरी में गिरफ़्तार किया गया था, जब उनको उनसे पूछताछ करते हुए डेढ़ महीना बीत चुका था - संभवतः प्रकरण को समझने में ही उनको इतना वक़्त लगा गया था!

आज वापस मुड़कर देखने पर, राजा जानते थे कि उनकी गिरफ़्तारी अपरिहार्य थी। उनके गुलमोहर पार्क स्थित मकान में, जो उन्होंने इसलिए किराये पर लिया था ताकि वे 2जी की रोज़मर्रा पेशियों में जा सकें, प्रेस ट्रस्ट ऑफ़ इंडिया (पीटीआई) के न्यूज़ टिकर को दर्शाते स्क्रीन की बग़ल में काग़ज़ों का एक ढेर लगा हुआ है। वे एक मोटा फ़ोल्डर उठाकर मेरी ओर हिलाते हैं : "मेरे पास उस एक-एक बात का रिकॉर्ड है जो सर्वोच्च न्यायालय ने इस प्रकरण में कही है।" किसी को भी ये लगेगा कि उन्होंने महज़ समाचार-पत्रों की तमाम कतरनों का रिकॉर्ड रखा होगा। लेकिन राजा जानते थे कि पीटीआई उन बातों की नवीनतम जानकारी भी दे रही थी जो न्यायाधीश लोग अदालत में कह रहे थे - उदाहरण के लिए 'लूट' जैसी उनकी बिना सोचे-विचारे की गईं टिप्पणियाँ, जो कभी-कभी समाचारों की रिपोर्ट में नहीं आ पाती थीं। अपने क़ानूनी प्रकरणों की ख़ातिर, वे इस बात को सुनिश्चित करना चाहते थे कि उनके पास हर चीज़ का रिकॉर्ड हो। यह जानने के लिए कि अदालतें गिरफ़्तारी की ओर बढ़ रही थीं, उनको उन रिकॉर्डों को देखने भर की ज़रूरत थी।

"संसद में 45 दिनों तक कोई कामकाज नहीं हुआ था क्योंकि मामले की जाँच के लिए प्रतिपक्ष लगातार संयुक्त संसदीय समिति (जेपीसी) की माँग पर अड़ा हुआ था। सरकार का कहना था कि भले सरकार गिर जाए लेकिन वे जेपीसी के लिए तैयार नहीं होंगे, और इसलिए दबाव का ख़त्म होना ज़रूरी था। वह सिर्फ़ मेरी मार्फ़त ही मुमकिन था।"

इस तरह, 2 फ़रवरी को, जब राजा अपनी रोज़मर्रा की पेशी के लिए सीबीआई जा रहे थे, तो ये बात साफ़ हो चुकी थी कि उस दिन वे अपनी दोपहर की झपकी लेने वाले नहीं थे। निश्चय ही, सीबीआई के एक क़िस्म के राजनैतिक संगठन होने के नाते, जोकि वह है, पहली ख़बर उसकी इमारत के भीतर से नहीं आई बल्कि कुछ किलोमीटर दूर, संसद से आई। उनके डॉक्टर और भतीजे, दोनों को उनसे मिलने को बुलाया गया और भतीजा आसन्न घटना के अहसास से रोने लगा।

राजा जो इस पूरे दौरान कभी भी असहज नहीं दिखे थे, ठंडे तरीक़े से उस चिकित्सकीय जाँच के लिए बैठ गए जोकि गिरफ़्तारी की प्रक्रिया का एक हिस्सा है। ये सीबीआई के जाँच अधिकारी राजेश चहल थे जो उद्विग्न थे। "डॉक्टर मेरा

रक्तचाप नाप रहा था जोकि एकदम सामान्य था। चहल परेशान दिख रहे थे और उन्होंने डॉक्टर से अपनी भी जाँच करने को कहा। पता चला कि उनका रक्तचाप 180/120 पर पहुँचा हुआ था। मैं उनके साथ मज़ाक़ कर रहा था - "यहाँ अपराधी कौन है?"

"मैं धूल से उठकर आया था, ऊँचा उड़ा लेकिन मैं वापस धूल में जा मिला"

राजा की गिरफ़्तारी का क्षण एक क्रांतिकारी क्षण था। यह अभूतपूर्व था कि एक पदासीन मंत्री भ्रष्टाचार के आरोप में गिरफ़्तार हुआ था और वह अपने साथ कई और लोगों को ले डूबने की धमकी दे रहा था। 'यूएएस लायसेंसों' की 'पहले-आओ-पहले-पाओ-नीति' के शब्दजाल के पीछे, स्पैक्ट्रम की मूल्यवान कमॉडिटी के आवंटन के पीछे, एक बेहद सरल-सी जाँच थी - जब राजा ने अपने बचाव में यह दावा किया था कि उनके द्वारा लायसेंसों की नीलामी न किए जाने के समर्थन में यूपीए के मंत्रियों का एक समूचा दल शामिल था, तब क्या वे वाक़ई सच बात कह रहे थे? और 200-करोड़-रुपये का वह क़र्ज़ किस तरह की रिश्वत है जो कि उनकी पार्टी के प्रवक्ता कलैनार टीवी को चैक के माध्यम से दिया गया था? यह निजी लाभ वह चीज़ है जिसके बारे में सीबीआई हर किसी को यक़ीन दिलाने की कोशिश कर रही थी, लेकिन वह कमज़ोर तर्क लगता था। सीबीआई ने अपने आरोप-पत्र में दावा किया था कि जैसे ही उन्होंने राजा को पूछताछ के लिए तलब किया था, कलैनार टीवी ने उस डीबी रियलिटी (मुंबई स्थित एक रियल एस्टेट कंपनी) को रिश्वत के रूप में 200 करोड़ वापस करने शुरू कर दिए थे, जिसको 2जी लायसेंस मिला था लेकिन जो ज़्यादातर राजनेताओं को यह यक़ीन दिलाने में नाकामयाब रहा था कि रिश्वत चैक की मार्फ़त दी जा सकती है, और वह भी एक तीसरे पक्ष को। अनधिकृत तौर पर सीबीआई ने यह भी बताया कि मुमकिन है रिश्वत दूसरे तरीक़ों से भी दी गई हो, लेकिन वे कभी भी इसके सबूत का कोई संकेत नहीं जुटा सके।

इस तरह, जहाँ संजय चंद्रा (यूनिटेक), और शाहिद बलवा (डीबी रियलिटी) जैसे शीर्षस्थ उद्योगपतियों के साथ ए. राजा की गिरफ़्तारी ने एक क़िस्म की राजनैतिक उथल-पुथल पैदा कर दी जिसके नतीजे में केंद्र सरकार से डीएमके निकल गई, वहीं सीबीआई में चीज़ें अपनी रफ़्तार से जारी रहीं। उप महानिरीक्षक (डीआईजी) एस. के. पलसानिया का कमरा दरअसल राजा की पुलिस हवालात थी। पलसानिया सौम्य स्वभाव के थे जो तहक़ीक़ात के दौरान ही दुखद रूप से कैंसर से दिवंगत हो गए थे। उनका कक्ष वातानुकूलित था जिसके साथ गुसलख़ाना भी था। "दिन में मैं दूसरे अधिकारियों के साथ होता था जो फ़ाइलें वग़ैरह देख रहे होते थे और शाम

होते-होते मैं डीआईजी के कमरे में सो जाता।" यह सद्व्यवहार सीबीआई की प्रमुख हैसियत की ख़ासियत थी - आक्रामकता, सेकेंड या थर्ड डिग्री का इस्तेमाल दूसरी पुलिस एजेंसियाँ करती थीं। वैसे भी ए. राजा के मामले में इनका इस्तेमाल कोई न करता। एक आरोपी के तौर पर भी वे लगातार ऐसे तकनीकी ब्यौरों की कैफ़ियत देते रहते थे जिनको अंततः एक बार जब जाँच अधिकारी ने समझ लिया तो बताया जाता है कि वह कह उठा : "मि. राजा, आप बरी हुए समझिए!"

लेकिन क़ानूनी क़दमों का, या जिसको अधिकारी 'उचित प्रक्रिया' की संज्ञा देते हैं, उसका पालन तो तब भी ज़रूरी था। इसलिए लुटियन की दिल्ली से वे तिहाड़ जेल नामक पश्चिमी दिल्ली के कॉम्प्लैक्स में गए। राजा जेल नंबर 1 की अपनी कोठरी में गए और उनके निकट पड़ोसी के तौर पर उनके साथी थे - उनके दूरसंचार सचिव सिद्धार्थ बेहुरा और उनके निजी सचिव आर. के. चंदोलिया। अगर राजा जेल जाने वाले पहले मंत्री थे तो बेहुरा भी शक्तिशाली भारतीय प्रशासनिक सेवा के पहले व्यक्ति थे जिन पर आरोप थे, और जिन पर मुकदमा चलाने का सीबीआई को अनुमोदन प्राप्त था। उनके और चंदोलिया के ख़िलाफ़ आरोप थे कि वे तभी से राजा के साथ षड्यंत्र में लिप्त थे जब राजा पर्यावरण मंत्री थे। उद्योगपति संजय चंद्रा तथा शाहिद बलवा के साथ दोस्ती तभी से थी और उन सबने मिलजुलकर सुनिश्चित किया था कि चंद्रा और बलवा को वे क़ीमती 2जी लायसेंस मिल सकें, जो बाद में उन्होंने एतिसलात और टेलीनोर जैसे विदेशी निवेशकों को बड़े मुनाफ़ों पर बेच दिए थे। वरिष्ठ नौकरशाहों के रूप में बेहुरा और चंदोलिया पर आरोप थे कि उन्होंने सार्वजनिक विज्ञप्तियों को छलपूर्वक नियंत्रित किया था और अंतिम तिथियों को गुपचुप तरीक़े से पीछे धकेलने में राजा की मदद की थी ताकि थोड़े-से पसंदीदा लोग ही सुपात्र हो सकें। पर्यावरण भवन से लेकर संचार भवन तक वे सब अब जेल नंबर 1 में बैठकर बतिया रहे थे।

"वह उच्च सुरक्षा से संपन्न वॉर्ड था, और हमारे अलावा उसमें आईपीएस अधिकारी आर. के. शर्मा भी थे। मैं अकेला व्यक्ति था जिसको स्वतंत्र कोठरी मिली हुई थी जिसमें पंखा और पश्चिमी शौचालय था। वह बहुत आरामदायक था।"

एक आम क़ैदी और एक वीआईपी के जेल के तजुरबे की कभी तुलना नहीं हो सकती। जिस वॉर्ड नंबर 9 में वे ठहरे हुए थे वह उससे काफ़ी मिलता जुलता था जिसमें 1978 में इंदिरा गाँधी को रखा गया था। उस वॉर्ड में केवल पाँच प्रकोष्ठ थे और उनके खानपान के प्रबंध के लिए एक रसोईघर था। प्रत्येक प्रकोष्ठ में दो-दो कमरे थे, एक बैठक कक्ष और एक सोने का कमरा। सोने के कमरे से गुसलख़ाना संलग्न था जिसमें फ़व्वारा, वॉशबेसिन और आईना था। इस ठाठदार इंतज़ाम में रहने वाले दूसरे लोगों में सुब्रत रॉय या सहाराश्री और हरियाणा के एक भूतपूर्व मंत्री गोपाल कांडा शामिल थे। निश्चय ही सुब्रत रॉय ने कुछ वक़्त एक विशेष जेल

में भी बिताया था जो तिहाड़ का पुराना कोर्ट कॉम्प्लैक्स था। उस कॉम्प्लैक्स को बैठक-कक्षों और सभा-कक्षों में बदल दिया गया था जहाँ से सुब्रत रॉय और उनके सहयोगी अपना कारोबार चलाया करते थे और इसके लिए उनको सर्वोच्च न्यायालय की इजाज़त मिली हुई थी। ज़ाहिर है, ये बैठक-कक्ष और सभाकक्ष वातानुकूलित थे और उनमें टेलिफ़ोन लगे हुए थे और इंटरनेट की सुविधाएँ भी थीं। इन सुविधाओं को देखकर दूसरे आला दर्ज़े के क़ैदियों के कलेजे जलते थे। जैसा कि किसी ने कहा था, “सुब्रत रॉय हिंदुस्तानी जेल के इतिहास में संभवतः एकमात्र व्यक्ति है जिसको एयरकंडीशनर की सुविधा मिली हुई है।” इस क़िस्से से मिलने वाली सीख : अगर आप 1,000 रुपये चुराते हैं तो हवलदार आपको मारमार कर हगा देगा और आपको बिना खिड़की वाली कालकोठरी में बंद कर देगा, लेकिन अगर आप 55,000 करोड़ रुपये चुराते हैं तो आपको 40 फुट के प्रकोष्ठ में रहने मिलेगा जिसमें चार स्प्लिट एयरकंडीशनिंग यूनिट, इंटरनेट, फ़ैक्स, मोबाइल फ़ोन और आपके जूते साफ़ करने और आपका खाना पकाने (बशर्ते कि आपका खाना उस दिन हयाट रीजेंसी से न आ रहा हो) के लिए 10 लोगों के अमले की सुविधाएँ होंगी!

राजा को अदालत द्वारा अनुमोदित आवास की वैसी सुविधाएँ भले ही नहीं मिली हुई थीं जिनका मज़ा सहाराश्री ने लूटा था, लेकिन जेल-का-सारा का सारा अमला उनकी ताबेदारी के लिए मौजूद था। विलासिता की एक ही चीज़ थी जो उनके प्रकोष्ठ में नहीं थी और वह थी एयरकंडीशनर, लेकिन राजा चूँकि उच्च सुरक्षा वाले क़ैदी थे, इसलिए वे अपना दिन जेल सुपरिटेंडेंट के दफ़्तर में गुज़ार सकते थे जो वातानुकूलित था। तब भी उनके प्रकोष्ठ कूलर जैसी सुविधा के योग्य तो थे ही। उनके सुरक्षा आकलन के मुताबिक़ उनके साथ चिपके 1.76 लाख करोड़ के बिल्ले का मतलब था कि जेल में कोई आम अपराधी उनपर हमला कर सकता था, और इसलिए अगर उनको जेल में यहाँ-वहाँ जाने की ज़रूरत थी तो उनके लिए सुरक्षा ज़रूरी थी। इसलिए उनका सुपरिटेंडेंट के दफ़्तर में बैठना ही मुनासिब समझा गया। अगर दूसरे लोगों को सुबह 5 बजे जगा दिया जाता था और 6.30 बजे नाश्ता दिया जाता था, तो राजा के पास जेल का एक अर्दली था जो उनसे पूछता था कि वह उनके लिए कैंटीन से क्या ला सकता है।

“सिर्फ़ मांसाहारी खाने की इजाज़त नहीं थी, लेकिन खाना बहुत स्वादिष्ट था और हमें मीठा तथा नारियल पानी भी मिल जाता था। यह सब कुछ कैंटीन से आता था। हर रोज़ कोई व्यक्ति आकर पूछता था कि सर, आज आप क्या लेंगे?”

अगर वे पुस्तकालय की ओर भी जाते थे तो पाँच पुलिस वाले राजा के पीछे चलते थे। यही वजह थी कि जेल के डीजी और दूसरे अधिकारियों ने यह व्यवस्था की थी कि उनको उनके अपने प्रकोष्ठ में ही 2जी के सारे दस्तावेज़ उपलब्ध हों। इतना ही नहीं, वे 2जी के दूसरे आरोपियों को भी अपने प्रकोष्ठ में बुला सकते थे, ताकि

वे सब मिलकर उन पर काम कर सकते। अब अगर आप यह जानना चाहते हैं कि यह कौन-सी बड़ी बात है, तो आपको यह याद रखना ज़रूरी है कि जब सीबीआई ने आरोप-पत्र दाख़िल किया था तो उनको सात संदूकों भर काग़ज़ लेकर आना पड़ा था। इसलिए जेल की इजाज़त का मतलब था कि उन तमाम काग़ज़ों को ढोने के लिए एक रिक्शे को जेल के कई चक्कर काटने ज़रूरी थे जिनकी ज़रूरत आरोपियों को होती थी। वे सारे काग़ज़ प्रकोष्ठों के गलियारों में अँटे रहते थे।

"आपको समझना होगा। अगर वे मेरे सामने जेल की नियमावली रख देते, तो हर काग़ज़ के लिए जेल अधिकारियों की इजाज़त ज़रूरी होती, लेकिन वे लोग बहुत भले थे। मैंने भी कभी नाजायज़ चीज़ों की माँग नहीं की, लेकिन इससे हम लोगों को जेल के भीतर भी आपस में मिलकर काम करने की गुंजाइश मिल सकी।" जेल जीवन की सबसे ज़्यादा बंधनकारी चीज़ ये होती है कि आपको एक निश्चित समय पर बंद कर दिया जाता है, जैसे कि दोपहर 2 से अपराह्न 4 बजे तक और शाम 7 बजे के बाद। लेकिन इसने सारे-के-सारे 2जी गिरोह को एक साथ होने की गुंजाइश दी क्योंकि राजा ने उन सब की माँग की हुई थी ताकि वे अपने प्रकरणों पर वैधानिक तरीक़े से काम कर सकें। राजा एक प्रशिक्षित वकील हैं जो अभियोजन पक्ष के गवाहों से अदालत में जवाब-तलब करते थे। जेल में, चूँकि सभी आरोपियों पर धोखाधड़ी और षड्यंत्र के आरोप थे, उन लोगों ने आपस में काग़ज़ बाँट लिए और मिलकर तैयारी की। सीबीआई का आरोप था कि वे सब एक-दूसरे को जानते थे और उन्होंने मिलकर देश को लूटने का षड्यंत्र रचा था, लेकिन उनकी इस अत्यंत निकटता ने उनके बीच एक अलग ही तरह का रिश्ता तैयार किया। उदाहरण के लिए, गोवा में विनोद गोयनका और शाहिद बलवा का होटल ग्रैंड हयाट अन्य आरोपियों के लिए उनका अपना एक दूसरा घर बन चुका है। ये वो जगह है जहाँ जब अदालत का सत्र नहीं चल रहा होता तो आर. के. चंदोलिया को अक्सर पाया जा सकता है। जब गोयनका दिल्ली आते हैं, तो वे अब होटलों में नहीं ठहरते, वे सिर्फ़ संजय चंद्रा के यहाँ ठहरते हैं। जब अगस्त 2016 में मुंबई में गोयनका के पिता की मृत्यु हुई, तो राजा समेत सारे आरोपी उनके साथ होने के लिए वहाँ भागे थे।

मुमकिन है जेल के मामलों में दिखाई जाने वाली वफ़ादारी या मेहरबानी बाहरी दुनिया में उस तरह की किसी भी चीज़ के मुक़ाबले ज़्यादा होती हो। यही वजह है कि कुछ अर्दली या क़ैदी जो राजा जैसे आरोपियों की मदद करते हैं वे अब उनके साथ स्थायी रूप से संबद्ध हो जाते हैं। राजा और अन्य लोगों ने महज़ अदालत को आवेदन लिखकर दस लोगों को ज़मानतें दिलाईं। सुधीर जैसे लोग भुला दिए गए थे और वर्षों से जेल में पड़े हुए थे, जबकि अदालत में उनके ख़िलाफ़ आरोप-पत्र तक दाख़िल नहीं हुआ था। जेल से रिहा होने के बाद सुधीर शाहिद बलवा के

लिए काम करने लगा और उसकी बीवी राजा के घर में खाना बनाने का काम करती है।

"मैं जानता कि अगर कल मेरी बेटी मयूरी को किसी तरह की मदद की ज़रूरत पड़ेगी तो ये दोस्त हैं जो उसकी भरसक मदद करेंगे।" ये वो रिश्ता है जो उन 15 महीनों के दौरान विकसित हुआ है जो राजा ने जेल में बिताए हैं, लेकिन जैसा कि राजा ख़ुद स्वीकार करते हैं, वह आम जेल जीवन नहीं था।

जेल में बंद मंत्री

अगर सर्वोच्च न्यायालय ने राजा को गिरफ़्तार करने के लिए सीबीआई पर ज़ोर डाला था तो वही इस बात की भी वजह था कि उनको जेल में आरामदायक जीवन मिला, हालाँकि, यह पूरी तरह अनपेक्षित था। शीर्षस्थ न्यायालय एक मुकम्मल तहक़ीक़ात चाहता था और चाहता था कि वह जल्दी-से-जल्दी पूरी हो। इसलिए जहाँ सामान्य प्रकरण में अदालत की पेशी बहुत-से-बहुत हर 15 दिन में होती है, वहीं 2जी प्रकरण में रोज़ाना पेशियाँ होती थीं, इस स्थिति ने असीमित सुविधाएँ मुहैया कराईं।

उदाहरण के लिए, इसका मतलब था कि वे कठिन उबाऊ परिश्रम से बचे हुए थे। वे जेल जीवन की उस नितांत तन्हाई से बाहर थे जो बहुत-से लोगों को अवसाद से भर देती है और उनको किसी-न-किसी क़िस्म के नशीले पदार्थ की लत लगा देती है। जहाँ तक 2जी आरोपियों का सवाल था, हर सुबह एक विशेष टाटा वाहन सुबह 8.30 बजे उनको अदालत लेकर जाता था। पटियाला हाउस कोर्ट पहुँचने के बाद उनको हवालात में रहना पड़ता था, लेकिन जल्दी ही ओ. पी. सैनी के अदालत कक्ष की वातानुकूलित ठंडक उनका स्वागत करती थी। फिर वे वहाँ पूरा दिन बिताते, और शाम 4.30 बजे तक कुछ अतिरिक्त वक़्त भी, जिस दौरान कुछ लोगों की बीवियाँ और परिवार के अन्य सदस्य भी वहाँ अदालत की कार्रवाई देखने के लिए मौजूद रहते थे। इसके बाद वे जेल वापस चले जाते। "ये सिर्फ़ सार्वजनिक अवकाश और शनिवार-इतवार के दिन होते थे जिनमें हमें जेल जीवन का अनुभव होता था, बाक़ी समय में ऐसा कुछ नहीं था।"

उन लोगों ने एक आवेदन भी दिया था जिससे उनको वह खाना खाने की छूट मिली हुई थी जो उनका परिवार उनके घरों से अदालत में लेकर आया करता था। इसका मतलब था कि उनको मांसाहारी भोजन भी मिल जाता था जिसकी छूट अन्य क़ैदियों को नहीं होती। हालाँकि, कुछ छोटी-मोटी समस्याएँ भी थीं, और राजा बड़े मज़े के साथ उस समय का एक क़िस्सा सुनाते हैं जब पटियाला हाउस कोर्ट में एक नया सब इंस्पैक्टर आया था। जो भी कोई वजह रही हो लेकिन यह नया पुलिसवाला अदालत के लॉकअप में इन नामी-गिरामी क़ैदियों के नाज़-नख़रों से काफ़ी नाख़ुश

था, और उसने कहा कि वह उन लोगों को वह खाना नहीं खाने दे सकता जो उनके परिवार के लोग उनके लिए लेकर आते थे।

"इस चीज़ ने काफ़ी आक्रोश भड़काया और हम सब लोगों ने विरोध किया, लेकिन वह इंस्पैक्टर अपनी ज़िद पर अड़ा रहा। इसलिए हर किसी ने दोपहर का भोजन छोड़ दिया और इन तमाम रईस लोगों को पहली बार पता चला कि असल भूख क्या होती है।" राजा ठिठोली किए बग़ैर नहीं रह सके, "हम सियासी लोग हैं, हमें तरह-तरह की जगहों पर जाना होता है और इसलिए हमें हर चीज़ की आदत है। लेकिन उस एक दिन के लिए इन लोगों ने महसूस किया कि भूखा रहना क्या होता है। उनके परिवार के लोग बहुत दुखी थे।" निश्चय ही, इनकी स्थिति उन बहुत-से क़ैदियों से भिन्न थी जो रोज़-रोज़ भूख की पीड़ा को भोगते हैं, क्योंकि इन दर्जन भर 2जी आरोपियों ने अगले ही दिन एक रास्ता ढूँढ़ लिया। जेलर ने कोर्ट लॉकअप में एक संदेश भेज दिया कि उनको उनके घर के खाने से नहीं रोका जाना चाहिए और उनकी विशेष हैसियत फिर से बहाल हो गई।

अदालत जाने को लेकर एक और भी क़िस्सा है जो राजा मज़े से सुनाते हैं। टाटा वैन, या 2जी बस, क़ानूनी कार्रवाइयों का दिन गुज़रने के बाद वापस तिहाड़ जेल के रास्ते पर थी, जब उसमें सवार कोई दर्जन भर लोगों ने उदासी महसूस की। "बस की खिड़कियों में सलाख़ें लगी हुई थीं और हम लोग ठीक से बाहर तक नहीं झाँक पा रहे थे। जेल में रहते हुए 5-6 महीने हो चुके थे और हम सब कह रहे थे कि वह दिन कब आएगा जब हम दिल्ली की सड़कों पर एक बार फिर आज़ादी से घूम सकेंगे। हम सिर्फ़ यही करते थे कि तिहाड़ जेल के भीतर होते, बस में बैठते, फिर लॉकअप में जाते, फिर अदालत के कमरे में जाते और फिर वापस जेल आ जाते। आप विश्वास नहीं करेंगी - जब हम लोग यही सब बातें कर रहे थे, अचानक बस ख़राब हो गई।" यूँ, राजा ऐसे व्यक्ति हैं जो बहुत ज़्यादा जज़्बातों का प्रदर्शन नहीं करते, लेकिन उस दिन को याद करते हुए उनका चेहरा खिल उठा। बस डिप्लोमैटिक एन्क्लेव के बहुत ही अच्छे इलाक़े में ख़राब हुई थी जहाँ सड़कें साफ़ और चौड़ी हैं और जहाँ वृक्षों की कमी नहीं है। साथ चल रहे पुलिस के दस्ते ने दूसरे वाहन के लिए फ़ोन किया लेकिन उनको बताया गया कि दूसरा वाहन पहुँचने में कम-से-कम एक घंटे का वक़्त लगेगा। इसलिए, जैसी कि वे लोग कामना कर रहे थे, उनको बस से उतरने और ताज़ा, आज़ाद हवा का स्वाद लेने की इजाज़त दे दी गई।

"वहाँ पास ही में एक ढाबा भी था, और हम सब यहाँ-वहाँ टहल रहे थे सो हमने चाय का आग्रह किया। हम बहुत ख़ुश थे।" बताया जाता है कि कुछ आते-जाते राहगीरों ने इस स्पैक्ट्रम झुंड को पहचान लिया। "किसी ने कहा, 'हाय,' किसी ने कहा, 'आप लोग इससे बरी हो जाएँगे, चिंता मत करिए,' और किसी ने कहा, 'अरे, ए. राजा - 1.76 लाख करोड़!' जल्दी ही दूसरी बस आ गई

और वे सब अपनी-अपनी कोठरियों में वापस जा पहुँचे, लेकिन चाणक्यपुरी में उस एक घंटे और कुछ मिनट ने उनको कुछ समय तक बात करने के लिए एक क़िस्सा उपलब्ध करा दिया।

बावजूद इसके कि जब सीबीआई ने नुक़सान की मात्रा का हिसाब लगाया तो उसने अपने आरोप-पत्र में 22,000 करोड़ रुपये की अपेक्षाकृत कम राशि का आँकड़ा पेश किया था, तब भी 1.76 लाख करोड़ रुपयों का आँकड़ा राजा से जुड़ा एक नारा बन गया था। लेकिन सियासत नज़रिये का खेल है और सीएजी के 1.76 लाख करोड़ रुपये के आँकड़े को लेकर संसद और मीडिया में इतना शोर मच चुका था कि वह आँकड़ा उनके साथ चिपक कर रह गया - कुछ इस क़दर कि जेसिका लाल के सिद्ध अपराधी हत्यारे मनु शर्मा ने उनसे पूछ लिया था : "सर, आप वे 1.76 लाख करोड़ रखते कैसे हैं?" जब भी कभी वे लोग दूसरे क़ैदियों के साथ बैडमिंटन खेलते थे, उनकी आँखों में यही सवाल होता था।

राजा को तिहाड़ में तमाम आला अफ़सरों से जो सम्मान मिला, उसमें एक फ़ैन क्लब का सम्मान सबसे बढ़चढ़कर था। वह था तमिलनाडु स्पेशल पुलिस या टीएसपी। वे भले ही हर किसी को मुँह लगने से रोकते हों, लेकिन उनमें से बहुत लोग राजा को जानते थे क्योंकि वे उनके इलाक़े के आदमी थे और उनके सांसद थे। "उनमें से कई मेरे पास आए और उन्होंने मुझे बताया कि उन्होंने मेरे निजी सुरक्षा अधिकारियों के तौर पर काम किया था। जब भी कभी मैं राजकीय यात्रा पर कोयम्बटूर जाता था तो राज्य की पुलिस मुझे सुरक्षा मुहैया कराती थी इसलिए उनमें से कुछ जो अब तिहाड़ में आ गए थे, मेरे साथ बिताए गए समय को याद करते थे। वे रोमांचित थे और जेल में भी वे मेरे पास आकर मुझे सलाम ठोकते थे। मेरे दोस्त कहते थे कि आप तो जेल में भी मंत्री हैं!"

राजा को जेल में मिली एक छूट ऐसी थी जिसकी वे सबसे ज़्यादा सराहना करते हैं। 2011 में उनकी 13 वर्षीय बेटी मातेर देई कॉन्वेंट की छात्रा थी। अगर उनकी गिरफ़्तारी से कोई एक व्यक्ति सबसे बुरी तरह प्रभावित हुआ था तो वह उनकी यह बेटी ही थी, क्योंकि मीडिया लगातार उनके प्रकरण को लेकर रिपोर्ट कर रहा था। स्कूल में उसका प्रदर्शन बुरी तरह प्रभावित हुआ था, और जहाँ उसको 85 प्रतिशत से ऊपर अंक मिला करते थे, वहीं अब वे अंक बहुत कम हो गए थे। ऐसे ही समय में तिहाड़ जेल के अधिकारियों ने उसके लिए मुलाक़ात के अपने सारे नियम शिथिल कर दिए थे। उन्होंने मयूरी को छूट दे रखी थी कि वह स्कूल के बाद किसी भी दिन, जब चाहे आकर अपने पिता से मिल सकती थी। अन्यथा तिहाड़ जेल के सामान्य आगंतुकों को अपनी साप्ताहिक मुलाक़ात का इंतज़ार करना पड़ता है, जो काँच के एक परदे के आर-पार से, हैडफ़ोनों की मदद से होती है। राजा इन वीआईपी छूटों के लिए शुक्रगुज़ार थे।

"मैं मातेर देई के अध्यापकों का भी शुक्रगुज़ार हूँ। वे लगातार मेरी बेटी को प्रोत्साहित करते रहे और उससे यह कहते रहे कि यह सब राजनीति का हिस्सा है और मैं जल्दी ही जेल से बाहर आ जाऊँगा। उन्होंने स्कूल में हर किसी को निर्देश दे रखे थे कि कोई भी मेरे बारे में कुछ न कहे।" अध्यापक भले ही कामयाब रहे हों लेकिन प्रेस के लंपट लोगों को काफ़ी चटखारे लेकर राजा और सहआरोपी कनिमोझी के बीच के रिश्तों को लेकर अटकलें लगाने का मौक़ा मिल ही गया था। हालाँकि, ये बातें अफ़वाह मंडली का हिस्सा थीं लेकिन उनकी कथित नज़दीकी अख़बारों का हिस्सा भी बनी थी जिसने राजा को बेहद आहत किया था।

"कनि का बेटा उस वक़्त 14 का था। जब उन लोगों ने यह पढ़ा होगा कि 'राजा कनिमोझी से शादी करने वाले हैं' तब आपको क्या लगता है, वे क्या सोचते होंगे? उनके दिमाग़ में क्या चल रहा है?" बहुत-सी ऐसी रिपोर्टें थीं जो अपुष्ट थीं। जब कोई व्यक्ति आरोपी होता है, और ख़ासतौर से जब किसी स्त्री का मामला शामिल हो तो हर किसी को अनाम स्रोतों और अफ़वाहों को चटखारे लेकर अख़बार में छापने की छूट मिल जाती है। चाहे यह स्कूल का सही मार्गदर्शन रहा हो या खुशक़िस्मती, मयूरी अब अपने पिता की ही तरह क़ानून की एक संकल्पशील छात्रा है।

जेल के बाद, राजा अपना क़िस्सा सुनाते हैं

जब आप राजा के दफ़्तर में दाख़िल होते हैं तो आपको उनकी मेज़ पर बी. आर. अंबेडकर की *एनिहिलेशन ऑफ़ कास्ट* की दो प्रतियाँ रखी दिखाई देती हैं - एक अँग्रेज़ी में और दूसरी तमिल में। तब भी आप उनको कभी भी अपनी दलित अस्मिता के बारे में बात करते नहीं पाते। "बहुत-से लोगों ने इस बात की ओर इशारा किया कि मुझे इसलिए बलि का बकरा बनाया गया क्योंकि मैं एक दलित हूँ, लेकिन मैं ऐसा कभी नहीं कहूँगा, मैं जाति का पत्ता कभी नहीं खेलूँगा।" मुमकिन है ये वो फ़लसफ़ा हो जो उन्होंने छठवीं सदी के अपने प्रिय कवि तिरुवल्लूर से लिया हो, जिनकी कविता को वे हमेशा उद्धृत करते हैं। फ़लसफ़ा और क़ानूनी तर्क, यही वे दो चीज़ें थीं जिन पर राजा भरोसा करते रहे थे। ज़्यादातर दूसरे क़ैदियों से भिन्न वे एक नास्तिक हैं और इसलिए वे लंबे-चौड़े *हवन* और *पूजाएँ* नहीं कर सके जैसी दूसरे लोगों ने की थीं। उन्होंने तो अदालत में भी ईश्वर के नाम का हलफ़ नहीं उठाया। "मैंने ध्यान दिया कि तमाम जेलों में एक मंदिर होता है और आप आजीवन कारावास भोगते लागों को वहाँ प्रार्थनाएँ करते देखते हैं। मेरी समझ में नहीं आता - वे वहाँ क्यों जाते हैं?"

उनको केवल वफ़ादारी की संहिता ही समझ में आती है जिसके चलते वे अपने नेता करुणानिधि के सामने नतमस्तक होते हैं, और नीलगिरि के लोगों के वे समर्थन

प्रदर्शन जिनमें से सैकड़ों लोग ट्रेनें पकड़कर उस वक़्त उनका स्वागत करने पहुँचे थे जब वे ज़मानत पर रिहा हुए थे। उनको इस बात का गर्व है कि यह अपने सथियों के प्रति उनकी वफ़ादारी थी जिसके चलते उन्होंने तब तक ज़मानत के लिए अर्ज़ी नहीं दी थी जब तक कि सारे आरोपी - संजय चंद्रा, बेहुरा, गोयनका, हरि नायर और कनिमोझी - रिहा नहीं हो गए थे।

सबसे गहरा घाव वह था जो उन्हें उनके भूतपूर्व बॉस और साथियों ने दिया था। चूँकि राजा हमेशा यह बात दोहराते रहे कि उनके सारे कृत्य सामूहिक फ़ैसले थे, उनके साथियों ने उनको राजनैतिक वजहों से अपने से काटकर अलग कर दिया था। उन्होंने यह संकेत दिया कि सीबीआई का मुद्दा यह था कि उन्होंने प्रधान मंत्री मनमोहन सिंह को यह विश्वास दिलाकर गुमराह किया कि वे 2जी लायसेंसों की नीलामी करने की बजाय प्रथम-आएँ-प्रथम-पाएँ की नीति अपनाकर सही क़दम उठा रहे थे। उन्होंने राजनैतिक वजहों से राजा को अलग-थलग कर दिया और यह चीज़ उनको ठीक नहीं लगी। "बाद में जब कभी भी मैं सेंट्रल हॉल में होता और प्रधान मंत्री अंदर आते, मैं वहाँ से तुरंत बाहर निकल जाता था। मैं जेल से आने के बाद पी. चिदंबरम से भी कई बार हवाई जहाज़ में मिला, लेकिन हम लोग आपस में मुँह मोड़ लेते थे। लेकिन मेरे मन में श्रीमती गाँधी के प्रति गहरे सम्मान का भाव है। जब वे एक बार मुझे शशि थरूर के साथ कॉरिडोर में मिलीं, उन्होंने मुझसे मेरा हालचाल पूछा और हमने बात की।" कुछ भूतपूर्व सहयोगी ऐसे थे जिनसे वे मुँह नहीं मोड़ सके बल्कि जिनसे उनको अदालत में सामना करना पड़ा। जैसे कि भूतपूर्व अटॉर्नी जनरल जी. ई. वाहनवती। वाहनवती की 2जी प्रकरण में एक महत्त्वपूर्ण भूमिका है क्योंकि इसके मुताबिक़ राजा ने उस नोट में हेरफेर और जालसाज़ी की जिसे वाहनवती ने अनुमोदित किया था। राजा का कहना है कि वह नोट देश के शीर्षस्थ विधि अधिकारी द्वारा मान्य किया गया था, लेकिन उन्होंने यह कहकर प्रतिवाद किया कि राजा ने उसमें बाद में एक पैराग्राफ़ जोड़ लिया था और उसके साथ जालसाज़ी की थी।

वाहनवती अब नहीं हैं लेकिन जब वे अदालत में गवाही दे रहे थे तो राजा ने ख़ुद ही उनसे सवाल करने का फ़ैसला किया था। "हम इस सब के पहले ताज होटल में ड्रिंक के लिए जाया करते थे लेकिन मैं अदालत में हर किसी-के सामने अपनी निकटता का प्रदर्शन नहीं करना चाहता था। जब सवाल-जवाब समाप्त हो गए तो उन्होंने न्यायाधीश से पूछा कि 'अगर आपकी इजाज़त हो तो क्या मैं अपने दोस्त से बात कर सकता हूँ?' न्यायाधीश ने टी-ब्रेक की घोषणा कर दी।" जैसा कि राजा क़िस्सा बताते हैं, वाहनवती ने हाथ बढ़ाया और जो कुछ भी हुआ था, उसके लिए माफ़ी माँगी। राजा ने बताया कि वे उनसे कुल मिलाकर इतना ही कह सके कि 'ओके।'

ये बात स्पष्ट नहीं है कि क्या राजा ने इसको एक मेल-मिलाप की तरह लिया था। राजा ने अब 2जी प्रकरण के बारे में चौंका देने वाले और अंतरंग ब्यौरों से युक्त ख़ुद अपने संस्मरण लिखे हैं, और उनका कहना है कि ये संस्मरण उन बहुत-से लोगों की क़लई खोल देंगे जो उन दिनों सत्ता में हुआ करते थे। ज़्यादातर लोगों ने जेल में रहने के दौरान या, राजा की तरह, जेल से बाहर आ जाने के बाद अपने संस्मरण लिखे हैं। वे हमेशा सार्वजनिक प्रकाशन के लिए नहीं होते। कभी-कभी वे अपनी भावनाओं के शुद्धिकरण का साधन भी होते हैं।

7

हिप्पी किशोर जो जेल गया

अगर आप वायबी को उसकी फ़ेसबुक प्रोफ़ाइल से परखें, जैसा कि उसकी तरह के 19 बरस के बच्चे करते हैं, तो आपको लग सकता है कि वह अपनी उम्र के लिहाज़ से काफ़ी अकाल परिपक्व है। उसका प्रोफ़ाइल फ़ोटो उसको एक होटल के कमरे के बिस्तर पर अधनंगा पसरा हुआ दिखाता है जैसे वह टीन कॉस्मो के लिए मॉडल के रूप में पोज़ दे रहा हो। जो भी कोई उसका फ़ोटो ले रहा है वह उससे दूर अपने स्मार्ट फ़ोन की ओर देख रहा है, उसके वक्ष पर कोई बाल नहीं हैं, और उसके बिस्तर की बग़ल का हिस्सा स्कॉच की एक बोतल और बियर के एक कैन से सजा हुआ है। 169 लाइक्स वाला कमेंट सेक्शन भक्ति-भाव से भरा हुआ है, जिनमें कइयों को वायबी दिल के इमाटिकॉन से जवाब दे रहा है और इस सवाल से बच रहा है कि वह किसके साथ है। उसका फ़ोटो एलबम किशोरावस्था के विद्रोह के ऐसे उन्मुक्त प्रदर्शनों से भरा पड़ा है जिसमें वह शैम्पेन और बियर की बोतलों, हुक्कों और सिगरेटों के साथ आत्म-विश्वास से भरा कैमरे की ओर देखकर मुस्करा रहा है, और उसका आचरण उन दूसरे किशोर उम्र के बच्चों से भिन्न नहीं है जो शहर में बड़े हो रहे हैं।

एकमात्र फ़र्क़ ये है कि यह प्रोफ़ाइल फ़ोटो और वायबी दिल्ली के उत्तम नगर के बिंदापुर पुलिस थाने के एक सामूहिक बलात्कार के प्रकरण के केंद्र में थे। ये 12 जुलाई 2016 को ही मुमकिन हो सका जब क़ानूनी कार्रवाई के दो वर्षों के बाद और मुखर्जी नगर के किशोर सुधार गृह में एक महीना बिताने के बाद वायबी अंततः बलात्कार के आरोप से बरी हुआ। जुवनाइल जस्टिस बोर्ड के सदस्य न्यायाधीशों - पूनम सिंह, वी. के. पांडे और एम. पी. सिंह - ने फ़ैसला दिया कि उन्होंने "महिला मुद्दई (प्रॉसीक्यूट्रिक्स) के बयान को खरा और बेदाग़ नहीं पाया... महिला मुद्दई के असंपुष्ट परिसाक्ष्य के आधार पर, महिला मुद्दई के पक्ष में जूरी का कोई निर्णय नहीं

दिया जा सकता। उन तमाम वजहों से जिनको दर्ज़ किया गया है, नाबालिग को 376 डी (सामूहिक बलात्कार), 328 (ज़हर के सहारे आघात पहुँचाने), 356 (चोरी की वारदात के लिए हमला या आपराधिक बलप्रयोग), 379 (चोरी), 34 (सामूहिक इरादे से कई लोगों द्वारा किए गए कृत्य) और पोस्को अधिनियम (कम-से-कम 10 वर्ष की सज़ा के योग्य उत्तेजित भेदक यौनपरक हमला) की धारा 6 से दोषमुक्त करार दिया जाता है।" अपराध के वक़्त महिला मुद्दई की उम्र 15 वर्ष और वायबी की उम्र 17 वर्ष थी और उनके रिश्ते क़रीब छह महीनों तक जारी रह चुके थे।

वायबी के संदर्भ में आरोपों की यह बहुत बड़ी फ़ेहरिस्त है, जोकि अभी महज़ एक नौजवान है। जब आप उससे मिलते हैं, तो इस बात पर यक़ीन करना और भी मुश्किल लगता है कि यह शर्मीला, बैचलर ऑफ़ कम्प्यूटर एप्लीकेशन्स का विद्यार्थी फ़ेसबुक का वही प्रदर्शनधर्मी चरित्र है। "मेरे भाई ने क़रीब-क़रीब मेरा अकाउंट मिटा ही दिया है," वह कहता है। लेकिन ये सोशल मीडिया और तमाम मुख्य अदाकारों के प्रोफ़ाइल ही थे जिन्होंने अदालतों के लिए मुख्य साक्ष्य मुहैया कराए थे। शायद यही वजह है कि वायबी बना हुआ है और उसने फ़ेसबुक पर अपना व्यक्तित्व खोया नहीं है। 'महिला मुद्दई' एसएस अभी भी पूरे जतन से इन्स्टाग्राम और स्नैपचैट पर पोस्ट अपडेट करती रहती है। अगर वायबी का प्रोफ़ाइल फ़ोटो उसकी अधनंगी छाती को दर्शाता है, तो एसएस का प्रोफ़ाइल फ़ोटो उसको फ़ैशन के प्रति चौकन्नी एक किशोरी के रूप में पेश करता है। यहाँ स्पोर्टिंग धूप के चश्मे, तो वहाँ बड़े आकार के चश्मे, आईने के सामने ली गई सेल्फ़ी में चॉकलेट संडे इन वन शेयर करती - एसएस दिल्ली की एक और आकर्षक, संभवतः लोकप्रिय, आत्मतुष्ट भाव से ख़ुद को सजाती-सँवारती किशोरी के रूप में सामने आती है।

लड़का मिलता है लड़की से

अदालत के दस्तावेज़ कहते हैं कि उनका क़िस्सा फ़रवरी 2014 तक जाता है, वेलेंटाइन डे के एक सप्ताह बाद तक। वायबी मेरे साथ कनॉट प्लेस के कॉफ़ी हाउस में बैठा है, और हमारे चारों तरफ़ 1980 के दशक से लेकर 1990 के दशक के दौरान पैदा हुए लड़के-लड़कियों के दूसरे जोड़े बैठे हुए हैं। जिन घटनाओं का बयान वह करता है वे दस्तावेज़ों के बयान से मामूली भिन्न हैं। ये फ़र्क़ बताते हैं कि किस तरह वायबी चीज़ों को एसएस के मुक़ाबले भिन्न तरह से देखता था, और किस तरह अदालत घटनाओं के एक सिलसिले तक पहुँची।

जैसा कि वायबी और एसएस अपना क़िस्सा बताते हैं, उनकी मुलाक़ात दोनों के एक दोस्त की मार्फ़त हुई थी। एसएस विकासपुरी के एक सरकारी स्कूल में पढ़ती थी, जहाँ वायबी का एक पक्का दोस्त भी पढ़ता था। यह पक्का दोस्त कुणाल वायबी के एकदम पड़ोस में रहता था और चूँकि वे साथ-साथ बड़े हुए थे, वे वायबी की सैंट्रो

कार में स्कूल से साथ-साथ वापस लौटते थे (भले ही वायबी एक पब्लिक स्कूल में पढ़ता था)। क्या वो 18 साल से कम की उम्र से कार चला रहा था? "हाँ। दरअसल वो मेरी कार नहीं थी लेकिन मेरे परिवार में उस वक़्त किसी को कार चलानी नहीं आती थी, इसलिए मैं चलाया करता था।" वायबी घर के तीन बच्चों में सबसे छोटा था। उसकी माँ घर पर ही रहती थी। एसएस अपने घर के दो बच्चों में सबसे बड़ी थी। उसके दादा-दादी भी उनके साथ ही रहते थे।

"हम दोनों के ही स्कूल विकासपुरी में थे। इसलिए मैं अक्सर कुणाल को लेने चला जाया करता था, और कभी-कभी मैं उसकी दोस्त एसएस से भी मिला करता था। एक दिन उसने मेरे बारे में पूछा और उसी शाम उसने फ़ेसबुक पर रिक़्वेस्ट भेजी।"

एसएस के 164 बयानों में या दंडाधिकारी को अधिकृत तौर पर दिए गए बयान में उसका विवरण हल्का-सा भिन्न है और कहता है कि फ़ेसबुक रिक़्वेस्ट वायबी ने भेजी थी न कि एसएस ने। अदालत के दस्तावेज़ दर्शाते हैं कि किस तरह अधिकारियों ने किशोर वय के लोगों की दुनिया को सामाजिक आदान-प्रदान के उनके शुरुआती प्रयोगों को नए सिरे से गढ़ने और समझने की कोशिश की। यह निर्णय लेने के लिए कि कौन ग़लती पर था, उनकी स्वच्छंद और अगंभीर टीका-टिप्पणियों को फिर से सामने रखा गया और जाँचा गया; क्या वह 17 साल का लड़का बलात्कार का दोषी था? अदालत लिखती है : "उसने उससे कहा था कि वह लड़कों से बात नहीं करती; कि उसने (वायबी ने) उसका मोबाइल नंबर माँगा और वह यह जानने को उत्सुक था कि क्या वह ह्वाट्सएप पर थी, कि उसने उसको बताया कि वह ह्वाट्सएप पर थी, लेकिन वह सीमित लोगों से ही संपर्क रखती है; कि उसने पूछा कि क्या वह एक अ-सीमित व्यक्ति था; कि उसने उससे कहा कि वह उसके सिर्फ़ फ़ेसबुक पर ही साथ संपर्क में रहेगी; कि उसने (एसएस ने) अपना नंबर उसको दिया; कि 10.4.14 को वह पहली बार नाबालिग से मिली, और यह कि उसके यह पूछे जाने पर कि वह उसकी गर्लफ्रैंड बनेगी, उसने 'हाँ' में जवाब दिया" - लड़का-लड़की-से-मिलता-है क़िस्से की तहक़ीक़ात की गई और उसको जुवनाइल जस्टिस बोर्ड के समक्ष प्रस्तुत किया गया।

क़िस्से का ये वो रूप है जिससे वायबी कमोबेश सहमत है, बेशक उसके अपने बयान में लड़की एक अधिक उत्सुक पक्ष के रूप में उभरती है। "मेरा एक और भी दोस्त था जिसने कहा था, 'उस लड़की से दूर रहो, उसके ढेर सारे बॉयफ्रैंड हैं।' मैंने कहा 'मुझे इस सबसे कुछ लेना-देना नहीं है और इसलिए मैंने उसकी फ्रैंड रिक़्वेस्ट मंज़ूर कर ली।' इसके बाद हमारे बीच फ़ेसबुक पर जब-तब चैट होने लगी। एक बार उसने मुझे फ़ोन किया जबकि मेरे पास उसका फ़ोन नंबर नहीं था। उसने यूँ ही मुझसे कहा कि 'वह आर्य समाज रोड पर मेरा इंतज़ार कर रही है।' मैंने कहा, 'तुम मेरा इंतज़ार क्यों कर रही हो, हमारी तो कभी बात तक नहीं हुई।' ये उसके

3-4 दिन बाद की बात थी जब हम फ़ेसबुक पर दोस्त बने थे। मैंने उससे कहा कि 'मैं तैयार हो रहा हूँ' और फ़ोन काट दिया, लेकिन उसने दो दिन बाद फिर से फ़ोन किया। दूसरी बार जब उसने फ़ोन किया, तो उसने एक तिथि तय की। उसने कहा कि 'हम हमारे घर के क़रीब पीवीआर में मिलते हैं।' मैंने गौरव को भी फ़ोन करके बुला लिया। मिलने के बाद जल्दी ही उसने कहा, 'मैं पीना चाहती हूँ।' पीवीआर की बग़ल में ही शराब की एक दुकान थी जहाँ पर उन दोनों ने पी। अब, गौरव एक मर्द था जिसकी क्षमता ज़्यादा रही होगी लेकिन उसने हालाँकि, शायद दो ही गिलास पी थी लेकिन वह पूरी तरह से नशे में धुत्त हो गई। चूँकि वह खड़ी भी नहीं हो पा रही थी, हमने उसको नींबू पिलाया उसको खड़ा किया और उसके घर पहुँचाया।"

घटना से भरे उस दिन के बाद, वे लोग नियमित रूप से मिलने लगे। वायबी यह भी स्वीकार करता है कि वे लोग अधिकृत तौर पर एक युगल बन चुके थे - वे नियमित रूप से दोपहर बाद क्लबिंग सत्रों में जाते थे। यह रूढ़िवादी अभिभावकों के बच्चों की नियमित खेल प्रतियोगिता थी। दोपहर बाद के ये जैम सेशन या पार्टियाँ उन स्थानीय क्लबों द्वारा आयोजित की जाती हैं जो उन किशारों की ज़रूरतों को पूरा करते हैं जो कक्षाओं से गोल मारते हैं और अपने स्कूल यूनिफ़ॉर्म क्लब के टॉयलेट में जाकर बदलते हैं। ऐसे जिस एक क्लब में वायबी और उसके दोस्त ज़्यादातर समय बिताते थे वह राजौरी गार्डन के वेस्ट गेट मॉल का कीवा क्लब था। उनकी वेबसाइट बताती है कि वह क्लब दोपहर 12 से 1 बजे तक खुलता है और अपने यहाँ बार तथा धूम्रपान के इलाक़े के होने का गर्वपूर्वक ऐलान करता है। जिस बात को महत्त्व नहीं दिया गया है, वह यह है कि ये क्लब 25 साल से कम के लोगों के पीने पर प्रतिबंध के क़ानून के मामले में ख़ासी शिथिलता बरतते हैं। एक गिलास बियर के लिए 200 रुपये को देखते हुए यह बहुत महँगा भी नहीं था। वायबी और उसके दोस्त वहाँ पर अक्सर पार्टियाँ आयोजित करते थे और जब वे पास बाँटते तो एसएस और उसकी दोस्त हमेशा मेहमानों की सूची में होते थे।

अपने बयान में एसएस ने अधिकारियों को बताया कि जो चीज़ बुनियादी तौर पर एक अल्हड़-किशोरावस्था का प्रेम-प्रसंग था, जो किस तरह ख़ासा प्रगाढ़ हो गया था। दरअसल, जहाँ अदालत सिर्फ़ एक दिन की आक्रामकता पर ध्यान देती है, वहीं एसएस एक समूचे अनुचित यौनपरक रिश्ते को रिपोर्ट करती है : "22.4.14 को वह एक बार फिर उससे दोस्त के घर पर मिली जहाँ उसने उसके साथ उसकी मर्ज़ी के ख़िलाफ़ शारीरिक संबंध स्थापित किया; कि 23.4.14 को उसने (वायबी ने) उसको एक गोली दी, 12.4.14 को फिर से उसने उसको एक गोली दी, कि 12.5.14 को उसने (वायबी ने) उसको फ़ोन किया और उससे उसके प्रति अपने प्रेम को साबित करने के लिए कहा, कि उसने कहा कि वह अपने स्तनों के नीचे उसके नाम को गुदवा लेगी; कि अगले दिन उसने वह गुदना गुदवा लिया।"

उस गुदने की छवि बच्चों की अदालत में दिखाई गई और गुदना बनाने वाले कारीगर को भी बुलाया गया। लेकिन उसके आरोपों के दूसरे हिस्से कभी साबित नहीं हो सके। वायबी के मुताबिक़, उनके बीच यौनपरक संबंध नहीं थे, वे महज़ चुंबन और स्पर्श तक ही सीमित थे। वायबी के अपने आरोप भी थे जो कभी साबित नहीं हो सके। उसका आरोप है कि जब उसका एसएस से मिलना-जुलना चल रहा था तब असल समस्या एसएस की माँ थी।

एसएस के माँ-बाप के वैवाहिक रिश्ते में समस्याएँ रही थीं जिनकी वजह से एसएस की माँ ने वायबी में अस्वस्थ क़िस्म की दिलचस्पी लेनी शुरू कर दी थी। "उसकी माँ कुछ अलग क़िस्म की है। एसएस मुझे बताती थी कि उसके पिता को कुछ मानसिक समस्याएँ थीं। यही वजह कि उन्होंने अदालत में नाटक खड़ा किया जिसकी वजह से उनको भी बाहर कर दिया गया। एक दिन उसकी माँ ने मुझे फ़ोन किया और मुझसे पूछा : *'तुम लोगों ने सैक्स-वैक्स तो नहीं की?* मुझे सच-सच बताओ।' मैंने कहा, *'नहीं, नहीं आंटी, बिलकुल नॉर्मल है।'* इसलिए उन्होंने मुझसे मिलने को कहा।"

वायबी और एसएस की माँ के बीच की यह मुलाक़ात उस वक़्त हुई थी जब एसएस अपनी अँग्रेज़ी क्लास के लिए गई हुई थी। वायबी के मुताबिक़, उसकी माँ ने उसको क्लास में छोड़ा और उसको फ़ोन किया। उन्होंने उत्तम नगर के क़रीब मिलने की सलाह दी और जब वह उनको लेने पहुँचा तो उसने द्वारका चलने को कहा। "हम वहाँ गए और मैकडोनाल्ड्स में बैठे और हमने बातचीत की, और कुछ देर बाद हम लोग वहाँ से चले गए।"

यह मुलाक़ात एसएस से छिपी नहीं रह सकी, और बताया जाता है कि एसएस ने वायबी को उससे न मिलने की चेतावनी दी। वह सहमत हुआ। हुआ ये कि कुछ ही दिनों बाद, वह उत्तम नगर के उसी इलाक़े में अपनी कार से जा रहा था कि एसएस की माँ ने उसको देख लिया। उसने वायबी को तुरंत बुलाया, और वे एक बार फिर से मिले। वह एक बार फिर द्वारका की तरफ़ जाना चाहती थी। "जब हम कार से जा रहे थे, तो सेक्टर 10 में एक मैट्रो स्टेशन पड़ता है, और वहाँ एक बड़ा पार्क है जहाँ लोग कार चलाना सीखते हैं। एसएस की माँ ने कुछ हरक़त शुरू कर दी। इसलिए मैंने तुरंत *नारियल पानी* बेचने वाली एक गुमटी पर कार रोक दी। वह मुझसे लिपट गई, और मैंने उससे बात की और उसको उसके घर ले गया।"

वायबी स्पष्ट करता है कि उसके और एसएस की माँ के बीच कुछ भी नहीं हुआ। शुरू में उसने एसएस को इस घटना के बारे में कुछ नहीं बताया – "मैं किसी की माँ के बारे में ये बात कैसे कहता? लेकिन, जब उसने मुझे अपने घर बुलाया और उसने बहुत सुखद महसूस नहीं किया, तब बात को छिपाए रखना थोड़ा मुश्किल हो

गया।" एसएस ने उसको बताया कि उसकी माँ ने उसको उससे न मिलने की सलाह दी है क्योंकि वह ठीक लड़का नहीं है। तभी उसने अपनी ज़बान खोलने और एसएस को पूरा क़िस्सा बताने का फ़ैसला किया। "मैंने एसएस को बताया कि उसकी माँ ने भी क्या किया था। उसने मुझसे यह कहना शुरू कर दिया था कि उसकी माँ मुझे ठीक नहीं समझती थी इसलिए मैंने उसको सब कुछ बता दिया। किस तरह एक बार उसकी माँ ने मुझे दोपहर बाद अपने घर बुलाया था। जब एसएस की माँ ने सुना, वह मुझसे इस बात से बहुत नाराज़ हो गई कि मैंने उसको सब कुछ बता दिया।"

अब स्थिति ये है कि जुवनाइल जस्टिस एक्ट के मुताबिक़ क्योंकि ये मामले बच्चों से ताल्लुक़ रखते हैं, उनको 'मुकदमा' नहीं कहा जाता बल्कि 'जाँच' (इन्क्वायरी) कहा जाता है; कि यह अपेक्षा नहीं की जाती कि एक बच्चा साक्ष्यों को सुनने के लिए 'विरोधात्मक कार्यवाहियों' (एड्वर्सेरियल प्रोसीडिंग्स) में मौजूद रहे। लेकिन जब कोई प्रकरण इस क़दर पेचीदा हो तो इस स्थिति को टालना मुश्किल होता है। उदाहरण के लिए, इस प्रकरण में सारे गवाह दो बच्चों के परिवार के सदस्य और दूसरे नौजवान दोस्त थे जिन्होंने इन दोनों को नुक़सानदायक तरीक़े से फँसाया था। उदाहरण के लिए, वायबी के दोस्त का अधिकृत बयान कहता है कि "महिला मुद्दई की बहुत-से दूसरे लड़कों के साथ दोस्ती थी और कुछ दूसरे लड़कों के साथ उसके प्रेम-संबंध थे।" आगे उसने यह भी कहा कि "एसएस ने उसके साथ शराब पी थी और उसकी जानकारी में महिला मुद्दई और नाबालिग के बीच किसी तरह के शारीरिक संबंध नहीं थे।" सौभाग्य से न्यायाधीश के निर्णय का प्रक्रियागत अंश इस गवाही को बहुत महत्त्व देता नहीं लगा।

जो हुआ उसके तीन प्रारूप

किशोर वय का प्रेम अपने में आसान नहीं होता, बल्कि वैवाहिक समस्याओं से ग्रस्त अभिभावक, शराब और दूसरे हमउम्र बच्चों की तरह आचरण करने का दबाव उसको और भी पेचीदा बना देता है। वायबी के काउंसलर गोपनीयता से बँधे हुए हैं लेकिन उनका कहना है कि वह एक अच्छा बच्चा है जो दुर्भाग्यपूर्ण परिस्थितियों के चलते जेल पहुँच गया। उस दिन जो कुछ हुआ उसके तीन प्रारूप उपलब्ध हैं। इनमें से एक आरोपी वायबी का है, तो बाक़ी दो एसएस के हैं जो तहक़ीक़ात के सामने टिक नहीं सके। वास्तव में, जुवनाइल जस्टिस बोर्ड ने अनुभव किया कि शुरुआती एफ़आईआर के पहले का लड़की का बयान और फिर कोड ऑफ़ क्रिमिनल प्रोसीज़र की धारा 164 के अधीन दिया गया उसका बयान आपस में इतने परस्पर विरोधाभासी हैं कि उन पर भरोसा नहीं किया जा सकता। लेकिन हम पहले यह देखें कि वायबी 6 अगस्त 2004 की उस रात को किस तरह याद करता है।

वायबी बताता है कि तब तक उनके बीच काफ़ी झगड़े होने लगे थे। उनके स्वभाव आपस में बहुत अलग थे जिसकी वजह से उनके बीच तकरारें हुआ करती थीं और एसएस इन तमाम झगड़ों को फ़ेसबुक पर साझा किया करती थी। उनकी बहस पूरे समय बाहर जाने को लेकर होती थी - "घर जाना टालने के लिए कुछ भी।" कभी-कभी इन झगड़ों के चलते एसएस ख़ुद को ही नुक़सान पहुँचा लिया करती थी, और इसलिए वायबी ने अपने को इस रिश्ते से अलग करना शुरू कर दिया। "जब मैं झगड़ता तो वह अपना हाथ काट लेती। स्कूल के लोग कहते : वह रो रही है, वह आत्महत्या करना चाहती है, कुछ करो।"

फिर ये बातें सबके सामने आ गईं। घटना के महज़ एक दिन पहले, एसएस की माँ भी झगड़े में उलझ गई थी। अपनी बेटी के साथ वायबी के रिश्ते को लेकर उसकी नापसंदगी खुलकर सामने आ चुकी थी और इसलिए उनके बीच की कड़वाहट ताज़ा थी।

"कुणाल ने कहा प्लीज़ उससे (एसएस से) बात करो, वह तुम्हारी बहुत खुलकर निंदा करती है। इसलिए हमने एक पार्टी की योजना बनाई। वह चाहती थी कि मैं उसके लिए ड्रेस ख़रीदूँ, और मैंने ख़रीदी, और दोस्तों की मार्फ़त उसके पास भिजवा दी। कुणाल ने बताया कि स्कूल के सारे बच्चे आ रहे हैं, इसलिए हम भी जाने पर सहमत हो गए। जब हम लोग क्लब गए, तो एसएस पहले से ही वहाँ मौजूद थी और नशे में धुत्त थी।"

वायबी याद करता है कि किस तरह उसने उससे दूर रहने की कोशिश की थी। उसने और उसके दोस्तों ने एक निजी कमरे और असीमित शराब के लिए 1,000 रुपयों का अतिरिक्त भुगतान किया था। ये इलाक़ा एसएस की पहुँच से बाहर था और इसलिए वह उसको उसके मोबाइल पर लगातार फ़ोन करती रही। इसके बाद वह उस निजी कमरे से बाहर गया और एसएस के साथ नाचा। "मैं कोई 15 मिनट तक उसके साथ नाचा होऊँगा, जब उसने कहा, 'मैं और पीना चाहती हूँ।' मैंने कहा, 'पियो'। उसने बताया कि वह अपना वॉलट नहीं लिए थी। मैंने कहा, 'कोई बात नहीं, पैसे मैं दे दूँगा'। उसने और उसके 3-4 दोस्तों ने बहुत पी; 7,500 रुपये से ऊपर का बिल आया। मेरे पास इतना सारा पैसा नहीं था। मेरे पास सिर्फ़ 3,500 रुपये ही थे। ख़ैर, हमने किसी तरह आपस में मिलकर पैसे इकट्ठे किए और बिल का भुगतान किया, जिसके बाद मैं चला गया।"

वायबी बताता है कि जब वह घर के रास्ते में था, तो उसको कुणाल का फ़ोन आया। वह एसएस के बारे में एक एसओएस कॉल था : "*भाई,* वह भयानक उल्टियाँ कर रही है और उसके कपड़े उल्टी से लथपथ हो गए हैं!" वायबी का कहना है कि वह वाक़ई उस सबमें उलझना नहीं चाहता था लेकिन कुणाल ने उससे अनुरोध

किया, और इसलिए वह वापस जाने पर राज़ी हो गया। जब उसने उसको देखा तो वह अच्छा-ख़ासा तमाशा नज़र आ रही थी। "हमने कोई 15-20 पानी की बोतलें लीं और उसको पूरी तरह से नहला दिया लेकिन वह अभी भी उल्टी से ढँकी हुई थी। इसलिए हमने परदे निकाले और उनको कार में बिछाया। उसके पास एक बैग था जिसमें उसके सामान्य कपड़े थे। चूँकि वह बदबू मार रही थी, मैंने उससे कपड़े बदलने को कहा।" एसएस ने कार में जाकर कपड़े बदले, लेकिन अभी उस शाम बहुत-सा नाटक होना बाक़ी था। जब वह कार से बाहर निकली, तो उसने कार की चाबी बंद कार के अंदर ही छोड़ दी। वे सब अत्यंत थके हुए थे और शाम हो चुकी थी जब उनको अपने घरों पर होना चाहिए था, लेकिन अब उनके पास कार की चाबी भी नहीं थी। वायबी कार में भरी उस बदबू को लेकर सबसे ज़्यादा परेशान था जो एसएस के कपड़ों की वजह से फैल रही थी।

अंततः एक आदमी मदद के लिए आगे आया और उसने मात्र 100 रुपये लेकर कार का दरवाज़ा खोल दिया। वे कामयाब हुए, लेकिन जब वे कार में बैठे तो एसएस ने बताया कि उसने परिवार के लोगों की जानकारी से बचने के लिए अपना फ़ोन बंद कर रखा था। परिवार के लोग उस दौरान उसको फ़ोन करते रहे होंगे लेकिन फ़ोन बंद होने की वजह से उनकी बात नहीं हो सकी होगी। इसलिए अब वह गुस्से में भरे अपने माँ-बाप का सामना नहीं करना चाहती थी और इसलिए उसने कहीं और चलने का आग्रह किया। ये ख़याल कुणाल और उनके साथ के अन्य दोस्त प्रतीक समेत सभी को पसंद आया। इसलिए उन्होंने बुद्ध जयंती पार्क जाने का फ़ैसला किया। अब, दिल्ली से वाक़िफ़ कोई भी व्यक्ति जानता है कि बुद्ध जयंती पार्क अपशकुन से भरा हुआ है।

सबसे पहली बात तो ये है कि यह उन युगलों के लिए मुलाक़ात का एक स्थल है जो छिपकर मिलना चाहते हैं। यह बात भी हम सब की स्मृति में दर्ज़ है कि यह वह जगह है जहाँ 2003 में राष्ट्रपति के अंगरक्षक दल के चार लोगों ने कॉलेज की एक लड़की के साथ बलात्कार किया था। दरअसल, उसके भी पहले, 1978 में, गीता और संजय चौपड़ा नाम के दो स्कूली बच्चों के शव इसी पार्क में पाए गए थे। बिल्ला और रंगा नामक उन दो हत्यारों ने गीता के साथ बलात्कार भी किया था। इस तरह यही वह बुद्ध जयंती पार्क था, जहाँ के लिए वे लोग रवाना हुए। वायबी का कहना है कि उन्होंने उस पार्क में जाने का फ़ैसला इसलिए किया था क्योंकि उसने वहाँ की कुछ तसवीरें लीं थीं और उनको इन्स्टाग्राम पर पोस्ट किया था, और वे तब से चर्चा में रही थीं।

"वह शाम के 6.30 के आसपास का वक़्त था। वह पूरी तरह से नशे में धुत्त थी, इसलिए वह वहीं बैठी रही, जिस दौरान कुणाल और प्रतीक तसवीरें लेते रहे। हम लोग वहाँ 20 मिनट रुके और फिर वापस आ गए।" वायबी बताता है कि जब

वे वापस लौट रहे थे तो एसएस ने आग्रह किया कि उसको उसके घर से कुछ दूर मदर डेयरी की गुमटी के पास उतार दिया जाए। समझा जाता है कि उसने उनसे कहा था कि वह अपना फ़ोन छिपाना चाहती थी और अपने माँ-बाप से कहना चाहती थी कि उसका फ़ोन चोरी चला गया था। वायबी ने उससे कहा कि वह भयानक ख़याल है, लेकिन उन्होंने उसको गुमटी के पास उतार दिया, और अगली बार उनकी मुलाक़ात तब होती है जब अगली सुबह पुलिस वायबी को गिरफ़्तार करने आती है।

लेकिन उसके पहले, यहाँ एसएस द्वारा दिया गया वह पहला बयान जिसके आधार पर एफ़आईआर दर्ज़ हुई :

> मैं अपना स्कूल का काम करने शुक्ला बाज़ार चौक में अपनी दोस्त कनिका के घर गई थी। मेरी दादी ने मुझे वहाँ छोड़ा था। मैं वहाँ 5.08.14 और 6.08.14 को गई थी। क़रीब 5.45 पर, अपना होमवर्क पूरा करने के बाद, जब मैं पैदल अपने घर के रास्ते पर थी, तो पीछे से नारंगी रंग की एक मोटर साइकिल पर तीन लड़के आए। मैं मोटर साइकिल के रजिस्ट्रेशन नंबर पर ध्यान नहीं दे पाई। जो लड़का बीच में बैठा हुआ था उसने मेरे बाल खींचे और उसने मेरी अँगुली से मेरी सोने की अँगूठी खींची और मेरा एपल आईफ़ोन 4एस मुझसे छीन लिया। वे लड़के मुझे घसीटते हुए एक गली में ले गए। उन्होंने मुझे ज़बरदस्ती कुछ पिलाया जिससे मुझे नशा आ गया। मुझे नहीं मालूम कि मेरे साथ क्या हुआ क्योंकि मैं होश में नहीं थी। जब मुझे होश आया तो मैंने खुद को उसी गली में पाया। मुझे अपने पेट और पीठ में दर्द हो रहा था। मेरा ख़याल है कि हमलावरों ने मुझे कोई नशीली चीज़ पिलाने के बाद मेरे साथ बलात्कार किया था। मैं नहीं जानती कि वे मुझे कहाँ ले गए थे।

एफ़आईआर दर्ज़ होने के बाद चिकित्सीय जाँच रिपोर्ट में कहा गया :

> 15 साल की अविवाहिता, जिसका उसके बॉयफ्रैंड (नाबालिग का नाम उजागर नहीं किया जा रहा है) के साथ यौन-संबंध का इतिहास था, आकस्मिक चिकित्सा विभाग में लाई गई। मरीज़ ने 6.08.14 को शाम 5.30 बजे कार में संभोग किया था। मरीज़ के द्वारा शारीरिक आघात या ड्रग की लत का कोई इतिहास नहीं बताया गया। मरीज़ अप्रैल 2014 से कई बार संभोग कर चुकी थी। योनिच्छद (हाइमन) विदीर्ण पाया गया। उसके शरीर पर किसी तरह का चोट का निशान नहीं पाया गया।

वायबी को भी पुरुषत्व के परीक्षण से गुज़रना पड़ा, जोकि यौनपरक आघात के तमाम मामलों में एक दस्तूरी चीज़ है, लेकिन उस रिपोर्ट को अदालती दस्तावेज़ का हिस्सा

नहीं बनाया गया। वायबी उसके साथ किसी भी तरह के यौन-संबंध से इंकार करता है लेकिन 6 अगस्त को जो कुछ हुआ उसका वास्तविक अंतर्विरोध एसएस के उस दूसरे बयान से उभरता है जो न्यायाधीश के सामने दिया गया था। इस बयान में उसपर बाइक पर सवार तीन अजनबियों द्वारा कोई हमला नहीं हुआ बल्कि यहाँ वह वास्तव में वायबी के साथ अपने रिश्तों का खुलासा करती है और दावा करती है कि वह रिश्ता यौनपरक दुरुपयोग का था, और इस तरह हिंसक था कि उसने उसको चोरी करने के लिए भी विवश किया था। वायबी का कहना है कि यह बयान उसने अपने परिवार के सिखाए जाने पर दिया था।

बयान में आगे कहा गया है :

> 21.5.14 को उसने (वायबी ने) उससे 50,000 रुपयों की माँग की जिसके पीछे बहाना था कि वह जुए में पैसे हार गया था और उसने धमकी दी थी कि अगर वह पैसे नहीं देती है तो वह उसको गोली मार देगा; कि अगले दिन वह अपनी दादी का कंगन और चेन लेकर नाबालिग के घर गई; कि 24.5.14 को, नाबालिग के जन्मदिन पर वह उसके साथ बाहर गई; कि नाबालिग ने उसको बताया कि उसने सोना बेचकर क़र्ज़ चुकता कर दिया था; कि 12.6.14 को उसने (वायबी ने) उससे 30,000-40,000 रुपयों की माँग की जिसके पीछे बहाना यह था कि उसके दोस्त की कार दुर्घटनाग्रस्त हो गई थी; कि तब उसने (एसएस ने) अपने घर से इयररिंग्स के 3-4 जोड़े और सोने का एक सैट चुराया और 13.6.14 को ये सारी चीज़ें उसको दे दीं; कि जब भी वह उसके साथ बाहर जाती थी, वह उससे पैसे की माँग करता था... कि जिस दौरान उसकी (एसएस की) की माँ घर से बाहर होती थी नाबालिग उसको उसके घर पर फ़ोन किया करता था और उसको धमकी दिया करता था कि वह उसके फ़ोटो सार्वजनिक कर देगा; कि 6.08.14 को वह नाबालिग के साथ राजौरी गार्डन में एक पार्टी पर गई थी; कि उसने (वायबी ने) उसको जबरन बियर पिलाई; कि इसके बाद वह अपने दोस्तों को छोड़ने गया और सुबह 4 बजे लौटा; कि उसने (एसएस ने) उल्टियाँ कीं; कि इसके बाद वह उसको बुद्ध गार्डन ले गया और नाबालिग ने उसके साथ उसकी रज़ामंदी से शारीरिक संबंध क़ायम किया; कि उसके बाद उसने (वायबी ने) उसको उसके घर पर छोड़ दिया।

इस तरह उस रात जो कुछ हुआ उसके तीन अलग-अलग प्रारूप हैं, और अब यह जुवनाइल बोर्ड की ज़िम्मेदारी थी कि वह सच का पता लगाता। लेकिन उसके पहले, पुलिस का कहना था कि वह नाबालिग रहा हो या न रहा हो, वायबी का गिरफ़्तार होना ज़रूरी था।

गिरफ़्तारी

7 अगस्त 2014 को सुबह 6 बजे पुलिस वायबी के घर पहुँची। उसके पहले रात में जब एसएस ने उसको फ़ोन कर कहा था कि *"सीन हो गया है,"* तभी वह समझ गया था कि कुछ गड़बड़ थी। उसने सोचा था कि चूँकि वह घर पर देर से पहुँची थी और उसका फ़ोन बंद रहा था इसलिए उसको घर पर परेशानी उठानी पड़ी होगी, लेकिन उसने कोई ब्यौरा नहीं दिया था। कुणाल आया और उन दोनों ने इस पर चर्चा की कि एसएस की बात का क्या मतलब रहा होगा : *"भाई, क्या हो गया, सीन क्या हो गया। भाई ऐसा न हो कि सुबह होते ही पुलिस आ रही हो हमारे घर पर।"* वायबी को इस बात का अहसास नहीं था कि कुणाल का मज़ाक़ अगली सुबह सच्चाई में बदलने वाला था। वे तो इसकी कल्पना तक नहीं कर सकते थे। हालाँकि, वे लोग इतने बेचैन थे कि उस रात वे एसएस के घर गए। उस वक़्त उसका पूरा परिवार पुलिस थाने में था और अपनी शिकायत दर्ज़ कर रहा था, लेकिन उस वक़्त वायबी को ये पता नहीं था। घर अँधेरे में डूबा हुआ था और उन्होंने सोचा कि "या तो वे लोग सोए हुए हैं, या बाहर कहीं गए हुए हैं।"

सुबह-सुबह वायबी के परिवार का पुलिस की टोली से सामना हुआ। वहाँ पुलिस के लोग दो पीसीआर वैन, कुछ मोटर साइकिलों के साथ मौजूद थे, और वे बाहर इंतज़ार कर रहे थे। एक वैन में एसएस और उसकी माँ थी। दूसरी वैन में 5-6 पुलिस वाले थे।

"मैं सो रहा था और बाक़ी लोग भी सोए हुए थे। उस वक़्त मेरे भाई की शादी नहीं हुई थी। हम लोग घर की पहली मंज़िल पर थे और ग्राउंड फ़्लोर पर हमारे किरायेदार रहते थे। नीचे की दरवाज़े की घंटी काम नहीं कर रही थी, इसलिए पुलिस तीस मिनट तक दरवाज़ा खटखटाती रही और किसी को पता ही नहीं चला। तब पुलिस पीछे से हमारे घर के अंदर आई। उन्होंने दरवाज़ा खटखटाकर सबको जगा दिया। पुलिस ने मेरे भाई से पूछा : 'क्या तुम वायबी हो?' उसने कहा 'नहीं'। मेरे पिता ने घटना के बारे में पूछा। पुलिस ने वहाँ पर कुछ भी बताने से मना कर दिया। उन्होंने मेरे नाम का वॉरंट दिखाया और कहा, "पुलिस स्टेशन चलिए, वहीं पर हम बात करेंगे।" उन्होंने मेरे पिता से मुझे ले जाने को कहा और उसके बाद उन्होंने मुझे वैन में बिठा लिया। मेरा परिवार पीछे से आया। मैंने पाया कि वे मुझ पर हर चीज़ का आरोप लगा रहे थे - एसएस का मोबाइल चुराने का, उसके साथ बलात्कार करने का और उसकी अँगूठी छीनने का भी। शुरू में तीनों दोस्तों पर आरोप लगाया गया लेकिन बाद में एसएस के परिवार के लोगों ने मुझे मुख्य रूप से दोषी ठहराया।"

वायबी याद करता है कि जब उसने पुलिस थाने में प्रवेश किया तो उसको ज़रा भी अनुमान नहीं था कि उसपर किस बात का आरोप था। बहुत जल्दी उसको

समझ में आ गया कि वह एक शत्रुतापूर्ण इलाक़े में था क्योंकि एसएस के दादा झटके से उसको मारने के लिए दौड़े थे। पुलिस को उनको पकड़कर रोकना पड़ा। जाँच अधिकारी, जोकि एक महिला अधिकारी थी, कुछ और अधिकारियों के साथ उसको दूसरे कमरे में ले गई और घटनाक्रम की जानकारी माँगते हुए उन्होंने तहक़ीक़ात शुरू की। उन्होंने उसको उसके ख़िलाफ़ लगाए गए बेहद संजीदा आरोपों की जानकारी दी, जिसमें एसएस के फ़ोन की चोरी का आरोप भी शामिल था। पुलिस वायबी के घर से उसका फ़ोन पहले ही ज़ब्त कर चुकी थी। एसएस का परिवार उसके ख़िलाफ़ कार्रवाई किए जाने के लिए पुलिस पर चिल्ला रहा था। अब, उसके ख़िलाफ़ लगाए गए कुछ आरोपों का समाधान तो बहुत जल्द ही हो गया। उदाहरण के लिए, जब पुलिस ने एसएस और वायबी के परस्पर विरोधी बयानों को लक्ष्य किया तो उन्होंने पुलिस का एक दल एसएस के घर पर भेजा।

"जिस मोबाइल फ़ोन के चुराए जाने का आरोप था, वह उसके घर से वॉशिंग मशीन के भीतर से बरामद कर लिया गया था" - यह बात आदेश में कही गई थी, लेकिन बलात्कार के दूसरे आरोप तहक़ीक़ात के लिए बहुत ज़्यादा वक़्त लेने वाले थे।

"पुलिस अधिकारी निर्मल मैम बहुत भली थीं और वे मुझसे लगातार सवाल करती रहीं। कुछ दूसरे पुलिस अधिकारी धमकाते और कहते कि अगर तुमने मुँह नहीं खोला तो हम तुम्हें पीटेंगे।" समझा जाता है कि उन्होंने उसको हवालात के लिए भी तैयार कर दिया। ये उस वक़्त के आसपास की बात है जब 16 दिसम्बर 2012 के बलात्कार और उसके परिणामस्वरूप हुई 23 वर्षीय चिकित्साकर्मी की मौत की यादें हर किसी के दिमाग़ में ताज़ा थीं, और पुलिस यह जोख़िम नहीं उठा सकती थी कि वह बलात्कार की तहक़ीक़ात के मामले में ढिलाई बरतती दिखती।

उन्होंने वायबी से कहा : "जो भी हो, तुम्हें हवालात में बंद किया जाएगा क्योंकि एक नाबालिग ने तुम्हारे ख़िलाफ़ शिकायत की है।" पुलिस ने यह भी इशारा किया कि उसने निश्चय ही कुछ-न-कुछ किया होगा अन्यथा वो शिकायत क्यों करती। "मैं इस सबसे इतना तंग आ चुका था कि मैंने कहा, ठीक है, आप मेरी बात सुन ही नहीं रहे हैं तो फिर मैंने निश्चय ही वह सब किया होगा जो वह कह रही है। अगर आप ऐसा सोचते हैं कि मैंने सैक्स किया है, तो ठीक है।" शारीरिक परीक्षण के बाद वे वायबी को बुद्ध जयंती पार्क ले गए। वे बलात्कार के किन्हीं सबूतों की तलाश में थे। "उन्होंने कहा, तुमने निश्चय ही निरोध का इस्तेमाल किया होगा। इस तरह वे उसके निशान की तलाश में थे। मैंने कहा, मैंने किसी चीज़ का इस्तेमाल नहीं किया।" अगले डेढ़ घंटे तक पुलिस स्थानीय गार्डों को डाँटती-फटकारती हुई पूरे पार्क की छानबीन करती रही। उन्होंने उन सुरक्षाकर्मियों को इस बात के लिए डाँट पिलाई कि उन्होंने हम लोगों पर नज़र क्यों नहीं रखी और चेतावनी क्यों नहीं दी। "सुरक्षाकर्मी बेहद डरा हुआ था, वे उसको हर जगह धकियाते हुए ले जा रहे थे। वह इतना डरा हुआ

था कि लगता था कि वह अपनी नौकरी छोड़ देगा।" ये सब अपनी जगह है, लेकिन वे कथित मौक़ा-ए-वारदात से कोई भी चीज़ बरामद नहीं कर सके।

अगला मुक़ाम था दिल्ली गेट स्थित जुवनाइल कोर्ट। मध्य दिल्ली में अंबेडकर टर्मिनल के पीछे स्थित ये ठीक वो चीज़ है जिसकी परिकल्पना अधिकारियों ने की थी। दूसरी अदालतों से भिन्न यहाँ कोई दलाल घूमते दिखाई नहीं देते। यहाँ वे नोटरी अधिकारी भी दिखाई नहीं देते जो आमतौर से अदालतों के बाहर अपनी टेबिल-कुर्सियाँ लगाए बैठे रहते हैं। ये महज़ एक छोटी-सी गली है जो एक इकमंज़िला इमारत तक जाती है।

मुश्किलों में फँसे बच्चों के साथ उनके अभिभावक आसपास नज़र आते हैं लेकिन पुलिस की कोई मौजूदगी दिखाई नहीं देती। वायबी पुलिस के वाहन से उतरा तो उसको वहाँ अपना परिवार नज़र आया। एक निजी वकील ने उससे लड़की की उम्र के बारे में पूछा। जब वायबी ने जवाब दिया तो वकील ने कहा, "ओह, तब तो फ़ैसला हो चुका समझो। बड़े घर (जेल) जाओ, बंद हो जाओ।" वायबी उस वक़्त को याद कर मुस्कराता है। उसके माँ-बाप को जानकारी नहीं है कि वो अपने तजुरबों के बारे में एक लेखिका से बात कर रहा है लेकिन अब जबकि वह 19 साल का है उसने उन तजुरबों के बारे में बोलने का निश्चय किया है और इसके लिए अब उसको उनकी अनुमति लेने की ज़रूरत नहीं है। जिन तमाम दूसरे परिवारों और नाबालिगों से हमने बात की, वे वाक़ई अपने क़िस्से सुनाने को इच्छुक नहीं थे। वह बहुत बड़ा दिमाग़ी ज़ख़्म था।

मुखर्जी नगर में एक बालगृह

जिस वक़्त वायबी मुखर्जी नगर के बालगृह में पहुँचा, उस वक़्त शाम ढलनी शुरू हो रही थी। ये बालगृह के अंदर और बाहर मनोरंजन संबंधी गतिविधियों और योग के लिए निर्धारित वक़्त था, और वायबी याद करता है कि वहाँ पहुँचकर उसको बहुत विचित्रता का अहसास हो रहा था।

"जैसे ही आप अंदर जाते हैं, वे आपसे आपके सारे कपड़े उतरवा लेते हैं ताकि वे आपकी ठीक से जाँच कर सकें। हर कोई बाहर पार्क में था और उस वक़्त आप जो चाहे कर सकते थे। कॉन्स्टेबल ने मुझसे जाकर दूसरे बच्चों के साथ बैठने को कहा। बच्चे एक क़तार में बैठे हुए थे इसलिए मैं भी एक क़तार में शामिल हो गया। मैंने ध्यान दिया कि दो और बच्चे थे जो मेरी ही तरह जेल का यूनिफ़ॉर्म नहीं पहने हुए थे, इसलिए वे भी मेरी ही तरह हाल ही में आए होंगे।"

जैसा कि वायबी को बाद में मालूम पड़ा, बालगृह हर क़ैदी को एक स्कूल शर्ट, एक पतलून, एक कुर्ता-पायजामा, दो अंडरवियर और एक तौलिया तथा टूथब्रश,

और साबुन जैसी कुछ दूसरी चीज़ें देता था। अलग-अलग उम्र के समूह के बच्चों के लिए अलग-अलग बालगृह थे। इसलिए मुखर्जी नगर में सिर्फ़ 16 से 18 वर्ष की आयु के बच्चे थे, 7 से 12 साल के बच्चों के लिए एक बालगृह था और 12 से 14 साल के बच्चों के लिए तथा 14 से 16 साल के बच्चों के लिए एक अलग बालगृह था। वयस्कों के जेल की ही तरह बच्चों को भी उनके वहाँ आने के तुरंत बाद मुलाइज़ा वॉर्ड में रखा जाता है। वायबी भी वहीं रुका था। बच्चे सरकारी दिशा-निर्देशों द्वारा आरोपित एक नीरस दिनचर्या का पालन करते थे। उनको सुबह 6 बजे उठना होता, इसके बाद उनके बसेरों के दरवाज़े खुलते और हरेक की गिनती की जाती। वायबी के मुलाइज़ा वॉर्ड में क़रीब 50 बच्चे थे और उन सबके इस्तेमाल के लिए एक शौचालय था। बच्चों को नहा-धोकर तैयार होने के लिए एक घंटे का वक़्त मिलता था। सुबह 7 बजे वे कुछ प्रार्थनाएँ करते और 7.15 बजे तक नाश्ते का वक़्त हो जाता।

"वे हमें व्यायाम कराने का नाटक भी करते थे। उदाहरण के लिए, सुरक्षाकर्मी पीटी अध्यापक बन जाते। नाश्ता बुरा नहीं था - हमें केला और दूध और दो अंडे मिलते। टोस्ट नहीं होते थे।"

नाश्ते के बाद, जिन बच्चों को अदालत जाना ज़रूरी होता, वे चले जाते। दूसरे बच्चे दोपहर तक के लिए व्यावसायिक या कारीगरी संबंधी प्रशिक्षणों में लग जाते। "हाँ, उनकी कक्षाएँ होती थीं लेकिन वे गंभीर नहीं थे। कभी-कभी कोई ग़ैरसरकारी संगठन काउन्सिलिंग के लिए बालगृह में आता और वे गीत गाते लेकिन वे ईमानदार नहीं लगते थे।" वायबी की समझ के मुताबिक़, वह कुल मिलाकर हर किसी के लिए वक़्त काटने का विशाल उद्यम था। हक़ (एचएक्यू) जैसे बाल अधिकार संगठनों ने इन बालगृहों को संचालित किए जाने के बारे में विस्तृत परामर्श दिए हैं, लेकिन परामर्श संबंधी इन दस्तावेज़ों के संबंधित अधिकारियों के समक्ष पेश किए जाने के बावजूद उनपर कभी अमल नहीं किया गया।

खाने के वक़्त सबसे ज़्यादा तनाव भरे होते थे, चाहे वह वक़्त दोपहर 1-2 के लंच का हो, या शाम 7-8 के डिनर का हो, इन्हीं के दौरान सबसे ज़्यादा मुश्किलें पेश आती थीं। "हम सब लोग डिनर के लिए क़तार लगाते। हम कुछ समय देर तक खड़े रहते और कुछ लोग झगड़ने लगते। वे लोग छोटी-छोटी-सी बातों पर झगड़ा करते।" ज़्यादातर समय तो वायबी मूकदर्शक बना रहा, लेकिन एक बार उसको भी यह झेलना ही पड़ा।

"मैं खाने का इंतज़ार कर रहा था कि तभी किसी ने आकर मुझे एक बड़े डंडे से मार दिया। ये एक सुरक्षाकर्मी था। मैंने उससे मारने की वजह पूछी। उसने मुझसे इस चुनौती की उम्मीद नहीं की थी लेकिन मैं अड़ा रहा। इसलिए वह चुपचाप

चला गया। मैंने उससे कहा कि मैं अदालत में उसकी शिकायत करूँगा।" वायबी की आक्रामकता की वजह से उसको उसके बाद बख़्श दिया गया, लेकिन दूसरे बच्चे ऐसे क़िस्मत वाले नहीं थे।

जिस तरह तिहाड़ में क़ैदी जानते थे कि कौन निर्दोष था और कौन उस अपराध के लिए दोषी था जिसका आरोप उन पर लगाया था, उसी तरह बच्चे भी जानते थे। तिहाड़ की भाँति यहाँ भी ज़्यादातर लोगों को लगता था कि वे सही जगह पर नहीं थे। "100 में से 70 बच्चे ऐसे थे जो वहाँ पर अकारण ही थे, या जिन्होंने ऐसी कोई ग़लती नहीं की थी कि वे वहाँ पर होते। वे आत्महत्या की कगार पर थे।"

संप्रेक्षण गृहों की परामर्शदात्री समिति का कहना है कि प्रत्येक किशोर का हर दो महीने में एक बार किसी न्यायाधीश द्वारा निरीक्षण किया जाना चाहिए और उसकी रिपोर्ट उच्च न्यायालय के समक्ष पेश की जानी चाहिए। लेकिन यह नहीं हुआ।

बच्चे हफ़्ते में दो बार अपने परिवार से मिल सकते थे, लेकिन वायबी ने अपने परिवार को वहाँ आने से मना कर दिया था। "वे लोग रोते रहते और इससे मैं परेशान होता।" इसलिए उसके वहाँ रहने के दौरान वे लोग सिर्फ़ दो बार आए थे।

वायबी ने अपना समय काटने के लिए दूसरे रिश्ते बनाए; उदाहरण के लिए वे दो बच्चे जो लगभग उसी वक़्त आए थे जब वह भी आया था। उनमें से एक पर हत्या की कोशिश का आरोप था। समझा जाता है कि वह एक झगड़ा था जिसमें एक पूरा समूह शामिल था और जहाँ दूसरे लोग बच निकले, वहीं वह पकड़ लिया गया। बुरी ख़बर ये थी कि हत्या की कोशिश का शिकार व्यक्ति इस बात का साक्ष्य देने वाला था कि वह मुख्य आरोपी नहीं था, लेकिन इसके पहले कि वह साक्ष्य देता, उसकी मृत्यु हो गई। इसलिए ज़मानत मिलने की संभावना क्षीण ही थी।

कुछ और भी क़ैदी हैं जिनको वायबी याद करता है। जैसे कि आर के पुरम के दिल्ली पब्लिक स्कूल के तीन बच्चे। वे झगड़े के एक प्रकरण में पकड़े गए थे और उन पर सेलफ़ोन चुराने और छीनने के आरोप थे। इस झगड़े का मतलब था कि उनको बाल सुधार गृह में 23 दिन बिताना ज़रूरी था।

मुखर्जी नगर का सबसे डरावना चरित्र यादव सर नामक शख़्स था, जिसका उसके बाद तबादला हो चुका है। वायबी उसके द्वारा किए गए किसी गंभीर दुष्कृत्य को तो याद नहीं कर सका, लेकिन वह उन रोज़मर्रा के छोटे-छोटे अपमानों का ज़िक्र ज़रूर करता है जिनकी वजह से उस आदमी के साथ रहना उसके लिए बेहद मानसिक पीड़ा का सबब हुआ करता था। उदाहरण के लिए, अगर किसी की माँ का फ़ोन आता तो वह कहता : "तुम्हारी माँ फ़ोन क्यों कर रही है? लगता है मोटी बहुत

परेशान है।” वह बेहद उजड्ड था और बच्चों को बहुत सताया करता था। अफ़वाहें थीं कि वह रिश्वत चाहता था। जिन बच्चों ने उसको 30,000 रुपये दे रखे थे, उनको उसने छोड़ रखा था लेकिन दूसरों को वह सताया करता था। अगर आपने पैसे दिए हुए हैं तो आप जहाँ चाहे सो सकते थे, खा सकते थे।

मसलन, लगता था कि रोहिणी के गुप्ता नामक लड़के ने बालगृह के अधिकारियों के साथ कोई समझौता कर रखा था। साफ़ ज़ाहिर था कि वह रईस था क्योंकि जिस दिन वह मुखर्जी नगर को छोड़कर जा रहा था, उस दिन उसको ले जाने के लिए जैगुआर जैसी महँगी कारें बाहर उसकी प्रतीक्षा कर रही थीं। उसको वातानुकूलित ऑफ़िस में सोने की इजाज़त मिली हुई थी। “उस जैसे लोग मज़े में थे, लेकिन दूसरे लोग नहीं थे।”

जब वायबी से पूछा गया कि क्या इस तरह के किसी आराम के लिए अपने माँ-बाप से भुगतान करने का आग्रह करने का लालच उसके मन में भी आया था, तो उसने कहा : “मैं नहीं चाहता था कि मेरे माता-पिता एक पैसा भी ख़र्च करते क्योंकि मैं उस जगह पर होने का पात्र ही नहीं था।”

इस तरह बच्चों के प्रति ‘यादव सर’ की यातनाएँ जारी रहीं। भले ही वह आदमी ऑफ़िस में कुछ ही घंटों के लिए होता था, उतने ही वक़्त में वह किसी को पीट देता था और किसी को दिमाग़ी तौर पर प्रताड़ित कर देता था।

“एकमात्र अच्छे आदमी थे विकास सर, जो कम्प्यूटर के अध्यापक थे। वह वहाँ एकमात्र ऐसा व्यक्ति था जो मानवीय था। एक बार एक न्यायाधीश वहाँ आए और उन्होंने पूछा, तुम सब लोगों ने क्या सीखा है। विकास सर ने मुझे जवाब देने के लिए आगे कर दिया। वे एकमात्र ऐसे व्यक्ति थे जो बच्चों से कहते, ‘चिंता मत करो, तुम जल्दी ही यहाँ से बाहर निकल जाओगे।’ दूसरे लोग कहते, ‘अपराधियों, तुम यहीं सड़ोगे।’ वे इज़्ज़त देते थे और इज़्ज़त पाते थे। बाक़ी लोग तो *माँ-बहन की गालियों* में ही बात करते थे।”

जिस तरह नहाने का इलाक़ा एक बहुत बड़ा हॉल था जिसमें फ़व्वारे लगे हुए थे, उसी तरह सोने की जगह थी जिसमें भयानक क़िस्म के गद्दे पड़े हुए थे। वायबी याद करता है कि किस तरह उनके सामान पर हमेशा चोरी का ख़तरा मँडराता रहता था। “बच्चे अपने कपड़ों को छिपाने के लिए गद्दे फाड़ लिया करते थे। मुझे कपड़े का एक थैला बनाना पड़ा था जिसमें मेरा सारा सामान होता था और उसको मैं हमेशा अपने साथ लिए रहता था। मैं अपने कपड़े धोता और उन्हीं को अगले दिन फिर से पहन लेता। जिस दौरान वे कपड़े सूखते उस दौरान जेल के कपड़े पहने रहता। 28 दिनों में से 20 दिन तक एक ही टी-शर्ट और जींस पहनी। उनके कपड़े बिलकुल भी आरामदायक नहीं थे लेकिन मुझे उनकी आदत हो गई थी।”

ज़िंदगी अजीबो-ग़रीब संयोगों से भरी हुई है, और इनमें से सबसे अजीबो-ग़रीब संयोग यह था कि जिस दौरान वायबी वहाँ था, उसका एक दोस्त भी उसी जगह आ पहुँचा। उसका नाम ए था और वह एक पहलवान था और एक लड़का उन दोनों का ही दोस्त था। "उसका किन्हीं लोगों के साथ बस में झगड़ा हो गया था जिन्होंने उस पर बस कंडक्टर के पैसे चुराने का आरोप लगाया था। वह एक आपसी झगड़ा था जिसको उन्होंने चोरी के मामले में बदल दिया था।"

उसकी स्थिति वायबी से भिन्न थी क्योंकि उसने अधिकारियों को रिश्वत दे रखी थी, इसलिए उसके परिवार के लोग उसको वहाँ की पनीली दाल से बचाने के लिए घर का बना खाना भेजते थे। "वह खाना खाने नीचे चला जाता था। वह हम लोगों के साथ खाना नहीं बाँट सकता था।" इस ख़ास सुविधा का यह भी मतलब था कि वह दूसरे बच्चों के मुक़ाबले अपने परिवार से ज़्यादा मुलाक़ातें कर पाता था।

रिहाई और उसके बाद की ज़िंदगी

वायबी को 7 अगस्त को जेल भेजा गया था, और उसकी अगली सुनवाई की तारीख़ एक हफ़्ते बाद की थी। उस सुनवाई के बाद जज ने अगली सुनवाई की तारीख़ 21 अगस्त मुकर्रर कर दी। इस पेशी पर वायबी के वकील ने महिला मुद्दई के बयानों की असंगतियों की ओर ध्यान दिलाया। "उसने दलील दी कि किस तरह क़िस्से बदलते रहे थे। पहले उसने कहा था कि तीन बाइक सवारों ने उसके साथ बलात्कार किया था, फिर उसने कहा, बुद्ध जयंती पार्क में, इसलिए यह एक अविश्वसनीय साक्ष्य है।"

इस दौरान पुलिस ने इस एक अन्य आरोप में भी दरारें खोज निकालीं कि वायबी ने एसएस पर दबाव डालकर उससे अपने लिए एक आईफ़ोन ख़रीदवाया था। "हुआ यूँ कि फ़ोन ख़रीदने के पैसों में मिलाने के लिए मेरी माँ ने चेक से 10,000 रुपयों का भुगतान किया था। बाक़ी पैसा मैंने अपनी बचत से इकट्ठा किया था। पुलिस दुकान पर गई और वहाँ से उसने सीसीटीवी कैमरे के फ़ुटेज एकत्र किए। उन फ़ुटेज में मुझे फ़ोन के लिए भुगतान करते दिखाया गया था और बिल भी मेरे नाम का था और मेरी माँ का चेक भी उसमें अंकित था।"

वायबी याद करता है कि किस तरह हिरासत के दौरान हुई उसकी आख़िरी पेशी पर, 28 अगस्त को उसका वकील देर से पहुँचा था। अदालत ने सुनवाई स्थगित कर दी और अगली तारीख़ दे दी जो कम-से-कम एक महीना आगे की थी। लेकिन अचानक उसका वकील आ पहुँचा और उसने किसी तरह न्यायाधीश को सुनवाई के लिए राज़ी कर लिया। अगले ही दिन वायबी को ज़मानत मिल गई। जब तक पुलिस उसको वापस मुखर्जी नगर लेकर पहुँची, उसके अभिभावक उसको लेने वहाँ

पहुँच चुके थे। मामले का फ़ैसला होने तक अदालत की कार्रवाई जारी रहने वाली थी लेकिन वायबी घर वापस आ चुका था। वह एक राहत भले ही रही हो, लेकिन वह बहुत विचित्र स्थिति थी।

"हर कोई घूरता था क्योंकि मैं अपने परिवार से पहला व्यक्ति था जो जेल गया था। मैं सिर्फ़ कुणाल से मिला जो मुझको लेकर सबसे ज़्यादा परेशान था। स्थितियों को सामान्य होने में बहुत वक़्त लगा।" वायबी को इस बात का भी अहसास हुआ कि जिस दौरान वह घर से बाहर था, उस दौरान क्या-क्या हुआ था। जहाँ उसकी गिरफ़्तारी के तुरंत बाद एसएस ने फ़ेसबुक पर एक पोस्ट डाली जिसमें उसने जो कुछ हुआ था उस पर अफ़सोस ज़ाहिर किया था और कहा था वह उस सबके लिए ज़िम्मेदार नहीं थी, वहीं वह उसकी ज़मानत का विरोध करने सोशल मीडिया पर भी गई थी। मेरे भाई ने इस सबके स्क्रीन शॉट लिए थे और उनको अदालत में दिखाया भी गया था।"

एक मुक़ाम पर एसएस के परिवार ने अदालत के बाहर समझौते की पेशकश के साथ वायबी के परिवार से संपर्क भी किया था। "अगर आप हमें पैसा दें तो हम मामले को रफ़ादफ़ा कर सकते हैं। मेरे अभिभावकों ने मना कर दिया क्योंकि मैं पहले ही जेल भोग चुका था। उन्होंने कहा, जो बदतर हो सकता था, वह तो पहले ही हो चुका है इसलिए अब हमें किसी समझौते की ज़रूरत नहीं है।"

बलात्कार के आरोपी, एक 17 साल के लड़के के लिए स्कूल में सहज ढंग से स्वीकार किया जाने वाला नहीं था और इसलिए वह फिर कभी स्कूल नहीं गया। "हर कोई जानता था और हर किसी को उन सारे आरोपों की जानकारी थी और एसएस ने चारों तरफ़ ख़बर फैला दी थी। मैं अपने स्कूल वापस नहीं जा सकता था और उस शर्मिंदगी का सामना नहीं कर सकता था। मुझे उस साल ड्रॉप लेना पड़ा।" अगले साल उसने मुक्त स्कूल के मार्फ़त आवेदन किया, और भले ही उसने फिर से पढ़ाई शुरू कर दी लेकिन बदनामी साथ बनी रही। "हर कोई रोकता और पूछता, क्या हुआ था। मैं कितने लोगों को बलात्कार के आरोपों की कैफ़ियत देता? मुझे भी कोफ़्त होने लगी। उत्तम नगर में हमें हर कोई जानता था और वे सारे लोग सवाल पूछते। मैंने अपने रिश्तेदारों के यहाँ भी जाना बंद कर दिया।" कुछ समय तक उसके अभिभावक उस मकान को बेचकर कहीं और जाकर रहने के बारे में सोचते रहे।

काफ़ी समय लगा, एक साल से भी ज़्यादा का समय, लेकिन एक ऐसा मुक़ाम आया जब स्थितियाँ बेहतर होने लगीं। लोगों को भी वायबी के प्रकरण पर चर्चा से ऊब होने लगी। उसने अपना बोर्ड का इम्तिहान भी पास कर लिया था और क़िस्मत से उसको बेंगलूरू के एक कॉलेज में दाख़िला मिल गया। तभी जुलाई 2016 में, जब बेंगलूरू जाने ही वाला था, वायबी अंततः निर्दोष घोषित कर दिया गया।

> सबसे पहली बात तो ये है कि महिला मुद्दई ने एफ़आईआर में झूठा ब्यौरा पेश किया है। इसकी कोई कैफ़ियत नहीं है कि एफ़आईआर में इस तरह का झूठा और मनगढ़ंत ब्यौरा क्यों दिया गया। जिस मोबाइल को छीने जाने का आरोप था... वह महिला मुद्दई के घर पर पाया गया। महिला मुद्दई ने 164 के अधीन दिए गए अपने वक्तव्य में कहा था कि 6.08.2014 को घटित कथित यौन उत्पीड़न में उसकी रज़ामंदी थी। मौखिक साक्ष्य के मुताबिक़, घटना उसकी रज़ामंदी से नहीं हुई थी क्योंकि वह अपने ठीक होशोहवास में नहीं थी। अभिलेख में ऐसा कुछ भी नहीं है जो महिला मुद्दई के इस दावे को सही साबित करता हो कि वह ज़ेवरात और नक़दी चुराकर नाबालिग को दिया करती थी... हमने महिला मुद्दई के इस दावे को क़तई विश्वसनीय नहीं पाया है। महिला मुद्दई के ये आरोप कि नाबालिग उसको ब्लैकमेल कर रहा था और उसको धमका रहा था, भी विश्वास के क़ाबिल नहीं हैं... उपर्युक्त तर्कों के आधार पर नाबालिग को निर्दोष घोषित किया जाता है।

दिल्ली के ऊष्म और धूप में नहाए दिन में, जब आप जानते हैं कि जाड़ा आने को है क्योंकि सूरज अब उतना अप्रिय नहीं रह गया है, हम बाहर टहल रहे हैं, और जब मैं वायबी से पूछती हूँ कि क्या अब उसकी कोई गर्लफ़्रेंड है और जो कुछ उसके साथ हुआ है, उसके बारे में वह उसको कब बताएगा, तो वह मुस्कराता है। वह मेरी ओर इस भाव से देखता है जैसे यह कोई बेतुका सवाल हो - वह क़िस्सा कोई भी फिर से क्यों सुनाना चाहेगा? हालाँकि, वह इन्स्टाग्राम पर अभी भी एसएस का पीछा करता है, और मुझे दिखाता है कि उसका अब एक और बॉयफ़्रैंड है। वह सहज ढंग से मुस्कराता है और उसकी मुस्कराहट में पीड़ा की कोई झलक तलाश पाना मुश्किल है।

8

जेल में सीईओ

जब पीटर मुखर्जी ने 2003 में स्टार न्यूज़ का आगाज़ किया था तब एक ट्रेडमार्क शो ऐसा था जिसको समाचार टेलिविज़न के लिए उनके योगदान के रूप में देखा जा सकता था। 'सनसनी' नामक यह शो अपराध पर केंद्रित था और इसके एंकर श्रीवर्धन त्रिवेदी ख़ासे चर्चित हो गए थे क्योंकि वे कोई पत्रकार नहीं बल्कि राष्ट्रीय नाट्य विद्यालय के एक अभिनेता थे। जिस तरह गुस्से से भरी लाल-लाल आँखों के साथ चोटी बाँधे, दाढ़ी वाला यह एंकर अपराध के क़िस्सों को चटखारेदार, तीसरे दर्ज़े की फ़िल्म स्क्रिप्ट में सरलीकृत करता था, उससे जहाँ इस शो की मीडिया के कॉलमों में तिरस्कार और दहशतज़दा ढंग से आलोचना हुई, वहीं दूसरे चैनलों के लिए वह एक अनुकरणीय आदर्श जैसा बन गया। उन्होंने इस कामयाब शृंखला के अपने संस्करण शुरू कर दिए, जिनके *'चैन से सोना है तो जाग जाओ'* जैसे सूत्र-वाक्य हुआ करते थे और इनमें वैधानिक बारीक़ियों के प्रति कोई ख़ास सम्मान का भाव नहीं होता था। इसे नियति का एक विचित्र मोड़ ही कहा जाएगा कि टीवी समाचार की यही वह शैली थी जिसपर बाद के दिनों में पीटर आरोप लगाने वाले थे कि उसने उनको जेल भेज दिया - एक ऐसी शैली जिसने समाचार को ज्ञात तथ्यों के साथ पेश करना बंद कर दिया था, और इसकी बजाय पंच परमेश्वर की भूमिका निभाते नैतिकतावादी स्वर के साथ उसका घालमेल करना शुरू कर दिया था।

जब एक दशक से भी ज़्यादा समय के बाद 25 अगस्त 2015 को उनकी बीवी और कारोबार में उनकी पार्टनर रहीं इंद्राणी मुखर्जी को उनकी बेटी शीना बोरा की हत्या के लिए गिरफ़्तार किया गया, तब भी पीटर मुखर्जी ने यह नहीं सोचा था कि मीडिया ख़तरनाक साबित हो सकता है। वे अब स्टार न्यूज़ के बॉस नहीं रह गए थे, बल्कि दरअसल स्टार अब एबीपी न्यूज़ बन गया था जहाँ 'सनसनी' अभी भी सबसे लंबे समय तक चलने वाला अपराध समाचार का शो बना हुआ था। वे अब

उस न्यूज़एक्स के बॉस भी नहीं रह गए थे जो उनके द्वारा शुरू किया गया एक और न्यूज़ चैनल था। हालाँकि, वे और इंद्राणी मुखर्जी जिस तरह 2009 में न्यूज़एक्स से बाहर हुए थे वह कुछ बेस्वाद-सी घटना थी, जिसको लेकर कुछ समाचार क़ॉलमों में पत्रकारों के साथ हुई उनकी झड़पों के क़िस्से छपे थे, तब भी ऐसी कोई वजह नहीं थी जिसके चलते पीटर मीडिया को अपना दुश्मन समझते। यही वजह थी कि जब पुलिस उनकी बीवी के ख़िलाफ़ हत्या, अपहरण और ज़हर देने के आरोप तय कर रही थी तब पीटर ने अर्णब गोस्वामी (जो तब *टाइम्स नाउ* में हुआ करते थे) को एक इंटरव्यू दिया था। उस इंटरव्यू में उन्होंने कई चीज़ों के बारे में बात की थी : गोल्फ़ सेशन से अपने लौटने के बाद अपनी पत्नी की गिरफ़्तारी की ख़बर मिलने के बारे में, इस ख़याल से 'दहशत' से भर उठने के बारे में कि उनकी पत्नी ने अपनी ही उस बेटी का क़त्ल कर दिया था जिसके बारे में हर किसी का ख़याल था कि वह उनकी बहन थी, और सबसे महत्त्वपूर्ण बात ये कि उन्होंने अर्णब को इस बारे में यक़ीन दिलाने की कोशिश की थी कि जब 2012 में उनकी सौतेली बेटी और उनके बेटे की मंगेतर शीना ग़ायब हो गई थी तो क्यों उन्होंने किसी तरह का शक नहीं किया था। "आप मुझे बेवकूफ़ कह सकते हैं, या मैं अंधा हो गया था, लेकिन मैं अपनी बीवी पर भरोसा करता था" - ये वे शब्द थे जो उन्होंने तब अर्णब से कहे थे। पीटर उर्फ़ प्रतिम मुखर्जी के ख़िलाफ़ सीबीआई द्वारा दाख़िल किए गए आरोप-पत्रों में से दूसरे आरोप-पत्र में सीबीआई ने अदालत को इस इंटरव्यू की मूल प्रतियाँ हासिल कर लेने की सूचना दी थी और बताया था कि इसको वे एक साक्ष्य की तरह इस्तेमाल कर रहे थे। इस बार, ये पीटर नहीं थे जो उनको खुलेआम झूठा कहने वाले ऊँची आवाज़ में बोलते टीवी एंकर को यक़ीन दिलाने की कोशिश कर रहे थे, बल्कि ये उनके वकील थे जो उनके ऊपर लगाए गए हत्या के षड्यंत्र में शामिल होने और साक्ष्यों को नष्ट करने के आरोपों के विरुद्ध उनके बचाव के लिए वक़्त की तलाश कर रहे थे। पीटर तब तक जेल जा चुके थे। उनको उनकी बीवी की गिरफ़्तारी के तीन महीने बाद गिरफ़्तार किया जा चुका था। पहली बार अदालत में खड़े होते हुए वे उस दानव का सामना कर रहे थे जिसकी शक्ल न्यूज़ मशीनरी ने अख़्तियार कर ली थी।

"लगभग एक सपने जैसा तजुरबा था यह, ये मैंने सिर्फ़ फ़िल्मों में देखा था इसलिए जिस परिस्थिति में मैं अपने को पा रहा था उससे कहीं ज़्यादा विस्मय मुझे उस तजुरबे से हो रहा था। पत्रकारों से भरे अदालत के उस कमरे में ढेरों जाने-पहचाने चेहरे थे जो मेरी ओर समझदारी का भाव लिए ताक रहे थे और इस भाव से सिर हिला रहे थे जैसे कह रहे हों, 'हम जानते हैं कि तुम कैसा महसूस कर रहे हो,' लेकिन इसका कहीं ज़्यादा ताल्लुक़ उनके अपना काम करने और अदालत की कार्रवाई की रिपोर्टिंग करने से था। स्टार न्यूज़ के मेरे दिन लगातार मेरे दिमाग़

में कौंध रहे थे और मुझे अर्णब से इस बात को लेकर नफ़रत हो रही थी कि उसने अकारण ही मेरे साथ ये किया था।”

अर्णब गोस्वामी ने अपने न्यूज़ चैनल के जिन प्रभावों का दावा किया था उनमें ये संभवतः एक ऐसा प्रभाव था जो दोनों ही पक्षों के लिए सबसे ज़्यादा निजी क़िस्म का था। कम-से-कम, इंग्लैंड में जन्मे और ब्रितानी पासपोर्ट धारक, दून स्कूल में शिक्षित और लंदन से एमबीए पढ़े इस शख़्स का दावा तो यही था। जब मैंने उनसे पूछा कि वे ‘अर्णब से नफ़रत’ क्यों करते थे, तो उन्होंने कहा कि बात इसके उलट हो सकती है - कि एक इतिहास था जो दोनों के बीच पसरा हुआ था।

“मैं अर्णब से नफ़रत नहीं करता और अगर मेरे कहने से ये आशय निकलता है तो मुझे अफ़सोस है। मुझे ख़ासतौर से उसकी पत्रकारिता की शैली पसंद नहीं है और मुमकिन है कि अतीत में कभी जब उसने स्टार में नौकरी के लिए आवेदन किया हो तो मैंने उसको मना कर दिया हो - इसलिए ये एक क़िस्म की बदले की भावना भी हो सकती है - लेकिन अगर ऐसा है तो ये उसकी बेवकूफ़ी और बचकानापन है - निहायत ही ग़ैरज़िम्मेदारी तो ये है ही। मुझे झूठा कहना ग़लत है - ख़ास तौर से तब जबकि उसको तथ्यों की जानकारी नहीं है। ये मेरे प्रति अनुचित रवैया तो है ही, साथ ही यह मानहानि भी है क्योंकि उसको यह पता है कि मैं न्यायिक हिरासत में हूँ और जवाब देने की स्थिति में नहीं हूँ।”

अर्णब ने पीटर को महज़ ‘झूठा’ नहीं कहा था। उसने कहा था “...वे एक धूर्त झूठे का प्रभाव डालते हैं जो भावहीन तरीक़े से असत्य बयान दे सकता है। मैं आपको ऐसे कुछ बयानों के बारे में बता दूँ। मुझे दिए गए अपने इंटरव्यू में उन्होंने कहा कि उनको नहीं मालूम था कि वह उनकी बेटी थी। मानकर ये चला गया है कि इंद्राणी ने उनको कभी बताया नहीं था लेकिन टेप 10 में जब इंद्राणी शीना को अपनी बेटी कहती है तो वे ख़ामोशी के साथ सुनते हैं। इसका मतलब है कि मुझे दिए गए अपने इंटरव्यू में पीटर मुखर्जी साफ़ झूठ बोले... एक ऐसा क्रूर झूठ कि आप सोचने लग जाएँ कि असल षड्यंत्रकारी कौन है - इंद्राणी या पीटर? यहाँ असल मुख्य व्यक्ति कौन है? वह व्यक्ति पीटर भी हो सकते हैं। इंद्राणी को एक धूर्त हत्यारी के रूप में चित्रित किया जा रहा है जोकि वह है। लेकिन पीटर, पीटर के पास छिपाने के लिए काफ़ी कुछ है। उन्होंने उससे कहीं ज़्यादा किया है जितने का वह हमें विश्वास दिलाना चाहते हैं। हम विश्वास नहीं करेंगे क्योंकि ये टेप साबित करते हैं कि उचित ही पतित और कलंकित और ख़तरनाक यह भूतपूर्व ताक़तवर टीवी उद्योगपति एक मँजे हुए, पेशेवर अपराधी की सहजता के साथ लीपापोती करने की योजना बना रहा है। पीटर, चार्ल्स शोभराजनुमा गुस्ताख़ी के साथ, अपने निशानों को ढँक रहे हैं - वे एक झूठा क़िस्सा गढ़ रहे हैं, वे अपने बेटे को, मीडिया को, पुलिस को, हर किसी को अपने रास्ते से भटकाने की कोशिश

कर रहे हैं। एक पेशेवर अपराधी ही इस तरह आचरण करता है। हमने अभी ख़ून के उन धब्बों को उजागर करना शुरू ही किया है जो उन्होंने पीछे छोड़े हैं। पीटर मुखर्जी संदेह के अँधेरे में डूबी इस हत्या की लीपापोती के केंद्र में, उसके मर्म में, उसकी बुनियाद में हैं। क्या सीबीआई तमाम साक्ष्यों को विचार में लेगी या अंधे होने का बहाना करेगी?" ये कुछ ऐसा था मानो उनके चैनल द्वारा नियुक्त किया गया यह नाटकीय चरित्र अँग्रेज़ी में बोलने वाले एक चरित्र में रूपांतरित हो गया था, सिवा इसके कि ये वाला ख़ासी कड़वाहट से भरा हुआ था। बदतर बात यह थी कि सीबीआई इस एंकर को सुनती लग रही थी।

नेपथ्य-कथा

जब मैंने 2002 में स्टार न्यूज़ के आगाज़ के दिनों में इस चैनल को ज्वॉइन किया था तो वहाँ इस बात को लेकर ख़ासी चर्चाएँ थीं कि सीईओ पीटर मुखर्जी एक नौजवान, ख़ूबसूरत सहकर्मी के साथ शादी करने वाले थे। तब इंद्राणी 31 की भी नहीं थीं, और उस एचआर प्रोफ़ेशनल को लेकर आम उत्सुकता थी जो सबसे बड़े बॉस के साथ विवाह करने जा रही थी। मैं दिल्ली के कार्यालय में थी और इसलिए मुंबई के उस मुख्य परिदृश्य से दूर थी जहाँ ये घटना हो रही थी, लेकिन मेरे ज्वॉइन करने के कुछ ही दिनों बाद उस स्त्री के साथ उनकी शादी जिसके साथ वे पिछले एक साल से रह रहे थे, लोगों में काफ़ी दिलचस्पी का विषय थी।

मैं हालाँकि पीटर मुखर्जी से बहुत ज़्यादा परिचित नहीं थी, क्योंकि समाचार संबंधी मुहिमों से रवीना राज कोहली कहीं ज़्यादा जुड़ी हुई थी। जब मैंने उनको पहली बार लिखा तो जैसा कि उन्होंने कहा था, "मुझे तुम्हारे नाम का स्मरण स्टार न्यूज़ के समय से है हालाँकि, उसके लिए एक अरसा हो चुका है, मैं उसको एक शक्ल देने का संघर्ष कर रहा हूँ। उम्मीद है मेरे खरे जवाब से तुम्हें बुरा नहीं लगेगा लेकिन स्टार न्यूज़ वर्ज़न 2 के ज़माने से अब तक पुल के नीचे से काफ़ी पानी बह चुका है!"

पीटर और इंद्राणी के रिश्तों की नेपथ्य-कथा के बहुत सारे क़िस्से, बहुत सारे संस्करण हैं, लेकिन शायद सबसे सुरक्षित वह क़िस्सा होगा जो सीबीआई ने पता लगाया है और जिसको उन्होंने अपने कई सारे आरोप-पत्रों में दर्ज़ किया है। उनके मुताबिक़, इंद्राणी और पीटर, दोनों का संबंध शिलाँग से रहा है। इंद्राणी ने वहाँ कुछ पढ़ाई की थी और उसी तरह जब पीटर के अभिभावक वहाँ दो सालों के लिए सेना के डॉक्टरों के रूप में पदस्थ थे, तब वहाँ के विद्यालय सेंट एडमंड्स में पीटर ने भी पढ़ाई की थी। ये उनकी मुलाक़ात के सालों पहले की बात है।

जब इंद्राणी 15 साल की थी तब सिद्धार्थ दास नाम के एक अन्य छात्र से उनकी आत्मीयता स्थापित हुई। पास ही के शहर गुवाहाटी में 1987 में शीना का

जन्म और महज़ एक ही साल बाद यानी 1988 में मिख़ाइल का जन्म उनके इसी रिश्ते के नतीजे थे। इस तरह 16 साल की उम्र तक आते-आते इंद्राणी दो बच्चों की माँ बन चुकी थीं। सीबीआई इसके ब्यौरों में नहीं जाती कि असम के एक अपेक्षाकृत रूढ़िवादी शहर में यह सब किस तरह मुमकिन हुआ होगा। वे सिर्फ़ इतना कहते हैं कि इंद्राणी के अभिभावकों, दुर्गा रानी बोरा और उपेंद्र कुमार बोरा, ने दोनों बच्चों को गोद ले लिया। इसे 1992 के एक शपथपत्र से वैधीकृत किया गया था जिसमें वे शीना और मिख़ाइल के अभिभावक घोषित किए गए हैं।

सीबीआई के अनुसार, गोद लिए जाने की इस वैधानिक कार्रवाई को निपटाने के बाद इंद्राणी कोलकाता चली गईं। वहाँ उनकी मुलाक़ात संजीव खन्ना नामक एक व्यापारी से हुई जो एक केबल ऑपरेटर था, और 1993 में दोनों ने विवाह कर लिया। अगले तीन सालों में इंद्राणी ने एम/एस आईएनएक्स सर्विसेज़ नामक एक एचआर फ़र्म स्थापित की और हावड़ा में उन्होंने एक फ़्लैट ख़रीद लिया। 1997 में, 25 साल की उम्र में इंद्राणी की तीसरी संतान हुई। वह एक लड़की थी जिसका नाम उन्होंने विधिए रखा। कोलकाता में ही इंद्राणी की मुलाक़ात विज्ञापन विशेषज्ञ अलेक़ पद्मसी से हुई और सीबीआई का कहना है कि उन्होंने मुंबई में 'कारोबार शुरू करने के लिए उनको मदद करने की पेशकश की।' इस मुक़ाम पर सीबीआई अपनी जाँच-पड़ताल संबंधी दक्षताओं को मुल्तवी कर नैतिक आकलन तथा सामान्य धारणाओं का सहारा लेती लगती है, क्योंकि इसके बाद आरोप-पत्र कहता है कि 'उच्च महत्त्वाकांक्षी प्रकृति वाली महिला' इंद्राणी 'तत्काल मुंबई आ गई।' एजेंसी हालाँकि, लैंगिकतावादी नहीं थी क्योंकि उन्होंने पीटर की भूतपूर्व पत्नी शबनम सिंह के बयान का इस्तेमाल भी यह साबित करने के लिए किया था कि उनके (पीटर के) मन में 'नौजवान स्त्रियों के प्रति एक आकर्षण का भाव' हमेशा से रहा था, यही वजह थी कि उसने (शबनम सिंह ने) पीटर को छोड़ दिया था। इंद्राणी के मामले में सीबीआई उनके पति के दोस्त किसी बलविंदर धामी द्वारा एक संयुक्त उद्यम मुहैया कराने और इंद्राणी को मुंबई में रहने की जगह देने का उल्लेख करती है।

लेकिन प्रकटतः, इंद्राणी को उसकी वाक़ई कोई ज़रूरत नहीं थी क्योंकि तब तक उनका परिचय स्टार न्यूज़ के सीईओ पीटर मुखर्जी से कराया जा चुका था। उनकी यह मुलाक़ात होटल प्रेसिडेंट के लाइब्रेरी बार में अलेक़ द्वारा कराई गई थी। पीटर उस समय अपनी पत्नी और दो बच्चों की माँ शबनम से तलाक़ के कगार पर थे। उनकी दोस्ती होने में ज़्यादा वक़्त नहीं लगा और 2000 में उन दोनों ने साथ रहना शुरू कर दिया। उनकी योजना थी कि जैसे ही दोनों को तलाक़ मिल जाएगा, वे आपस में विवाह कर लेंगे। इंद्राणी विधिए को भी मुंबई ले आईं और जब शादी हुई तो उन सबको ब्रितानी नागरिकता हासिल हो गई।

मुखर्जी दंपति के लिए ये उत्तेजना से भरे दिन थे - स्टार न्यूज़ ने हिंदुस्तान में रूपर्ट मर्डोक के प्रॉडक्शन के तौर पर एनडीटीवी की जगह ले ली थी, और इसलिए मीडिया में ख़ासी दिलचस्पी थी। जैसा कि स्टार और न्यूज़एक्स के साथी वीर संघवी ने लक्ष्य किया है, इंद्राणी एक आकर्षक, मोहक स्त्री थीं और इसलिए एक ताक़तवर युगल के रूप में ये लोग समाचार-पत्रों के सामाजिक पन्नों पर नियमित रूप से दिखाई देते थे। यह ऐसा ही एक फ़ोटो था जो *टेलिग्राफ़* के गुवाहाटी संस्करण में उपेंद्र बोरा ने देखा था, जब उसने अपनी बेटी से संपर्क करने का फ़ैसला किया था। उपेंद्र ने इंद्राणी से कहा कि वे पैसों की तंगी से गुज़र रहे थे और इसलिए शीना और मिख़ाइल की पढ़ाई का ख़र्च उठा पाना उनको मुश्किल हो रहा था, और इसलिए उन्होंने इंद्राणी से मदद का आग्रह किया। तहक़ीक़ात के मुताबिक़, इंद्राणी दोनों बच्चों से कोलकाता में मिलने पर सहमत हुईं और उन्होंने उनके टिकिटों का भुगतान किया।

इंद्राणी अपनी बेटी विधिए को अपने साथ ले गईं और यह मुलाक़ात ओबेरॉय में हुई। जैसा कि सीबीआई का कहना है, वहाँ पर, इंद्राणी ने अपने दोनों बच्चों के सामने एक प्रस्ताव रखा। इंद्राणी ने कहा कि वे उनकी शिक्षा पर और उनके भरण-पोषण पर होने वाला ख़र्च उठाएँगी, लेकिन उनको इस तरह का बहाना करना होगा कि इंद्राणी उन दोनों की बहन है। उनके पास सहमत होने के अलावा और कोई चारा नहीं था। उन्होंने कुछ तसवीरें लीं, जिनको सीबीआई ने साक्ष्य के रूप में प्रस्तुत किया।

"इंद्राणी ने पीटर मुखर्जी को अपने छोटे भाई-बहन शीना और मिख़ाइल के बारे में सूचित किया। उन्होंने यह भी सूचित किया कि चूँकि उनकी माली हालत दयनीय है, इसलिए शीना बोरा अपनी पढ़ाई जारी रखने के लिए मुंबई आ रही है।"

इसने उस रोमांस के लिए मंच तैयार किया जो हत्या और गिरफ़्तारी तक ले गया। 2005 में शीना का दाख़िला मुंबई के सेंट ज़ेवियर कॉलेज में कराया गया, और हालाँकि वह पेइंग गेस्ट के रूप में रहती थी लेकिन सप्ताह के अंत पर वह वर्ली में मार्लो बिल्डिंग अपार्टमेंट्स में मुखर्जी दंपति के घर आ जाया करती थी। कुछ समय बाद, पीटर का छोटा बेटा राहुल उनके साथ रहने आ गया और दोनों नौजवानों की मुलाक़ातें होने लगीं और उनके बीच प्रगाढ़ दोस्ती हो गई। ये उससे कुछ ज़्यादा था जो राहुल और उसकी सौतेली माँ इंद्राणी के रिश्तों के बारे में कहा जा सकता था। जेल से मेरे लिए लिखते हुए, पीटर इस बात को क़बूल करते हैं कि उनकी बीवी और बेटे के बीच के रिश्ते इतने तनाव से भर देने वाले थे कि कभी-कभी उनको राहुल से इंद्राणी से छिपकर मिलना पड़ता था।

"अपने बेटे राहुल के साथ मेरा रिश्ता, बाप-बेटे का एकदम सामान्य रिश्ता है। कुछ ख़ास वजहों से स्थितियाँ ग़लत दिशा अख़्तियार करती गईं। मेरी बीवी इंद्राणी और राहुल वर्षों पहले की अपनी पहली मुलाक़ात के समय से ही एक-दूसरे से आँख-से-आँख मिलाकर नहीं देखते थे, और जब शीना और राहुल के बीच रिश्ता बन गया और उनकी मँगनी हो गई, तब स्थितियाँ और भी बिगड़ गईं।"

"2-3 सालों की ख़ामोशी के बाद जिस दौरान मुझे राहुल के साथ 'गुप्त रूप से' संवाद करना होता था, आज, एक बार फिर से हम बाप-बेटे के रूप में अपना सामान्य रिश्ता जारी रखे हुए हैं। जिस दौरान मैं मुंबई में था और वह इंग्लैंड में एक छात्र हुआ करता था, हमारी मुलाक़ातें उसके कॉलेज की सत्रकालीन छुट्टियों के दौरान हुआ करती थीं; इसके बाद जब वह मुंबई में था, हम हमेशा मिलते रहते- उस वक़्त तक जब तक कि मैं इंग्लैंड नहीं चला गया और फिर हमारा संपर्क फ़ोन पर होने वाली बातचीतों तक सीमित हो गया। मेरा उसके साथ एक मुक्त, सुखी और पूरी तरह से सामान्य पिता-पुत्र का रिश्ता है और बेशक हमारे बीच मतभेद हैं लेकिन यही चीज़ रिश्ते को सामान्य बनाती है।"

इस तरह, ये 2008 की बात है, शीना के मुंबई आने के तीन साल बाद की बात, जब उसने राहुल को बताया कि इंद्राणी वास्तव में उसकी माँ थी। सीबीआई का कहना है कि यह बात राहुल ने तुरंत ही अपने पिता को बता दी। इस सूचना को पीटर ने किस तरह लिया, यह बात साफ़ नहीं है लेकिन ये बात वे इंद्राणी की गिरफ़्तारी के बाद दिए गए साक्षात्कारों में कहते हैं कि ये उनकी पत्नी के शब्द के ख़िलाफ़ उनके बेटे का शब्द था। जो चीज़ सीबीआई सार्वजनिक करती है वो ये है कि मुखर्जी दंपति ने इस नौजवान जोड़ी को जुदा करने के लिए सक्रिय रूप से काम किया। इंद्राणी ने शीना को पहले वापस गुवाहाटी और फिर दिल्ली भेजा जहाँ इंद्राणी ने अपनी बेटी की दवाइयों में कुछ ऐसी दवाओं की मिलावट कर दी जो दिमाग़ी बीमारियों के लिए होती हैं। सीबीआई का मानना है कि यह सब वह दिल्ली और बेंगलूरू के अपने उन कर्मचारियों और परिचितों को सतर्कतापूर्वक नियंत्रित करते हुए कर सकी जिनके साथ उसने अपनी बेटी को ठहराया हुआ था और जिनको वह नियंत्रित कर सकती थी। जब शीना को बेंगलूरू ले जाया गया और वह बीमार हो गई, तो राहुल आकर उसको देहरादून में अपने नाना-नानी के घर ले गया। यही वह जगह थी जहाँ पर राहुल की माँ और उसके नाना-नानी के सहयोग से इस नौजवान जोड़ी की मँगनी हुई।

सीबीआई यह प्रकरण तैयार करती है कि 2009 से ही मुखर्जी दंपति आर्थिक, शारीरिक और अन्य धमकियों का इस्तेमाल करते हुए उन दोनों को जुदा करने का षड्यंत्र रचते रहे थे। दो सालों से राहुल और शीना के साथ मुखर्जी दंपति का बहुत मामूली संपर्क रह गया था और उनके बीच कड़वाहट बनी हुई थी। उदाहरण के

लिए, 2010 में इंद्राणी ने दिल्ली के साउथ एक्सटेंशन में स्थित एक ज़मीन बेची जो उनके और शीना के नाम पर रजिस्टर्ड थी। सीबीआई का कहना है कि पीटर ने भी इसपर हस्ताक्षर किए थे, लेकिन राहुल इसका प्रतिवाद करता है। इंद्राणी ने मिख़ाइल की मार्फ़त शीना को एक ईमेल भी भेजा (वह ईमेल पहले मिख़ाइल को भेजती थी और फिर उससे आग्रह करती थी कि वह उसे शीना को फ़ॉर्वर्ड कर दे)। इस ईमेल में उसने शीना को उनकी गुवाहाटी की ज़ायदाद से बेदख़ल करने की धमकी दी। मार्च 2012 का इंद्राणी की ईमेल इस प्रकार है :

> ये इस बात की पुष्टि के लिए है कि राहुल के साथ तुम्हारे रिश्ते को नामंज़ूर करने के संकेत के तौर पर हमने वसीयतनामे को बदलकर तुम्हें हमारी ज़ायदाद और संपत्तियों से बेदख़ल कर दिया है। मैं उम्मीद करती हूँ कि हमने अपना दृष्टिकोण स्पष्ट कर दिया है और अब तुम अक़्लमंदी से काम लेते हुए आगे से और कोई नई समस्याएँ खड़ी नहीं करोगी। मेहरबानी करके, राहुल से रिश्ता रहने तक हमसे संपर्क मत करना।

अगले दिन इस ईमेल का जवाब शीना ने इस तरह दिया :

> एक बार फिर इसी के साथ जो चीज़ मेरी समझ से परे है, वो ये है कि आप अपने ही माँ-बाप को दी जाने वाली आर्थिक मदद को काटने की धमकी क्यों देती हैं। अगर मैं राहुल के साथ जीएचवाई जाती हूँ, अगर मैं राहुल से शादी करती हूँ, तो यह सब क्यों करती हैं? अइता/काका पर दबाव क्यों डालती रहती है जब तक कि अचानक मुझे काका से आज इस टैक्स्ट मैसेज की मार्फ़त गोले नहीं बरसा दिए जाते जिसमें कहा गया है "यह एसएमएस इस बात की पुष्टि है कि राहुल के साथ तुम्हारे रिश्ते को नामंज़ूर करने के संकेत के तौर पर हमने वसीयतनामे को बदलने का फ़ैसला किया है और तुम्हें हमारी ज़ायदाद और संपत्तियों से बेदख़ल कर दिया है। मैं उम्मीद करती हूँ कि हमने अपना दृष्टिकोण स्पष्ट कर दिया है और अब तुम अक़्लमंदी से काम लेते हुए आगे से और कोई नई समस्याएँ खड़ी नहीं करोगी। मेहरबानी करके, राहुल से रिश्ता रहने तक हमसे संपर्क मत करना," वग़ैरह, वग़ैरह।

अपने नाना-नानी के एसएमएस से उद्धरित करते हुए, शीना अपनी माँ से पूछती है :

> मैं संभ्रमित हूँ, मैं समझ नहीं पाती कि कौन झूठ बोल रहा है, कौन सच... कृपया साफ़ कहें। ये आपकी ओर से है या आपके अभिभावकों की ओर से?

> और अचानक यह सब क्यों? क्या ये सब उन टैक्स्ट मैसेजेस की वजह से है? या तो आपको मुझे जन्म ही नहीं देना चाहिए था या मुझे अपने अभिभावकों के पास नहीं छोड़ देना चाहिए था। आप मुझे अपने साथ क्यों नहीं ले गईं? अब इस सबने मुझे किस चीज़ के भरोसे और कहाँ छोड़ दिया है? इस सबने मुझे सचमुच एक बार फिर से आघात पहुँचा कर तबाह कर दिया है। मैं राहुल के साथ बहुत सुखी और सुरक्षित हूँ। क्या ये चीज़ अभिभावकों/प्रियजनों के लिए सबसे महत्त्वपूर्ण नहीं होनी चाहिए? आपने वह सब किया जिसने आपको ज़िंदगी में सुख दिया। मैं भी तो उस सबके योग्य हूँ। आप इससे परेशान क्यों होती हैं? मैं आपकी बेटी हूँ। मुझमें आपका कुछ अंश है। मैं अपना रास्ता ढूँढ़ लूँगी और ठीक से रह लूँगी।

अगर इस प्रेम-प्रसंग ने माँ-बेटी के रिश्ते को तनावपूर्ण बना दिया था तो, सीबीआई का कहना है कि बाप-बेटे के रिश्ते को भी उतना ही तनावपूर्ण बना दिया था। उन्होंने राहुल के वे ईमेल प्रस्तुत किए हैं जो यह संकेत देते हैं कि उसका बाप इस प्रेम-संबंध को ख़त्म करने के लिए उसपर दबाव डालते हुए उससे 2011 में गोवा में एक रिश्तेदार के यहाँ आयोजित विवाह-कार्यक्रम में न आने के लिए कह रहा था। अप्रैल 2011 में शीना को लिखा गया एक और ईमेल है जिसको सीबीआई द्वारा उद्धरित किया गया है। इस ईमेल में पीटर कहते हैं :

> मैं ख़ासतौर से इसलिए बहुत परेशान हूँ कि मैंने राहुल को यह सोचकर इंग्लैंड से हिंदुस्तान बुलाया था कि वह काम शुरू कर सकता, स्वावलंबी होकर रहता और अपनी ख़ुद की ज़िंदगी जीता। इसकी बजाय मैं पाता हूँ कि वह एक रिश्ते में पड़ गया है, स्वावलंबी होकर नहीं रह रहा है और उसने न सिर्फ़ अभी तक अपनी ख़ुद की ज़िंदगी की शुरुआत नहीं की है बल्कि यह भी कि उसने ऐसे मामलों में उलझकर अपना बेशक़ीमती वक़्त बरबाद किया है जिनका उससे कोई ताल्लुक़ नहीं है क्योंकि वे तुम्हारे परिवार के निजी मसले हैं। जब तक तुम्हारे साथ उसका रिश्ता क़ायम नहीं हुआ था, तब तक सब कुछ ठीक-ठाक ढंग से चल रहा था। हम लोग एक परिवार की तरह साथ-साथ वक़्त बिताते थे और मिलकर छुट्टियाँ मनाते थे लेकिन जैसे ही वह तुम्हारे चक्कर में फँसा, वह सब कुछ ख़त्म हो गया।

सीबीआई पीटर मुखर्जी को षड्यंत्र के हिस्से के रूप में आरोप के घेरे में लेने के पीछे जिस वजह को उद्धरित करती है, वह यह कि उनको लगता है कि ये ईमेल साफ़ तौर पर यह दर्शाते हैं कि वे भी ठीक वैसा ही महसूस करते थे जैसा इंद्राणी महसूस करती थीं। वे यह दर्शाने के लिए दूसरे ईमेलों का हवाला भी देते हैं

कि पीटर को इस बात की जानकारी थी कि अब इंद्राणी भौतिक क्षति की धमकियाँ दे रहीं थीं।

उदाहरण के लिए, पीटर को लिखा गया राहुल का अप्रैल 2011 का मेल इस प्रकार है :

> कई अवसरों पर हमें इंद्राणी की ओर से धमकियाँ मिली हैं, जिनको हमने गंभीरता से लिया है, और इसलिए मैंने तिथियों, घटनाओं, संवादों और संदेशों समेत स्थिति का दस्तावेज़ीकरण करते हुए खुद को और शीना को सुरक्षित बनाया है। ये चीज़ें अनेक तीसरे पक्षों की जानकारी में लाई गई हैं ताकि वे उनके पास सुरक्षित रहें। अगर मुझे या शीना को कुछ होता है तो हिंदुस्तान और इंग्लैंड, दोनों जगहों के अधिकारी चौकन्ने रह सकेंगे।

भले ही हत्या का समूचा षड्यंत्र अविश्वसनीय रूप से सही लगता हो, लेकिन राहुल के ईमेल दर्शाते हैं कि वह उसके लिए पूरी तरह से समझ से परे नहीं था। जाँचकर्ताओं का कहना है कि इरादा एकदम साफ़ था : "इंद्राणी को भय था कि सारी-की-सारी ज़ायदाद शीना बोरा और राहुल को मिल सकती थी, क्योंकि पीटर अपने बेटे राहुल को पसंद करते थे। इसी संदर्भ में उन्होंने (इंद्राणी ने) संजीव खन्ना के साथ मिलकर एक षड्यंत्र की योजना बनाई" - संजीव खन्ना जो उनका भूतपूर्व पति था, जिसने, जैसा कि सीबीआई लक्ष्य करती है, जब इंद्राणी ने उसको छोड़ दिया तो उसने दोबारा विवाह नहीं किया था। सीबीआई का यह भी कहना है कि वह इसमें यह सोचकर शामिल हुआ कि शीना की मृत्यु से सारी ज़ायदाद उसकी बेटी विधिए के हाथ लग जाएगी। इस तरह योजना की शुरुआत हुई जिसमें इंद्राणी का ड्राइवर श्यामवर राय भी शामिल हुआ जिसके लिए शुरुआती तौर पर 1.25 लाख रुपयों का भुगतान किया गया और बाद में और भी रक़म दिए जाने का वादा किया गया।

बाक़ी सारे रक्तरंजित ब्यौरे तो जगज़ाहिर हैं ही। 2-3 सालों तक मौन साधे रखने के बाद इंद्राणी ने शीना और राहुल के विश्वास को वापस जीतने के लिए उससे अप्रैल 2012 में संपर्क किया। उन्होंने उसी महीने में बाद में मिलने का तय किया, जिसके लिए इंद्राणी लंदन से और उनके भूतपूर्व पति संजीव कोलकाता से उड़ान भर कर पहुँचने वाले थे। पीटर के कुछ दिनों बाद आने की संभावना थी। उन्होंने एक कार किराये से ली, श्यामवर को स्काइप की मार्फ़त संवाद करना सिखाया जिसमें उसको निर्देश दिए गए थे। और 23 अप्रैल को इंद्राणी के हवाई जहाज़ से उतरने के बाद, उन्होंने शराब और नींद की दवाएँ ख़रीदीं, और लाश को ठिकाने लगाने की जगहों की टोह भी ली। अगले दिन इंद्राणी ने अपनी बेटी को उसकी मँगनी का जश्न मनाने और उसके लिए कुछ तोहफ़े देने के बहाने डिनर के लिए आमंत्रित

किया। जो बात शीना नहीं जानती थी वो ये थी कि इंद्राणी ने उसी दिन मिख़ाइल को भी मुंबई आने के लिए फुसला रखा था और उससे उनके मार्लो बिल्डिंग निवास पर मिलने के लिए कह रखा था।

शीना ने आधे दिन की छुट्टी ली। राहुल ने उसको शाम 6.40 पर नियत स्थल पर कार से छोड़ दिया। माँ-बेटी ने एक-दूसरे को गले लगाया, इसके बाद इंद्राणी ने शीना को पानी की नशीली दवा युक्त बोतल दी। संजीव खन्ना आगे की सीट पर था लेकिन जैसे ही शीना को नींद के झोंके आने लगे, वह पीछे की सीट पर आ गया। सीबीआई का कहना है कि संजीव ने शीना के बालों को पकड़कर पीछे की ओर खींचा जिस दौरान इंद्राणी ने उसका गला घोंट दिया। ड्राइवर ने शीना के मुँह को अपने हाथ से ढँक रखा था और शीना ने प्रतिरोध दर्शाते हुए उसके हाथ को काट लिया जिससे उसमें ख़ून बहने लगा। श्यामवर ने सीबीआई को बताया कि जैसे ही शीना के शरीर की हरक़तें बंद हुईं, संजीव वापस आगे की सीट पर आकर बैठ गया। वह जल्दी ही कार से उतर गया और इंद्राणी ने ड्राइवर से ताज लैंड'स एंड जाने को कहा। इस बीच राहुल शीना के मोबाइल पर लगातार फ़ोन करता रहा, और ये इंद्राणी थी जिसने उसके सारे संदेशों के जवाब दिए। शीना की लाश कार में ही पड़ी छोड़कर इंद्राणी पहले होटल गई और फिर मिख़ाइल से मिलने संजीव के साथ मार्लो बिल्डिंग गई।

वहाँ इंद्राणी ने मिख़ाइल को नींद की दवा मिली हुई शराब पेश की, लेकिन मिख़ाइल ने सीबीआई को बताया कि उसको अपनी माँ को लेकर हल्का-सा संदेह हुआ क्योंकि पिछली बार जब यह हुआ था तो उसने अपने आपको उस डि-एडिक्शन सेंटर में पाया था जहाँ उसको उसकी मर्ज़ी के ख़िलाफ़ उसकी माँ ने भर्ती कराया था। इसलिए वह शराब को फेंकता रहा। इस बात को साबित करने के लिए दस्तावेज़ हैं कि इंद्राणी ने यूसुफ़ माचिसवाला नामक एक डॉक्टर को इस बहाने फ़ोन किया था कि उसके बेटे को शराब की लत है और उससे रात 1 बजे पूछा था कि तब तक उन दवाओं ने अपना असर दिखाकर उसको सुलाया क्यों नहीं था। उस समय मिख़ाइल को ज़रा भी अंदाज़ा नहीं था कि उसकी बहन मर चुकी है लेकिन उसने सीबीआई को बताया था कि संजीव और इंद्राणी सामान्य ढंग से व्यवहार नहीं कर रहे थे।

मिख़ाइल को सुला पाने में नाकामयाब इंद्राणी और संजीव 25 अप्रैल की सुबह तड़के वहाँ से चल दिए और उन्होंने गगोड़े खिंड, रायगढ़ में शीना के मृत शरीर को जलाकर ठिकाने लगा दिया। पीटर के ख़िलाफ़ इस षड्यंत्र में शामिल होने का साक्ष्य यह है कि इस पूरे दौरान वे और इंद्राणी लगातार एक-दूसरे के संपर्क में थे। इंद्राणी ने अपनी मुलाक़ात तय करने के तुरंत बाद पीटर से 1329 सेकेंड, या 22 मिनट तक बात की थी, फिर दुबारा, उस दोपहर के बाद शीना से मिलने के पहले, संजीव खन्ना को किए गए फ़ोनों के बीच के समय में, दो बार बात की थी और

फिर, सीबीआई के मुताबिक़, सबसे ज़्यादा फँसाने वाली बात यह है कि शीना की लाश को ठिकाने लगाने के पहले उसने पीटर को फ़ोन किया था और उससे देर तक बातचीत की थी, "लगभग 924 सेंकेंड लंबी बातचीत, जोकि असमय में किया गया फ़ोन है और जो शीना बोरा की हत्या में उनकी (पीटर की) मिलीभगत और पूर्ण जानकारी की ओर संकेत करता है।" सीबीआई का यह भी आरोप है कि चूँकि पीटर ने अपने बेटे को यह 'ग़लत सूचना' दी थी कि शीना अमेरिका में थी और यह कि वे, राहुल की तरह, पुलिस के पास नहीं गए, जिसका मतलब था कि वे इस गुप्त जानकारी से वाक़िफ़ थे। शीना के किराये के फ़्लैट की लीज़ को त्यागने और ख़त्म करने के लिए शीना के नाम की छह ईमेल आईडी का इस्तेमाल करते हुए इंद्राणी द्वारा की गई लीपापोती आदि सबकुछ, सीबीआई के मुताबिक़, एक सम्मिलित कार्रवाई है। राहुल तो पुलिस में प्रकरण तक दर्ज़ नहीं करा सका, क्योंकि मुखर्जी दंपति इस बात पर ज़ोर देते रहे कि शीना किसी और की ख़ातिर उसको छोड़कर चली गई है।

वर्ली से आर्थर रोड जेल तक

"मैं अपनी इस बात पर क़ायम हूँ कि कथित वारदात की मुझे कोई जानकारी नहीं थी और मैं कोई षड्यंत्रकारी या षड्यंत्र को उकसाने वाला नहीं था। मैं अपने बेटे को शांत करने की कोशिश कर रहा था क्योंकि वह स्वाभाविक ही इस बात से विचलित था कि उसकी होने वाली बीवी उसको छोड़कर चली गई थी। मुझे बताया गया था कि वह किसी और व्यक्ति की ख़ातिर उसको छोड़कर चली गई थी लेकिन वह व्यक्ति कौन था इसकी जानकारी मुझे नहीं थी - मैं तो सिर्फ़ उसको तसल्ली ही दे सकता था और उससे परेशान न होने को ही कह सकता था - क्योंकि वह ठीक से थी।"

पत्रकारिता का एक उसूल है जो ख़ासतौर से अपराध संबंधी रिपोर्टिंग के संदर्भ में एकदम सही है - क़यास सत्यानाश की जड़ होता है। जैसा कि नौसिखिया रिपोर्टरों को सारी दुनिया में सीख दी जाती है - कोई भी चीज़ वैसी नहीं होती जैसी वह लगती है और जो हुआ होता है, उसकी आपको सचमुच कभी जानकारी नहीं होती, इसलिए सिर्फ़ उतने के आधार पर ही अपनी राय क़ायम करो जितना तुम्हें उस वक़्त मालूम है। जिस दौरान मेरे और पीटर मुखर्जी के बीच पत्र-व्यवहार जारी रहा, सीबीआई ने उनके ख़िलाफ़ सूचनाएँ एकत्र की हैं। पीटर का कहना था कि पति-पत्नी के बीच रात की किन्हीं भी घड़ियों में बातचीत होते रहना एकदम स्वाभाविक बात थी, लेकिन सीबीआई को यह बात विचित्र मालूम हुई। तब फ़ैसला कौन करेगा? सीबीआई पिता और पुत्र के बीच के गुस्से से भरे ईमेल और टैक्स्ट संदेशों को यह साबित करने के लिए पेश करती रही कि वे सच्चाई के प्रति पीटर की टालमटोल को दर्शाते हैं। लेकिन जेल में एक साल बिता चुकने के बाद भी, पीटर अपनी बात पर अडिग हैं।

"मुझे ज़रा भी इलहाम नहीं था कि मेरी गिरफ़्तारी की हल्की-सी भी कोई संभावना थी, क्योंकि जब यह कथित घटना संभावित रूप से घटित हुई होगी तब मैं देश में नहीं था, न ही जब पुलिस मेरी पत्नी इंद्राणी को गिरफ़्तार करने आई थी तब मुझे इसकी कोई जानकारी थी कि शीना 25 अगस्त 2015 से लापता थी। इस पूरे दौरान मैं यह मानकर चलता रहा था कि शीना अमेरिका में थी और कोई भी अन्य व्यक्ति ऐसा नहीं था जो उसके दूर होने को लेकर परेशान लग रहा होता। गुवाहाटी में उसके भाई और परिवार ने शीना के लापता होने को लेकर कभी चौकन्ना नहीं किया था और इंद्राणी समय-समय पर मुझे यह बताती रहती थी कि शीना ठीक-से थी और अमेरिका में थी, वग़ैरह, वग़ैरह। मेरा बेटा राहुल ज़रूर शुरुआत में शीना के बारे में जानने के लिए फ़ोन करता रहा था, लेकिन जब शीना के भाई मिख़ाइल और उसके नाना-नानी द्वारा उसको आश्वस्त कर दिया गया, तो ऐसा कुछ भी नहीं था जो वह कर सकता और वह ख़ुद हताश होकर मुंबई से चला गया था।"

यह एक निहायत ही विचित्र क़िस्म का परिदृश्य है जिसमें सीबीआई का स्टार गवाह राहुल अपने पिता का समर्थन करता है। न्यूज़एक्स को दिए गए अपने इंटरव्यू में उसने कहा था, "मैं समझता हूँ कि यह हास्यास्पद है। सबसे पहले तो उनको (पीटर को) जेल में ही नहीं होना चाहिए था। वे सीबीआई द्वारा ग़लत ढंग से गिरफ़्तार किए गए हैं, उनकी क़तई कोई भागीदारी नहीं है। जहाँ तक मेरा विश्वास है, मेरे पिता हत्यारे क़िस्म के व्यक्ति नहीं हैं। वे उन बातों पर भरोसा करते रहे होंगे जो उनकी पत्नी उनको बताती रहीं। मैं नहीं जानता कि उन्होंने उनसे पूछताछ क्यों नहीं की। लेकिन वे उनपर भरोसा करते रहे थे। बस इतनी ही बात है। मैं नहीं समझता कि कोई और बात है। मैं नहीं समझता कि इसमें कोई षड्यंत्र है। मैं नहीं जानता कि उनको क्यों गिरफ़्तार किया गया है। ये महज़ तहक़ीक़ात की प्रक्रिया है, जो जारी है।" जब पूछा गया कि क्या उसको लगता है कि उसके पिता ने साक्ष्यों को नष्ट किया है, तो राहुल ने कहा, "मैं नहीं जानता, मैं नहीं जानता, लेकिन मैं ऐसा नहीं सोचता। मुमकिन है, उन्होंने अनजाने में उनको नष्ट किया हो।"

अपने पिता के लिए राहुल का समर्थन उनके लिए राहत का सबसे बड़ा स्रोत है। यही वह समर्थन है जिसे मुखर्जी परिवार के वकील अदालत के विचारणीय रख रहे हैं, लेकिन एक पारिवारिक तमाशे में और इस तरह के अपराध में, सामान्य क्या है, इसका फ़ैसला आप कैसे करेंगे? मसलन, राहुल ने अपने पिता के साथ की अपनी बातचीत के टेप सौंपे हैं जिनमें पीटर उसकी चिंताओं को ख़ारिज़ कर रहे हैं। लेकिन, सवाल ये है कि राहुल ने अपने पिता को किए गए फ़ोनों को टेप ही क्यों किया?

"मैं राहुल को लगातार कहता रहा था कि शीना सही वक़्त आने पर वापस आ जाएगी और इस बात का मुझे पूरा यक़ीन था। गुवाहाटी में शीना के ख़ुद के परिवार ने, उसके भाई और नाना-नानी ने भी राहुल से कहा था कि वह उसको (शीना को)

अकेला छोड़ दे और यह कि वह 'अमेरिका चली गई है और किसी अन्य व्यक्ति के साथ एकदम सुखी है।' किसी व्यक्ति को बिना बताए उसकी बातचीत को रिकॉर्ड करना एक निजी चुनाव है और मैं यही अनुमान कर सकता हूँ कि राहुल को लगा होगा कि शीना अपने मन से ऐसा काम नहीं कर सकती थी और उसको जो कुछ कहा जा रहा था, उसपर उसको ऐतबार नहीं आ रहा होगा।"

अगर अभियोजन पक्ष के लिए उनका बेटा एक स्टार गवाह है, तो उनके परिवार के सारे सदस्य मुकदमे में महत्त्वपूर्ण गवाह हैं। पीटर की गिरफ़्तारी के दिन से ही, जब राहुल और उसका भाई गौतम तथा बहन उनके साथ थे, वे लोग अदालत की हर पेशी के दौरान और मुलाक़ातों के दौरान भी लगातार उनसे मिलने आते रहे। पीटर मुखर्जी जानते हैं कि यह स्थिति उनको जेल में एक सौभाग्यशाली व्यक्ति बनाती है, कि उनके साथ ऐसे लोग हैं जो उनको निर्दोष समझते हैं। "वे जानते हैं कि अगर मुझे जानकारी रही होती तो मैं पहला व्यक्ति होता जिसने पुलिस में इसकी रिपोर्ट की होती, क्योंकि ये मेरा बेटा था जो उस वक़्त शीना के लापता होने से सबसे ज़्यादा परेशान था। मैं उसको उस तरह तकलीफ़ झेलने के लिए नहीं छोड़ देता। ये भी कि मैंने तत्काल अपने परिवार को इसकी सूचना दी होती। अगर मुझे जानकारी होती। इस पूरे अन्याय से मेरे परिवार पर कुल मिलाकर जो प्रभाव पड़ा था, वह पीड़ा और क्रोध का था लेकिन उन्होंने साहस का परिचय दिया और संकट की इस घड़ी में मुझे क़ानूनी मदद उपलब्ध कराने के लिए वे जो कुछ भी कर सकते थे, वह सब कुछ वे करते रहे।"

"इन पिछले कुछ महीनों में मुझे और मेरे परिवार को जिन मुश्किलों, जिन उम्मीदों और नाटकों आदि से गुज़रना पड़ा है - जोकि सारे-के-सारे अविश्वसनीय हैं और अपने में एक भयावह क़िस्सा है... वह दी हुई परिस्थितियों के अधीन 'आम' दिनों के परिप्रेक्ष्य में एक आम दिन था। मेरी पत्नी तीन महीने पहले, अगस्त में, गिरफ़्तार की गई थी, जिस दौरान मैं लगभग हर दूसरे दिन पुलिस थाने (खार) और सीबीआई के कार्यालयों के चक्कर लगाता रहा, जोकि ज़ाहिर है कि कोई सुखद वातावरण नहीं था। जैसी कि उम्मीद थी, हम सब तनाव में थे और मुझे सीबीआई द्वारा बुलाया गया कि मैं जाकर अपनी आवाज़ का नमूना दूँ। उन्होंने मुझे 10 बजे बुलाया, फिर समय बदलकर 11 बजे सुबह का कर दिया और मेरा भाई, बहन, बेटा राहुल और मैं यह सोचते हुए वहाँ गए कि इसमें घंटे-दो घंटे का वक़्त लगेगा। जब हम वहाँ पहुँचे, वे तैयार नहीं थे और इसलिए हम फ़ॉरेंसिक लैब के तकनीशियनों के आने तक इंतज़ार करते रहे। सारी ज़रूरी कार्रवाइयाँ निपटाने के बाद आईओ (इन्वेस्टिगेटिंग ऑफ़िसर) ने कहा कि मुझे इंतज़ार करना होगा क्योंकि वे लोग मेरी पत्नी, उसके भूतपूर्व पति और ड्राइवर के ख़िलाफ़ अदालत में आरोप-पत्र दाख़िल करने जा रहे थे, जिन सबको तीन महीने पहले गिरफ़्तार किया जा चुका था। उन्होंने

मेरे परिवार के बाक़ी सदस्यों को दोपहर का खाना खाने जाने दिया, लेकिन मुझे नहीं जाने दिया, जो अजीब बात थी और पहले कभी नहीं हुई थी।"

"गिरफ़्तारी सीबीआई के अधिकारियों द्वारा अदालत में आरोप-पत्र दाख़िल कर लौटने के बाद शाम 7 बजे के आसपास हुई। जिस तरह गिरफ़्तारियाँ होती हैं उनको देखते हुए इसमें कुछ नीरसता थी, क्योंकि उन्होंने मुझे अगले दिन अदालत में पेश किए जाने तक उनकी हिरासत में रहने को कहा। मुझे गहरा झटका लगा और मैं दहशत से भर उठा, ख़ासतौर से इसलिए कि मैं गिरफ़्तारी की अपेक्षा नहीं कर रहा था। अगर मैंने ऐसी उम्मीद की होती तो मैं पहले ही अग्रिम ज़मानत के लिए कोशिश कर सकता था।"

जिन लोगों को जेल जाना होता है, उनके मामले में चौंकाने वाला तथ्य हमेशा एक जैसा होता है। मीडिया के साक्षात्कारों ने और, जैसा कि पीटर उनको नाम देते हैं, सीबीआई के भावशून्य वार्तालापों ने, उनको यह विश्वास दिला रखा था कि वे उनपर शक नहीं कर रहे थे। पीटर का कहना है कि वे और उनका परिवार ख़ासतौर से इसलिए 'भौंचक्के' रह गए क्योंकि वे अपने तहक़ीक़ातकर्ताओं की मदद कर रहे थे। साल भर पहले किसी वक़्त वे बड़ी बारीक़ी के साथ क़ानून की क़िताबों का अध्ययन कर रहे थे, जोकि 'मेरी आरामदायक स्थिति के बाहर सांत्वना' का एक स्रोत था।

"मैं तरह-तरह की चीज़ें पढ़ रहा था हालाँकि, पढ़ने के लिए ढेरों चीज़ें हैं। क़ानून की पुस्तकें मेरी पसंदीदा रही हैं और भारतीय दंड संहिता, आपराधिक प्रक्रिया संहिता, भारतीय साक्ष्य अधिनियम, भारत का संविधान, भ्रष्टाचार निरोधक अधिनियम, हिन्दू विवाह और तलाक क़ानून आदि वे पुस्तकें हैं जिनको मैंने बार-बार पढ़ा है। जेल नियमावली (जेल मैन्युअल) भी 1800 के दशक में लिखी गई एक दिलचस्प पुस्तक है - हालाँकि उसमें कई बार बदलाव हुए हैं, लेकिन उसमें अभी भी गंभीर क़िस्म के संशोधनों की ज़रूरत है, जैसी कि आप कल्पना कर सकती हैं। दूसरी पुस्तकों में *भगवद् गीता* - जो मैं अभी भी पढ़ रहा हूँ, *गेम्स ऑफ़ थ्रोन्स,* बौद्ध धर्म और दलाई लामा पर केंद्रित पुस्तकें आदि शामिल हैं।" जब मैंने उनसे पूछा कि क्या तलाक़ क़ानूनों के उनके अध्ययन का कोई मतलब निकाला जाना चाहिए, तो उन्होंने कहा यह टेलिग्राफ़ एक्ट पढ़ने से भिन्न नहीं है, और वे जल्दी ही क़ानून की परीक्षा में बैठने वाले हैं। महीनों बाद, इंद्राणी ने अदालत में घोषणा की कि वे पीटर से तलाक़ लेने की कोशिश कर रही हैं।

जेल में रहने के दौरान सभी के अच्छे और बुरे दिन आते हैं। एक अच्छा दिन वह हो सकता है जब आपको लगता है कि आपकी ज़मानत की अर्ज़ी पर न्यायाधीश ने सकारात्मक सुनवाई की है। वही अहसास उतना अच्छा तब नहीं लगता जब किसी तुच्छ-से बहाने पर पेशी स्थगित हो जाती है और हफ़्तों आगे के लिए

टल जाती है। ये उतार-चढ़ाव जेल में लिखे गए पीटर मुखर्जी के नोट्स में देखे जा सकते हैं।

28 सितम्बर 2016 को, वे अपने जेल में होने को यूँ बयान करते हैं : "यह किसी स्पा (आरोग्य-केंद्र) में होने जैसा है - मैं क्या कह सकता हूँ? कोई शराब नहीं, कोई सिगरेट नहीं, जल्दी-से बिस्तर पर जाना, जल्दी सोकर उठना, कुछ घंटे व्यायाम करना, ढेर सारा पढ़ना, सोचने-विचारने के लिए ढेर सारा वक़्त, कोई जंक फ़ूड नहीं - सब कुछ बेहद स्वास्थ्यवर्धक। मेरा वज़न कुछ किलो कम हो गया है - जोकि कोई बुरी बात नहीं है और मैं ज़्यादातर वक़्त अंदर ही रहता हूँ, मैं ज़्यादा धूप में नहीं रहता इसलिए मेरी त्वचा बेहतर हुई है।"

लेकिन एक ही महीने बाद, 24 अक्टूबर को मनःस्थिति पूरी तरह से भिन्न है : "हवालात या जेल कोई 'आरोग्य-केंद्र' नहीं है। वह एक मज़ाक़िया टिप्पणी थी और मुझे उम्मीद है कि आपने इस बात को समझा होगा। यहाँ से बाहर की मेरी दुनिया एक बँधा-बँधाया सामान्य ढर्रा था - जिसमें जिम, व्यायाम, दोस्तों से मिलना, कभी-कभार गोल्फ़, टीवी और घर की देखभाल संबंधी चीज़ें शामिल थीं। ये वे तमाम चीज़ें हैं जो मैं अब नहीं कर सकता। इसलिए यह दुखदायी है, कोई मौज नहीं और भले ही यह एक तजुरबा है लेकिन ऐसा तजुरबा नहीं जिसकी सलाह मैं किसी को भी दूँगा। ये दर्दनाक है। जेलों में ज़रूरत से ज़्यादा लोग भरे हुए हैं और ये सुधारगृह होने से बहुत दूर जीवन की वास्तविकता की कठोर परीक्षा के स्थल हैं।"

मनःस्थिति का यह उतार-चढ़ाव आश्चर्य की बात नहीं है। बिज़नेस पत्रिकाओं की ताक़तवर लोगों की फ़ेहरिस्त में होने से लेकर वे अब आर्थर रोड जेल के अपराधियों के हाज़िरी रजिस्टर में थे। वे एक विषम दिनचर्या के साथ, लगभग कपड़े बदले बग़ैर, अजनबी लोगों की बग़ल में फ़र्श पर सो रहे थे। हालाँकि, कुछ छोटी-मोटी दयाएँ थीं, जैसे कि अदालत से मिली घर का खाना खाने की इजाज़त, जिसका मतलब था कि उनको अभी भी मछली खाने को मिल रही थी ("ये मज़े के लिए नहीं बल्कि पोषण के लिए नियत किया गया भोजन है!")। लेकिन जैसा कि स्टार न्यूज़ की एक और साथी विद्या ने लिखा था, जेल में पीटर निचले तबके के पुलिस अधिकारियों की सनकों की कृपा पर थे। अदालत द्वारा उनके भोजन के लिए दी गई छूट के बावजूद, विद्या ने एक बार देखा था कि हवालात की पुलिस उनको खाना खाने देने से मना कर रही थी, और इस बात का आग्रह कर रही थी कि उनको आर्थर रोड जेल जाना होगा। उस दिन वे पुलिस से लेकर सीबीआई अधिकारी तक को दलीलें देते रहे लेकिन वे अपना दोपहर का भोजन नहीं कर सके। वह ऐसा ही एक वक़्त था जब उनको अहसास हुआ था कि जेल कितने भयानक ढंग से सब को एकमेक कर देने वाला हो सकता है।

अदालत में पहली बार जाने पर उन्होंने न्यायाधीश को, अदालत के कटघरे को, वकीलों के झुंड को देखा - ये सब कुछ उन्होंने प्रत्यक्ष तौर पर कभी नहीं देखा था, और इस सबको देखकर उनका दिल बैठ गया। "मैं उन दो टूक झूठों पर यक़ीन नहीं कर सका जिनका आरोप अभियोजन पक्ष का वकील मेरे ऊपर लगाए जा रहा था। मैं पूरी तरह से अविश्वास की हालत में था और लग रहा था जैसे मैं कोई बुरा सपना देख रहा था।"

हालाँकि वे सौभाग्यशाली थे, क्योंकि उनको सीबीआई के अपेक्षाकृत शालीन दस्ते द्वारा गिरफ़्तार किया गया था और इसलिए उनको मुंबई पुलिस की वैसी बदसलूकी का सामना नहीं करना पड़ा जैसी तहक़ीक़ात के शुरुआती दौर में इंद्राणी ने भोगी थी। पीटर इसको क़बूल करते हैं लेकिन कहते हैं कि ये "फेफड़ों का कैंसर या आँतों का कैंसर जैसी बात है। दोनों ही ख़तरनाक हैं और इसलिए उनकी तुलना मुमकिन नहीं है।" हालाँकि आप दोनों के प्रभाव की तुलना किए बग़ैर नहीं रह सकते। जहाँ पीटर लगातार वैसे ही दिखते रहे हैं जैसे वे थे, वहीं इंद्राणी पूरी तरह बदल चुकी हैं। उनके सजे-सँवरे बालों की जड़ें अब जगह-जगह से सफ़ेद दिखाई देने लगी हैं। दिल्ली जैसी जगहों में जेल में बंद विवाहित जोड़ों को आपस में मिलने की छूट मिली होती है लेकिन मुंबई में औरतों की जेल बायकला में है और उनकी मुलाक़ातें सिर्फ़ अदालत में ही होती हैं। ये बात साफ़ नहीं है कि एक-दूसरे से न मिलने का चुनाव उनका है या उनको इसकी छूट नहीं दी गई है।

"मुझे इंद्राणी से कोई नाराज़ी नहीं है, सिवा इसके कि जिस वक़्त उसके पास अवसर था तब उसने मुझे अपनी ज़िंदगी का पूरा क़िस्सा नहीं सुनाया क्योंकि तब मुमकिन है, उसकी चिंताओं से उबरने में मैं उसकी मदद कर सकता। उसको अदालत में देखकर मन बहुत विचलित होता है।"

ज़िंदगी की सीखें

तो, एक करोड़पति सीईओ जेल में रहकर क्या सीखता है? मुमकिन है, वह साधारण ज़िंदगी जीने का पाठ हो, या नितांत बुनियादी और ज़रूरी चीज़ों में आनंद लेने का पाठ हो; हताशा के बीच बात करने के लिए किसी का मिल जाना और उसके द्वारा आपको समझा जाना। कभी-कभी पीटर मुखर्जी काफ़ी बातूनी और क़िस्सों से भरे होते हैं, कभी वे कहते हैं, "जो रियो में होता है, वह रियो में ही छूट जाता है।" अपने 'सहयात्रियों' के बारे में बात करते हुए पीटर कहते हैं : "हम एक-दूसरे के साथ अपने अनुभवों में साझा करते हैं, हँसते हैं और हमें जो सीखें मिली हैं उनका आनंद उठाते हैं, लाभ उठाते हैं। मैंने कुछ उपयोगी रिश्ते बनाए हैं और ये ऐसे लोग हैं कि अगर मैं 'भारत सरकार का मेहमान' न हुआ होता तो उनसे मिलने का मौक़ा

मुझे कभी न मिला होता, इसलिए मैं इस बात से प्रसन्न हूँ और नतीजतन यह चीज़ मुझे और ज़्यादा चौकन्ना व्यक्ति बनाएगी। इनमें से कुछ असाधारण रूप से रईस हैं और कुछ असाधारण रूप से ग़रीब हैं और अगर मुझसे बन पड़ेगा तो मैं उन लोगों की मदद करूँगा जो मेरे मुक़ाबले में बदतर स्थिति में हैं। यहाँ हर किसी का लक्ष्य एक समान है - यहाँ से बाहर निकलना और फिर कभी वापस न आना - इसलिए क़ानून का पक्ष हासिल करना उन ज़्यादातर लोगों के लिए बहुत अहम बात है जिनसे मैं मिला हूँ। जेल का अनुभव अच्छा नहीं है, ये बहुत सख़्त है और ज़्यादातर लोग उसको कभी भी दोहराना नहीं चाहते। ये नए परिचित लोग कब तक साथ रहेंगे, यह भविष्य पर निर्भर करता है, हालाँकि ये कहना सही है कि जेल का जीवन आपको सही विवेक देता है और इस बात का अहसास भी कराता है कि आपके सच्चे हितैषी कौन हैं और कौन ऐसे लोग हैं जो वाक़ई कभी आपके दोस्त नहीं थे। बहुत कम हैं ऐसे लोग जिनको जेल से बाहर आने के बाद आप अपना दोस्त कहना चाहेंगे। यह बात एकदम साफ़ हो जाती है।"

किसी एक अन्य दिन, पीटर कुछ और ज़्यादा विषादमय लहज़ा अपनाते हुए लिखते हैं : "यहाँ लोग बहुत ज़्यादा नहीं हँसते हैं - यह सोचकर कि कहीं अधिकारी यह सोचकर कि हम मज़े में हैं, हमारी ज़िंदगी को और भी मुश्किल न बना दें। हम अपने अनुभवों को आपस में साझा करते हैं और यह जानकर आश्चर्य होता है कि किस तरह कई ऐसे लोग हैं जो निर्दोष होने के बावजूद जेल में हैं, जिनको यहाँ क़तई नहीं होना चाहिए था। एक दिन आएगा जब स्थितियाँ सुधर जाएँगी।"

ख़ुद भी एक हत्या के प्रकरण में फँसे हुए पीटर जिस एक ही चीज़ से दूसरों की मदद कर सकते थे, वह थी भाषा की सुविधाएँ मुहैया कराना। लगता है अँग्रेज़ी सीखने की लालसा जेल में भी बनी रहती है। इसलिए यह अँग्रेज़ जब ख़ुद कुछ पढ़ या लिख नहीं रहा होता है, तब वह पढ़ाने में अपना समय लगाता है। "मैंने उनके सामने पढ़ने के लक्ष्य रखे, जिसके बाद उनको अख़बारों के हिस्से निकालकर लिखने का काम सौंपा और उनसे कहा कि वे हर दिन 10 नए शब्द सीखकर अपने शब्दभंडार को बढ़ाएँ, जिनमें से वे हालाँकि 5 ही शब्दों को याद रख पाते थे, लेकिन इसका मतलब था, एक हफ़्ते में 30 शब्द जो सचमुच बहुत अच्छा है और इसको बरकरार रखना मुश्किल काम था।"

अगर एक सफ़ेदपोश आदमी को जेल किसी एक चीज़ की सीख देता है तो वह है, एक अव्यावहारिक बजट से काम चलाना। पीटर का कहना है कि ये पहली चीज़ थी जो उन्होंने सीखी। "जेल में किफ़ायत एक अनूठी चीज़ होती है क्योंकि वहाँ आपके पास कोई नक़दी नहीं होती - लेकिन चीज़ों के आपसी लेनदेन की व्यवस्था वाक़ई कारगर प्रतीत होती है। घर का बना भोजन एक दुर्लभ चीज़ है और इसलिए जिनके पास वह होता है, उनके पास वह एक क़ीमती असबाब जैसा होता है। वहाँ

तमाम तरह की सुविधाएँ उपलब्ध हैं - जानकार नाई, मालिश करने वाला, पूरी तरह से काम करने वाली योग की कक्षा, कपड़े धोने का इंतज़ाम, दर्जी और ऐसी और भी बहुत-सी चीज़ें। आवश्यकता आविष्कार की जननी... वाला रास्ता यहाँ सभी ने अपनाया होता है और परिस्थितियों के मुताबिक़ ढलना और नई युक्तियाँ ढूँढ़ निकालना, यहाँ अद्भुत रूप से देखने को मिलने वाली चीज़ें हैं। मुझे अपने घर से 2500 रुपये की अच्छी-ख़ासी शाही रक़म मासिक ख़र्च के तौर पर मिलती है जो मेरे 'टकशॉप' के खाते में जमा हो जाती है और उससे मैं तमाम बढ़िया चीज़ें ख़रीदता हूँ - बिस्किट, बादाम, मिनरल वाटर और तमाम दूसरी चीज़ें, लेकिन उस पैसे को पूरे महीने भर तक चलाना बहुत बड़ी चुनौती होती है। इसलिए मुझे इंतज़ार है कि यहाँ से बाहर निकलने पर मैं 2500 रुपये के जेब-ख़र्च पर बढ़िया ढंग से अपना गुज़ारा करने की आदत डालूँ।"

अब जबकि पीटर को जेल में रहते हुए एक साल होने को है, लगता है उनको वहाँ से जल्दी बाहर निकलने की पहले जैसी उम्मीद नहीं रह गई है। जहाँ बचाव पक्ष का दल उनके निर्दोष होने के बारे में उन्हीं-उन्हीं बातों को दोहरा रहा है, वहीं अभियोजन पक्ष ही है जिसकी ओर से प्रकरण में तरक्की हो रही है - नई तारीख़ें, नए गवाह, और इसीलिए शीना बोरा हत्या के क़िस्से के लिए मीडिया भी इसी ओर मुड़कर देखता है। प्रेस की दिलचस्पी केवल नए घटनाक्रम में है और पीटर की स्थिति बीते दिनों का क़िस्सा मालूम पड़ती है।

"मैं लिखने में लगने वाला हूँ, जो करना मैं क़रीब-क़रीब भूल गया था, और चूँकि यहाँ एक बेशक़ीमती छोटा-सा टीवी है, मुझे ख़ुशी है कि मैं समाचार चैनलों के वहशीपन को देखने से बचा हुआ हूँ, जो वहाँ हर रात जारी रहता है, ख़ासतौर से उस एक आदमी के बैंड को जो हर रात एक ही समय पर बजता रहता है।"

अपने आख़िरी नोट में वे कहते हैं : "इतना कहना काफ़ी है - मैं वहाँ नहीं था, मैं नहीं जानता था, मैं किसी भी तरह से मुब्तिला नहीं था, मैं शीना से नफ़रत नहीं करता था, न ही मैं उन लोगों के रिश्ते के ख़िलाफ़ था और जब मैंने अपने बेटे से यह कहा था कि शीना उसको छोड़कर चली गई है तब मैं उससे झूठ नहीं बोला था। लेकिन अर्णब और उसके डेसिबल लेवल्स की मेहरबानी है कि उसने मुझे यहाँ ला छोड़ा है - जोकि वह क़ीमत है जो मैं चुका रहा हूँ - लेकिन मुझे यक़ीन है कि समय के साथ इसका भी समाधान हो जाएगा और फिर मैं उसके शो में वापस लौटूँगा और उससे ख़ुशी-ख़ुशी निपटूँगा। मुमकिन है, तब तुम्हें मेरा दृष्टिकोण समझने का मौक़ा मिले।"

||||

उचित होगा कि पीटर की जेल-यात्रा और क़ानूनी सफ़र की इस कहानी का समापन इस क़िस्से से किया जाए जो उनकी खोज है।

"जब जवाहरलाल नेहरू अपने पिता और उनके दोस्तों, जिनमें से ज़्यादातर वकील थे, के पास घर पहुँचे और उन्होंने गर्वपूर्वक घोषणा की कि उन्होंने अपने मुवक्किल का एक ख़ास प्रकरण 6 महीनों के भीतर कामयाबी के साथ निपटा दिया है, तो मोतीलाल नेहरू उनको एक ओर ले गए और नौजवान जवाहरलाल से बोले, 'जिन पाँच सालों के दौरान मैंने तुम्हें लॉ स्कूल में रखा था, उस पूरे दौरान मैं अपने एक मुवक्किल का केस लड़ता रहा था और इसलिए 6 महीने में किसी केस को निपटाना गर्व की बात नहीं है। अगर तुमने इतनी फुर्ती से केस निपटाए तो तुम एक वकील के रूप में टिके नहीं रह पाओगे।' इसी में इस मसले से जुड़ी एक दिलचस्प कहानी छिपी है।"

9

वाहिद और यातना के विविध रूप

यह 2006 के स्वाधीनता दिवस के पहले का एक दिन था जब 29 वर्ष के अँग्रेज़ी अध्यापक वाहिद शेख ने हिरासत की यातना की बारीकियों को समझा था। तब सरकारी मदद से चलने वाले मुंबई के मौलाना अंजुमन-ए-इस्लाम अब्दुल सत्तार शोएब स्कूल के छात्रों को ज़रा भी इल्म नहीं था कि उनका अध्यापक एक लंबे, लंबे - दरअसल कई साल लंबे - अवकाश पर जाने वाला था। उनको नहीं पता था कि जब 14 अगस्त को उनका अध्यापक पढ़ाई को बीच में ही छोड़कर जा रहा था, तो उसको पुलिस के लोगों द्वारा पीटा जाने वाला था और वह अगले दो महीनों तक लगातार क्राइम ब्रांच और एटीएस (एंटी-टेररिज़्म स्क्वाड) के तरह-तरह के कर्मचारियों के साथ यातना-भरी शामें बिताने के बाद कक्षा में आता रहा था।

लेकिन यह इल्म तो वाहिद को भी नहीं था। वह तो सिर्फ़ इतना जानता था कि 2001 में उसको सिमी (स्टुडेंट्स इस्लामिक मूवमेंट ऑफ़ इंडिया) के कार्यकर्ता होने के संदेह में गिरफ़्तार किया गया था और पुलिस द्वारा तलब किया जाना उसकी ज़िंदगी का हिस्सा बन चुका था। "जब भी कभी मुल्क में कहीं भी कुछ होता, वे मुझको तलब करते। स्थानीय पुलिस, सीआईडी, क्राइम ब्रांच मुझे तलब करती, मुझसे पूछताछ करती और फिर मुझे छोड़ देती।" सिमी के प्रकरण में वह निर्दोष करार दिया जा चुका था लेकिन वह इस बात का अभ्यस्त हो चुका था कि अगर घाटकोपर में विस्फोट हुए, तो उसको तलब किया जाएगा, अगर गेट वे ऑफ़ इंडिया में विस्फोट हुए, तो उनको लेकर भी उससे पूछताछ की जाएगी। यह सब एक दाग़ी इंसान होने का हिस्सा था, और पुलिस के लोग उससे हमेशा पूछताछ करते और किन्हीं भी विस्फोटों के समय में घटना-स्थल पर उसकी ग़ैरमौजूदगी का सबूत हासिल करते

ताकि वे उसकी ओर से निश्चिंत हो सकते। इसलिए, 11 जुलाई 2016 को जब मुंबई की कई लोकल ट्रेनों के प्रथम श्रेणी के जनरल कम्पार्टमेंट में हुए विस्फोटों में 187 लोग मारे गए, तब भले ही वाहिद अपने मुम्ब्रा फ़्लैट में अपने पड़ोसी मुन्ना के साथ बैठा ब्रेकिंग न्यूज़ सुन रहा था, लेकिन बाद में उसी शाम जब उसके पास पुलिस का फ़ोन आया तो उसको आश्चर्य क़तई नहीं हुआ। हमेशा की तरह उन्होंने उससे पूछा कि वह कहाँ और किसके साथ था।

"उन्होंने मुझसे मेरा नाम, पता, नौकरी और मेरे परिवार के सदस्यों की संख्या से संबंधित जानकारी ली। वे मुझसे अच्छे तरीक़े से बात कर रहे थे। उन्होंने कहा, ठीक है, कृपया बताएँ कि आप कहाँ पर मिलेंगे और अपने स्कूल का फ़ोन नंबर भी दें (क्योंकि मेरे पास मोबाइल नहीं था)। उन्होंने टाइप किया, उन्होंने वह सब लिख भी लिया। जो वरिष्ठ इंस्पैक्टर मुझसे बात कर रहा था, उसने कहा, कहीं भी रहिए लेकिन हम आपको शायद दोबारा फ़ोन करेंगे।"

इन औपचारिकताओं के बाद उन्होंने उसको जाने दिया। वाहिद को लगा कि मामला ख़त्म हो चुका था लेकिन तभी जब वह अपनी कक्षा VII में एक चीनी कहानी पढ़ा रहा था, एक बार फिर बुलावा आया। वह याद करता है कि जो कहानी वह पढ़ा रहा था उसकी सीख यह थी कि इंसान को ईमानदारी बरतनी चाहिए।

वाहिद, जो 1999 से अध्यापक था, हैडमास्टर के कमरे में गया और उसने पाया कि वहाँ पर तीन पुलिस वाले उसका इंतज़ार कर रहे थे। वे उसको अपने साथ क्राइम ब्रांच ले जाना चाहते थे और वाहिद चूँकि उस क़वायद को समझता था कि "वे लोग उसको जल्दी छोड़ने वाले नहीं थे" इसलिए उसने अपने साथियों से अपने परिवार को ख़बर देने को कह दिया। वह अभी कार में बैठा ही था कि उन लोगों ने उसको पीटना और गालियाँ देना शुरू कर दिया। बायकला (पश्चिम) रेलवे के क़रीब डीसीपी रेलवेज़ के ऑफ़िस में कुछ और पिटाई और गाली-गलौज़ हुई, जिसके बाद उसको हवालात में बंद कर दिया गया। उसके फ़ोटो लिए गए, अँगुलियों के निशान लिए गए और फिर बॉस, इंस्पैक्टर विजय सालस्कर, के आने का इंतज़ार शुरू हुआ। यह इंस्पैक्टर, जिसे 2008 के मुंबई आतंकी हमले के दौरान मारे जाने के बाद अशोक चक्र प्रदान किया गया था, रात को 9 बजे आया और उसने उससे ट्रेन विस्फोटों के बारे में पूछा। वाहिद ने उस वारदात में शामिल होने से इंकार किया, और सालस्कर ने उससे अपने इलाक़े से बाहर न जाने को कहकर अंततः रात 10 बजे उसको छोड़ दिया।

इस 12 घंटे लंबी पूछताछ और पिटाई के बाद वाहिद अगले दिन स्कूल गया और उन सबने मिलकर झंडा फहराया। सिर्फ़ उसके हैडमास्टर को ही उसकी मुश्किल की जानकारी थी। अगले दो दिनों तक कुछ राहत रही, लेकिन फिर 17 अगस्त

को रात 2 बजे एटीएस के तीन अधिकारियों ने एक बार फिर उसके एक कमरे के फ़्लैट का दरवाज़ा खटखटाया। उसकी बीवी, उसका दो साल का बेटा और एक नवजात बेटी भी घर पर ही थे। जो वाहिद को बताया गया, वही उसने अपनी पत्नी को कह दिया कि उसको उन लोगों के साथ जाना होगा लेकिन वह जल्दी ही वापस आ जाएगा।

इस बार, उन लोगों ने अपनी टाटा सूमो में उसके बैठने का इंतज़ार नहीं किया। इमारत से बाहर निकलने के साथ ही उसकी पिटाई शुरू हो गई। इस बार उससे पूछे गए सवाल पहले के मुक़ाबले कहीं ज़्यादा धमकाने वाले थे - उन्होंने उससे पूछा कि ट्रेन विस्फोटों के वक़्त उसके साथ कौन था, और जब उसने कहा कि वह उन लोगों के बारे में कुछ नहीं जानता, तो उन्होंने डंडों और लातों से उसका जवाब दिया। उन्होंने एक दूसरी इमारत से किसी अन्य व्यक्ति को लिया और फिर वाहन को थाने के नाले के पास रोक दिया। जैसा कि वाहिद ने हलफ़ उठाकर अदालत को बताया, इंस्पैक्टर सचिन कदम ने उसके सिर पर रिवॉल्वर रखा और कहा कि मैं तुम्हें मार डालूँगा और तुम्हारी लाश को नाले में फेंक दूँगा और इसके बारे में कभी किसी को पता भी नहीं चलेगा। वाहिद ने रोना शुरू कर दिया जिसके नतीजे में उसकी और भी पिटाई हुई। वे सुबह चार बजे एटीएस के कालाचौकी ऑफ़िस में पहुँचे। जब उसको एक कमरे में ले जाया गया तो उसने देखा कि वहाँ एक और व्यक्ति को यातनाएँ दी जा रही थीं और वह समझ गया कि हालात में कोई सुधार नहीं होने वाला था। वहाँ पर, इंस्पैक्टर वर्पे नामक व्यक्ति ने उसको नंगा किया और बैल्ट से मारना शुरू कर दिया।

यह सिलसिला अगले 2-3 घंटों तक जारी रहा, जिस दौरान इंस्पैक्टर उससे लगातार 7/11 के बारे में पूछता रहा, और वाहिद लगातार इंकार करता रहा। यह दिनचर्या अगले दो दिनों तक जारी रही, फ़र्क़ सिर्फ़ यातना की शक्लों में और उन कमरों में था जहाँ वे यातनाएँ दी जा रही थीं। शाम को वाहिद को हथकड़ियाँ डालकर एक दीवार के सहारे, उसके सिर के ऊपर एक खूँटे से बाँध दिया गया। उसे पास ही कहीं से आती किसी दूसरे की आवाज़ें भी सुनाई दे रही थीं, जिसको भी उसी सबसे गुज़रना पड़ रहा था जिससे वह पूरे दिन गुज़रा था। इसके बाद, खानविलकर, तजाने, वर्पे, सचिन कदम, दिनेश कदम और कोल्हटकर समेत सारे पुलिस अधिकारी अपने बॉस, एटीएस के मुखिया, के. पी. रघुवंशी और डीआईजी सुबोध जायसवाल के साथ आ पहुँचे। वाहिद याद करता है कि किस तरह रघुवंशी ने उसको झापड़ मारकर उसके गुप्तांगों में लात मारी थी और दूसरे अधिकारियों से कहा था कि वे उसको कसकर बाँधें। इस सत्र की समाप्ति पर इंस्पैक्टर कदम ने एक बार फिर उसको धमकी दी कि अगर उसने भागने या कुछ और करने की कोशिश की तो उसको एनकाउंटर में मार दिया जाएगा। वाहिद ने अदालत को ये बातें कई बार बताई

थीं लेकिन 10 साल बाद जिस चीज़ से वह आज भी नहीं उबर पाया है, वह यह है कि उस पर आतंकी कार्रवाई की योजना बनाने का आरोप लगाया गया जबकि 7/11 के बाद जब भी उसको तलब किया गया, वह हर बार पुलिस थाने जाता रहा था।

हालात की बेहूदगी का सार पेश करते हुए वह कहता है, "क्या ये मुमकिन है कि एक बम धमाके की योजना बनाने के बाद कोई व्यक्ति उसकी जाँच के दौरान पूछताछ के लिए हाज़िर होता रहे? कि वह पूछताछ के लिए आए और फिर छोड़ दिया जाए और फिर से वापस आए? वे हमें यातनाएँ देते रहते - ग़ैरक़ानूनी ढंग से बंद करके भी रखते। हमने यातना के बारे में कभी भी अस्पष्ट रूप से बात नहीं की। हम पहले दिन से ही इसके बारे में बात करते रहे और इसको रिपोर्ट करते रहे। हमने नाम लेकर बताया कि हमें किसने मारा, कितनी बार हमसे जवाब-तलबी की गई, और हमने सारे ब्यौरे सामने रखे। इस सबके बावजूद, न्यायाधीश ने हमारी बात नहीं सुनी... ट्रैजेडी यही है।"

यही सिलसिला अगले दिन भी दोहराया गया - 19 अगस्त को। इस बार पुलिस थाना और हवालात अलग थे। वहाँ, भोइवाड़ा की हवालात में उसने लंबे बालों वाले एक व्यक्ति को देखा जिसके शरीर पर ज़ख़्म के निशान थे और उसके पैर सूजे हुए थे। तब वाहिद को इसकी जानकारी नहीं थी लेकिन डरा हुआ वह आदमी फ़ैज़ल था, आरोपी नंबर 3 (ए3) जो उसके साथ अगले 10 साल जेल में बिताने वाला था। हालात विचित्र मोड़ ले रहे थे क्योंकि एक मुक़ाम पर नागपाड़ा में एटीएस के ऑफ़िस कॉम्प्लैक्स में रघुवंशी के कार्यालय में उसने आरोपी नंबर 7 (ए7) को देखा, जो उसका साला साजिद था। बाद में उसको समझ में आया कि उन सबकी 'तहक़ीक़ात' उन आतंकी विस्फोटों के सिलसिले में हो रही थी जिनको हुए अब एक महीने से ज़्यादा गुज़र चुका था। तब वाहिद को यह जानकारी नहीं थी कि एटीएस उन सबके मत्थे अलग-अलग भूमिकाएँ मढ़ चुका था। फ़ैज़ल के बारे में यह विश्वास था कि वह लश्कर का स्थानीय मुखिया था जिसने पाकिस्तान में हथियारों का प्रशिक्षण प्राप्त किया था और जिसने अन्य आरोपियों को प्रशिक्षण के लिए ईरान के रास्ते पाकिस्तान भेजा था। उस पर हवाला रक़म की मार्फ़त ट्रेन विस्फोटों को धन मुहैया कराने तथा जोगेश्वरी स्टेशन पर बम रखने का भी आरोप था। साजिद पर हमले में इस्तेमाल किए गए टाइमर और दूसरे उपकरण जुटाने का आरोप था, और वाहिद पर अपने घर में कुछ पाकिस्तानियों को पनाह देने और छिपाने का आरोप था।

"वे हमें पूरे दिन रोके रखते और शाम को छोड़ देते। यह बात उनके रोज़नामचे में भी दर्ज़ थी कि वे हमें रोज़ तलब करते थे और रोज़ छोड़ देते थे। बावजूद इसके कि वे जानते थे कि उन विस्फोटों को हमने अंजाम नहीं दिया था, वे हम सबको बुलाते और अलग-अलग जगहों पर रखते। वे हमें एक हफ़्ते के लिए

पकड़ लाते, फिर छोड़ देते, फिर 10 दिन तक यातना देते और फिर से छोड़ देते। उन पर मीडिया की ओर से प्रकरण में किसी महत्त्वपूर्ण कामयाबी को हासिल करने का दबाव था।"

हल्की-फुल्की यातना और रिहाई और फिर यातना का यह सिलसिला 13 सितम्बर 2006 तक जारी रहा। तब तक वाहिद की मुलाक़ात उन कुछ दूसरे लोगों से हो चुकी थी जो इस प्रकरण का हिस्सा होने वाले थे। जैसे कि उस तनवीर अंसारी से, जिसको उसने उस कक्ष से लँगड़ाता हुआ निकलते देखा था जो अब उसके दिमाग़ में 'यातना कक्ष' के रूप में दर्ज़ होकर रह गया है। तनवीर पर बाद में पाकिस्तान में प्रशिक्षण हासिल करने और फिर हमले के स्थलों का सर्वेक्षण करने का आरोप लगाया जाने वाला था। लेकिन यह सारी स्थिति 13 सितम्बर को स्पष्ट होने वाली थी। इसके पहले, सब कुछ बहुत अस्पष्ट था, उस जानकारी के लिए एक क़िस्म की अँधेरे में हाथ-पाँव मारने की मुहिम जो जानकारी वाहिद के पास थी ही नहीं।

180 डिग्री की चाल

उस दिन जब वाहिद को एक बार फिर से उसके स्कूल से गिरफ़्तार किया गया तब जाकर उसके सामने उसकी भूमिका का खुलासा हुआ। कालाचौकी पुलिस थाने पर पुलिस के मुखिया रघुवंशी ने उससे कहा, उनको अभी-अभी उसके बारे में बेंगलूरू से कोई सुराग़ मिला है और अब वक़्त आ गया जब वह अपना गुनाह क़बूल कर ले। वाहिद के सामने दो विकल्प रखे गए : वह या तो सरकारी गवाह बन जाए या एक आरोपी। तनवीर जैसे कुछ आरोपियों को 25 लाख रुपये देने की पेशकश की गई थी, ज़ाहिर था कि पुलिस इनाम या सज़ा की नीति अपनाने की जी-जान से कोशिश कर रही थी। रघुवंशी ने कहा कि विस्फोटों वाले दिन 4-5 पाकिस्तानी वाहिद के घर पर आकर ठहरे थे और वाहिद ने उनको तीन रातों तक अपने पास रखा था और बाद में भागने में उनकी मदद की थी। वाहिद ने उसके सामने रखी गई पेशकश को ठुकरा दिया और तब जाकर उसको पता चला कि जिसे वह अब तक यातना समझता रहा था, वह असली यातना नहीं थी।

"पहले जो यातना दी जा रही थी उसमें आपके कपड़े उतारे जाते थे, किसी दिन भूखा रखा जाता था और किसी दिन बलपूर्वक खिलाया जाता, मज़हबी *गालियाँ* दी जातीं, 9-10 दिन तक आपको सोने नहीं दिया जाता था - ये फ़र्स्ट और सेकेंड डिग्री की यातनाएँ थीं। तीसरी डिग्री में वे आपको नंगा करते हैं, आपके दोनों पैरों को 180 डिग्री पर तानकर फाड़ देते हैं, जिससे आपके गुप्तांगों से ख़ून बहने लगता है। कभी-कभी वे सूर्य प्रकाश तेल नामक कोई चीज़ लेकर उसको पिचकारी के सहारे आपकी गुदा में भर देते हैं - जिससे आपको तीखी जलन होती है। वे आपके पैरों और हाथों पर मारने के लिए *चक्की* के पट्टे का इस्तेमाल करते हैं और फिर आपको

पानी में उलटा लटकाते हैं जिससे आपको पानी में डूबने जैसा अहसास होता है। दूसरे तरीक़ों के अंतर्गत वे आपको किसी अँधेरे कमरे में रखते हैं और आपकी आँखों पर इतनी सख़्ती के साथ पट्टी कस देते हैं कि आपको लगता है कि उनको कुचल दिया गया है, और उसके बाद अगर आप रोशनी में भी अपनी आँखें खोलते हैं, तब भी आप कुछ भी देख पाने के क़ाबिल नहीं रह जाते।"

जब वाहिद यह बता रहा था, तब जिस तरह हमारा यह साक्षात्कार लिया जा रहा था, उसको लेकर मुझे कुछ समझ में आया। वाहिद ने आँखों में कोई आई ड्रॉप डाल रखी थी, और वह अपना सिर ऊँचा किए और अपनी आँखें बंद किए 20 मिनट तक बोलता रहा था। "मेरी नज़र कमज़ोर पड़ती जा रही है और कुछ सालों में मैं अंधा हो जाऊँगा। ये आई ड्रॉप मेरी आँखों की जलन को कुछ कम कर देती है।"

तभी मेरा ध्यान कुछ दूसरी चीज़ों की तरफ़ गया कि किस तरह वह अभी चालीस का भी नहीं हुआ था और उसकी चाल-ढाल किसी बूढ़े आदमी जैसी थी। जब वह सीढ़ियाँ चढ़ रहा था तो कुछ धीरे-धीरे चल रहा था और एक पैर को घसीटता-सा लग रहा था। उसके सिर और दाढ़ी के बाल भी पर्याप्त मात्रा में सफ़ेद हो चुके थे। उसके युवा होने का एक ही लक्षण था, उसकी शिद्दत। यही वजह थी कि वह यातना और जेल का लगभग एक दशक बिता चुकने के बाद भी कहीं दुबककर स्वास्थ्य-लाभ करने का इरादा नहीं रखता था। वह अपने उन बंधुओं के लिए लड़ रहा था जो अभी भी जेल में बंद थे, और जिनमें से कम-से-कम पाँच मौत की सज़ा का इंतज़ार कर रहे थे क्योंकि वे यातनाओं के सामने झुक गए थे और उन्होंने गुनाह क़बूल किए थे।

यातना का वह रूप जिसे डॉ. तनवीर ने अदालत में बयान किया था : वे हमारी हथेलियों, पैरों के तलवों और चूतड़ों पर चोट करते थे। इंस्पैक्टर कहता था कि गिनती की 10 चोटें पड़नी चाहिए। हममें से किसी एक को पीटने के बाद, वे हमसे अपनी हथेलियों और तलुवों को फ़र्श पर ज़ोर-ज़ोर से पटकने को कहते ताकि उनमें सूजन न आने पाए और यह कार्रवाई कुछ समय बाद दोहराई जाती थी। ए. एन. रॉय और दूसरे अधिकारी वहाँ खड़े हुए थे और हमें इस दौरान यातनाएँ दे रहे थे और पूछ रहे थे कि विस्फोट किसने किए। हम सारे आरोपी कहे जा रहे थे कि हमें इस बारे में कोई जानकारी नहीं है। इसके बाद हमें दूसरे कमरों में ले जाया गया, एक-एक कमरे में दो-दो आरोपियों को रखा गया और फिर से यातनाएँ दी गईं। जयजीत सिंह उस कमरे में आए जिसमें मैं नंगा खड़ा हुआ था और क्योंकि मैं दुबला था उन्होंने मुझे गाली दी और कहा कि अगर मुझे झापड़ मारा गया तो मेरा पूरा शरीर झनझना जाएगा और मुझे सच-सच बता देना चाहिए। उन्होंने आदेश दिया कि मुझे सिर्फ़ हाथों और पैरों से ही पीटा जाए।"

फ़ैज़ल को जो भुगतना पड़ा, उसके मुक़ाबले ये यातनाएँ तब भी हल्की थीं। आरोपी डॉ. तनवीर याद करता है कि किस तरह उसकी यातना में उसको फ़ैज़ल को पीटने को मजबूर किया जाना भी शामिल था।

"मैंने उसे (फ़ैज़ल को) देखा कि उसकी नाक, मुँह और चूतड़ों से ख़ून बह रहा था। चूँकि वह बाँस से बँधा हुआ था इसलिए वह न तो हिल-डुल सकता था, न अपना बचाव कर सकता था। ए. एन. रॉय तमाम दूसरे लोगों से उसको पीटने को कह रहे थे और सारे लोग उसको बैल्ट से पीट रहे थे। उन्होंने मुझे एक बैल्ट दिया और मुझसे उसको मारने को कहा और यह भी कि अगर मैंने उसको नहीं पीटा तो वे मेरा भी वही हाल करेंगे। मैं बेहद डरा हुआ था, इसलिए, मैं कुछ भी नहीं कर सका। ये देखकर ए. एन. रॉय ने मुझे पीटना शुरू कर दिया और जब मैं ज़मीन पर गिर गया तो उन्होंने मेरे चूतड़ों पर लातें बरसाईं। एटीएस के कॉन्स्टेबलों ने मुझे पीटना शुरू कर दिया... रघुवंशी ने मुझे धमकी दी कि अगर मैंने उनके लिए काम नहीं किया तो वे मुझे भी उसी तरह पीटेंगे जिस तरह आरोपी नंबर 3 फ़ैज़ल को पीटा गया था। मैंने देखा कि फ़ैज़ल की हालत ख़राब थी।"

अकथनीय दहशत का एक और वाकया है जिसका ताल्लुक़ फ़ैज़ल के पिता से है। एहतेशाम और सुहैल शेख जैसे दूसरे आरोपियों और गवाहों ने अदालत को कुर्ला पुलिस थाने की अगस्त की उस रात के बारे में बताया है।

"कुछ अधिकारी और कॉन्स्टेबल, जिनके नाम अब मुझे याद नहीं हैं, मुझे एक अलग कमरे में ले गए, मुझे नंगा किया और बुरी तरह पीटा। मैं एक खिड़की से हथकड़ियों से बँधा हुआ था। मैंने देखा कि तनवीर, फ़ैज़ल, एहतेशाम और मुज़म्मिल को भी हथकड़ियाँ पड़ी हुई थीं और मुख्य हॉल में उनको पीटा जा रहा था। यह सिलसिला देर रात तक जारी रहा। फ़ैज़ल और मुज़म्मिल के पिता को भी उनके परिवार की एक पर्दानशीन औरत के साथ वहाँ लाया गया। उस समय हम सब नंगे थे और अधिकारी तथा कॉन्स्टेबल गंदी भाषा का इस्तेमाल कर रहे थे। उन्होंने फ़ैज़ल के पिता के कपड़े उतारे, उनको गालियाँ दी और उनके साथ बुरा बरताव किया। अधिकारी दलवी ने उस औरत को झिड़का और गंदी ज़बान का इस्तेमाल किया और उसके चेहरे का नकाब हटा दिया। इस दौरान फ़ैज़ल और मुज़म्मिल को बुरी तरह पीटा गया था। वे अपने पिता के साथ हो रही बदसलूकी को देखकर रो रहे थे और फ़रियाद कर रहे थे। जब उनके पिता ने अपनी इज़्ज़त को ढँकने की कोशिश की, तो उनके हाथों पर चोट की गई और उनसे हाथ ऊपर उठाए रखने को कहा गया। अधिकारी भाइयों को धमका रहे थे और कह रहे थे, जो कुछ उन्होंने किया है वे उसको कहें और भले ही उनको कोई जानकारी नहीं थी लेकिन उनको विस्फोटों की ज़िम्मेदारी लेनी चाहिए और उनके पिता ज़िम्मेदारी लें। उन्होंने मुझे भी धमकाया और कहा कि मैं विस्फोटों की ज़िम्मेदारी लूँ और अगर मैंने वैसा नहीं किया तो वे

मेरे परिवार की औरतों को वहाँ लाएँगे और उनको हमारी मौजूदगी में नंगा करेंगे और ड्रग लेने वाले लोगों से उनकी इज़्ज़त लुटवाई जाएगी। यह सिलसिला पूरी रात जारी रहा। हम लोगों को हथकड़ियों से ऊँची खिड़कियों से बाँधकर रखा गया था ताकि हम बैठ या सो न सकें।"

एहतेशाम ने बाद में यह भी कहा : "उन्होंने धमकी दी कि अगर मैंने इक़बालिया बयान पर दस्तख़त नहीं किए तो वे मेरे पिता और भाई को भी बम विस्फोट के केस में फँसा देंगे। उन्होंने अपने मोबाइल में मुझे मेरी दो छोटी बहनों की तसवीरें दिखाईं और मुझसे कहा कि मैं दस्तख़त करने को तैयार हूँ या देखना चाहता हूँ कि वे मेरी बहनों के साथ कैसा बरताव करते हैं। उन्होंने मुझसे कहा कि मैं फ़ैज़ल के पिता की हालत देख चुका हूँ और वे वही सब मेरे पिता और बहनों के साथ भी करेंगे। इसी वजह से मैंने उनसे कह दिया कि वे जिस भी चीज़ पर चाहें, मैं दस्तख़त करने को तैयार हूँ।"

अगर वे परिवार के पिता या औरतों का इस्तेमाल नहीं करते तो वे भाइयों का इस्तेमाल करते, जैसा उन्होंने सिविल इंजीनियर आशिफ़ बशीर के प्रकरण में किया था जिसके बारे में एटीएस का कहना था कि वह 7/11 का षड्यंत्र रचने वाला था। बशीर बताता है कि उन लोगों ने किस तरह उसके भाई को पूरी तरह से नंगा कर दीवार की खूँटी से हथकड़ियों से बाँधा था। उसी के सामने बशीर को भी नंगा कर चक्की के पट्टे से एक घंटे तक पीटा गया था। इसके बाद उससे लगातार काग़ज़ों पर दस्तख़त करने का आग्रह दोहराते हुए वे उसके दोनों पैरों को 180 डिग्री पर तब तक खींचते गए थे जब तक कि वह बेहोश नहीं हो गया था। बशीर डॉक्टर को बुलाने के लिए चीख़ता रहा लेकिन उन्होंने मना कर दिया और फिर वही सब करने, उसके भाई की ओर मुड़ गए। वह भी बेहोश हो गया। उन्होंने दोनों का सिर पानी में डुबाया, और बशीर को उलटा लटका कर उससे पूछा कि क्या अब वह इक़बालिया बयान पर दस्तख़त करने को तैयार है। जब उन्होंने उसके चेहरे पर एक कपड़ा रखकर पानी उँड़ेला तो अंततः उसने हार मान ली। "मैं असहाय था और मैंने उनसे अपने भाई को छोड़ देने की विनती की और कहा कि मैं काग़ज़ों पर दस्तख़त करने को तैयार हूँ। उन्होंने उसकी हथकड़ियाँ खोल दीं, उसको जाने दिया। जब मुझे तसल्ली हो गई कि उन्होंने मेरे भाई को छोड़ दिया है तो मैंने एक काग़ज़ पर उनकी बताई जगह पर दस्तख़त कर दिए।"

अगर आप पुलिस अधिकारियों से यातना के आरोपों के बारे में बात करें तो वे हमेशा कहते हैं कि आज की व्यवस्था ऐसी है कि यह मुमकिन ही नहीं है कि आप किसी को यातना देने के बाद बचकर निकल जाएँ। लेकिन इसमें आधी ही सच्चाई है। हाँ, पुलिस की ज़्यादतियों पर अंकुश लगाने वाली व्यवस्थाएँ हैं। जैसे कि पुलिस हिरासत में बंद आरोपियों का अनिवार्य चिकित्सीय परीक्षण ताकि उनके

शरीरों पर अगर कोई खरोंचें, चोट के निशान या हड्डियों की टूट-फूट हो तो उसकी जाँच हो सके। लेकिन बार बार, एक के बाद एक हलफ़ उठाकर दी गई गवाहियों में आरोपियों ने इस ओर ध्यान दिलाया है कि चिकित्सीय जाँचकर्ताओं के साथ पुलिस की मिलीभगत होती है। इस प्रकरण में, यातना भोगने वाले सभी लोग यह बताते हैं कि डॉक्टर उनका परीक्षण तक नहीं करते थे क्योंकि वे पुलिस के ख़िलाफ़ नहीं जाना चाहते थे। जैसा कि मुज़म्मिल बताता है, उसकी जाँच के दौरान "पुलिस उसको चोट के निशानों पर लगाने के लिए कोई मरहम देती थी और 2-3 दिन में वे निशान ग़ायब हो जाते थे और इसके बाद मुझे फिर से पीटा जाता था। यह सही है कि पुलिस हिरासत के दौरान मुझे हर दूसरे दिन अस्पताल ले जाया जाता था। जिस दिन वकील शाहिद आज़मी मुझसे मिलने आया करते थे, उसके एक दिन पहले और एक दिन बाद मुझे डॉक्टर के पास ले जाया जाता था। लेकिन मेरी जाँच नहीं होती थी, सिर्फ़ अँगूठे का निशान ले लिया जाता था।"

आततायी पुलिस, जो सबके सब पुरस्कारों से अलंकृत अधिकारी हैं, के दहशत जगाने वाले ये क़िस्से उस मुकदमे के दौरान सामने आए जब आरोपियों को यह अहसास हो गया कि जो कुछ भी बदतर उनके साथ होना था वह हो चुका था। वे लोग पहले ही जेल में सड़ रहे थे और अब वे कुछ करने की हालत में नहीं थे। लेकिन शुरुआती तौर पर, वे ख़ौफ़ और धमकियों के चलते ख़ामोश बने रहे और इस चीज़ का इस्तेमाल भी उनके ख़िलाफ़ किया गया, जब न्यायाधीश ने उनसे पूछा कि वे इतने लंबे समय तक ख़ामोश क्यों बने रहे। वाहिद ने अपने भाई जावेद को रोके रखा, उसने अपने परिवार से कहा कि वे राजनेता आरिफ़ नसीम खान को फ़ोन करना बंद कर दें, क्योंकि एटीएस ने उसको वैसा करने को कहा था। उसने किसी को इस बात की शिकायत नहीं करने दी कि उसको किसी मजिस्ट्रेट के समक्ष प्रस्तुत किए बग़ैर 13 से 26 सितम्बर तक हिरासत में रखा गया था, जोकि किसी भी सूरत में ग़ैरक़ानूनी है। वाहिद की अदालत की गवाही बताती है कि जब भी वह अधिकारियों से रिहाई की फ़रियाद करता था, वह उनसे कहा करता था कि छात्र उसका इंतज़ार कर रहे होंगे।

आख़िरकार इस ग़ैरक़ानूनी हिरासत के दो हफ़्ते बाद, वाहिद को घर जाने की इजाज़त दी गई। तब जाकर उसको समझ में आया कि पुलिस ने किसी तरह उसके रिश्तेदारों को डरा-धमकाकर उसके ख़िलाफ़ एक बयान हासिल कर लिया था। भोइवाड़ा पुलिस थाने में, जहाँ कुछ ही दिनों बाद उसको तलब किया गया था, उसने अपनी बीवी की बहन के पति मोहम्मद अज़ीम कुरैशी को पुलिस के साथ देखा। उस वक़्त वाहिद नहीं जानता था कि मोहम्मद दोनों रूपों में सामने आने वाला था - एक घातक गवाह के रूप में भी और उसके उद्धारक के रूप में भी। पुलिस ने उससे कहलवा लिया था कि जब 2003 में वाहिद की शादी हुई थी तो उसके मुम्ब्रा वाले

घर में विचित्र क़िस्म के लोग मौजूद थे और 11 जुलाई को उसने इन (पाकिस्तानी) आदमियों को उसके घर पर देखा था।

"उनके पास मेरे ख़िलाफ़ एक ही चीज़ थी - मेरे रिश्तेदारों का बयान। उन्होंने उनको पीटा, धमकाया और उनको मेरे ख़िलाफ़ गवाह बना लिया। अब, ऐसा है मैडम, कि अगर मोहम्मद अज़ीम कुरैशी अदालत में अपने बयान पर अडिग रहा होता, तो आज मैं आपके साथ न बैठा होता। मैं अभी भी जेल में सड़ रहा होता।"

यह बात थोड़ी देर बाद सामने आएगी कि कुरैशी ने अंततोगत्वा अदालत में उसके ख़िलाफ़ बयान क्यों नहीं दिया। उस वक़्त, वाहिद अधिकृत तौर पर गिरफ़्तार किया जाने वाला था। जैसे ही उन्होंने उसको हथकड़ियाँ डालीं और उसको चिकित्सीय जाँच के लिए ले गए, उन्होंने उसको न्यायाधीश के सामने कुछ भी न कहने की चेतावनी दी। उसकी बीवी और परिवार को ज़रा भी अंदाज़ा नहीं था कि यह पहले की तरह की संक्षिप्त अग्निपरीक्षा होने नहीं जा रही थी बल्कि वह सालों साल के लिए जाने वाला था। उन लोगों के मन में बार-बार पुलिस के ख़िलाफ़ शिकायत करने की बात आती थी लेकिन वाहिद ने उनको ऐसा नहीं करने दिया। वह करने भी कैसे दे सकता था? उसके शरीर को अंदर से बलात इस क़दर चीर दिया गया था कि वह ख़ून की पेशाब कर रहा था, और जैसे उसकी अपनी ही यातना काफ़ी नहीं थी कि वह दूसरे लोगों की चीख़ों से इस क़दर आक्रांत था कि उस वक़्त वे सारी चीज़ें उससे मुँह बंद रखने को कह रही थीं। वे आरोपी नंबर 2 (ए2) तनवीर इब्राहिम जैसे अन्य लोगों को उनकी कमीज़ें उतरवाकर परेड कराते ताकि उनकी चमड़ी पर पड़े चाबुकों के निशान या उनके लहूलुहान कटे-फटे शरीर दूसरों तक धमकियों के साफ़-साफ़ संदेश भेजते। जब उनके शरीरों पर आटा चक्की के बेल्ट नहीं बरसाए जा रहे होते थे, तो कमाल जैसे दूसरे लोगों को उनके गुप्तांगों में बिजली के झटके दिए जा रहे होते थे।

न्यायाधीश के सामने मुँह न खोलने की धमकी कुछ पेशियों तक जारी रही, जिस दौरान उन्होंने वाहिद से कुछ काग़ज़ों पर उनको बिना पढ़े दस्तख़त करा लिए। प्रकटतः उसके नार्को और पोलीग्राफ़ परीक्षणों की इजाज़त थी - एक ऐसी चीज़ जिसकी इजाज़त सर्वोच्च न्यायालय की ओर से नहीं है और जिस पर कई विशेषज्ञों द्वारा सवाल उठाए जाते रहे हैं। सच्चाई उगलवाने के नाम पर किए जाने वाले ये तथाकथित वैज्ञानिक परीक्षण यातना के कुछ और कल्पनाशील सत्र नियत करने के लिए भी थे। वे उचित सहमति के साथ किए जाने वाले थे और आरोपी को उनको इंकार करने का हक़ था, लेकिन वाहिद की तरह ही शाजिद अंसारी पर भी दबाव डालकर उनकी सहमति के दस्तख़त करा लिए गए थे। नावेद के साथ उन दोनों को उनके नार्को परीक्षण के लिए ले जाया गया, जहाँ साजिद का कहना है कि उसको एड्स का इंजेक्शन देने तक की धमकी दी गई!

"डॉ. एस मलानी ने परीक्षण के पहले मुझे दो बार झापड़ मारा और मेरे साथ बदसलूकी की। उन्होंने मुझसे वीडियो कैमरा के सामने कुछ कहने को कहा और उन वाक्यों को बोलने को कहने से पहले मुझे पीटा। उन्होंने मुझे धमकी दी कि अगर मैंने सही जवाब नहीं दिए तो वे मुझे एड्स का इंजेक्शन लगा देंगी। नार्को परीक्षण का इंजेक्शन दिए जाने के बाद मैंने अपना आधा होश खो दिया। मेरी उस हालत में उन्होंने मुझसे कुतर्कपूर्ण सवाल किए। कैमरा चालू कर दिया गया था और उन्होंने मुझसे पहला सवाल किया कि कितने बम तैयार किए गए थे। मैंने जवाब दिया कि मेरा कोई ताल्लुक़ नहीं था और मुझे ग़लत ढंग से फँसाया गया था। उन्होंने मुझे ज़ोर का झापड़ मारा और मेरे बाएँ कान को चिमटी से दबाना शुरू कर दिया, जिससे मुझे बहुत तकलीफ़ हुई। इसके बाद उन्होंने मुझसे पूछा, छह के बाद क्या आता है और मैंने जवाब दिया, "सात।" उन्होंने मुझसे पूछा टेलिविज़न किससे से चलता है और मैंने जवाब दिया, 'बिजली से'। उन्होंने मुझे फिर से झापड़ मारा और मेरा कान चिमटी से दबाया और मुझसे कहा, बोलो "रिमोट से।" जब उन्होंने नार्को परीक्षण की सीडी चलाई तो यह देखकर मैं भौंचक रह गया कि "कितने बम तैयार किए गए थे" के सवाल के मेरे जवाब की जगह वहाँ जवाब था "सात।" कोई भी देख सकता था कि उस सीडी को संपादित कर दिया गया था क्योंकि शब्द वीडियो की संगति में नहीं थे। मैंने खानविलकर से कहा कि सीडी को संपादित किया गया है, जिस पर उन्होंने मुझे पीटना शुरू कर दिया।"

साजिद अंसारी ने सूचना का अधिकार के तहत अपने एफ़एसएल परीक्षण की सीडी दिए जाने का आवेदन दिया लेकिन वह उस सीडी को हासिल नहीं कर सका। उसने एकाधिक एफ़आईआर के माध्यम से डॉ. मलानी के बारे में शिकायत की, और बाद में वे सीबीआई के सिस्टर अभया प्रकरण में अविश्वसनीय साबित हुईं जहाँ उनके दिए गए प्रमाण-पत्रों को जाली पाया गया।

आरोपी तनवीर के पिता ने प्रधान मंत्री को, गृह मंत्री को और एटीएस के मुखिया रघुवंशी को तार भेजे कि उनके बेटे को यह परीक्षण कराने के लिए मजबूर किया जा रहा है। तनवीर इस कार्रवाई से शारीरिक तौर पर बीमार हो गया था : "मैं बेहोश होता जा रहा था और देख रहा था कि डॉ. मलानी मेरे कान की लवों और नाक को चिमटे से दबा रही थीं और मुझे झापड़ मार रही थीं। कुछ देर बाद मैं बेहोश हो गया और उसके बाद क्या हुआ, मुझे कुछ पता नहीं। मुझे शाम को होश आया। मुझे बेहद सिरदर्द हो रहा था, पेट में बेहद दर्द हो रहा था और मेरा जी मचला रहा था तथा मैं कमज़ोर महसूस कर रहा था। मैंने पाया कि मुझे बड़ी तादाद में तरल दिया गया था, लेकिन तब भी मेरी नाड़ी सामान्य से तेज़ चल रही थी और रक्तचाप बहुत घटा हुआ था और मेरी हालत नाजुक हो गई थी और उन्होंने मुझे नए सिरे से जिलाया था।" मदद की गुहारों के बदले कोई जवाब नहीं मिला था।

इसकी बजाय वे उसको उसके हाथों पर और भी चोट करते रहे और उससे कहते रहे कि उसने इन्हीं हाथों का इस्तेमाल अदालत को अर्ज़ियाँ और शिकायतें लिखने के लिए किया था। वे उसको हथकड़ियाँ डालते और उसको पूरी रात खड़ा रहने के लिए मजबूर करते। जब हर बार जब भी कोई पुलिस का आदमी वहाँ से गुज़रता, वह उसको लात मार देता ताकि वह ज़रा देर भी सो नहीं पाए।

यातना के जीते-जागते ब्यौरे दिए जाने के बावजूद जिन वजहों से कोई प्रतिक्रिया या कार्रवाई नहीं हुई, उनमें से एक वजह शायद यह थी कि एटीएस के मुख्य कर्ताधर्ताओं में से एक 26/11 का नायक, शहीद विजय सालस्कर था। यह सब कुछ होने के महज़ दो साल बाद सालस्कर को न सिर्फ़ अजमल कसाब को पकड़ने का श्रेय प्राप्त हुआ था बल्कि उस लड़ाई में उन्होंने अपनी जान भी गँवाई थी। एक संदिग्ध आतंकवादी द्वारा उनके ख़िलाफ़ लगाए गए आरोपों की तरफ़ कौन ध्यान देना चाहता? और तब भी, ये आरोप अदालती दस्तावेज़ों का हिस्सा हैं, जो एक राष्ट्रीय नायक के बिलकुल अलग तरह के पक्ष पर रोशनी डालते हैं।

मोहम्मद माजिद शफ़ी जिस तरह डॉ. मलानी द्वारा दी गई यातना का ब्यौरा देता है, जो उसके गुप्तांगों को दिए गए बिजली के झटकों के अलावा है, उसका निचोड़ यहाँ पेश है। ये उसके नार्को परीक्षण के बारे में दोनों के बीच का आमना-सामना है : "उन्होंने मुझसे कहा कि मैं कहूँ कि मैं बोंगाँव की सरहद पर गया था और कोलकाता से आए कुछ पाकिस्तानियों को वहाँ से लेकर आया था। मैंने उनसे कहा कि मैंने यह नहीं किया था और इसीलिए मैं यह बात नहीं कहूँगा। मेरी दाईं तरफ़ एक कैमरामेन खड़ा हुआ था और अपने कैमरे में सब कुछ रिकॉर्ड कर रहा था। जब मैंने डॉ. मलानी के कहे मुताबिक़ बात कहने से इंकार किया तो कैमरामेन ने मुझे झापड़ मारा और मेरे कान की लवों को चिमटी से दबाया गया। वे मुझसे जो बातें कहने को कह रही थीं, उनको कहने से मैं इंकार करता रहा। तब उन्होंने मुझसे कहा कि मैं यही कह दूँ कि मैं न तो बोंगाँव की सरहद पर गया था और न ही वहाँ से पाकिस्तानियों को लेकर आया था। मैंने ये बातें दोहरा दीं। उसके बाद मुझे बाहर ले जाया गया और एक बेंच पर लिटा दिया गया। उस समय सेलाइन चढ़ी हुई थी। कुछ देर बाद मैं बाथरूम जाना चाहता था और वे लोग मुझे उस कमरे के बाथरूम में ले गए जहाँ पर मेरा नार्को परीक्षण किया गया था। मैंने उस कमरे में एक दाढ़ी वाले आदमी को पड़ा देखा जिसको उसी तरह यातनाएँ दी जा रही थीं जिस तरह मुझे दी गई थीं। उसकी हालत इतनी ख़राब थी कि उसने वहीं फ़र्श पर उल्टी कर दी थी। न्यायिक हिरासत के दौरान मुझे पता चला कि वह आदमी आसिफ़ खान बशीर खान था।"

"मुझे विजय सालस्कर के ऑफ़िस में वापस लाया गया और मुझे मेरे नार्को परीक्षण की सीडी दिखाई गई और सालस्कर ने मुझसे कहा कि मैंने सच बोला था।

मैंने उनसे कहा कि मैंने ऐसी कोई बात नहीं कही थी। सीडी दर्शाती थी कि मैंने जो नकारात्मक बयान दिए थे, वे सकारात्मक बयानों में बदल दिए गए थे। जब मैं उसके बारे में बहस करने लगा तो मुझे पीटा गया और यातना दी गई और मुझसे कुछ लिखित और कोरे काग़ज़ों पर दस्तख़त करने को कहा गया। जब मैंने दस्तख़त करने से इंकार किया तो सालस्कर ने मुझे धमकी दी कि वे दो घंटों के भीतर वहाँ पर मेरी बीवी और बच्चे को ले आएँगे और मेरे सामने मेरी बीवी की इज़्ज़त पर हाथ डालेंगे। जो दिमाग़ी और जिस्मानी यातनाएँ मुझे दी गई थीं, उनके चलते अब और सह पाना मेरे वश में नहीं था और इसलिए मैंने सारे दस्तावेज़ों पर दस्तख़त कर दिए।"

अच्छी पुलिस, बुरी पुलिस

ये उस वक़्त के आसपास की बात है जब तहक़ीक़ात पूरे ज़ोरों पर चल रही थी और सभी तेरह आरोपियों का नार्को विश्लेषण जारी था, जब पुलिस अधिकारियों के बीच पहली बार आपसी दरारें सामने आईं। इन लोगों से इक़बालिया बयान उगलवाने की रोज़मर्रा यंत्रणा का बुरा असर पड़ रहा था। आरोपियों ने लक्ष्य किया कि बेंगलूरू की नार्को लैब से वापस आते समय पुलिस अधिकारियों सचिन कदम और दिनेश अहीर के बीच बहस हो रही थी। "दिनेश अहीर ने कहा कि वे जानते हैं कि वे लोग क्या तहक़ीक़ात करते हैं, कि वे मासूम लोगों को पकड़ते हैं और उनका एनकाउंटर करते हैं और यह कि उन्होंने एंटॉप हिल पर एक ग़रीब आदमी को मारा है," साजिद ने कहा। एंटॉप हिल वह जगह थी जहाँ पर 7/11 के महज़ एक महीने बाद अगस्त 2006 में एटीएस द्वारा एक व्यक्ति मारा गया था। एटीएस का कहना था कि उनको वहाँ पर कुछ पाकिस्तानियों के छिपे होने का शक था लेकिन उन लोगों ने गोलियाँ चलाईं और मोहम्मद अली नामक एक व्यक्ति मारा गया था।

महज़ ये दो अधिकारी ही नहीं थे जिन्होंने उनके तौर-तरीक़ों को लेकर परेशानी का इज़हार किया था, बल्कि अधिकारी खानविलकर ने भी किया था। वाहिद याद करता है कि किस तरह अक्टूबर 2006 के आख़िरी में खानविलकर ने उसके पास आकर कहा था – मैं जानता हूँ कि तुम निर्दोष हो, और उन लोगों ने तुम्हें ग़ैरक़ानूनी ढंग से गिरफ़्तार किया हुआ है, लेकिन मेरी मजबूरी है कि मुझे वही करना होता है जो मेरे बॉस मुझसे करने को कहते हैं। वही अधिकारी जिसने इन क़ैदियों पर कहर बरसाया था, अब पश्चाताप के संकेत दे रहे थे। "उन्होंने मुझसे हाथ जोड़कर माफ़ी माँगी और वादा किया कि वे मेरी मदद के लिए कुछ ज़रूर करेंगे।"

कुछ ही दिनों बाद, 3 नवम्बर को, एक एटीएस अधिकारी द्वारा लिखा गया एक गुमनाम ख़त नमूदार हुआ। राष्ट्रपति, गृह मंत्री और अन्य लोगों को संबोधित इस ख़त में आरोपियों की ग़ैरक़ानूनी गिरफ़्तारी की और उन लोगों के बेक़सूर होने

की बात कही गई थी और उस दबाव की बात कही गई थी जो इस पूरे प्रकरण में इन अधिकरियों ने उनको आरोपी बनाने के मामले में झेला था। ख़त में कहा गया था कि एटीएस के अधिकारी इस बात से शर्मिंदा थे कि बेक़सूर लोगों के मत्थे आरोप मढ़े जा रहे थे, लेकिन तत्कालीन गृह मंत्री ने इस ख़त पर अपनी प्रतिक्रिया देते हुए कहा था कि इस सब पर कोई ध्यान नहीं दिया जाना चाहिए।

ये शायद इसलिए था क्योंकि यह एक गुमनाम ख़त था, हालाँकि जिस आरोप की जाँच होनी चाहिए थी, वह यह था कि एटीएस के अधिकारी एसीपी विनोद भट्ट की हाल ही में हुई मृत्यु कोई रेल दुर्घटना नहीं थी, जैसी कि उसको शक्ल दी गई थी बल्कि एक आत्महत्या थी। ख़त में आरोप लगाया था कि वह निर्दोष लोगों को फँसाना नहीं चाहता था जैसा कि उसको करने को कहा गया था और इसीलिए उसने अपनी ज़िंदगी को ख़त्म कर देना बेहतर समझा था। जब भट्ट के ख़ुद के साथियों ने कहा कि जब वह कभी रेल का सफ़र करता ही नहीं था तो फिर वह सीएसटी लोकल से कटकर कैसे मर सकता था? सुराग़ सिर्फ़ उस गुमनाम ख़त में ही नहीं था बल्कि एक आरोपी एहतेशाम सिद्दीक़ी ने उस मृत अधिकारी के साथ हुई बातचीत को याद किया जो अक्टूबर 2010 में "माई 75 डेज़ ऑफ़ हॉरर" ("दहशत के मेरे 75 दिन") शीर्षक से *मिल्ली गज़ट* में प्रकाशित हुई थी :

> पुलिस हिरासत के 75 दिनों के दौरान मैं असिस्टेंट कमिश्नर पुलिस मरहूम श्री विनोद भट्ट के अल्फ़ाज़ों को कभी नहीं भूला था, जिन्होंने अगस्त के दूसरे हफ़्ते में ख़ुदकुशी की थी। ख़ुदकुशी के पहले पूछताछ के दौरान उन्होंने मुझसे कहा था कि मुंबई रेल विस्फोट प्रकरण में हम लोगों को ग़लत ढंग से आरोप के घेरे में लेने का, उनके ऊपर वरिष्ठ अधिकारियों की ओर से भारी दबाव था और उन्होंने यह भी वादा किया था कि वे अपने जीते जी तुम सब निर्दोष लोगों को न फँसाने की जी तोड़ कोशिश करेंगे। बदक़िस्मती से, श्री विनोद भट्ट ने भीषण दबाव की वजह से ख़ुदकुशी कर ली।

कई लाल झंडियाँ थीं जो फहराई जा रही थीं, जिस षड्यंत्र का आरोप एटीएस द्वारा लगाया जा रहा था उसमें कई असंगतियाँ थीं, और जहाँ यह संदिग्ध स्वर मीडिया तक जा रहा था, वहीं वह इतना बुलंद नहीं था कि वह स्थिति में कोई बदलाव ला सकता। आरोपियों से अपेक्षा की जा रही थी कि वे अपनी निर्दोषिता का दावा करें और भले ही उनको थर्ड डिग्री की यातना दी जा रही थी लेकिन क्योंकि मामला 'आतंकवादियों' से ताल्लुक़ रखता था इसलिए कोई भी इससे नाराज़ नहीं था। जैसे ही अक्टूबर के आख़िर में और नवम्बर की शुरुआत में आरोपी एटीएस के चंगुल से आज़ाद करवाकर अंततः जेल भेज दिए गए, उन्होंने उम्मीद की कि अब उनकी

यातना का अंत हो जाएगा। वहाँ आर्थर रोड जेल के अंडा सेल या एकांत ब्लॉक में इन उच्च सुरक्षा आरोपियों की मुलाक़ात बदले हुए क़िस्सों से हुई और उन्होंने पाया कि अपनी हताशा में उन्होंने विस्फोटों में एक-दूसरे को भी फँसा दिया था। जब वे पूछते कि क्यों, तो दूसरे लोग जवाब देते कि इसलिए कि उनको कोई अंदाज़ नहीं था कि उन्होंने अपने बयानों में क्या कहा था, उनसे तो ज़बरदस्ती दस्तख़त करा लिए गए थे। चूँकि एटीएस ने महाराष्ट्र कंट्रोल ऑफ़ ऑर्गनाइज़्ड क्राइम एक्ट को लागू किया था, उसमें मझोले स्तर के अधिकारी के सामने दिए गए इक़बालिया बयान के स्वीकृत होने की गुंजाइश थी, जैसे कि पुलिस के डिप्टी कमिश्नर के सामने दिया गया बयान भी अदालत में स्वीकार्य था। वे अब अंततः अपनी न्यायाधीश मृदुला रमेश भटकर से शिकायत कर सकते थे क्योंकि अब उनको अदालत से बाहर जाने के बाद नतीजों को लेकर डरने की कोई ज़रूरत नहीं थी। लेकिन वे ग़लती पर थे।

जेल की सुपरिटेंडेंट स्वाति साठे के अपने विस्तृत ब्यौरे में वाहिद बताता है कि किस तरह जेल में भी बदसलूकी जारी रही। "जब हमने उसको पहली बार देखा तो हमने कहा, वह एक औरत है, वह हमारे ऊपर दया करेगी। अगले ही दिन, ये सारे ख़याल चौपट हो गए। उसने हमें अपने चैम्बर में बुलाया जहाँ एटीएस के अधिकारियों को भी बुलाया गया था और उसने हमसे कहा कि हम चुपचाप उन अधिकारियों की बात सुनें। वह हमें इन मुलाक़ातों के लिए कई बार आधी रात के वक़्त बुला लेती। उन मौक़ों पर वे हमारे सामने प्रस्ताव रखते : हम तुम्हें नक़द 25 लाख देंगे, हम तुम्हें एक फ़्लैट देंगे, हम तुम्हारे परिवारों को ठीक से स्थापित कर देंगे, बस इतना भर करो कि हमारे पक्ष में आ जाओ, अभियोजन पक्ष के गवाह बन जाओ। वे हमें अलग-अलग भी बुलाते और प्रलोभन देते। जब हम नहीं कह देते तो वह महिला अधिकारी हमें धमकाती। 'मैं तुम्हारी पिटाई करवाऊँगी। अगर तुम्हें यहाँ रहना है, तो तुम्हें हमारी मर्ज़ी के मुताबिक़ रहना होगा।' वाहिद को बाद में पता चला कि सालस्कर साठे को 'राखी-बहन' की तरह मानता था, और यहाँ तक कि रघुवंशी और अन्य अधिकारी भी आरोपियों को सताने के लिए आ जाया करते थे।

स्वाति साठे सिर्फ़ एटीएस अधिकरियों की मुलाक़ातों में ही मदद नहीं कर रही थीं बल्कि, वाहिद की और दूसरे लोगों की शिकायतों के मुताबिक़, वे उन लोगों की दलीलों और शिकायतों में बाधा डाला करती थीं। जनवरी 2008 में जब उन लोगों ने एटीएस की धमकियों के बारे में शिकायत की तो पहले तो स्वाति साठे ने उनके आवेदनों को लेने से ही मना कर दिया, और फिर जब उसे अदालत भेजा गया तो उसने वाहिद के साथ हिंसा की। "जब मुझे वापस जेल लाया गया तो सुपरिटेंडेंट स्वाति साठे और लाठियों से सज्जित उनके अमले ने मुझे घेर लिया और इस बात को लेकर मुझे धमकाया कि मैंने उनके (साठे के) ख़िलाफ़ शिकायत कैसे की। मैंने स्वाति साठे से कहा कि मैं बीमार हूँ और उनको मुझे परेशान नहीं करना चाहिए।

उन्होंने मुझे फिर से धमकाया। मैं उनके ख़िलाफ़ फिर से शिकायत करना चाहता था क्योंकि अदालत की नियमित तारीख़ क़रीब नहीं थी, लेकिन मैं जानता था कि अगर मैंने लिखित शिकायत दी तो वे उसे अदालत नहीं भेजेंगी।"

अब, उस वक़्त तक, यह सब आतंकवाद के आरोपी बनाम पुलिस का मामला था। लेकिन 28 जून 2008 को जेल में यातना का एक ऐसा वाकया घटित हुआ जो इतना गंभीर था कि पहले तो एक न्यायिक जाँच ने रेल विस्फोट के आरोपियों के विरुद्ध किए गए अतिशय बल-प्रयोग की पुष्टि की और फिर अगले साल मुंबई उच्च न्यायालय ने जेल अधिकारियों के ख़िलाफ़ कार्रवाई की सिफ़ारिश की। जो हुआ था वो ये था : चूँकि आरोपियों ने उनको दी जा रही यातनाओं के बारे में अदालत को सूचित किया था, इसलिए जेल के अमले ने उनपर हमले के लिए अन्य क़ैदियों का इस्तेमाल किया। उन्होंने जेल में दंगे की चेतावनी भी जारी कर दी। यह चेतावनी जेल अधिकरियों को अधिकृत करती है कि वे स्थितियों को क़ाबू में लाने के लिए अतिशय बल-प्रयोग कर सकते हैं। जब रेल विस्फोटों के आरोपी गंभीर रूप से घायल हो गए और उनकी हड्डियाँ-पसलियाँ टूट गईं, तो उनको 20 दिन से ज़्यादा समय तक डॉक्टर के पास नहीं ले जाया गया और इसी चीज़ ने पीआईएल (पब्लिक इंटरेस्ट लिटिगेशन) को प्रोत्साहित किया। जेल अधिकारियों ने कहा कि आरोपियों को दूसरी जेल में भेजा जा रहा था, और क्योंकि उन्होंने इसका विरोध किया इसलिए उनको बलप्रयोग करना पड़ा। बॉम्बे सिटी सिविल ऐंड सेशन कोर्ट के प्रिंसिपल जज की रिपोर्ट में पाया गया कि "परिस्थितियाँ और डॉक्टरों के बयान इस नतीजे पर पहुँचने के लिए पर्याप्त हैं कि ज़्यादातर घायल क़ैदियों को फ़र्स्ट-एड चिकित्सा तक उपलब्ध नहीं कराई गई... मुंबई केंद्रीय जेल के डॉक्टरों का यह आचरण जेल अधिकारियों तथा जेल में काम कर रहे डॉक्टरों के आम रवैये के बारे में बहुत कुछ बता देता है। यह कहा जा सकता है कि सारी जालसाज़ी करने में और अधिकारियों की ग़ैरक़ानूनी कार्रवाइयों पर परदा डालने में डॉक्टरों ने मदद की है।"

इस न्यायिक रिपोर्ट के आधार पर जुलाई 2009 में किसी छोटी-मोटी हस्ती ने नहीं बल्कि मुंबई उच्च न्यायालय के न्यायमूर्ति बिलाल नज़्की ने एक फ़ैसला सुनाया जिसमें जेल अधिकारियों के ख़िलाफ़ कार्रवाई करने को कहा गया। अपने सख़्त अभियोग-पत्र में उच्च न्यायालय ने कहा : "आचरण शर्मनाक था। एक आज़ाद लोकतांत्रिक गणराज्य के भीतर जेल सुपरिटेंडेंटों का किसी तानाशाह की तरह व्यवहार करना मंज़ूर नहीं किया जा सकता। अगर जेल को ऐसे अधिकारियों के ज़िम्मे छोड़ दिया गया तो वे उन सारे नियमों को नकार देंगे जिन पर हमारा लोकतांत्रिक ढाँचा खड़ा हुआ है।"

जिस चीज़ पर उच्च न्यायालय ने ध्यान नहीं दिया, वह यह थी कि ऐसे जेल अधिकारी शायद हर जेल में मौजूद हैं।

न्याय के लिए एक नाकामयाब लड़ाई

इस तरह आख़िरकार न्यायिक दख़ल की मदद से स्वाति साठे पर अंकुश लगाया जा सका लेकिन विशेष न्यायाधीश मृदुला भटकर उतनी ही मुश्किल बनी हुई थीं। दरअसल, मुंबई ट्रेन विस्फोट प्रकरण के इन तेरह दोषियों की भेंट एक के बाद एक चुनौती पेश करने वाली स्त्रियों से हो रही थी। पहले नार्को विशेषज्ञ डॉ. मलानी थीं जो परीक्षणों के दौरान अगर वे लोग उनकी मर्ज़ी के मुताबिक़ जवाब नहीं देते थे तो चिमटी से उनके कान दबाती रहती रहती थीं, फिर जेल में अपने डंडे के साथ स्वाति साठे थीं, और अब न्यायाधीश भटकर थीं जो तमाम अत्याचारों के दौरान मूक दर्शक बनी लगती थीं।

उदाहरण के लिए, वाहिद मार्च 2008 की एक घटना के बारे में बताता है जब प्रकरण की सुनवाई चल रही थी। जहाँ, भटकर के अदालत के कक्ष के ठीक बाहर, जब वाहिद ने गलियारे में एक अधिकारी और कुछ कॉन्स्टेबलों द्वारा एहतेशाम को पीटे जाते देखा, तो उसने और तनवीर ने न्यायाधीश से शिकायत की। एहतेशाम को इस बुरी तरह पीटा गया था कि वह भटकर के सामने बेंच पर पड़ा हुआ था। उन्होंने चिकित्सीय सहायता उपलब्ध कराए जाने का आग्रह किया, न्यायाधीश से कुछ कार्रवाई करने का आग्रह किया, और एक अधिकृत शिकायत भी दर्ज़ कराई, लेकिन कुछ नहीं हुआ। उनके आवेदन लटके रहे।

मुमकिन है, पिटाई को सामान्य चीज़ समझा जाता हो, लेकिन जब किसी क़ैदी का अदालत में ज़ाहिर किया गया बदतर भय सही साबित हो रहा हो, तब क्या न्यायाधीश उसे नज़रअंदाज़ कर सकता है? ठीक यह वही चीज़ थी जो तब हुई थी जब कुछ आरोपियों ने न्यायाधीश भटकर से कहा था कि एटीएस उनको मालेगाँव विस्फोट कांड में बुक करने की धमकी दे रही है।

इस प्रकरण का ताल्लुक़ उस हमले से था जो 2006 में हुआ था जिसमें एक मस्जिद के क़रीब 37 लोग मारे गए थे। लेकिन सितम्बर 2006 में सारे तेरह आरोपी पहले से हिरासत में थे। ये वो धमकी थी जो तेरह में से कई आरोपियों को दी गई थी लेकिन बदक़िस्मती से वह शेख मोहम्मद अली और आसिफ़ खान के संदर्भ में ही घटित हुई। शेख ने बाद में बताया कि किस तरह उसके भाई ने उसकी इस आशंका को लेकर एक लिखित शिकायत दर्ज़ कराई थी कि शेख को फँसाया जा सकता है। उसने 7 नवम्बर को शिकायत की थी और महज़ छह दिन बाद ही, मानो उसी पल का इंतज़ार रहा हो, किसी व्यक्ति ने मालेगाँव विस्फोट में मुब्तिला व्यक्ति के रूप में शेख की पहचान की। चौंकाने वाली बात ये थी कि शेख और आसिफ़, दोनों को न्यायाधीश ने एटीएस की हिरासत में सौंपने की मंज़ूरी दी थी।

"आरोपी चीख़ा और बोला, 'मैडम मैंने आपसे कहा था कि ये लोग मुझे मालेगाँव में फँसाएँगे।' तब भी उन्होंने (न्यायाधीश भटकर ने) कुछ नहीं कहा और उनको चौदह दिन की पुलिस रिमांड पर भेज दिया। हम लोगों को बहुत क्षोभ था," वाहिद ने बताया।

यह एक अभूतपूर्व चीज़ थी कि आरोपियों ने कहा कि उन्होंने बहुत सह लिया। उन्होंने न्यायाधीश के ख़िलाफ़ विरोध जताना शुरू कर दिया और उन्होंने उनको काले झंडे दिखाए। "पहली बार था जब अदालत की कार्रवाइयाँ रुक गई थीं - तेरहों आरोपियों ने कहा कि हमें आपसे न्याय की उम्मीद नहीं है, इसलिए हमें आपकी अदालत मंज़ूर नहीं है। आप मेहरबानी करके अदालत से जाइए।"

वे न्यायाधीश को बदलने के लिए एक के बाद एक शिकायतें भेजते रहे। अंततः भटकर को हटा दिया गया लेकिन ऐसा इसलिए नहीं हुआ था कि आरोपियों का प्रभाव पड़ा था। यह एक विचित्र विडंबना थी कि न्यायाधीश भटकर के पति रमेश, जाने माने मराठी अभिनेता जो *हैलो इंस्पैक्टर* जैसे सीरियलों में काम करते हैं, पर बलात्कार का आरोप लगा था। अधिकारियों को यह बात उचित जान पड़ी कि 7/11 के हाई प्रोफ़ाइल मुकदमे को किसी और विवाद से न जोड़ा जाए। रमेश 2010 में रिहा हुए और एक पूरा चक्कर काटने के बाद याचिका की सुनवाई मृदुला भटकर की बेंच के सामने है क्योंकि अब वे उच्च न्यायालय की न्यायाधीश हैं। आसिफ़ और शेख और अन्य मालेगाँव आरोपियों को भी उस वक़्त छः मालेगाँव प्रकरण से छुटकारा मिला जब एटीएस के प्रकरण का भंडाफोड़ हुआ क्योंकि नेशनल इन्वेस्टिगेशन एजेंसी (एनआईए) ने कहा कि उस हमले के पीछे कथित रूप से सिमी के लोगों का समूह नहीं बल्कि अभिनव भारत था।

मालेगाँव के आदमियों को अपने को बेदाग़ साबित करने में 10 साल लग गए, और वाहिद को भी क़रीब-क़रीब इतना ही वक़्त लग गया। बारह दूसरे लोगों को मौत की सज़ा सुनाई गई। लेकिन अपनी आज़ादी के लिए वाहिद इक़बालिया बयान न देने के अपने साहस को और अपने साले को श्रेय देता है। बाक़ी सब आरोपी अपने इक़बालिया बयानों से अदालत में मुकर गए लेकिन न्यायाधीश ने उन पर यक़ीन नहीं किया। उन्होंने अदालत में पुलिस के चालाकी भरे दाँव-पेंचों को स्वीकार किया। पुलिस ने अपने बचाव में यह कहा कि जो इक़बालिया बयान उन्होंने पेश किए थे (और अगर आप 2000 पृष्ठों के फ़ैसले को देखें तो आप पाएँगे कि वह लगभग पूरी तरह से इन इक़बालिया बयानों पर ही टिका हुआ है), वे यातना की मार्फ़त नहीं उगलवाए जा सकते थे क्योंकि अगर वैसा किया गया होता तो उन्होंने महज़ 11 की बजाय 13 इक़बालिया बयान पेश किए होते। उन्होंने कहा कि वाहिद कभी राज़ी नहीं हुआ, जिसे उन्होंने स्वीकार किया और एक-दूसरे आरोपी ने अपना मन बदल लिया था। इसलिए उन बारहों को दोषी करार दिया गया जिनके बारे में

न्यायाधीश वाय डी शिंदे ने कहा : “अभियोजन ने पर्याप्त संदेह से परे यह बात साबित की है कि, ए8 (वाहिद) को छोड़कर मुकदमे का सामना कर रहे सारे आरोपी एक आतंकवादी संगठन, यानी, लश्कर-ए तैयबा से प्रत्यक्ष या परोक्ष रूप से जुड़े हुए थे और संबद्ध थे।”

अगर वाहिद के रिश्तेदार कुरैशी ने ‘साहस’ का परिचय न दिया होता, जैसा कि वाहिद कहता है, तो वह भी दोषी करार दिया जा सकता था। पुलिस ने निश्चय ही अपनी ओर से पूरी कोशिश की थी कि वह अपने उस शुरुआती बयान पर अडिग रहता जो उन्होंने उससे दबाव डालकर लिया था। लेकिन वह अदालत आया और उसने अपने ही बयान को धारा 164 के अधीन ‘झूठा’ कहा। “यह सिर्फ़ इसलिए हो सका क्योंकि मेरा परिवार चौकन्ना था। अपनी गवाही के कुछ ही दिन पहले, वे लोग उसको किसी दूसरी जगह ले गए थे। वे पुलिस की धमकियों के सामने नहीं झुके और वे सावधानी के साथ अदालत आए, यह जानते हुए कि यह बहुत ख़तरनाक था।”

इस तरह 2015 में अदालत ने अंततः मुम्ब्रा के इस अँग्रेज़ी अध्यापक से कहा : “अभियोजन पक्ष यह दर्शाने के लिए किसी स्वतंत्र परिस्थिति का सबूत नहीं दे सका कि ए8 (वाहिद) ने अपने घर में किसी भी आरोपी को पनाह दी थी, कि उसने षड्यंत्रकारी बैठकों में हिस्सा लिया था और यह कि उसने बाद की उन कार्रवाइयों में कोई भूमिका निभाई थी जिसके नतीजे में बम विस्फोट हुए थे। इसलिए, उसको संदेह का लाभ दिया जाना होगा... हालाँकि यह बात साबित हुई है कि ए8 भी सिमी का सदस्य था, लेकिन उस पर इस अपराध के संदर्भ में कोई खुल्लमखुल्ला कार्रवाई आरोपित और साबित नहीं की गई है।”

वाहिद अंततः अपनी बीवी और बच्चों के पास, और अपनी उस बेटी के पास जाने को आज़ाद था जिसे वह ठीक से जानता भी नहीं था क्योंकि वह उस वक़्त पैदा ही हुई थी, और अपने उस बेटे को जो उसकी गिरफ़्तारी के वक़्त महज़ दो साल का था। वह बताता है कि उसकी पत्नी ने उसके पहले तक कभी घर से बाहर क़दम भी नहीं रखा था लेकिन आज वह एक स्कूली अध्यापिका के रूप में काम कर रही थी। “इसकी वजह से मेरी बेटी को कभी माँ का दूध पीने नहीं मिला।” वाहिद के पिता उसके जेल जाने के महज़ एक साल बाद ही चल बसे थे, और उसी तरह उसकी सास भी। उसकी माँ अवसाद की हालत में थी लेकिन अब ठीक लगती थी। जनवरी 2017 में वाहिद और उसकी पत्नी के यहाँ एक और बच्चा हुआ।

वाहिद के लिए जो दूसरी सुखद बात है, वह यह कि उसके समुदाय ने उसकी वापसी पर उसका स्वागत किया। वाहिद वापस अपने स्कूल में जाकर पढ़ाने लगा, हालाँकि उसकी तनख़्वाह अभी मिलनी बाक़ी है (सरकार का कहना है कि पता नहीं प्रकरण में कोई याचिका दर्ज़ न कर दी जाए इसलिए इंतज़ार करना, नज़र रखना ज़रूरी है)। उसके पुराने विद्यार्थी, उसकी खोज-ख़बर लेने नियमित आते रहते हैं।

"मेरे सहकर्मियों, विद्यार्थियों और पड़ोसियों का व्यवहार मेरे प्रति अच्छा, सुखद और शिष्टाचारपूर्ण है। सिर्फ़ महाराष्ट्र सरकार को लगता है कि मैं एक आतंकवादी हूँ, और किसी को ऐसा नहीं लगता।" 2016 में वाहिद ने एक मुहिम शुरू की, जिसका नाम है 'द इन्नोसेंस नेटवर्क।' इसका एक ही लक्ष्य है - उन बारह लोगों को दोषमुक्त करवाना जो अभी भी मौत की सज़ा का इंतज़ार कर रहे हैं और नागरिकों के उत्पीड़न के लिए इस्तेमाल की जाने वाली यूएपीए के ख़िलाफ़ काम करना।

पुनःश्च : अजमल कसाब का कमरा

भले ही वाहिद ऐंड कंपनी ठीक उसी वक़्त आर्थर रोड जेल में रहे हों जिन दिनों 26/11 का एकमात्र बचा रह गया आतंकवादी अजमल कसाब भी वहाँ था, लेकिन उन चार सालों के दौरान जिनमें वे एक ही जेल के परिसर में थे, उन्होंने एक-दूसरे को कभी नहीं देखा। शुरुआत में, जब कसाब को आर्थर रोड जेल में लाया गया था, तो उन्होंने उसकी कोठरी के इलाक़े के बाहर एक परदा लगा रखा था, ताकि कोई भी व्यक्ति उसकी छाया तक न देख सके।

फिर, 2010 में कसाब के लिए एक नई कोठरी का निर्माण किया गया, कोठरी नंबर 12। उसकी पुरानी कोठरी वह थी जिसमें वाहिद को स्थानांतरित किया गया था। जब वाहिद उस कोठरी में गया, तो वह याद करता है कि उस कोठरी की दीवारें कसाब द्वारा लिखी गईं ऊटपटांग इबारतों से भरी हुई थीं - जिनमें से कई इबारतें जिहाद के लिए उकसाने वाले संदेशों के रूप में थीं। उनमें से एक पंक्ति वाहिद को साफ़ तौर पर याद है।

किसी दीवार ने रोका नहीं, सैले जुनू अब तक,
ये मिसरा कोई मजनूं लिख गया दीवार ज़िंदा पर।

जब कसाब को नवम्बर 2012 में फाँसी पर लटकाया गया, तब वाहिद, बाक़ी देश की ही तरह उसके ब्यौरे जानने को उत्सुक था, ख़ासतौर से इसलिए कि उस वक़्त जेल में एक अफ़वाह फैली हुई थी। अफ़वाह ये थी कि कसाब कुछ समय से बीमार था और उसको मलेरिया हुआ था। वह ठीक से खा-पी भी नहीं पा रहा था। इसलिए लोगों का मत यह था कि उसको वाक़ई फाँसी पर नहीं लटकाया गया था बल्कि वह अपनी बीमारी की वजह से मर गया था। इसलिए एक ऐसी कार्ययोजना तैयार की गई जिससे ऐसा लगे कि उसको फाँसी पर लटकाया गया है।

"मैंने हिमायत बेग (जर्मन बेकरी प्रकरण वाला), जो यरवदा में था, से पूछा कि क्या उसको कोई जानकारी है। उसने कहा कि उसने सिर्फ़ किसी व्यक्ति को स्ट्रैचर पर लाए जाते हुए देखा था।" तब क्या वह उसकी लाश थी या फिर यह सब एक अनर्गल प्रलाप है और उसको योजना के मुताबिक़ फाँसी दी गई थी?

10

सोमनाथ भारती और डॉन का हमला

> "मैं घरेलू हिंसा के लिए गिरफ़्तार नहीं होना चाहता था। अगर यह खिरकी प्रसंग होता, तो यह ठीक होता क्योंकि तब वह देश के लिए होता।"
>
> - सोमनाथ भारती, अगस्त 2016

ये जून 2015 की बात है जब आम आदमी पार्टी के मंत्री जितेंद्र सिंह तोमर को कुर्सी छोड़नी पड़ी थी क्योंकि वे तिहाड़ जेल जा रहे थे। लगता है कि इस क़ानून मंत्री ने इस रूप में भी क़ानून तोड़ा था कि उसने अपने पास डिग्री होने का दावा किया था जबकि उनके पास डिग्री थी नहीं। उनके बॉस और दिल्ली के मुख्यमंत्री अरविंद केजरीवाल ने अपनी 59 दिनों की सरकार के दौरान क़ानून मंत्री रहे आईआईटी दिल्ली के स्नातक और वकील सोमनाथ भारती को फिर से पदस्थ करने का फ़ैसला किया। "जब अरविंद का फ़ोन आया तब मैं केरल में था," सोमनाथ उस पल को याद करते हुए कहते हैं, जब उनको लगा था कि उनकी क़िस्मत पलटा खाने वाली थी।

सोमनाथ भारती को तभी से लोगों के आकर्षण का केंद्र बनने से परहेज़ करना पड़ रहा था, जब 16 जनवरी 2014 को उन्होंने दिल्ली के नगरीय गाँव खिरकी एक्सटेंशन के अपने चुनाव-क्षेत्र के लोगों के जुलूस का नेतृत्व किया था जिसका उद्देश्य उन प्रवासी अफ़्रीकियों को गिरफ़्तार करने के लिए पुलिस पर दबाव डालना था जिनपर वेश्यावृत्ति और ड्रग का अवैध कारोबार चलाने का आरोप था। तोमर की तरह ही भारती पर भी क़ानून तोड़ने का प्रकरण दर्ज़ किया गया था क्योंकि सीसीटीवी फ़ुटेज ने उनको युगांडा की कुछ स्त्रियों के ख़िलाफ़ एक उत्तेजित भीड़ का नेतृत्व करते दिखाया था। उनपर और उनके समर्थकों की भीड़ पर नौ स्त्रियों के साथ छेड़छाड़ करने और उनके साथ दुर्व्यवहार करने तथा पुलिस के काम में बाधा डालने का आरोप था। जहाँ भारती के इस कृत्य में निहित स्पष्ट नस्लपरक

आचरण करने को लेकर जनता में गहरा असंतोष था, वहीं उनको कुछ ही दिनों बाद अपने मतदाताओं का दिल और चुनाव जीतने में कोई मुश्किल पेश नहीं आई थी। दरअसल, यह चीज़ एक महत्त्वपूर्ण कारक रही हो सकती है जिसने खिरकी-घटना के बाद हुए चुनावों में उनकी जीत के फ़ासले को 15,000 मतों से भी ऊपर पहुँचा दिया था जबकि 2013 के चुनाव में वे 8,000 मतों के फ़ासले से जीते थे। आम आदमी पार्टी कुछ ज़्यादा ही चौकन्नी थी और उसने उनको फिर से मंत्री नहीं बनाया, इसकी बजाय उसने उनको दीर्घकालीन निवेश की योजना के तहत दक्षिणी राज्यों पर काम करने की ज़िम्मेदारी सौंप दी। लेकिन चूँकि अब एक और क़ानून मंत्री जेल के रास्ते पर था, आम आदमी पार्टी को अपने इस नैतिक उच्च स्तर को क़ायम रख पाना काफ़ी मुश्किल पड़ रहा था कि वह आपराधिक प्रकरण वाले किसी भी व्यक्ति को पदोन्नत नहीं करेगी।

"अरविंद मुझे फिर से क़ानून मंत्री बनाना चाहते थे लेकिन मैंने उनसे कहा कि हो सकता है ऐसा करना ठीक न हो क्योंकि खिरकी प्रकरण फिर से उभर सकता था।" जैसा कि बाद में ज़ाहिर हुआ, उन्होंने अपनी समस्याओं को कम करके आँका था। उनके बारे में इससे भी ज़्यादा कलंकपूर्ण और अंधकार भरी किसी चीज़ का सार्वजनिक विस्फोट होने वाला था।

जिस वक़्त 40 साल का यह आदमी अपनी वापसी के ख़याल का आनंद ले रहा था, उसी वक़्त टीवी के न्यूज़ टिकर गुस्से से भरे हुए पुलिस रिकॉर्ड की उसकी तसवीरें दिखा रहे थे - "सोमनाथ भारती की पत्नी उनके खिलाफ़ दिल्ली कमीशन ऑफ़ वीमन में गईं" और "सोमनाथ भारती के ख़िलाफ़ घरेलू हिंसा के लिए प्रकरण दर्ज़ किया गया।" दरअसल, ये तोमर की गिरफ़्तारी के ठीक एक दिन बाद की बात थी और सोमनाथ भारती समझ गए कि अब उनकी वापसी मुमकिन नहीं थी। अब वे क़ानून की गिरफ़्त में थे और उनका कहना है कि यह सब उनकी बीवी का किया-धरा था। समझा जाता है कि उनके बीच हुई आख़िरी झड़प के बाद उनकी पत्नी ने उनको संदेश भेजा था : "मैं तुम्हारे राजनैतिक करियर को चौपट कर दूँगी।"

पुलिस फ़ाइल के दस्तावेज़ों के मुताबिक़ लिपिका मित्रा या, जैसा कि सोमनाथ उनको पुकारते थे, बापी से उनकी मुलाक़ात 2010 में वैवाहिक वेबसाइट शादी.कॉम की मार्फ़त हुई थी। सोमनाथ का दावा था कि वे एक अंतरराष्ट्रीय फ़र्म में वकील थे, और उनकी आईआईटी डिग्री के साथ मिलकर यह चीज़ उनको एक योग्य वर बनाती लगती थी। शादी के पहले नौ महीने उनका मिलना-जुलना जारी रहा, जिस दौरान सोमनाथ एक सच्चे आम आदमी होने के नाते किसी भी चीज़ पर कोई ख़र्च नहीं करते थे। "हाँ, यह एकमात्र सही बात है जो उसने अपनी शिकायत में लिखी है। मैंने उसपर एक पैसा भी ख़र्च नहीं किया था क्योंकि मेरा कहना था कि अगर

तुम मुझसे प्रेम करती हो, तो मुझ नंगे से प्रेम करो।" लिपिका इससे प्रभावित नहीं थी और उसने अपनी शिकायत में कहा कि उसने अपनी माली हालत के अच्छे और सुरक्षित होने के दावों से उसके साथ धोखा किया था। पुलिस का कहना है कि उसपर सोमनाथ से विवाह करने का और इस सब के लिए भुगतान करने का बहुत दबाव था, क्योंकि वह गर्भवती थी, उनका पहला बच्चा उनकी कोर्ट मैरिज के महज़ पाँच महीने बाद ही हो गया था। जैसा कि घरेलू हिंसा के किसी भी प्रकरण में होता है, पुलिस के रिकॉर्ड रिश्ते के सचमुच गोपनीय और अंतरंग ब्यौरों में जाते हैं, और चूँकि यह प्रकरण एक राजनेता से ताल्लुक़ रखता था, उसका सार्वजनिक प्रदर्शन हुआ। श्रीलंका और मालदीव्स में उनके 10 दिन के हनीमून से लेकर उनके ईमेल के ब्यौरों और फ़ोन पर हुए संवादों, सब कुछ की पुलिस द्वारा सार्वजनिक चीरफाड़ की गई।

पीछा और गिरफ़्तारी

सोमनाथ भारती के ख़िलाफ़ लगाए गए आरोप बहुत संगीन थे। उनके ऊपर हत्या करने की कोशिश का, जानबूझकर ख़तरनाक हथियार (चाकू) से चोट पहुँचाने, अपनी पत्नी की संपत्ति का दुरुपयोग करते हुए पत्नी के ख़िलाफ़ क्रूरता बरतने के आरोप थे। इतना ही नहीं, उनके ऊपर अपने अजन्मे बच्चे को नुक़सान पहुँचाने की कोशिश का भी आरोप था क्योंकि लिपिका ने उनपर आरोप लगाया था कि जब वह सात महीने की गर्भवती थी तब उन्होंने उसको मानसिक यातना दी थी और उनको मारा था। सितम्बर आते-आते सिर्फ़ महिला आयोग ही नहीं बल्कि द्वारका पुलिस भी उनसे पूछताछ करना चाहती थी। जैसे-जैसे तहक़ीक़ात आगे बढ़ी, सोमनाथ भूमिगत हो गए।

"जब एफ़आईआर दर्ज़ की गई, तो मैंने एक वरिष्ठ पुलिस अधिकारी से बात की और उससे पूछा कि क्या वे मुझे गिरफ़्तार करने वाले हैं। उसने कहा कि वे न सिर्फ़ आपको गिरफ़्तार करेंगे बल्कि वे आपको यातना भी देंगे। इसलिए इससे बचो।" वे अग्रिम ज़मानत के लिए एक से दूसरी अदालत का चक्कर लगाते रहे, और अदालत का आदेश आने तक उन्होंने 2015 का पूरा सितम्बर छिपते हुए बिताया। पुलिस को महज़ उनकी ही तलाश नहीं थी, उसको उनके गोल्डन लैब्राडोर, डॉन की भी तलाश थी। यह एक ऐसा पीछा था जो दिल्ली पुलिस को 2001 की गर्मियों के बाद से कभी नहीं करना पड़ा था, जब उनको उस मिथकीय बंदरपुरुष (मंकीमेन) की तलाश करनी पड़ी थी जो कथित रूप से पूर्वी दिल्ली के लोगों पर हमला कर रहा था। सोमनाथ की ज़मानत की सुनवाइयों के दौरान पुलिस ने लिपिका द्वारा मार्च 2013 में अपने पति को भेजा गया एक ईमेल प्रस्तुत किया जिसमें इस बात की कैफ़ियत थी कि वे डॉन से 'पूछताछ' क्यों करना चाहते थे।

मैं इतनी ज़्यादा पीड़ा की हालत में थी कि कल तुमने और तुम्हारे कुत्ते ने मुझे जो ज़ख़्म पहुँचाए थे उनको मैं देख नहीं सकी थी। लेकिन, आज सुबह मैंने ध्यान दिया कि मुझे तुम्हारे पागल और हिंसक कुत्ते ने छह बार काटा है, ये उन कई सारे चोटों/ज़ख़्मों के अलावा है जो मेरी गर्दन, बाँहों और दाएँ पैर पर तुम्हारे द्वारा किए गए हैं।

तुम्हारे कुत्ते ने मुझे मेरे पेट पर तीन जगह काटा है, एक जगह मेरे पेट के निचले हिस्से में मेरी योनि (हाँ!!!) पर एक बड़ा घाव है, चूँकि इन दिनों मैं अपने सात माह के गर्भ की वजह से अपनी योनि देख नहीं सकती, इसलिए आज जब मैंने ख़ुद को आईने में देखा तब मुझे उस ज़ख़्म का पता लगा और मैं कल से ही सोच रही हूँ कि क्यों मेरी योनि के आसपास के बाल अपने आप झड़ रहे हैं। और हाँ, मेरी जाँघ पर भी घाव है जो बहुत तकलीफ़देह है। अगर तुम इसका सबूत चाहते हो तो मैं आज अपनी तसवीर खीचूँगी और संबंधित तसवीर तुम्हें भेज सकती हूँ। तुमने जिस तरह का व्यवहार मेरे साथ किया है, वैसा मैं नहीं समझती कि कोई लफंगा भी एक सात माह की गर्भवती स्त्री के साथ कर सकता है।

अब हम लोगों के साथ रहने की कोई वजह मैं नहीं देखती! इसलिए मैं तुमसे गुज़ारिश करती हूँ कि तुम जितना जल्दी हो सके, अपने कुत्ते के साथ मेरे घर से चले जाओ।

बेशक, सोमनाथ और लिपिका अपनी शादी के तीन महीने बाद ही अलग हो गए थे लेकिन सोमनाथ अभी भी सप्ताहांत पर लिपिका से मिलने जाया करते थे, और यही वजह थी कि लिपिका दूसरी बार गर्भवती हो गई थी। 2013 में हुई कुत्ते वाली लड़ाई, उन बाद की ही अनेक हिंसक वारदातों में से एक थी जिनका अंत दो साल बाद उनके फ़रार होने में हुआ था।

पुलिस की तलाशी उनके एक सहयोगी से दूसरे सहयोगी के घर तक, मालवीय नगर के उनके चुनाव-क्षेत्र से आगरा तक जारी रही। यह पीछा 29 सितम्बर तक जारी रहा जिस दौरान पुलिस उन लोगों को अभियोग के दायरे में लेती रही जिन्होंने उनको पनाह दी थी। तब जाकर सर्वोच्च न्यायालय ने सख़्त हस्तक्षेप करते हुए सोमनाथ को तत्काल तहक़ीक़ात के लिए हाज़िर होने का आदेश दिया। वे उसी दिन 10 बजे रात को द्वारका पुलिस थाने में हाज़िर हुए, तुरंत गिरफ़्तार कर लिए गए। पुलिस का कहना था कि उसको उनको गिरफ़्तार करना ज़रूरी था क्योंकि जब तक उनको हवालात में बंद नहीं किया जाता तब तक उनके ख़िलाफ़ गवाही देने के लिए कोई गवाह आगे न आता। पुलिस को उनसे हिरासत में पूछताछ करना भी ज़रूरी था ताकि वे हमले में इस्तेमाल किए गए हथियार यानी चाकू और लिपिका

के उन ज़ेवरों को बरामद कर सकते जो कथित रूप से सोमनाथ और उनकी माँ ने उससे छीन लिए थे।

इस तरह सोमनाथ ने उस इलाक़े के डीसीपी समेत पुलिस के आला अधिकारियों की मौजूदगी में हिरासत में अपना समय बिताना शुरू किया, जिस दौरान द्वारका पुलिस थाने के बाहर कैमरे सारी कार्रवाई को रिकॉर्ड कर रहे थे। अगर उनको रात एक बजे गिरफ़्तार किया गया तो अस्पताल में चिकित्सीय जाँच रात तीन बजे हुई। बहुत-से क़ैदी जो सोमनाथ की तरह प्रभावशाली नहीं होते, उनको आमतौर से उस वक़्त चिकित्सीय जाँच के लिए ले जाया जाता है जब उनको पूछताछ के दौरान पीटा गया होता है। वे कहते हैं कि भले ही उनके शरीरों पर पुलिस ज़्यादतियों के ज़ाहिर निशान क्यों न मौजूद हों, उनके पास बच निकलने के पर्याप्त बहाने होते हैं। जैसे "उसने गिरफ़्तार किए जाने के दौरान प्रतिरोध किया था, इसलिए उसको हिरासत में लिए जाने के लिए क़ाबू करना पड़ा या सख़्ती बरतनी पड़ी।" लेकिन इन समस्याओं का भारती के साथ दूर-दूर का संबंध नहीं था और उनको कुल मिलाकर इस बात की चिंता करना ज़रूरी था कि उनके जेल जाने का, उनके मतदाताओं पर क्या असर पड़ने वाला था।

भारती का कहना है कि पूछताछ के दौरान कनिष्ठ पुलिस अधिकारियों को उनपर भरोसा होने लगा था। "वे जानना चाहते थे कि मैंने बापी को कुत्ते से कैसे कटवाया होगा। वे मुझसे तमाम तरह के सवाल पूछ रहे थे लेकिन जब पुलिस ने ऑडियो रिकॉर्डिंग सुनी तो वे तुरंत समझ गए।" किसी पति और पत्नी के बीच क्या हुआ, इसकी तहक़ीक़ात करना विचित्र-सी चीज़ है, भले ही पति एक सार्वजनिक हैसियत रखने वाला व्यक्ति ही क्यों न हो। आप ये कैसे पता लगाएँगे कि कोई रिश्ता अनुचित या हिंसक है या नहीं है? दिल्ली पुलिस ने कुछ दस्तूरी और सामान्य तरीक़े अपनाए, जैसे कि मालवीय नगर के उनके घर और द्वारका के माँ-बाप के उनके किराये के घर जाना और उनके पड़ोसियों तथा कर्मचारियों से बात करना। लेकिन पुलिस कर्म में दीक्षित एक समूची नई पीढ़ी है जो पिछले 15 सालों के दौरान विकसित हुई है, जो इलेक्ट्रॉनिक साक्ष्यों पर भरोसा करती है, और जो इन्फ़ॉर्मेशन टेक्नोलॉजी एक्ट के प्रकरणों तक सीमित नहीं है - लिपिका और सोमनाथ के सोशल मीडिया प्रोफ़ाइल, उनके वैवाहिक विज्ञापन, एक-दूसरे को किए गए उनके ईमेल, उनके कॉल डाटा के रिकॉर्ड। सोमनाथ ने तो दरअसल अपने सारे फ़ोन कॉलों को भी रिकॉर्ड कर रखा था। हालाँकि कोई व्यक्ति अपनी पत्नी के साथ की बातचीत को क्यों रिकॉर्ड करेगा? "ये मेरे फ़ोन में एक स्वचालित व्यवस्था है। उसमें एक कॉल रिकॉर्डर लगा हुआ है ताकि मेरे मुवक्क़िलों द्वारा दी गई जानकारी रिकॉर्ड की जा सके, जिसको बाद में मैं अपने सेक्रेटरी को लिप्यांतरण के लिए देता हूँ।" जहाँ सोमनाथ का दावा है कि उनकी पत्नी कमज़ोर साबित हुई और पुलिस द्वारा पूरी तरह अस्वीकार कर दी गई,

वहीं पुलिस ने अपने आरोप-पत्र में यह निष्कर्ष पेश किया कि सोमनाथ की रिकॉर्डिंग 'संपादित' थी और उन्होंने उनको रिकॉर्डिंग का मूल प्रारूप देने से इंकार कर दिया।

हिरासत में

सोमनाथ कहते हैं कि उनको पूरा आत्म-विश्वास था कि पुलिस उनसे ज़्यादा कुछ उगलवाने नहीं जा रही थी, इसलिए वे पूरी रात हवालात में बंद रहने के दौरान स्वस्थ चित्त और मुस्कराते बने रहे। किसी हद तक एक आपसी समझ भी थी जिसका परिचय इस प्रकरण की तासीर के बारे में कनिष्ठ पुलिस अधिकारियों ने दिया था। लेकिन तभी, कोई एक एसीपी एम अंदर आया और चिल्लाया कि सुबह के 4 बज रहे हैं और ज़ाहिर है कि सोमनाथ के प्रति उनका रवैया काफ़ी नरम रहा है और वे उनसे कुछ भी क़बूल नहीं करा पाए हैं। समझा जाता है कि उसने कहा, *"क्या जाँच कर रहे हैं आप? ये क्या कर रहे हैं कि वो हँस रहे हैं?"* सोमनाथ का कहना था कि जाँच अधिकारी की ख़ातिर उन्होंने बाद में कुछ ऐसा दर्शाना शुरू किया कि वे उतने आराम से नहीं थे।

जब सुबह 5.30 बजे पूछताछ आख़िरकार ख़त्म हुई, तो सोमनाथ को सोने के लिए हवालात में ले जाया गया। ये वो जगह थी जहाँ पर वे अगले पाँच दिन बिताने वाले थे, जिसके बाद उनको न्यायिक हिरासत में भेजा जाने वाला था। 'बिस्तर' हमेशा की तरह कांक्रीट का बना एक पटिया था और उसके पीछे फ़र्श पर एक छेद से युक्त कमर तक ऊँची दीवार का एक घेरा था जो पेशाबघर का काम करता था। "आप विश्वास नहीं करेंगी, मैं जैसे ही उस पटिये पर लेटा, तो मुझे एक सेकेंड भी नहीं लगा और मैं सो गया।"

ये दिलचस्प बात है कि किस तरह राजनैतिक क़ैदी हमेशा यह कहते पाए जाते हैं कि उनको जेल में कोई समस्या नहीं हुई। उनको साथी क़ैदियों के बीच, या स्वयं पुलिस या सुरक्षाकर्मियों के बीच अपने समर्थक मिल जाते हैं जो उनके लिए स्थितियों को आसान बना देते हैं। यहाँ तक कि जिस द्वारका पुलिस थाने में सोमनाथ थे वहाँ भी, जहाँ एसीपी एम को उनको यातना देने के निर्देश दिए गए थे (या सोमनाथ का ऐसा मानना है), वहीं कनिष्ठ पुलिसकर्मियों ने स्टेशन हाउस ऑफ़िसर (एसएचओ) का निजी शौचालय, उनके इस्तेमाल के लिए उपलब्ध कराने की पेशकश की थी। सोमनाथ ने कहा कि उन्होंने उस पेशकश को ठुकरा दिया और हवालात के छेद का इस्तेमाल करते हुए पूरा तजुरबा लेना बेहतर समझा। लेकिन यह तजुरबा हवालात का खाना खाने तक विस्तार नहीं पा सका। अपने मधुमेह को नियंत्रित रखने के लिए सोमनाथ खाने में सिर्फ़ फल और कच्ची सब्ज़ियाँ लेते थे और नाश्ते में सिर्फ़ नारियल पानी लेते थे। यहीं पर घर का खाना हासिल करने की इजाज़त के लिए उनकी वीआईपी हैसियत काम में आई। अगर पुलिस वाक़ई किसी को यातना देना

चाहती है, या उनपर दबाव डालना चाहती है, तो वह तुरंत उनको उनकी रोज़मर्रा ज़रूरतों से, यहाँ तक कि जीवन-रक्षक दवाओं तक से काट देती है। यही वह मौक़ा होता है जब क़ैदी अपना मुँह खोलना शुरू कर देते हैं। सोमनाथ ने घर से खाना बुलाने की इजाज़त तो किसी तरह हासिल कर ली लेकिन वे उस एक दिन को याद करते हैं जब उनको खाना नहीं मिला और उनको सहसा अपने सारे अधिकारों से वंचित होने का अहसास हुआ।

क़ैदियों के लिए अदालत की पेशियों में हाज़िर होना सबसे दूभर अनुभव होता है। क़ैदियों को सुबह 10 के पहले ले जाया जाता है क्योंकि उनका मामला कब आएगा, इसका कोई निश्चित समय नहीं होता। इसके बाद क़ैदियों को अदालत के लॉकअप में रखा जाता है, जो हर सूरत में तमाम जेलों के मुक़ाबले सबसे गंदा होता है, क्योंकि वह अस्थायी होता है और उसकी ओर कोई ध्यान नहीं देता। वहाँ पर क़ैदी कभी-कभी पूरा दिन बिताते हैं, जब तक कि उनका मामला न्यायाधीश के सामने नहीं आ जाता। "हम बहुत जल्दी निकल गए, मुझे नाश्ता करने का भी वक़्त नहीं मिला और लॉकअप में उन्होंने मुझे दाल-रोटी दी जो मैं खा नहीं सका। तब मैंने चिल्लाना शुरू किया कि मुझे खाना मिलना चाहिए, मुझपर कोई मुकदमा नहीं चल रहा है, मैं कोई अपराधी नहीं हूँ। आप मेरे साथ इस तरह का व्यवहार कैसे कर सकते हैं?" ये सोमनाथ के लिए महज़ एक दिन था, लेकिन ये क़ैदी की नियमित दिनचर्या का हिस्सा बन जाता है। अदालत में स्त्री क़ैदियों की हाज़िरी के सिलसिले में जेल के हालात को लेकर एक याचिका ये कहती है :

> i. जेल नंबर 6 में पहले से बंद स्त्री क़ैदियों की संख्या के मुक़ाबले स्त्री जेल के परिवहन के लिए निर्धारित बसों/वैनों की तादाद बेहद नगण्य है। स्त्री क़ैदियों के लिए अपर्याप्त परिवहन की वजह से उनको अदालत की छोटी और कम हवादार ट्रायल कोर्ट हवालातों में, जिनमें बुनियादी सुविधाओं तक का अभाव होता है, शाम 4 या उसके बाद तक इंतज़ार करना पड़ता है और मुश्किलें झेलनी पड़ती हैं। उदाहरण के लिए, अगर किसी स्त्री क़ैदी को सुबह 10 बजे अदालत के सामने पेश किया जाता है और उसका प्रकरण सुबह 11 बजे तक निपट जाता है तब भी उसको शाम 4 या 5 बजे तक, तब तक इंतज़ार करना पड़ता है जब तक कि तमाम दूसरी स्त्री क़ैदियों के प्रकरण निपट नहीं जाते। इसके बाद ही उनको वापस तिहाड़ जेल ले जाया जाता है। यह स्थिति पुरुष क़ैदियों से भिन्न है जिनको उनके प्रकरण निपटने के बाद तिहाड़ जेल वापस भेज दिया जाता है। दमघोंटू, बेहवादार हवालातों में यह कथित इंतज़ार उस अमानवीय परिस्थिति की ओर ले जाता है जो स्त्री क़ैदियों की ज़िंदगी में स्वास्थ्य संबंधी गंभीर क़िस्म के जोखिमों की वजह बनती है।

ii. स्त्री क़ैदियों के आने-जाने के लिए इस्तेमाल की जाने वाली बसों/वैनों में हवा के आने-जाने की गुंजाइश नहीं होती और दिल्ली का अतिशय गर्म मौसम वैन को बेहद दमघोंटू बना देता है जिससे डिहाइड्रेशन हो जाता है। इसके नतीजे में वैन के भीतर उल्टियाँ होने लगती हैं और मूर्च्छित होकर गिरने की स्थितियाँ बनती हैं। बुनियादी सुविधाओं पर ज़रा भी विचार नहीं किया गया है और मुकदमे से गुज़र रहे लोग अमानवीय परिस्थितियों और व्यवहारों को भोग रहे हैं।

(दिल्ली उच्च न्यायालय के डब्ल्यू पी (सीआरएल) नं. 1352/2015 से)

सोमनाथ भारती की गिरफ़्तारी के एक दिन बाद, एनडीटीवी ने एक समाचार रपट दिखाई जिसमें पुलिस अधिकारियों पर आरोप लगाया गया कि उन्होंने उनकी पूछताछ के दौरान उनको टूट जाने पर मजबूर कर दिया था। जहाँ सोमनाथ इस तरह की किसी नाटकीय घटना के होने से इंकार करते हैं, वे इस बात से इंकार नहीं करते कि पुलिस ने उनको उस स्थिति को झेलने के लिए मजबूर किया जो पूछताछ की प्रक्रिया में पुलिस की पसंदीदा कार्रवाई होती है - यह है क़ैदी को दूसरे पक्ष के आमने-सामने लाना, और इस प्रकरण में यह दूसरा पक्ष था उनकी परित्यक्त पत्नी, लिपिका मित्रा। यह इसलिए किया गया ताकि पुलिस यह तय कर पाती कि 27 मई की उस रात के बारे में सच कौन बोल रहा था, जब सोमनाथ ने केरल रवाना होने से पहले उनको कथित रूप से चाकू से घायल किया था।

वह दिन उनके तीन साल के बेटे का जन्म दिन था और बनते-बिगड़ते रिश्तों वाले इस दंपति के उस दिन के झगड़े का तात्कालिक उकसावा यह था कि सोमनाथ उस अवसर पर उनसे मिलने नहीं गए थे। “उसने मुझे फ़ोन कर कहा कि तुम्हारे कितने बच्चे हैं? मैंने कहा मेरे माता-पिता अस्पताल में थे, घर पर खाना पकाने वाला कोई नहीं था, ये कैसे जारी रह सकता है? मैंने उससे कहा, तुम वहाँ हो, मैं यहाँ हूँ, ये ठीक नहीं है!” सोमनाथ का कहना है कि तभी लिपिका ने अपनी ज़िंदगी को ख़त्म कर डालने की धमकी दी और सोमनाथ ने अपनी सास को फ़ोन किया, लेकिन वे द्वारका स्थित उनके फ़्लैट की ओर भी भागे। वहाँ पहुँचने पर उन्होंने लिपिका को गुसलख़ाने में पाया जो अपने हाथ में चाकू लिए वहाँ बैठी हुई थी। सोमनाथ का कहना है कि वे उसको किसी तरह मना कर सोने के कमरे में ले आए, जहाँ वे पूरी रात उसका हाथ थामे रहे। लेकिन जब वे सुबह जागे तो चाकू को लेकर झगड़ा जारी रहा, जिस दौरान उनके दोनों छोटे बच्चे भी वहाँ मौजूद थे। सोमनाथ का कहना कि लिपिका की माँ को फ़्लैट में बुलाने और सोमनाथ के वहाँ से निकलने के साथ ही वह मामला समाप्त हुआ। पुलिस का प्रकरण यह था कि लिपिका ने आत्महत्या की धमकी दी थी और सोमनाथ से बच्चों को ले जाने को कहा था। लेकिन पुलिस का

विवरण यहाँ इस बात में भिन्न है कि उसके मुताबिक़ जब सोमनाथ घर पहुँचे तो उन्होंने गुसलख़ाने का दरवाज़ा तोड़ा और लिपिका को पीटा और चाकू से उसका हाथ काट दिया। लेकिन सोमनाथ कहते हैं, "इसका कोई मेडिकल रिकॉर्ड नहीं है, तब फिर वे इसको कैसे साबित कर सकते हैं?"

अपने प्रकरण को पुख़्ता करने के लिए जाँच अधिकारी को चाकू को बरामद करना ज़रूरी था। इसलिए 20 पुलिस वालों का एक दल द्वारका के सैक्टर 4 स्थित श्री राम अपार्टमेंट में लिपिका के घर के फ़्लैट की ओर रवाना हुआ और अपने साथ वे अपने विधायक क़ैदी को भी ले गए ताकि दंपति का एक-दूसरे से सामना कराया जा सके। जैसा कि एक पुलिस अधिकारी ने समझाया, अपेक्षा यह थी कि "दोनों में किसी भी पक्ष द्वारा दिया गया झूठा ब्यौरा जाँचकर्ताओं के सामने स्पष्ट हो सकता। उस स्थिति में वे एक छद्म वारदात को दो टूक ढंग से नहीं गढ़ पाते।"

जैसा कि एनडीटीवी ने रिपोर्ट किया था, पति-पत्नी के बीच का यह आमना-सामना व्यर्थ साबित हुआ। उन्होंने उस पूरे दौरान ज़रा भी बात नहीं की और बताया जाता है कि एक मुक़ाम पर सोमनाथ ने अपनी पत्नी से पूछा, "क्या तुम यही सब चाहती थीं?" चाकू वहाँ से बरामद नहीं हुआ न ही आगरा से, जहाँ पुलिस को यक़ीन था कि वे छिपे रहे थे, न ही वह सोमनाथ के भाई और माँ के वसंत कुंज स्थित फ़्लैट से ही बरामद हुआ। न ही लिपिका के कोई ज़ेवर बरामद हुए। हिरासत के दौरान की जा रही पूछताछ का उद्देश्य व्यर्थ साबित हो रहा था। "ये सब महज़ खानापूर्ति थी!"

पुलिस हिरासत के दौरान एक ही चीज़ करने को रह गई थी - एक और आमना-सामना, लेकिन इस बार यह आमना-सामना कुत्ते और उसके मालिक के बीच होना था। डॉन इस आप विधायक के साथ 2004 से था और अगर सोमनाथ की बात पर यक़ीन किया जाए तो वह उनकी शादी का एक क्लेशकारी मुद्दा था। जब 2013 में उनके बीच मेलमिलाप का एक दौर आया था और सोमनाथ लिपिका के साथ द्वारका आए थे, तो ये लिपिका थीं जो कुत्ते को खाना खिलाती थीं। लेकिन समझा जाता है कि वे कुत्ते को भगा देने को लेकर सोमनाथ से विवाद करती रहती थीं। "मैंने कहा, तुमने मुझे मेरी माँ से अलग करवा दिया, मेरे चुनाव क्षेत्र से अलग करवा दिया, अब मैं डॉन को भी कैसे छोड़ दूँ?" 2013 के इन्हीं दिनों के दौरान वह घटना हुई थी जब डॉन ने कथित रूप से सोमनाथ के निर्देश पर लिपिका पर हमला किया था। सोमनाथ का कहना है कि ये उस वक़्त की घटना है, जब वे घर से बाहर थे और वह महज़ एक खरोंच थी। लिपिका के पास आयुष्मान हॉस्पिटल की रिपोर्ट है जो यह दर्शाती है कि उनको दरअसल कुत्ते ने काटा था। जो भी हो, इसी के नतीजे में सोमनाथ एक बार फिर घर छोड़कर चले गए थे। उनको यह अहसास नहीं था कि दो साल बाद यही उनके ख़िलाफ़ मुख्य आरोप बनने वाला था। अब

पुलिस का काम इस बात को सत्यापित करना था कि क्या सोमनाथ वाक़ई लैब्राडोर को किसी पर हमला करने का आदेश दे सकते थे, जैसा कि लिपिका का दावा था। लिपिका का कहना था कि चूँकि वह सात माह का गर्भ धारण किए हुए थी, इसलिए डॉन के हमले ने उसको और उसके अजन्मे शिशु के जीवन को जोख़िम में डाला था। इसलिए अब पुलिस को पालम एक्सटेंशन के सरकारी अस्पताल के पशु चिकित्सक की मदद से इस बात को स्थापित करना था।

"वे चाहते थे कि मैं कुत्ते को आदेश दूँ - खड़े हो जाओ, बैठो, हमला करो। मैं कुछ भी कहता रहा, उसने मेरी बात नहीं मानी। यही वजह है कि एक प्रेस रिपोर्टर ने भी लिखा था, डॉन सिर्फ़ एयरकंडीशनिंग की हालत में ही प्रतिक्रिया करता है। जब एसी बंद होता है तो वह भौंकता है, जब चालू होता है तो सोता है।" दिल्ली पुलिस ने लैब्राडोर की आँखों में झाँककर देखा और उसको डेढ़ घंटे तक 'जाँचते रहे' और उन्होंने यह नतीजा निकाला : "कथित डॉक्टर की सलाह से उभरी धारणा को निगाह में रखते हुए कुत्ते के व्यवहार के आकलन से संबंधित राय देने के लिए बीएसपी पशु चिकित्सा विशेषज्ञ से अनुरोध किया गया है। उनका कहना है कि उनकी राय अभी भी लंबित है।"

दूसरे शब्दों में, वह अनिर्णयात्मक थी। इसी के साथ सोमनाथ भारती को न्यायिक हिरासत में भेज दिया गया।

द्वारका हवालात से तिहाड़ तक

अगर जेल के बारे में कोई रूढ़ोक्ति होती है, तो वह यह है। जो भी कोई जेल के अंदर रहा है, वह चाहे अरबपति कारोबारी सुब्रत रॉय हों जिनको बतौर सर्वश्रेष्ठ विलासिता के तौर पर जेल के अंदर अपना कारोबार चलाने के लिए विशेष ऑफ़िस खड़ा किया गया था, या वे सोमनाथ भारती हों, वे आपको बताएँगे कि जेल के अंदर बंद ज़्यादातर लोगों के वहाँ होने की कोई वजह नहीं है। सुब्रत रॉय का कहना है कि "जेल के अंदर के मात्र 10 प्रतिशत लोग ही अपराधी हैं, बाक़ी महज़ ग़रीब, बदक़िस्मत लोग हैं।" सोमनाथ भारती, जिनको पुलिस ने उनके पिछले रिकॉर्ड को देखते हुए 'अभ्यस्त अपराधी' घोषित किया था, इसी बात को किंचित दार्शनिक अंदाज़ में कहते हैं - "अंदर और बाहर लोगों की स्थिति एक जैसी है। ऐसा नहीं है कि बाहर आपको सारी स्वतंत्रता मिली हुई है, बताइए, मिली है क्या? बाहर रहकर आप जितना कर सकते हैं, उससे बँधे हुए हैं। ऐसा ही जेल में भी है।"

तरह-तरह के 14,000 लोगों की इस छोटी-सी दुनिया में, सोमनाथ एक विशेषाधिकृत मेहमान के सारे साज़ो-सामान के साथ जेल नंबर 4 में गए। हत्या की कोशिश और बीवी के साथ क्रूरता बरतने के आरोपी उनके जैसे लोग जेल की कुल जनसंख्या का 10 प्रतिशत हैं। लेकिन जहाँ ज़्यादातर दूसरे लोगों को इसका कोई

अंदाज़ा नहीं होता कि उनको कितने बंद रहना होगा, सोमनाथ जानते थे कि उनको कुछ ही दिनों में ज़मानत मिल जाने वाली थी। "जिस दौरान मैं वहाँ था, उस दौरान मैं दरअसल विपश्यना करना चाहता था पर वह 10 दिन की होती है और उन लोगों ने कहा कि आप शायद इतने दिनों तक नहीं रहेंगे।"

जेल के वक़्त ने दरअसल उनको उन दूसरे क़ैदियों से मिलने और उनसे संवाद करने का अवसर उपलब्ध कराया जो जानते थे कि वे उनकी तरह बदक़िस्मत नहीं थे। जिस तरह सुब्रत रॉय ने अपनी आरामदायक हैसियत और सुरक्षागाह-नुमा जेल में बैठकर तिहाड़ अनुभव पर केंद्रित अपनी पुस्तक के लिए बहुत-से क़ैदियों के इंटरव्यू लिए थे, सोमनाथ ने भी ऐसे 53 क़ैदियों का चित्रण किया था जिनको क़ानूनी मदद की बेइंतिहा ज़रूरत थी। वे लोग हालाँकि, अलग-अलग जगहों पर रह रहे थे। उनके कमरे का उनका साथी एक और दौलतमंद क़ैदी था। वह शराब के मारे गए शक्तिशाली उद्योगपति पोण्टी चड्ढा का प्रोटोकॉल मैनेजर हुआ करता था जो चड्ढा की हत्या के जुर्म में गिरफ़्तार किया गया था। चूँकि किसी भी कमरे में दो क़ैदियों को रहने की छूट नहीं दी जाती बल्कि या तो एक क़ैदी रह सकता है या फिर तीन, इसलिए जो तीसरा क़ैदी उनके कमरे में था, वह भी एक व्यापारी था जो वित्तीय धोखाधड़ी में शामिल रहा था। सोमनाथ अपने लिए एकांत कक्ष चाहते थे, लेकिन उनको जल्दी ही अहसास हो गया कि वे उसमें रह ही नहीं सकते थे।

"मैं आपको क्या बता सकता हूँ - उस कमरे में सब कुछ था। वहाँ बैडमिंटन के रैकेट थे, क़िताबें थीं, टेलिविज़न था, कॉम्प्लान और दूसरे पेय थे, यहाँ तक कि एक पलंग भी था जिसपर बाक़ी दो लोग सोते थे जबकि मैं फ़र्श पर सोता था," सोमनाथ ने याद करते हुए बताया। शौचालय की व्यवस्था हवालात जैसी ही थी - एक दीवार जिसके पीछे फ़र्श में एक छेद था। बाल्टी भर पानी फ़्लश का काम करता था। जहाँ उनके साथी क़ैदी यहाँ नहाते भी थे, वहीं सोमनाथ के पास सुपरिंटेंडेंट के ऑफ़िस के गुसलख़ाने को इस्तेमाल करने का विकल्प उपलब्ध था। सोमनाथ अपना पूरा दिन इसी ऑफ़िस में बिताते थे।

"वे लोग मेरी सुरक्षा को लेकर कुछ डरे हुए थे क्योंकि उसी जेल में एक कुख्यात गिरोहबाज़ भी था। दरअसल, गिरोहों के आपसी झगड़े की वजह से तिहाड़ में दो लोगों की हत्या हो चुकी थी। इसलिए मुझे पूरे दिन उस ऑफ़िस में ही बैठना होता था।"

गिरोहों की जिस लड़ाई का सोमनाथ ज़िक्र कर रहे थे, वह उनके तिहाड़ में आने के कुछ ही दिन पहले हुआ झगड़ा था। जिस एक क़ैदी को उच्च सुरक्षा वॉर्ड में, सबसे अलग-थलग रखा गया था, वह लोगों से बलात् पैसे वसूलने वाला दिल्ली का एक सबसे बड़ा गुंडा नीरज बवाना था। बवाना महज़ 24 साल का था जो दिल्ली

के एक सामान्य नौजवान जैसा दिखता था, लेकिन समझा जाता है कि वह 19 साल की उम्र में तिहाड़ आ चुका था और यह चीज़ उसको तब तक का सबसे ख़तरनाक़ अपराधी बनाती थी। उसकी दुश्मनी नीतू डबोडिया गिरोह से थी; और जहाँ नीतू पहले ही मारा जा चुका था, वहीं उसके गिरोह के सदस्यों की बवाना से लड़ाई जारी थी, जिसका ताज़ा कारावास तिहाड़ में अप्रैल 2015 से जारी था।

जैसा कि मीडिया ने रिपोर्ट किया था, क़िस्सा यह था कि अदालत की पेशी से लौटते वक़्त दोनों गिरोहों के दो गुट साथ-साथ थे। जब झगड़ा शुरू हुआ, तो बवाना और उसके गुरगों ने डाबोडिया गिरोह के पारस और प्रदीप नामक दो आदमियों की हत्या कर दी। सोमनाथ की अंदरूनी जानकारी के मुताबिक़, "मुझे पता चला कि उन लोगों ने हथियार के तौर पर एग्ज़ॉस्ट पंखे के ब्लेड का इस्तेमाल किया था।" अब ये कल्पना हो या वास्तविकता, पर यह सुनिश्चित किया गया था कि जब हर सुबह चक्कर के लिए बावना और उसके अनुयायी उच्च जोख़िम वाले वॉर्ड से बाहर आते थे तो उन लोगों से किसी का भी सामना न हो। "अचानक हर कोई ख़ामोश हो जाता था और फुसफुसाहटों में बातें होने लगती थीं।"

बवाना बहुत बड़ी तोप रहा होगा, लेकिन सोमनाथ की अपनी ख्याति उससे बढ़कर थी। सितम्बर 2015, उसके कुछ ही महीनों के बाद का वक़्त था जब आम आदमी पार्टी 70 में से 67 विधान-सभा सीटों पर अविश्वसनीय जीत के साथ सरकार में वापस लौटी थी। सोमनाथ तिहाड़ में भी अपने चारों तरफ़ प्रशंसकों की मौजूदगी महसूस कर रहे थे।

"लोग अरविंद के बारे में पूछते रहते। वे किस तरह के हैं? वे क्या कर रहे हैं? वे लोग खिरकी प्रसंग के बारे में भी जानना चाहते थे।" विदेशी क़ैदियों का बहुत बड़ा हिस्सा नाइजीरियाई था और यह शायद एक अच्छी बात थी कि उनको यह अहसास नहीं था कि उनके समुदाय पर ज़ुल्म ढाने वाला एक व्यक्ति भी अब जेल में आ चुका था। "मेरी जेल में भी काले लोग थे लेकिन मुझे नहीं लगता कि उनको मेरी बात समझ में आती थी।"

अगर वहाँ बवाना जैसे ख़तरनाक व्यक्ति थे तो वहाँ एस. एस. राठी जैसे कुख्यात लोग भी थे। राठी वे पुलिस अधिकारी थे जिनके निरीक्षण में वह बेढंगा अभियान चलाया गया था जिसके नतीजे में कनॉट प्लेस में दिल्ली के दो व्यापारी मारे गए थे और जिस वजह से राठी आजीवन कारावास भोग रहे थे। ये 1997 की बात थी जब क्राइम ब्रांच के एसीपी के तौर पर राठी को गुप्त सूचना मिली कि मोहम्मद यासिन नामक उत्तरप्रदेश के जिस शख़्स की पुलिस को तलाश थी, वह दिल्ली आने वाला है। हालाँकि, उनको इतनी ही जानकारी थी कि वह व्यक्ति उत्तरप्रदेश के रजिस्ट्रेशन नंबर वाली एक कार में सफ़र कर रहा था। एक घातक घपलेबाज़ी और

ग़लत पीछा किए जाने के नतीजे में राठी और उनके आदमियों ने भीड़ भरे बाज़ार के बीचोंबीच दिल्ली के दो व्यापारियों को गोली मार दी। "जानती हैं वह एलएलबी और एलएलएम पूरा करने के बाद अब पीएचडी कर रहा है?" सोमनाथ को उम्मीद थी कि वह 2 से 3 साल के भीतर छूट जाएगा लेकिन वह वक़्त से पहले रिहाई के संदर्भ में उस बड़ी जनहित याचिका (पीआईएल) पर निर्भर करता था जिसके बारे में सर्वोच्च न्यायालय अब फ़ैसला ले रहा था।

जिस एक अन्य व्यक्ति से सोमनाथ ने दोस्ती की, वह जेल का नाई था, जिसको वक़्त से पहले रिहाई का ऐसा कोई तजुरबा नहीं था। वह भी हत्या के जुर्म में जेल भोग रहा था। जेल के भीतर उसका काम उस घटना को डरावने ढंग से याद करना था जिसने उसको इस जगह पर ला पटका था।

"समझा जाता है कि उसने अपनी बहन को अपने एक दोस्त के साथ गोपनीय अवस्था में देख लिया था। उसकी बहन ने कहा कि वह उससे प्रेम करती थी लेकिन उसको तब भी वह चीज़ गवारा नहीं हुई। उसका दोस्त टैक्सी चलाया करता था, इसलिए वह एक दिन उसके साथ गया, और जिस दौरान उसका दोस्त टैक्सी चला रहा था, उस दौरान उसने उस्तरे से उसकी गर्दन चीर दी।"

जेल में, वह उस्तरा अब भी था और वह हर सुबह क़ैदियों से कुछ रुपये लेकर उनकी दाढ़ी बना दिया करता था। उसका अतीत जानकर किसी को भी असुविधा नहीं होती थी। इस तरह के अजीबो-ग़रीब संयोग जेल में सर्वत्र देखने को मिलते हैं। एक पुलिस अधिकारी तिहाड़ की अपनी एक यात्रा से यह क़िस्सा लेकर आया था : "मैं वहाँ पर पदस्थ अपने एक दोस्त से मिलने गया था और मैंने एक नेपाली लड़के को देखा जो हमारी चाय और नाश्ता लेकर आ रहा था। मुझे कौतूहल हुआ क्योंकि वह हमारे स्टाफ़ का नहीं लगता था। इसलिए मैंने उससे पूछा कि वह कौन था। उसने बताया कि वह एक घरेलू नौकर था जिसपर अपने मालिकों की हत्या का इल्ज़ाम था!" ये वसंत विहार का वह ख़ास दहशत भरा प्रकरण था जिसमें नौकर ने न सिर्फ़ पूरे परिवार को मार डाला था बल्कि उनके प्यारे कुत्ते को भी नहीं छोड़ा था। लेकिन अपने काम के साथ जुड़ी इस दहला देने वाली घटना के बावजूद वह अभी भी अपना नीरस निचले दर्ज़े का काम कर रहा था। पुलिस अधिकारी ने कहा, "मुझे उन लड़कों को देखकर वाक़ई बहुत बुरा लगता है। वे बाहर भी नौकर थे, *और अंदर भी बेचारों को वही करना पड़ रहा है।"*

इसलिए जहाँ इस तरह के लोग काम करते थे, वहीं सोमनाथ ने जो थोड़े-से दिन वहाँ बिताए, उनमें वे अपनी नींद निकालते रहे। एक राजनेता का काम चौबीसों घंटे का होता है जिस दौरान वह पूरे समय लोगों के सामने ढोंग करता रहता है, उनको समझता रहता है, चाहे वह डियर पार्क में सुबह की सैर कर रहा हो, या

मृतकों के लिए की जा रही प्रार्थनाओं में शरीक हो रहा हो। लेकिन क़ैदियों का कोई वोट नहीं होता, और इसलिए तिहाड़ में रहते हुए सोमनाथ को किसी का दिल जीतने की ज़रूरत नहीं थी, मिलने वाले क़ैदियों को कोई आश्वासन देना ज़रूरी नहीं था। वे तो सिर्फ़ एसीपी एम के बारे में और उस अपमान के बारे में सोचते रहते थे जिससे उनको गुज़ारा गया था। "जब एसपी ने मेरी पत्नी के साथ मेरे यौन संबंधों के बारे में पूछा तो मैं उस पर उबल पड़ा। मैंने कहा, तुम्हारी इस बकवास का मतलब क्या है। मुझे शर्मिंदगी की हालत में डालने के लिए उसको केंद्र सरकार की ओर से कहा गया था। जानती हैं, एक दिन उसने मुझसे मेरे कपड़े उतारने को कहा? मैं नहीं जानता कि क्यों लेकिन शायद उसका इरादा मुझे शर्मिंदा करना था। पुलिस हिरासत के दौरान मेरे लिए वही एक बदतर पल था।" उन्होंने सिर्फ़ वही एक सप्ताह जेल में गुज़ारा था लेकिन उस पूरे दौरान वे षड्यंत्र सूँघते रहे - उनको घरेलू हिंसा के प्रकरण में गिरफ़्तार किए जाने का षड्यंत्र; षड्यंत्र कि उनको वहाँ रखने का फ़ैसला सुंदर नगर में हुई एक उच्च स्तरीय बैठक में लिया गया, जिस बैठक में बीजेपी के शीर्षस्थ नेता और एटॉर्नी जनरल तथा सॉलिसिटर जनरल शामिल हुए थे; और अंत में, उनके बारे में उनके राजनैतिक बॉस अरविंद केजरीवाल की धारणा को बिगाड़ने का षड्यंत्र।

आख़िरी वाली बात इसलिए क्योंकि इस पूरे प्रकरण के दौरान सोमनाथ की पार्टी उनसे हाथ भर की दूरी बनाए रही थी। जब वे फ़रार थे तो अरविंद केजरीवाल ने ट्विटर पर यह ऐलान किया था : "सोमनाथ को समर्पण कर देना चाहिए। वे भाग क्यों रहे हैं? वे जेल जाने से इतना क्यों डर रहे हैं? अब वे पार्टी और अपने परिवार के लिए शर्मिंदगी की वजह बन रहे हैं (1/2)।"

यह एकमात्र संकेत था जिसने सोमनाथ भारती के लिए स्थितियों को बदल दिया था। लोगों को इसकी परवाह नहीं थी कि उन्होंने अपनी बीवी को पीटा था या नहीं। दरअसल उनमें से बहुत-से लोगों ने मुझसे कहा था कि ये ऐसे मसले हैं जिनको पति-पत्नी के बीच निपटाए जाने के लिए छोड़ देना चाहिए। उनको सिर्फ़ इस बात की परवाह थी कि वे उनकी माँगों को सुनने के लिए उपलब्ध थे या नहीं और एक भ्रष्ट व्यक्ति के रूप में तो प्रकट नहीं होते थे। लेकिन सोमनाथ भारती के अपने उस्तादों ने उनसे जो दूरी बना ली थी, उसने उनको इस अहसास से भर दिया था कि उनको अकेला छोड़ दिया गया था। सर्वोच्च न्यायालय द्वारा ज़मानत पर रिहा कर दिए जाने के बाद वे सीधे अपने बॉस से मिलने गए और वे आपको इतना ही बताएँगे कि अरविंद क़ानून से उनके भागने को लेकर उनसे बहुत निराश थे। "मैंने जो किया था वह इसलिए किया था क्योंकि मैं सोचता था कि मुझे देश की सर्वोच्च अदालत से राहत की माँग करने का हक़ था। इसलिए मैं पुलिस से बचता रहा था," वे कैफ़ियत देते हुए कहते हैं। फिर थोड़ा-सा ठहरकर वे आगे यह जोड़ते हैं, "अब

मुझे लगता है कि शायद मुझे वैसा नहीं करना चाहिए था। शायद मुझे शुरुआत में ही आत्मसमर्पण कर देना चाहिए था।"

सोमनाथ भारती अक्टूबर के पहले सप्ताह में ज़मानत पर रिहा हुए थे और उसके चार माह बाद ही पुलिस ने अपना आरोप-पत्र दाख़िल किया था। पुलिस अभी भी इस बात को स्पष्ट करने में असमर्थ रही है कि डॉन ने उनके आदेश पर लिपिका पर जानबूझकर हमला किया था या नहीं। लेकिन सोमनाथ का कहना है कि यह एक ऐसी चीज़ है जो संभव ही नहीं है। इस समय वे अपनी क़िताब पर काम कर रहे हैं जिसका शीर्षक है, चक्कर, देवरी और चक्की। यह जेल के तीन अलग-अलग स्थलों के बारे में है। इसमें उन 53 लोगों के क़िस्से होंगे जिनसे वे तिहाड़ में मिले और जिनके साथ उन्होंने समय बिताया। "बाहर आने के बाद मैं बीजेपी के एक नेता से मिला और हमारे बीच बहस होने लगी। मैंने उससे कहा कि इसकी वजह से मैंने अपनी बीवी और बच्चों को खो दिया है। इसलिए अब खोने के लिए मेरे पास कुछ भी नहीं है। कुछ भी नहीं। इसलिए तुम लोग अब अपनी चिंता करो।"

11

किन्नर बार-डांसर का पुलिस हिरासत में सामूहिक बलात्कार

"भँवरी देवी प्रकरण से हमें यही सीख मिली कि आपको न्याय कभी नहीं मिलता।"

ये कोई विचित्र बात नहीं है कि पीपल्स यूनियन फ़ॉर सिविल लिबर्टीज़ (पीयूसीएल) की कविता श्रीवास्तव जब ख़ुशी के प्रकरण का हवाला देती हैं तो वे बलात्कार के उस ऐतिहासिक प्रकरण को उद्धृत करती हैं जिसने हिंदुस्तान की कामकाजी महिलाओं को उनके कार्यस्थल पर होने वाले यौन-शोषण से निपटने के बारे में विशाखा मार्गदर्शिका उपलब्ध कराई। भले ही वह ठीक 20 साल बाद की बात हो, लेकिन 1992 का राजस्थान अपने 2012 के संस्करण से उतना भिन्न भी नहीं था। 1992 में जयपुर के बाहर भटेरी गाँव में भँवरी के साथ सामूहिक बलात्कार हुआ था क्योंकि उसने एक बाल-विवाह को रोकने का दुस्साहस किया था। 2012 में भटेरी से कोई 200 किलोमीटर दूर अजमेर में 24 साल की ख़ुशी शेख के साथ पुलिस थाने के भीतर तीन पुलिस वालों ने सामूहिक बलात्कार किया। फ़र्क़ था। इसलिए मैं पुलिस से बचता रहा था," वे कैफ़ियत देते हुए कहते हैं। फिर थोड़ सिर्फ़ इतना है कि भँवरी के साथ बलात्कार करने वाले लोग एक लंबे हालाँकि, बेमन से चलाए गए मुकदमे के बाद निर्दोष करार दे दिए गए थे। ख़ुशी का प्रकरण उस स्तर कभी पहुँच ही नहीं सका, उसको कभी एक न्यायाधीश तक नहीं मिला, कभी मुकदमे की गरिमा भी हासिल नहीं हुई - क्योंकि वह एक हिजड़ा है। उसके साथ पुलिस थाने में बलात्कार हुआ था और पुलिस तब तक आरोप-पत्र तक दाख़िल नहीं करती जब तक कि बलात्कार की यह शिकार झूठ पकड़ने वाला परीक्षण (लाइ-डिटेक्टर टैस्ट) कराने को तैयार नहीं

हो जाती। हाँ, आप ने ठीक पढ़ा। भले ही उसकी चिकित्सकीय जाँच बलात्कार के संकेतों की पुष्टि करती थी, लेकिन अगर कोई हिजड़ा है तो ज़ाहिर तौर पर इतना भर काफ़ी नहीं है। इसी बात में ख़ुशी का और हिंदुस्तान के हिजड़ा समुदाय का क़िस्सा निहित है। नर्क का जेल-क़िस्सा।

IIII

ख़ुशी के बारे में सबसे अचूक तथ्य यह है कि वह बेहद सुंदर है। उसके दोस्तों से लेकर उसकी लड़ाई लड़ रहे एक्टिविस्टों तक, हर कोई ख़ुशी के बारे में बात करते हुए सबसे पहली बात यही कहता है - वह बला की ख़ूबसूरत है। दरअसल, अपनी आँखों के रंग से लेकर अपनी छरहरी बनावट तक वह बहुत कुछ ऐश्वर्या राय जैसी दिखती है। इसी चीज़ ने उसको एक लोकप्रिय बार-डांसर बनाया जो नाचते हुए शानदार तरीक़े से अपनी क़ाबिलियत का प्रदर्शन करती थी। और, जैसा कि उसके दोस्तों को लगता है, यही वह चीज़ है जिसने उसको सबसे ज़्यादा असुरक्षित भी बनाया। "वह बेहद सुंदर है, कहना चाहिए विलक्षण है। असल में पुलिस के लोग उसको किसी बहाने *थाने* में लाना चाहते थे ताकि वे उसके साथ बलात्कार कर सकते," ख़ुशी के दोस्त ने मुझसे कहा, साथ में यह भी कि "हम उसको किसी भी पेशी के लिए अकेले कभी नहीं जाने देते।"

विडंबना यह है कि जून 2012 में उस वक़्त भी ख़ुशी अकेली नहीं थी, जब उस पर हमला किया गया था। उसने और उसके *चेलों* या *किन्नरों* या *हिजड़ों* के उसके *शिष्यों* ने अजमेर की मुईनुद्दीन चिश्ती की सुप्रसिद्ध दरगाह पर जाने की लंबी-चौड़ी योजना बनाई थी। ख़ुशी अपनी दो संगियों के साथ मुंबई से उड़ान भरकर पहुँची जबकि उसके पाँच *चेले* ट्रेन से पहुँचे क्योंकि उनके साथ बहुत सारा सामान था। वे लोग ठीक उस वक़्त पहुँच रहे थे जब दरगाह पर इस सूफ़ी संत की सालगिरह के मौक़े पर हफ़्ते भर तक चलने वाले जश्न के तौर पर उर्स की शुरुआत हो रही थी।

जब जयपुर हवाई अड्डे से टैक्सी का सफ़र करने के बाद ख़ुशी अपने *चेलों* से मिली, तब उसको ज़रा भी इल्म नहीं था कि इस बार उसको दरगाह के भीतर झाँकने का भी मौक़ा नहीं मिलेगा। वह तो अपने कुछ क़रीबी साथियों के साथ मिलकर दरगाह पर चादर भर चढ़ाना चाहती थी। उसने मुझे बताया कि किन्नरों के समाज में एक गुरु-शिष्य परंपरा चलती है। हर किसी की एक गुरु होती है जिसको माँ की तरह देखा जाता है। फिर वे चेलों को अपनाती हैं जिनका वे मार्गदर्शन करती हैं। उदाहरण के लिए, ख़ुशी की गुरु किन्नरों के लिए एक सामाजिक संगठन चलाती हैं जो 25 साल पुराना है। इस संगठन की हिंदुस्तान भर में कई शाखाएँ हैं। वह ग़रीबों और यतीमों की मदद करती है, उनकी आजीविका के साधन हासिल करने

में उनका सहयोग करती है। कर्नाटक का पीयूसीएल इस व्यवस्था के बारे में इस रूप में कैफ़ियत देता है : "हिंदुस्तान के ज़्यादातर हिजड़े समूहों में रहते हैं जिनके सात घराने हैं जो मुख्यतः हैदराबाद, पुणे और मुंबई में स्थित हैं। हर घराने का एक मुखिया होता है जिसे 'नायक' कहा जाता है। यह नायक गुरुओं की नियुक्ति करता है जो आध्यात्मिक नेता होते हैं और जो अपने चेलों को 'बधाई' (नाचने, गाने, आशीर्वाद देने) में प्रशिक्षित करते हैं और समुदाय के भीतर तथा बाहर से उनकी रक्षा करते हैं। यह एक ऐसी परंपरा है जो मातृसत्ता की प्रतिलिपि जैसी है, जो बूढ़े होते गुरु और उस 'चेले' के बीच परस्पर-निर्भरता क़ायम करती है जिसको परिवार से निकाल दिया गया होता है। 'नायक' और विधि-निर्माता की भूमिका निभाते वरिष्ठ गुरु समुदाय के भीतर हिजड़ों के बीच के विवादों का निपटारा करते हैं, और जुर्माना लगाने या समुदाय से बाहर निकालने जैसी सज़ाओं का निर्धारण करते हैं।" (किन्नर समुदाय के विरुद्ध मानवाधिकार उल्लंघन 2003)

ख़ुशी उम्रदराज़ गुरु नहीं थी, न ही वह अपने उस परिवार से निकाली गई थी जिसने उसको जन्म दिया था। किन्नरों का समुदाय अभिभावकों द्वारा किए गए परित्याग, पिटाई या क़ैद किए जाने के क़िस्सों से भरा पड़ा है। उनके साथ यह सब इसलिए किया जाता है क्योंकि किन्नर के अभिभावकों या उसके भाई-बहनों को लगता है किन्नर यौन-मानकों के उनके विचारों पर खरा नहीं उतरता है। लेकिन ख़ुशी जो एक ऐसी योनि में जन्मी थी जिसकी जननेंद्रिय न पुरुष की थी न स्त्री की, को अपने अभिभावकों की ऐसी प्रवृत्ति का सामना नहीं करना पड़ा था। वह अभी भी अपनी माँ और बहन के साथ रहती थी, और मुम्ब्रा के एक डांस-बार में रात की पाली में काम करती थी।

"मेरी माँ ने मेरा पालन-पोषण एक लड़के के रूप में किया था, लेकिन वैसे मैं अपने सारे चालचलन में एक लड़की जैसी ही थी। मैंने घाटकोपर के स्कूल में बारहवीं कक्षा तक पढ़ाई की थी। स्कूल में, हर कोई जानता था कि मैं कुछ स्त्रैण तबीयत की थी और मेरे साथ छेड़छाड़ भी हुई लेकिन मैंने इस सब कुछ का सामना किया। मैं इन बातों को सुनती थी लेकिन इनकी परवाह नहीं करती थी।"

यह संघर्ष उनकी आर्थिक स्थिति से और भी बदतर हुआ था। उसके पिता ड्राइवर थे और 5,000 रुपये कमाते थे जो कभी भी पर्याप्त नहीं थे; एक निम्न-मध्यवर्गीय परिवार में अलग तरह की शख़्सियत का होना ज़िंदगी को और भी मुश्किल बना देता है। लेकिन नाचने के काम ने ख़ुशी के लिए शुरुआत से ही इस स्थिति से बाहर निकलने का एक रास्ता उपलब्ध कराया। जहाँ कुछ किन्नर अपनी यौनपरक स्वायत्तता और आर्थिक आत्मनिर्भरता के लिए यौन-कर्म (सैक्स-वर्क) को एक व्यावहारिक विकल्प के तौर पर चुन लेते हैं, वहीं ख़ुशी ने इस स्वायत्तता और आत्मनिर्भरता को नाचने के कर्म में ढूँढ़ निकाला।

"मैंने शो में जाना और लड़कों के लिए नाचना शुरू कर दिया। मेरे पिता मुल्क से बाहर रियाद में थे और बहुत-से लोग हमसे बात नहीं करते थे। लेकिन धीरे-धीरे, जैसे-जैसे लोगों को ख़बर लगती गई, जो लोग जो मेरी माँ से बात नहीं करते थे वे कहने लगे कि मैं बहुत सुंदर हूँ। अब मुम्ब्रा में, मैं एक अच्छी-ख़ासी सेलिब्रिटी हूँ क्योंकि मैं एक जानीमानी डांसर हूँ - इसलिए कि मैं एक इस क़दर ख़ूबसूरत किन्नर हूँ।"

2010 में ख़ुशी का काम इतना पर्याप्त रूप से अच्छा चल रहा था कि उसने वेजाइनोप्लास्टी सर्जरी (स्त्री योनि को गढ़ने के लिए की जाने वाली शल्य चिकित्सा) कराई जिसपर उसको पाँच लाख रुपये ख़र्च करने पड़े। कुछ पेचीदिगियाँ थी और ख़ुशी का कहना है कि डॉक्टरों ने पूरी तरह सत्यानाश कर दिया था और दूसरा ऑपरेशन ज़रूरी हो गया था और वह कई महीनों के लिए बिस्तर पर पड़ कर रह गई थी। "मेरी गुरु और *किन्नर सामाजिक संस्था* ने मेरी बहुत मदद की। उन्होंने डॉक्टरों के ख़िलाफ़ एक प्रकरण दर्ज़ कराया और केस लड़ा क्योंकि मेरी स्थिति बहुत पेचीदा थी जिस वजह से अस्पताल मुझे भर्ती करने को तैयार नहीं हो रहा था। डॉक्टर अपने मनमाफ़िक ढंग से काम कर रहे थे - मेरा पेट चीर रहे थे जबकि उनको वैसा करने की ज़रूरत नहीं थी।" ये लिंग परिवर्तन शल्य चिकित्सा कराना चाहने वाले किन्नरों के मामले में लापरवाही से पेश आने का डॉक्टरों के दुर्व्यवहार का भी एक आदर्श उदाहरण है। वेजाइनोप्लास्टी या सैक्शुअल रिअसाइनमेंट सर्जरी ज़्यादातर सरकारी अस्पतालों में नहीं की जाती, और इसलिए जो लगभग 15 लाख रुपये या उससे ज़्यादा का ख़र्च करने की स्थिति में नहीं होते, वे अंत में नीम-हकीमों का सहारा लेते हैं।

लेकिन इन तमाम संघर्षों के बावजूद, ख़ुशी ने 2012 में अपने पिता की मृत्यु के समय तक वह स्थिति हासिल कर ली थी जो बहुत-सी किन्नर स्त्रियों के लिए असंभव चीज़ होती है। वह अब अपने पेशे में कामयाब थी और अपने परिवार के लिए रोज़ी कमाती थी। उसने अपने जन्म देने वाले परिवार से अपना नाता बनाए रखा और साथ ही वह *किन्नर* समुदाय के अन्य लोगों के लिए एक रहनुमा भी बन गई।

लेकिन यह जून 2012 था जब ख़ुशी के *चेले* उसकी ज़िंदगी का सबसे भयावह प्रसंग घटित होते देखने जा रहे थे। 4 जून की सुबह जब इस सबकी शुरुआत हो रही थी तब उसमें कोई नुक़सान दिखाई नहीं दे रहा था। ये सारे लोग अजमेर में दिल्ली गेट के क़रीब थे जब पुलिस ने उनके ऑटो को रोका और कहा कि वहाँ से आगे वाहनों के जाने की मनाही थी। इस कॉन्स्टेबल ने, जिसका एफ़आईआर में दर्ज़ नाम भवानी सिंह है, ने ऑटो को वहाँ से आगे ले जाने के लिए उनसे 50 रुपये की माँग की। यह कहना मुश्किल है कि अगर उन्होंने रिश्वत के तौर पर यह पैसा दे दिया होता तो भवानी सिंह टुच्चे भ्रष्टाचार के अपने रास्ते पर चलता हुआ आगे

बढ़ गया होता। लेकिन हुआ ये कि उन्होंने उससे बहस की और भवानी उनकी और भी बेइज़्ज़ती करने लगा।

"तू कहाँ से आई है, किन्नर है कि लड़की है?" उसने पूछा ।

इस झगड़े में ऑटो रिक्शा ड्राइवर, चेले और पुलिस, सभी उलझ गए और अचानक भवानी सिंह बदतमीज़ी पर उतारू हो गया। ख़ुशी कहती है कि ऐसा माना जाता है कि हिजड़े सिर्फ़ लोगों का मनोरंजन भर करते हैं। लेकिन जब भवानी की बदज़बानी उसके हाथ की हरक़तों में बदलने लगी तो चेले भड़क उठे।

"तू लड़की असली है या नक़ली," भवानी सिंह ने कहा और अपना हाथ बढ़ाकर उसके स्तनों को छू दिया। ख़ुशी के चेलों और पुलिस के लोगों के बीच हाथापाई होने लगी। पीयूसीएल रिपोर्ट तमाशबीनों को उद्धृत करती है जिनका कहना था, "ख़ुशी के साथ के लोग आक्रामक हो उठे और उन्होंने पुलिस कॉन्स्टेबल को बुरी तरह से पीट दिया और उसको गालियाँ बकीं और पास के दुकानदारों ने बीच-बचाव किया और आठों-के-आठों लोगों को दरगाह पुलिस थाने ले जाया गया।"

उसके तमाम *चेलों* में ज़ोया सबसे तेज़ चिल्लाने वाली थी और सबसे ज़्यादा वही लड़ रही थी। ख़ुशी ने बताया कि उसको दख़लंदाज़ी कर उनको झगड़ने से रोका गया और वे पुलिस थाने जाने के लिए राज़ी हुईं, लेकिन वही एक ग़लत फ़ैसला साबित हुआ। "जैसे ही हम अंदर पहुँचे, उन लोगों ने हमें पीटना शुरू कर दिया।" यही वह जगह है जहाँ किन्नरों के मामले में क़ानून या उसके दायरे की व्याप्ति का अभाव एक भूमिका निभाता है। अपराध प्रक्रिया संहिता के मुताबिक़ स्त्री पुलिसकर्मी ही किसी स्त्री क़ैदी के साथ पूछताछ कर सकती है। ख़ुशी और उसके *चेले* अपने को स्त्रियों में गिनते थे लेकिन हिजड़े की उनकी हैसियत का मतलब था कि उनको क़ानून के तहत वांछित सुरक्षा प्राप्त नहीं थी।

"मर्द पुलिस वालों ने हम सबको पीटना शुरू कर दिया। ज़ोया मेरा बचाव करना चाहती थी इसलिए उन्होंने उसको बहुत पीटा।" यह शारीरिक बदसलूकी इस सबका महज़ एक हिस्सा थी। प्रकरण अभी तक दर्ज़ नहीं किया गया था और कोई क़ानूनी कार्रवाई नहीं हुई थी, और उन सबकी मीडिया के सामने परेड कराई गई। "पुलिस ने कहा कि इन लोगों ने उन्हें मारा था। इसलिए हर किसी ने उनकी बात मान ली और हमारी बात सुनने को कोई तैयार नहीं था।"

ये बदसलूकी और अपमान का दिन था। गिरफ़्तारी का मतलब था उनको वह सब कुछ पुलिस को सौंप देना ज़रूरी था जो कुछ भी उनके पास था - 87,000 रुपये और ज़ेवर। वे लोग उनके साथ गुलामों जैसा व्यवहार कर रहे थे। एफ़आईआर ख़ुशी को यह कहते हुए दर्ज़ करती है कि "किसी ने मेरे गाल छुए, किसी ने बाल और किसी ने कमर को छुआ। अगर मैं कुछ कहती तो मुझे पीटा जाता।" एक मुक़ाम पर

बताया जाता है कि एक कॉन्स्टेबल ने उनसे कहा, "हमें रैम्प पर चलकर दिखाओ।" लगता था उन ऊबे हुए खाकी वर्दीधारियों को उनकी गिरफ़्तारी से मनोरंजन का कुछ साधन मिल गया था।

जब वे इन खेलों से ऊब गए, तो वे और भी ख़तरनाक खेलों की तरफ़ मुड़े। रात 11.30 बजे उनको एक-एक करके बुलाया गया। उसने सुना कि वे एक-दूसरे से कह रहे थे कि "उन्होंने तुम्हें मारा है, इसलिए तुम भी उनको *चक्की के अट्टा के पट्टा से पीटो।*" वह सबकी अलग-अलग पिटाई का सत्र था। जब ख़ुशी अंदर गई, तो उसने भवानी सिंह और विजय सिंह चौधरी को देखा और उसने अँग्रेज़ी में बोलते हुए वारदात के बारे में बताना शुरू कर दिया। वह सोच रही थी कि अगर वह उनके सामने यह ज़ाहिर कर देती कि वह पढ़ी-लिखी थी, तो वह स्थिति को गंभीर होने से रोक सकती थी। लेकिन यह युक्ति काम नहीं आई। इस पर उन्होंने उसको और भी पीटा। आधी रात को, सब-इंस्पैक्टर लक्ष्मीनारायण सिंह उसको यह चेतावनी देकर चला गया कि वह रात में फिर से लौटकर आएगा।

सुबह 3 बजे ख़ुशी को लक्ष्मी नारायण सिंह और उस भवानी सिंह द्वारा जगाया गया, जो अब सादी पोशाक में था। पूरे दिन पिटाई और गालियों से उनका स्वागत करने के बाद, उन्होंने उसको *पराठा* और *जलेबी* खिलाने का आश्वासन दिया। वे उसका हाथ पकड़कर उसको उसके *चेलों* से अलग कर घसीटते हुए दूसरे कमरे में ले गए। समझा जाता है कि तब भवानी सिंह ने उससे कहा, "मैंने तुझसे पूछा था कि *असली या नक़ली है, अभी खोल के बता।*" पीयूसीएल रिपोर्ट दर्ज़ करती है कि "पहले लक्ष्मी नारायण ने बलपूर्वक मेरे कपड़े हटाए और फिर उन तीनों ने भी अपने-अपने कपड़े उतार दिए, और फिर उन्होंने एक के बाद एक मेरे साथ बलात्कार किया।" तीनों पुलिस वालों ने अपने पैर ख़ुशी के पैरों पर रख दिए ताकि वह हिल-डुल न सके। वह सिर्फ़ रो और चीख़ ही सकती थी।

मजिस्ट्रेट के सामने दर्ज़ किए गए धारा 164 के अंतर्गत दिए बयान में ख़ुशी ने कहा, "वहाँ पर एक और कॉन्स्टेबल मौजूद था जिसके हाथ में एक सफ़ेद मोबाइल था। मैं इस कॉन्स्टेबल का नाम नहीं जानती लेकिन जब वह मेरे सामने आएगा, मैं उसको पहचान लूँगी।" यह कॉन्स्टेबल ख़ुशी की दुर्दशा को अपने मोबाइल से शूट कर रहा था, और जब ख़ुशी मदद के लिए चिल्लाई तो एक महिला कॉन्स्टेबल दौड़ती हुई आई। उसको यह कहकर भगा दिया गया कि *"आपका यहाँ कोई काम नहीं और आप यहाँ से बाहर जाइए।"* कॉन्स्टेबल सरिता चली गई लेकिन उसने दूसरों को चौकन्ना भी कर दिया। जल्दी ही अपनी गुरु को बचाने के लिए ज़ोया कमरे में भागी।

"एक महिला कॉन्स्टेबल वहाँ आई और उसने मुझे उस हालत में देखा, मेरे शरीर पर कोई कपड़े नहीं थे और उसने यह भी देखा कि ये पुलिसवाले सिर्फ़ अपने अंदरूनी कपड़ों में ही थे। जिस कॉन्स्टेबल के हाथ में सफ़ेद रंग का सैमसंग मोबाइल

फ़ोन था, वह उस हालत में मेरा वीडियो शूट कर रहा था। इस महिला कॉन्स्टेबल ने मेरी दोस्त ज़ोया को पूरा क़िस्सा बयान किया। जब ज़ोया अंदर आई तो उसने मुझे उस हालत में देखा। उन सब ने ज़ोया को बेरहमी से पीटना शुरू कर दिया।" (आपराधिक प्रक्रिया संहिता की धारा 164 के अंतर्गत दिया गया बयान)

जैसे बलात्कार और पिटाई ही काफ़ी नहीं थे कि ख़ुशी और ज़ोया, दोनों को मादक द्रव्य रखने के झूठे प्रकरणों में फँसाने की धमकी भी दी गई। अलस्सुबह उनको मुर्गा बनाकर बिठाया गया और कहा गया कि वे कहें कि उनसे ग़लती हुई, कि सारा क़सूर उन्हीं लोगों का था। ख़ुशी ने वह कहा जो उसको कहना पड़ा, लेकिन जब सुबह एसएचओ आया, तो उसने तुरंत उसको बलात्कार की रिपोर्ट दी। हालाँकि, अगर वह किसी प्रतिक्रिया की उम्मीद लगाए बैठी थी, तो ऐसी कोई प्रतिक्रिया नहीं हुई। एसएचओ ने कहा कि उसको सब जानकारी है और दरअसल ख़ुशी को पता चला कि जो 87,000 रुपयों की नक़दी उनसे जमा कराई गई थी, रिकॉर्ड के मुताबिक़ वह मात्र 47,000 थी। बाक़ी सारा पैसा हड़प लिया गया था। मजिस्ट्रेट ने कुछ नहीं कहा और उसको, बलात्कार की उस शिकार को, जेल भेज दिया।

अब अगर आप 'ह्यूमन राइट्स वॉयलेशन अगेंस्ट सैक्शुअल मायनॉरिटीज़ इन इंडिया इन 2000 ऐंड 2003' शीर्षक से लिखी गई पीयूसीएल की रिपोर्ट और ऑनडे द्वारा जारी की गई रिपोर्ट 'ह्यूमन राइट्स वॉयलेशन ऑफ़ ट्रांसजेंडर्स इन 2014' की मानें तो आप जान जाएँगे कि ख़ुशी का प्रकरण अनेक उदाहरणों में से महज़ एक उदाहरण है। क़ानून लागू करने वालों के साथ कोई आकस्मिक मुठभेड़ और किन्नरों को सुरक्षा प्रदान करने वाले किसी स्पष्ट क़ानून का अभाव उनपर स्वच्छंद यौनपरक हमलों की ओर ले जाता है। 2014 की रिपोर्ट के मुताबिक़ रिचा नामक एक किन्नर स्त्री का अनुभव ख़ुशी के अनुभव से मिला-जुलता है। जब वेश्यावृत्ति के आरोप में पड़ोस के कुछ लड़कों ने आक्रामक रुख़ अपनाते हुए उनपर हमला किया तो बहुत बड़ा झगड़ा भड़क उठा। पुलिस को बुलाया गया, और उस रात पुलिस थाने में रिचा के साथ जो कुछ हुआ, उसका बयान वह इस तरह करती है : "वह एक बुरा सपना था। पहली बात तो हमें कंबल नहीं दिए गए थे और तेज़ ठंड पड़ रही थी। दूसरे जैसे ही हम सोने लगते, पुलिस हमारे स्तनों और योनि पर अपना डंडा चुभा देते। उन्होंने हमसे पूछा कि हमारे पास जो कुछ भी है, वह क्या असली है और पूछा कि क्या वे हमारे स्तनों को छू सकते हैं। हम नहीं जानते थे कि हम और क्या करते क्योंकि हम वहाँ से बाहर निकलना चाहते थे।"

"तुम्हारे स्तन असली हैं या नक़ली?" ख़ुशी से भी ठीक यही सवाल पूछा गया था, और अगर आप मानवाधिकार संगठनों द्वारा तैयार की गई रिपोर्टों की मार्फ़त सामने आने वाले किन्नर स्त्रियों के साक्ष्यों पर भरोसा करें तो आप पाएँगे कि यह नियमित रूप से सामने आने वाला क़िस्सा है। निश्चय ही, उनको जिस तरह की

बदसलूकी का सामना करना पड़ता है उसमें इस तरह के ताकझाँक भरे सवाल सबसे कमतर चीज़ें हैं, क्योंकि जिस तरह के यौनपरक हमले का सामना ख़ुशी को करना पड़ा वैसे हमले आम वारदातें हैं। मानो किन्नर-देह को लेकर जागने वाली उत्सुकता में ही कुछ ऐसा है कि वह हिंसा और यौनपरक हमलों में ही ख़ुद को अभिव्यक्त करती है, ख़ासतौर से पुलिस जैसे क़ानून लागू करने वालों द्वारा। इस हमले को जिस चीज़ ने अलग शक्ल दी, वह यह थी कि ख़ुशी ने उसे मंज़ूर करने से इंकार किया था।

चार दिन में उसको ज़मानत मिलने के बाद जल्दी ही वह रिपोर्ट करने और अपनी शिकायत पर कार्रवाई के सिलसिले में वरिष्ठ अधिकारियों से मिलने गई। जब वह दरगाह पुलिस थाने पहुँची, तो उसके बालात्कार करने वालों में से एक ने उसको धमकी दी। मजिस्ट्रेट के सामने दिया गया ख़ुशी का बयान इस प्रकार है : "लक्ष्मी नारायण ने मेरा कंधा ज़ोर-से पकड़ा और बोला कि तुम किसी से भी बलात्कार के बारे में कहने की हिम्मत मत करना, नहीं तो तुम्हें याद ही होगा। तब मुंबई से आई मेरी दोस्त ने लक्ष्मी नारायण को गाली देते हुए कहा कि उसने मेरा हाथ पकड़ने की हिम्मत कैसे की?" वे लोग अंदर गईं और उन्होंने वरिष्ठ पुलिस अधिकारियों को बलात्कार और उनके पैसे के हड़पे जाने के बारे में बताया। पुलिस ने कोई प्रकरण दर्ज़ करने और आरोपियों को निलंबित करने की बजाय उनको ही यह सब न करने की सलाह दी। ये सब कहने का क्या फ़ायदा था? आख़िर वह अपनी शिकायत पर कार्रवाई कराने के लिए बार-बार अजमेर की यात्रा पर तो नहीं आ सकती थी। जब डीएसपी ने उसकी बातों पर कोई ध्यान नहीं दिया, तो ख़ुशी ने पूरी वारदात के बारे में लिखा और उसको लेकर वह उसके बॉस एएसपी के पास गई और अंततः 10 जून को उसकी एफ़आईआर दर्ज़ की गई। उसी के साथ रिश्वतखोरी और उसके पैसों को हड़पे जाने के बारे में एक स्वतंत्र एफ़आईआर भी दर्ज़ की गई। चोरी के छोटे अपराध के बारे में यह दूसरा प्रकरण ही एकमात्र वह प्रकरण था जिसपर कुछ कार्रवाई आगे बढ़ी, और उसके नतीजे में दी गई सज़ा के तौर पर थाना प्रभारी विजय सिंह का तबादला कर दिया गया।

यह होने के पीछे भी एकमात्र वजह गवाहों की मौजूदगी थी। "महिला कॉन्स्टेबल ने यह सब देखा था। उसने 87,000 रुपयों के जमा किए जाने की पुष्टि की और इसलिए विजय सिंह चौधरी को निलंबित किया गया।" हालाँकि गवाहों के साक्ष्य और बलात्कार की वीडियो रिकॉर्डिंग, दोनों ही उनको तहक़ीक़ात के एफ़आईआर स्तर से आगे नहीं ले जा सके। उस मोबाइल की फ़ॉरेंसिक रिपोर्ट आज भी सालों बीत जाने के बाद बाहर नहीं आई है, जोकि आम तौर से होने वाले विलंब के हमारे मापदंड के हिसाब से भी समझ से परे है। हालाँकि, वह उतना चौंकाने वाला भी नहीं है जितनी वे टिप्पणियाँ हैं जो एक्टिविस्टों को उस वक़्त सुनने को मिलीं जब वे इस प्रकरण पर कार्रवाई के सिलसिले में विभिन्न पुलिस अधिकारियों से मिले। बलात्कार

के आरोप को गंभीरता से न लिए जाने के बचाव में उन्होंने जो कहा, वह ये है : *"बेदाग़ हैं, तभी तो जॉब में हैं,"*- ये जवाब मिला था उनको जब उन्होंने यह पूछा था कि बलात्कारी पुलिस वालों को निलंबित क्यों नहीं किया गया। दूसरे जवाब ये थे : *"हमारा थाना तो इतना छोटा है कि अगर मैं अपने रूम में चीखूँ तो उसकी आवाज़ पूरे थाने में सुनाई पड़ती है। यहाँ पर मार्केट में इतना क्राउड होता है कि रात को भी सुबह जैसा माहौल रहता है।"*

जब एक्टिविस्टों ने पूछा कि क्या ख़ुशी झूठ बोल रही है, तो एक अधिकारी ने कहा, "हिजड़ों के साथ बलात्कार नहीं किया जा सकता क्योंकि वे तो ख़ुद ही अपने कपड़े फाड़ देते हैं और अपने शरीरों को उपलब्ध कराने के लिए हमेशा तैयार रहते हैं।"

हालाँकि हर व्यक्ति इतना असंवेदनशील नहीं था। जब कई दिनों बाद बलात्कार के निशानों को देखने के लिए ख़ुशी की चिकित्सकीय जाँच की गई, तो डॉक्टर उसके प्रति लगभग श्रद्धा से भरी हुई थीं।

"जब उन्होंने मुझे देखा, तो पहले तो उनको लगा मैं एक लड़की हूँ। डॉक्टर मुझे छूने से कुछ डर रही थी क्योंकि मैं एक किन्नर हूँ। उसने मुझसे कहा कि मुझे माफ़ कर देना क्योंकि मुझे आपको छूना होगा। मेरे भगवान बहुत नाराज़ होंगे। मेरी आँखें भर आई थीं। मैंने कहा, आपको छूना ही होगा, नहीं तो मैं अपने बलात्कार की रिपोर्ट कैसे कर पाऊँगी। उसने कहा कि वह पहली बार किसी किन्नर के बलात्कार के प्रकरण की जाँच कर रही थी।"

डॉक्टर का यह व्यवहार हिंदुस्तान के बहुत-से समाजों में व्याप्त इस विश्वास की उपज है कि अपने असामान्य जननांगों की वजह से *हिजड़े* दिव्यता से ताल्लुक़ रखते हैं, और उनमें विशेष शक्तियाँ होती हैं। ख़ुशी भाग्यशाली थी कि उसको महज़ सरकारी डॉक्टरों के बीच ही नहीं बल्कि जेल में भी ऐसा अनुभव हुआ। वह वहाँ के सुरक्षाकर्मियों के बारे में बताती है : "जब वे मेरी जाँच कर रहे थे, तो महिला कॉन्स्टेबल लगातार माफ़ी माँगती रही। किन्नरों को कुछ लोग *'बुआजी'* कहते हैं और वह लगातार मुझसे कहती रही, बुआजी मुझे *बददुआ* मत देना। मैं आपको छूना नहीं चाहती लेकिन क्या करूँ, ये मेरी नौकरी है।" जेल के सुरक्षाकर्मियों ने यह सुनिश्चित किया कि ख़ुशी और उसके चेलों को एक अलग बैरक में रखा जाता और वहाँ वैसी कोई प्रताड़ना नहीं थी जैसी उनको पुलिस हिरासत में झेलनी पड़ी थी। लेकिन दूसरे किन्नरों के लिए यह कोई आम अनुभव नहीं है।

पीयूसीएल की 2003 की रिपोर्ट जेल व्यवस्थाओं के भीतर वहशी बलात्कारों के कई साक्ष्य पेश करती है। पेश है 27 वर्षीय नासिर का तजुरबा जो उसको 2002 में कर्नाटक की एक जेल में हुआ था :

> उस रात क़रीब 11 बजे कोई बारह आदमी मेरे पास आए, और उन्होंने अगली सुबह तक एक के बाद एक मुझे गुदा मैथुन और मुख मैथुन कराने पर मजबूर किया। इसकी वजह से मुझे अपनी पीठ में बेहद तीखा दर्द होने लगा और मेरी गुदा में दर्द होने लगा; जब मैं हाज़त निपटाने के लिए शौचालय में गई तो मेरी गुदा से ख़ून के साथ-साथ वीर्य पानी की तरह बहने लगा। दर्द और रात भर सो न पाने की वजह से मैं थकी हुई तो पहले से ही थी, अब मुझे इससे भय भी महसूस होने लगा। जब मैंने इस सब के बारे में कुछ क़ैदियों को बताया तो मुझसे मुँह बंद रखने को कहा गया। उन लोगों ने कहा कि यदि मैंने पुलिस को यह बात बताई तो अधिकारी इस कुकर्म में मुब्तिला लोगों के साथ मुझे भी बुरी तरह सज़ा देंगे।

रिपोर्ट में आगे कहा गया है :

> जेल ऐसी अभिरक्षात्मक (कस्टोडियल) संस्थाएँ हैं जहाँ पुरुषों का स्त्रैण आचरण हमेशा अधिकारियों तथा क़ैदियों द्वारा दुर्वव्यवहार का पात्र बनाए जाने का गहरा जोख़िम लिए होता है। जेल वे बंद संस्थाएँ हैं जहाँ सैक्स के आधार पर सख़्त भेदभाव बरता जाता है। इसी के चलते यह सुनिश्चित किया जाता है कि पुरुषों के वॉर्ड किसी तरह के विषमलैंगिक संपर्क से वंचित अत्यंत पुरुषोचित जगहें हों। पुरुषत्व के प्रति जेलों के वातावरण द्वारा प्रोत्साहित पूजाभाव में अनिवार्यतः उन लोगों को लक्ष्य बनाया जाना शामिल होता है जिनको पर्याप्त 'पुरुषोचित' नहीं समझा जाता।

जेल में ख़ुशी पर हमले जारी नहीं रहे लेकिन अजमेर के पुलिस थाने में उसने जो रात बिताई थी, उससे वह बाहर नहीं आ सकी। "दो साल बीत जाने के बाद भी मुझे तमाम क़ानूनी कार्रवाईयों के लिए इतनी दूर जाना पड़ता है। ये बेहद तकलीफ़देह है।" उन लोगों ने प्रकरण को मुंबई स्थानांतरित करने का अनुरोध किया, उसे ख़ारिज़ कर दिया गया। दरअसल, पुलिस तो पूरे प्रकरण को ही ख़ारिज़ करती है। उसकी चिकित्सा रिपोर्ट इस बात को दर्ज़ करती है कि "उसके शरीर पर खरोंचे थीं, उसकी जाँघ पर नीली खरोंचें और योनि-स्थल पर ज़ख़्म थे।" जहाँ उसकी रिपोर्ट उसकी स्तन-आरोपण शल्यक्रिया और वैजाइनोप्लास्टी के बारे में सूचना दर्ज़ करती है और 'असामान्य विकास' ('एबनॉर्मल डेवलपमेंट') की बात करती है, पुलिस का कहना था कि इससे यह साबित होता है कि वह एक मादा है न कि किन्नर। वरिष्ठ अधिकारियों ने पीयूसीएल को बताया, "बलात्कार के आरोपियों के ख़िलाफ़ कोई प्रथमदृष्ट्या सबूत नहीं पाया गया, परीक्षण के लिए उपलब्ध कराए गए कपड़े फटे हुए या बुरी हालत में नहीं पाए गए।"

इस प्रकार मामला समाप्त हुआ। दो साल बाद पुलिस ने एसएचओ विजय चौधरी के ख़िलाफ़ ग़ैरक़ानूनी ढंग से पैसे ऐंठने का आरोप-पत्र तो दाख़िल किया, लेकिन बलात्कार का प्रकरण घिसट रहा है। "पुलिस के ख़िलाफ़ बढ़ते जनमत की वजह से, यह बात साफ़ ज़ाहिर हो गई थी कि अजमेर पुलिस ने कमतर अपराध पर तो कार्रवाई करने का फ़ैसला किया लेकिन हिरासत में बलात्कार के ख़िलाफ़ कोई कार्रवाई नहीं की, क्योंकि अगर वह उसे स्वीकार कर लेती है तो उस हालत में अजमेर पुलिस बदनाम होगी और वहाँ मौजूद रहे तमाम पुलिसकर्मियों के ख़िलाफ़ कार्रवाई की जाएगी और अधिकारी भी गुनहगार साबित होंगे।" (पीयूसीएल)

पुलिस ख़ुशी का झूठ पकड़ने वाला परीक्षण (लाइ-डिटेक्टर टैस्ट) कराना चाहती है, जिसे न तो उसने मंज़ूर किया है न ही एक्टिविस्टों ने। पुलिसकर्मियों पर हमले के प्रकरण का पीछा भी पुलिस कर रही है और बलात्कार के प्रकरण को दबाने में उसका इस्तेमाल करने की कोशिश में लगी हुई है। समझौता करने और किसी निपटारे पर पहुँचने का भारी दबाव है।

"जब ये घटना हुई थी तो मेरी माँ भागकर अजमेर आ गई थी। उसकी देखभाल करने वाली मैं अकेली हूँ। वह किडनी ट्रांसप्लांट की मरीज़ है और उसकी ज़िंदगी को बचाए रखना बहुत मुश्किल काम है। हमारे लिए भी यह बहुत बड़ा संघर्ष था। कोई व्यक्ति बहुत लंबे समय तक डायलिसिस पर नहीं रह सकता। उनको प्रत्यारोपण की ज़रूरत थी। हमने वह किसी तरह किया।"

निश्चय ही, इस सबका बहुत बुरा प्रभाव हुआ। ख़ुशी अवसाद से गुज़र रही है और इसके लिए उसका इलाज चल रहा है। वह लगातार ख़ुद से पूछती रहती है कि उसको इस इंतिहाई वहशीपन से क्यों गुज़रना पड़ा। क्यों, आज तक फ़ॉरेंसिक रिपोर्ट नहीं आई है? "मैं मुख्यमंत्री को, मुझसे मिलने के लिए फ़ोन लगाती रही, लेकिन उन्होंने कोई जवाब नहीं दिया या उनकी कोई दिलचस्पी ही नहीं थी। एक औरत के रूप में, उनकी लेशमात्र दिलचस्पी थी।"

अगर कोई चीज़ उसको जिलाए हुए है तो वह उसका नाचना और ठाणे डांस-बार में उसकी नौकरी है जहाँ वह पिछले छह सालों से काम कर रही है।

"डांस बार में हमें कभी प्रताड़ित नहीं होना पड़ता। लोग महज़ मनोरंजन के लिए आते हैं। आसपास भरपूर सुरक्षा होती है, इसलिए हमें कोई भी प्रताड़ित नहीं कर सकता, कोई नुक़सान नहीं पहुँचा सकता।" यही वजह है कि ख़ुशी की गुरु बलात्कार के प्रकरण के निपटारे के लिए उसपर दबाव डालती रहती है, कहती रहती है कि वह अब अपने काम पर ध्यान दे, और समय के बीतने के साथ ख़ुशी को भी लगता है कि उसको पीछा छोड़ देना चाहिए, सबके ख़िलाफ़ अपने आरोपों को वापस ले लेना चाहिए। बार-बार की अजमेर यात्रा, अपनी सुरक्षा का भय - यह सब

बहुत हो चुका। एक्टिविस्टों की ओर से पड़ रहे दबाव का नतीजा था कि सीआईडी उसकी जाँच कर रही है लेकिन मामला ज़रा भी आगे नहीं बढ़ा। ख़ुशी के लिए शुरू से ही लड़ रही पीयूसीएल की कविता शायद इस बात को समझती हैं। वे जानती हैं कि ख़ुशी अब तक जो लड़ाई लड़ती रही है उसके माध्यम से उसने एक वक्तव्य तो दे ही दिया है। उसने अभी भी हार नहीं मानी है, और जब भी वह अजमेर में होती है, उसका दरगाह जाना जारी है।

"मुझे इस बात का बहुत गर्व है कि मैं एक किन्नर हूँ। एक किन्नर के रूप में मुझे जिस तरह की इज़्ज़त मिलती है, उससे मैं बहुत सुख महसूस करती हूँ। इतनी इज़्ज़त तो औरतों को भी नहीं मिलती।"

12

पूर्णिया जेल से तिहाड़ तक

"क्या ये सही है, पप्पूजी, कि आपने तिहाड़ जेल में वीआईपी वॉर्ड की शुरुआत की? और यह कि आपने दरअसल, उसे बहुत आरामदेह बनाया और वहाँ पर एक जिम की भी शुरुआत की?" यह सवाल मैंने बिहार से पाँच बार सांसद रह चुके पप्पू यादव से कुछ संकोच के साथ पूछा था। ज़्यादातर नेता अपनी जेल-यात्रा के बारे में बात करना पसंद नहीं करते, बशर्ते कि उस जेल-यात्रा का ताल्लुक़ आपातकाल से न रहा हो, जो एकमात्र ऐसा मौक़ा रहा है जिसमें जेल-यात्रा का टैग गर्व के साथ धारण किया जाता है। ज़्यादातर सांसद तो इस बात को भी स्वीकार करना पसंद नहीं करते कि उन्होंने कोई 'वीआईपी' शाखा तैयार की थी या किसी विशेष क़िस्म के बरताव का आग्रह किया था। लेकिन पप्पू यादव ऐसे ज़्यादातर सांसदों की तरह नहीं हैं और अगर वे 15 या उससे ज़्यादा साल बार-बार जेल जाने-आने में बिताए जाने से इंकार नहीं करते तो इसलिए कि यही वह जगह थी जहाँ उनको अपनी जातीय पहचान का पता चला, जहाँ उन्होंने अपनी पत्नी को पहली बार देखा, जहाँ वे गिरोहबाज़ अर्जुन यादव के चहेते बने और जहाँ से उन्होंने पूर्णिया, बिहार के संसदीय क्षेत्र से चुनाव लड़े और जीते। अगर कोई एक आदमी ऐसा है जो ये जानता है कि भागलपुर से बेऊर तक की बदतर जेलों में कैसे गुज़ारा किया जा सकता है, तो वे बिहार के कोसी क्षेत्र के 50 साल के राजेश रंजन उर्फ़ पप्पू यादव हैं। पप्पू, जो किंचित ज़्यादा ही भारी क़द-काठी के हैं जिसका वज़न एक समय में 175 किलोग्राम तक हो गया था और जो अब घटकर मात्र 125 ही रह गया है, की जेल में रहते हुए कई शल्य-क्रियाएँ हुई हैं। ये 2013 में ही हुआ जब जेल के बिल्ले ने अंततः पप्पू यादव का पीछा छोड़ा, जब पटना उच्च न्यायालय ने उनको कम्युनिस्ट पार्टी ऑफ़ इंडिया (मार्क्सवादी) के अजीत सरकार की हत्या के आरोप से बरी कर दिया। हालाँकि, वे उसके बाद जल्दी ही 2015 में वापस वहीं जाने की कगार पर थे, जब उन्होंने बिहार में एक बंद का नियम तोड़ा था।

"हाँ, ये सही है," वे मेरी जिज्ञासा का जवाब देते हुए कहते हैं, कुछ इस भाव से जैसे यह दुनिया की सबसे सामान्य चीज़ हो, जैसे मैंने उनसे यह पूछा हो कि क्या उन्होंने ग़रीब लोगों की मदद की थी, कि क्या उन्होंने अपनी सांसद निधि से पैसा ख़र्च किया था, मानो इससे ज़्यादा बुद्धिमत्तापूर्ण कोई दूसरा सवाल न हो सकता हो। उन्होंने आगे कुछ नहीं कहा लेकिन जो जवाब उनके चेहरे पर आसानी-से देखा जा सकता था वह यह था कि "क्या आपको नहीं लगता कि जिस जगह पर मुझे अपनी पूरी ज़िंदगी गुज़ारनी थी, उस जगह को मैं आरामदायक बनाने की कोशिश करता?"

हम उनके सांसद बँगले के लॉन में चार साक्षात्कारों के लिए अलस्सुबह मिले थे। जब से पप्पू यादव पटना उच्च न्यायालय द्वारा बरी किए गए थे तभी से उन्होंने सावधानीपूर्वक अपनी एक अलग तरह की छवि बनाने पर ध्यान दिया था। "अगर आप मुझे गूगल करें तो अब आप ये नहीं पढ़ेंगी मैं एक *बाहुबली* या डॉन हूँ।" यह सही था। जिन मुद्दों को लेकर वे सुर्ख़ियों में आया करते थे वे काफ़ी दिमाग़ी क़िस्म के मुद्दे थे, जिनमें से बहुत-से बिहार के बाहर के थे। जैसे कश्मीर मुद्दा, या दलितों पर अत्याचार और संसद में पूर्ण हाज़िरी और वहाँ की बहसों में भागीदारी के लिए पूरी उत्सुकता के कई ज़िक्र थे। दरअसल, बावजूद इसके कि वे ऐसे आदमी हैं जिसने अपनी पूरी शिक्षा जेल में पूरी की, उनकी दिलचस्पियाँ दिमाग़ी थीं। जब वे भागलपुर जेल में थे तब उन्होंने XII की या इंटर की परीक्षा दी थी। बेऊर जेल में रहते हुए उन्होंने स्नातकोत्तर की डिग्री हासिल की, और बाद में तिहाड़ जेल के अपने दिनों में उन्होंने नेशनल ओपन यूनिवर्सिटी (इग्नू) से आपदा प्रबंधन और मानवाधिकार में अतिरिक्त डिग्रियाँ हासिल कीं। अपने लेखन में पप्पू हज़ारीबाग़ जेल के एक जेलर को याद करते हैं जिसका अपना एक क़ाबिले तारीफ़ पुस्तकालय था, जहाँ पर उन्होंने उस आयरिश क्रांति के बारे में पढ़ा था जिसने भगत सिंह को प्रेरणा दी थी। यही वह जगह भी थी जहाँ उनका परिचय महाश्वेता देवी के लेखन से हुआ, ख़ासतौर से उनके उपन्यास *जंगल के दावेदार* से जिसमें परवर्ती अठारहवीं सदी के ज़मींदारों द्वारा संथाल आदिवासियों पर ढहाए गए ज़ुल्म का वर्णन किया गया है।

हर सुबह, मैं हत्या, ग़ैरक़ानूनी ढंग से हथियार रखने, और अपहरण जैसे अपराधों के लिए कुख्यात रहे इस व्यक्ति को (रोमिल होल्डर-युक्त) अपने पढ़ने का चश्मा लगाए तमाम अख़बारों को सावधानी के साथ पलटते और क्षेत्र में कार्यरत अपने सहयोगियों से जानकारियाँ हासिल करते देखती। वे ट्रैक पैंट और टी-शर्ट में होते और या तो क्रॉक्स पहने होते या अभ्यास के दौरान पहने जाने वाले कोई फ़ैशनेबल जूते पहने होते।

कभी-कभी मैं उनको लुटियन की दिल्ली की बलवंत राय मेहता लेन के अपने बँगले के पीछे के बैरकों का जायज़ा लेते हुए पाती थी। वे 7 नंबर बँगले में रहते हैं

जो उनकी पत्नी और काँग्रेस की सांसद रंजीत रंजन को आवंटित है। उनके ऑफ़िस 11 नंबर में हैं जहाँ के बैरकों में वे सब लोग रहते हैं जो बिहार के उनके मधेपुरा और सुपौल संसदीय-क्षेत्रों से अपने इलाज के लिए दिल्ली आते हैं। *"क्या बबुआ, हम दिखा दें कैसे साफ़ करते हैं?"* वे अपने सफ़ाई कर्मचारी के हाथ से झाड़ू छीनने की कोशिश करते हुए कहते हैं। लोगों को छोटे अस्थायी कमरों और बाहर के एक आँगन में ठहराया जाता है। इन बीमारों के साथ आए कुछ परिवारों को कमरे दिए जाते हैं जबकि दूसरे लोग अपेक्षाकृत सामुदायिक वार्डों में रहते हैं। शौचालयों की कुछ क़तारें बैरकों का हिस्सा हैं और बड़ा-सा इलाक़ा भी है जो सामुदायिक रसोई के काम में आता है, हालाँकि जिनको कमरे मिले होते हैं वे अपना खाना ख़ुद पकाते हैं। "क्या बना रहे हो?" वे रसोइए से पूछेंगे, जो बाद में उनके अनुमोदन के लिए उनको कुछ भाजी भेजने का वादा करता है। पप्पू यादव मुझे बताते हैं कि वे उस रसोई में प्रतिदिन 200 लोगों का खाना तैयार करते हैं, और उनके वहाँ से गुज़रने पर उनका हर अस्थायी मेहमान कृतज्ञता के रूप में हाथ जोड़कर उनको नमस्कार करता है। हो सकता है कि यादव ने यह ग़ैरक़ानूनी निर्माण कराया हो लेकिन यहाँ वे उन लोगों का सिर ढँकने के लिए छाया उपलब्ध कराते हैं जो डॉक्टरों से मुलाक़ात के इंतज़ार में कई-कई दिनों, और कभी-कभी हफ़्तों तक एम्स के बाहर फ़ुटपाथों पर पड़े रहते। जब आगंतुकों का इंतज़ाम देखने वाला नौकर उनको पिछली रात दस लोगों के आने की ख़बर देता है, तो वे पूछते हैं, "तुमने उनका इंतज़ाम कैसे किया?" नौकर ने कहा, उसने चार लोगों के सोने के लिए तो कुछ जगह का इंतज़ाम कर दिया लेकिन बाक़ी लोगों को बैठकर रात गुज़ारनी पड़ी।

"क्या करें, मैडम," उन्होंने मुझसे कहा, "क्या मैं उनको भगा सकता हूँ?" उनके इसी तरह के कृत्यों ने उनको रॉबिन हुड का टैग प्रदान किया है और इन्हीं के चलते वे एक के बाद एक चुनाव जीतते रहते हैं। जब उन्होंने इंडियन मेडिकल एसोसिएशन (आईएमए) को इंडियन मर्डरर्स एसोसिएशन की संज्ञा दी थी तो बिहार के डॉक्टरों ने हड़ताल करने की धमकी दी थी, लेकिन उनके मतदाताओं ने उनके प्रति प्यार जताया था क्योंकि वे डॉक्टरों द्वारा वसूली जाने वाली महँगी फ़ीस को ख़त्म करने की माँग कर रहे थे। मधेपुरा के उनके अपने इलाक़े के डॉक्टर इस ख़ौफ़ में रहते हैं कि अगर किसी ने उससे नाजायज़ फ़ीस वसूल किए जाने की शिकायत कर दी तो पप्पू उनका क्या हाल करेंगे!

यहाँ तक कि जब वे दिल्ली में थे, जहाँ उनका बेटा हिन्दू कॉलेज में था और राज्य की ओर से रणजी ट्रॉफ़ी खेल रहा था और उनकी बेटी दिल्ली पब्लिक स्कूल में पढ़ रही थी, वहाँ भी उनसे मदद की उम्मीद करने वाले आते थे और पप्पू से दाख़िलों या नौकरी के इंटरव्यू में मदद का अनुरोध करते थे, और वे पैरवी कर उनकी मदद किया करते थे। आपके काम के लिए 'पैरवी' बिहार में महज़ एक शब्द

नहीं है, वह दरअसल एक मार्गदर्शक सिद्धांत, जीवन का ढंग है। उनके सहयोगी काग़ज़ के पुरज़े पर लिखा अनुरोध लेकर आते तो कभी-कभी वे मेरे सामने ही फ़ोन करते, *"जी, मैं पप्पू यादव बोल रहा हूँ,"* वे कहते। "एक लड़का है जिसका इम्तिहान में चयन हो गया है और वह इंटरव्यू देने वाला है। हाँ, हाँ, वो आपकी ही जात का है। मैं आपको उसका ब्यौरा व्हाट्सएप कर रहा हूँ।" यक़ीनी तौर पर नहीं कहा जा सकता कि ये युक्तियाँ काम करती थीं या नहीं लेकिन जब पप्पू यादव इस तरह के फ़ोन कर देते तो फ़रियादी निश्चय ही बेहतर महसूस करता था। बताया जाता है कि जब वे जेल में थे, तब भी ये फ़ोन कभी बंद नहीं हुए। दिसम्बर 2004 में प्रेस ट्रस्ट ऑफ़ इंडिया द्वारा पेश की गई एक रिपोर्ट के मुताबिक़ पप्पू ने पटना जेल में हर दिन लगभग 22 फ़ोन करने के लिए अपनी बहन के मोबाइल का इस्तेमाल किया था, जिसका मतलब था कि उन्होंने महीने में 600 से ज़्यादा फ़ोन किए थे। इस न्यूज़ एजेंसी का कहना था कि फ़ोन के विवरणों का रिकॉर्ड बताता है कि जेल में रहते हुए पप्पू ने विभिन्न मंत्रियों से लंबी-लंबी बातचीतें कीं, जिनमें से एक मंत्री वे भी थे जिनके पास जेल की ज़िम्मेदारी थी, एक सिंचाई मंत्री थे और एक वे थे जिनके पास ऊर्जा विभाग की ज़िम्मेदारी थी। और हाँ, उनकी पत्नी रंजीत रंजन के लिए किए गए फ़ोन तो थे ही। ज़ाहिर है, जेल के अधिकारी उनको ये फ़ोन करने से रोकने के मामले में असहाय थे क्योंकि बजाय नकेल डालने के, इन अधिकारियों ने सर्वोच्च न्यायालय को कहा कि वे बेऊर और अन्य जेलों में सिग्नल जैमर लगाने जा रहे हैं।

जब पप्पू यादव पहली बार 17 साल की उम्र में पूर्णिया जेल गए थे तब से लेकर 46 साल की उम्र में अंततः तिहाड़ से उनके रिहा होने तक उनके जेल के क़िस्सों में सबसे दिलचस्प क़िस्सा उनकी पत्नी, राष्ट्रीय स्तर की भूतपूर्व टेनिस खिलाड़ी रंजीत से हुई मुलाक़ात का है। दोनों की जोड़ी ख़ासी रोमांटिक है। हमारे इंटरव्यू के बीच कभी-कभी वे आग्रह करते, "मैडम, *आज कॉफ़ी पीने का मन कर रहा है। क्या आप चलेंगी?"* अगर मैं तैयार हो जाती, तो वे मुझे अपने पीछे खान मार्केट में ग्लोरिया ज़्याँ कॉफ़ी शॉप के अपने नियमित अड्डे पर आने को कहते जहाँ रंजीत लोधी गार्डन्स में अपनी सुबह की सैर निपटाने के बाद हमसे मिलतीं। वे नाश्ते में ऑमलेट, भुनी हुई सब्ज़ियाँ और मूसली लेते और फिर अपनी-अपनी उन हार्ले डेविड्सन मोटर साइकिलों पर सवार होकर चले जाते जिनकी खान मार्केट पार्किंग के उन लड़कों द्वारा सावधानीपूर्वक रक्षा की गई होती थी, जो इस तरह के तरोताज़ा गॉसिप भी करते कि आजकल यह क़ाबिल राजनैतिक उत्तराधिकारी अपने साथ कॉफ़ी के लिए किस स्त्री को ला रहा है। "वे सब बिहार के हैं इसलिए हमें सब कुछ बता देते हैं," रंजीत धीरे-से हँसते हुए कहती हैं। जब वे दोनों अपने निजी सुरक्षा गार्डों (पप्पू को वाय कैटेगरी की सुरक्षा मिली हुई है) की अगुवाई में साथ-साथ मोटर साइकिलों पर सवार लुटियन की दिल्ली की सड़कों पर जाते हैं तो दोनों की जोड़ी

कुछ बेमेल-सी लगती है - एक तरफ़ पप्पू हैं जिनका वज़न कई-कई किलो ज़्यादा है, वहीं दूसरी तरफ़ रंजीत हैं जो ऊँची और स्वस्थ काठी की हैं।

सलाख़ों के पीछे रोमांस

जैसा कि *पप्पू द्रोहकाल का पथिक* शीर्षक अपने संस्मरण में याद करते हैं, यह बाँकीपुर का जेल था जहाँ 1992 में उन्होंने पहली बार रंजीत का फ़ोटोग्राफ़ देखा था। यह क़िस्सा जितना उनके रिश्तों का खुलासा करता है उतना ही वह जेल में नियमों के लचीलेपन का भी खुलासा करता है। उस समय पप्पू ख़ासतौर से दुखी थे क्योंकि उनपर एक बार फिर से राष्ट्रीय सुरक्षा अधिनियम लागू किया गया था, जिसका मतलब था कि अब वे पटना मेडिकल कॉलेज अस्पताल की वह सुविधा नहीं भोग सकते थे जो राबड़ी देवी उनको मुहैया करातीं, बल्कि अब उनको जेल में ही रहना ज़रूरी था।

हताशा की इस हालत में वे हर दिन जेल सुपरिंटेंडेंट के ऑफ़िस के बाहर ताकते रहते और इस दौरान जेलर की खिड़की के बाहर खेल रहे बच्चों को देखकर ही उनको कुछ राहत मिलती थी। कहना न होगा कि चूँकि वे एक वीआईपी क़ैदी थे इसलिए सुपरिटेंडेंट के ऑफ़िस तक उनकी पहुँच बनी हुई थी। इसी के साथ, पप्पू यह भी याद करते हैं कि किस तरह बाहर के उन बच्चों को *जलेबी-समोसा* पहुँचाने का आदेश देकर उन्होंने उनसे दोस्ती कर ली थी। मैंने उनसे पूछा कि "इसका मतलब है कि जो सुविधाएँ आपको मिली हुई थीं, उनको स्वीकार करने के मामले में आप बहुत ईमानदार हैं कि आप जेल में भी स्नैक्स का ऑर्डर दे सकते थे?"

"अरे, वो! वे तो हम जब चाहे कर सकते थे।"

जैसा कि क़िस्सा है, बाहर खेलने वाले उन बच्चों में से एक, विकी, उनका ख़ासतौर से दोस्त बन गया और वह अपने परिवार के कुछ फ़ोटो उनको दिखाने के लिए लाया। उन्हीं में से एक फ़ोटाग्राफ़ में उन्होंने 'गोल-गोल बिंदियों वाली पोशाक' में एक लड़की को देखा। वह विकी की बहन रंजीत थी। इसी पल के साथ उनकी ज़िंदगी हमेशा के लिए बदल गई। जैसा कि पप्पू याद करते हैं : "जेल में मुझे विशेष सुविधाएँ मिली हुई थीं लेकिन शर्तों के साथ।" इसका मतलब था कि वे सुपरिटेंडेंट के फ़ोन का इस्तेमाल कर सकते थे जिसके बारे में किसी और व्यक्ति के संदर्भ में सोचा भी नहीं जा सकता था। इसमें एक ही शर्त थी कि वे सुबह 11 से दोपहर 2 के बीच किसी को भी फ़ोन नहीं कर सकते थे क्योंकि ये वो समय होता था जब सुपरिटेंडेंट स्वयं ऑफ़िस में होते थे। इस तरह, समझा जाता है कि अगले साढ़े तीन महीनों के दौरान पप्पू ने इस फ़ोन का इस्तेमाल करते हुए पहले तो ब्लैंक कॉल्स किए और फिर अंततः रंजीत से मौसम और यहाँ-वहाँ की दूसरी बातें करनी शुरू कर

दीं। जब इस तत्कालीन विधायक को ज़मानत मिल गई तो उसने उस लड़की का तब तक पीछा जारी रखा जब तक कि उसको उसके लगाव के बदले में वैसा ही लगाव हासिल नहीं हो गया, हालाँकि रंजीत को इस बात का ख़ासा अहसास था कि उनकी जोड़ी बेमेल थी। "मैंने उनको पहली बार तब देखा था जब उनकी तसवीर अख़बारों में आई थी - उनकी गिरफ़्तारी के बारे में किसी क़िस्से के साथ," अब रंजीत कुछ शर्माती हँसती हुई कहती हैं। "मुझे याद है, मैंने कहा था कि कितना मोटा है। मुझे क्या पता था कि मैं इसी से शादी कर लूँगी!"

यह क़िस्सा दूसरों के लिए मनोरंजक हो सकता है, लेकिन पप्पू के लिए ज़रा भी मनोरंजक नहीं है। वे क्षुब्ध हो उठते हैं जब मैं रंजीत से पूछती हूँ कि यह कैसे हुआ कि उन जैसी एक होनहार टेनिस खिलाड़ी एक ऐसे व्यक्ति के प्रति आकर्षित हो गई जिसने पहले से ही कुख्याति अर्जित कर ली थी। उस वक़्त भी वे बहुत प्रसन्न नहीं हुए जब मैंने उनसे पूछा कि क्या वजह थी कि रंजीत के साथ-साथ उनकी बेटी उनसे मिलने कभी जेल नहीं आई, तब भी जबकि उनको आजीवन कारावास की सज़ा सुना दी गई थी। जेल वह जगह थी जहाँ वे बड़े हुए थे और फले-फूले थे लेकिन तब भी वह ऐसी जगह नहीं थी जहाँ बच्चों को उनके क़ैदी पिता से मिलने लाया जाता, भले ही वह कितने ही समय के लिए उनसे दूर क्यों न होता, और इसलिए क़ैद से बाहर आने के कई साल बाद भी पप्पू इसके बारे में बात करने पर क्षुब्ध हो उठते हैं।

"*मुलाक़ात* का समय सबसे नारकीय होता है।" पप्पू बताते हैं कि तिहाड़ जेल में यह इस पर निर्भर करती है कि आपके पास कितना पैसा है। अगर आप 500 रुपये दें तो आपको बिना दख़लंदाज़ी के कुछ वक़्त मिल सकता है। अन्यथा तो सारे लोग एक साथ मिलकर एक-दूसरे से चिल्लाकर बात कर रहे होते थे और यह शोर लोहे की उस जाली के पार सुनाई देता था जो क़ैदी और उसके मुलाक़ातियों के बीच की दीवार का काम करती है। हिरासत में बंद अपने पिताओं से मिलने में असमर्थ बच्चे अक्सर रोना शुरू कर देते, जिससे वातावरण और भी तनावपूर्ण हो जाता। "अभी आपने अपने परिवार के साथ बात भी शुरू नहीं की होती है कि वे हड़बड़ी मचाना शुरू कर देते हैं।" पूर्णिया में, जब वे उतने प्रभावशाली नहीं थे जितने बाद में तिहाड़ के ज़माने में थे, पप्पू याद करते हैं कि किस तरह वहाँ क़ैदियों से मिलने आने वाले सारे मुलाक़ातियों के लिए मात्र दो खिड़कियाँ थीं। सौ या उससे भी ज़्यादा लोगों के लिए मात्र दो खिड़कियाँ! "उस छोटी-सी जगह में लोग खाने का लेनदेन करने की कोशिश करते, वे बातचीत करने की कोशिश करते, वे अहम सूचनाओं का आदान-प्रदान करने की कोशिश करते - क्या आप कल्पना कर सकती हैं कि यह किस तरह का माहौल होता होगा? एक ही हाथ हर किसी की तलाशी लेगा, वही हाथ खाना लेगा, वही हाथ खाना देगा।"

मुलाक़ात के दौरान दूसरी प्रताड़नाएँ भी होती थीं। हिंदुस्तान के ज़्यादातर जेल मिलने आने वाले परिवारों को इस बात की इजाज़त नहीं देते कि वे क़ैदियों को पैसे दें। लेकिन उनको छूट होती है कि वे वह पैसा कूपनों की शक्ल में दे सकते हैं और इन कूपनों का इस्तेमाल कैंटीन से खाने-पीने की चीज़ें या साबुन और दूसरी ज़रूरी चीज़ें ख़रीदने के लिए किया जा सकता है। लेकिन अगर आपके पास नक़दी नहीं है तो आप जेल के कर्मचारियों को रिश्वत कैसे देंगे? इसलिए बहुत-से लोग धीरे-से पैसे खिसकाने की कोशिश करते और सुरक्षाकर्मियों के रूप में काम करने वाले अपराधी या नियमित सुरक्षाकर्मी इस बात को जानते थे। इसलिए *मुलाक़ात* के तुरंत बाद उस नक़दी को बरामद करने क़ैदी की तलाशी लेते और उसमें से एक हिस्सा ख़ुद ले लेते।

"पग पग पैसा और शरीर, जेल में बिकता है।" जेल में हर चीज़ बिकाऊ है, यहाँ तक कि आपका शरीर भी। अगर आप किसी उपयोगी शौचालय का भी इस्तेमाल करना चाहते हैं तो आपको उसके लिए भुगतान करना होता है। टिके रहने का यही एकमात्र तरीक़ा है।

पप्पू के लिए पैसे की कोई कमी नहीं थी लेकिन तब भी उनका कहना है कि हिंदुस्तान की जेल व्यवस्था मौत के समान है, जो पीड़ा देने के लिए है न कि क़ैदियों में सुधार लाने के लिए। उनका कहना है कि यह ब्रितानी आपराधिक न्याय-व्यवस्था की सबसे बदतर चीज़ है जो आज तक क़ायम है। वे कहते हैं कि "जब मैं अपनी क़िताब 'जेल यात्रा' लिखूँगा तो वह दुनिया को हिलाकर रख देगी," और घोषणा करते हैं कि "क़ानून ताक़तवर लोगों की रखैल है।" पप्पू बहुत नाटकीय शब्दावली का इस्तेमाल करते हैं लेकिन एक तरह से देखें तो वे सच्चाई से बहुत दूर नहीं हैं। नेशनल लॉ स्कूल की डैथ पैनल्टी इंडिया रिपोर्ट (जो मई 2016 में आई थी) हवाला देती है कि किस तरह दूसरे शहरों से आने वाले परिवारों को जेल के बाहर रातें बितानी पड़ती हैं और मुलाक़ात के दौरान थोड़ी-सी क़ायदे की बातचीत के लिए 1,000 रुपये तक की रिश्वत देनी पड़ती है। चूँकि ज़्यादातर क़ैदी ग़रीब पृष्ठभूमि से आए होते हैं, इसलिए बहुत-से परिवार उनसे मिलने तक की कोशिश नहीं करते, और उनको और भी अकेला कर देते हैं। यह रिपोर्ट एक नौजवान के प्रकरण का हवाला देती है जो एक नाबालिग से बलात्कार के लिए आजीवन कारावास में था। वह याद करता है कि शुरुआती सालों में उसकी माँ उससे मिलने आया करती थी लेकिन पिछले आठ सालों से उससे मिलने कोई नहीं आया था। रिपोर्ट तैयार करने वालों ने उसके परिवार को तलाशने की कोशिश की लेकिन उन्होंने पाया कि जो पता उसने दिया था वहाँ कोई नहीं रहता था। वह सचमुच ही बाहर की दुनिया द्वारा भुला दिया गया था।

पप्पू यादव का अनुभव हालाँकि, ऐसा त्रासद नहीं था, तब भी 17 साल की उम्र में पहली बार जेल जाने की उनकी कहानी मार्मिक है। यह 1984 का साल था

और तब तक उनका और उनके दोस्तों का हुड़दंग स्थानीय सिनेमा चित्रमणि हॉल तक सीमित था, जो वयस्कों की या 'ब्ल्यू' फ़िल्में दिखाता था। "मेरे दोस्त आनंद, मुन्ना और प्रकाश और मैं विभिन्न मुद्दों पर प्रदर्शन किया करते थे। जैसे हम कहा करते, 'अँग्रेज़ी मिटाओ, मैथिली लाओ' या 'अँग्रेज़ी *मिटाओ,* भाषा *लाओ।*' जब उन्होंने देखा कि उस स्थानीय सिनेमा में सुबह के शो में ख़ासी भीड़ हो रही थी, तो उन्होंने तत्काल कार्रवाई करने का फ़ैसला किया। वे लोग इस तरह की 'अनैतिक' फ़िल्मों के ख़िलाफ़ पोस्टर और बैनर लेकर वहाँ गए, साथ में सिनेमा हॉल में आग लगाने के लिए कुछ विस्फोटक भी ले गए।

उन्होंने बताया कि "हम वहाँ गए और स्थानीय विस्फोटकों से तैयार की गई एक लड़ी को सुलगा दिया।" पकड़े जाने से बचने के लिए वे तुरंत ही उस हॉल से भाग गए लेकिन जब वे अगली सुबह वापस आए, तो उन्होंने पाया कि वह बम एकदम फुस्स निकला था! "हम वापस वहाँ आए और हमने पूछा, कि क्या यहाँ कुछ हुआ था? कोई विस्फोट? लेकिन वहाँ कोई विस्फोट या कोई विनाश नहीं हुआ था।"

लेकिन ये वे *क्रांतिकारी* पप्पू नहीं थे जो जेल जा पहुँचे। हुआ असल में ये कि वे पूर्णिया की गिन्नी क्लॉथ शॉप में गए थे क्योंकि उनमें से एक पतलून के लिए कुछ कपड़ा ख़रीदना चाहता था। पप्पू का कहना है कि वे अलग-अलग तरह के कपड़े देख रहे थे लेकिन दुकानदार ने उनपर आरोप लगाया कि वे उसके कपड़ों को तहस-नहस कर रहे थे। दुकानदार इससे नाराज़ था और बताया जाता है कि उसने यह कहकर उनकी बेइज़्ज़ती की कि उनके पास कपड़ा ख़रीदने के लिए पैसा ही नहीं है और उनसे तत्काल दुकान छोड़कर जाने को कह दिया। पप्पू का कहना है कि उसका इतना कहना भर उनको भड़काने के लिए काफ़ी था जिससे उन्होंने उसको पीट दिया और इसी बात पर पुलिस बुला ली गई। पप्पू और उसके दोस्तों को खजांचीहाट पुलिस थाने ले जाया गया और उनको हवालात में बंद कर पीटा गया। उन्होंने तभी पीटना बंद किया जब पप्पू ने उनसे कहा कि वे छात्र हैं।

1984 में सारे राज्य राजकीय किशोर क़ानूनों से शासित थे और सारे देश पर लागू होने वाले संसद के जुवनाइल जस्टिस एक्ट 1986 के पहले 1982 का बिहार चिल्ड्रन एक्ट था। इस चिल्ड्रन्स एक्ट, जो उस समय लागू था, के मुताबिक़ 'बच्चे' का मतलब 16 साल से कम उम्र का लड़का या 18 साल से कम उम्र की लड़की हुआ करता था। यही वजह थी कि पप्पू को स्थानीय ज़िला जेल में ले जाया गया। वे याद करते हैं कि किस तरह उनको जेल ले जा रही वैन में, उन्होंने अपनी हथेलियों से अपना चेहरा ढँक रखा था और अपने परिवार को उस शर्मनाक हालत में लाने को लेकर उनके मन में आत्महत्या के ख़याल आ रहे थे। उनका परिवार आनंदमार्गी संप्रदाय से ताल्लुक़ रखता था, और पप्पू कहते हैं कि इस घटना के पहले

उनके परिवार ने उनको आगे की पढ़ाई के लिए अमेरिका भेजने की योजना बना रखी थी।

जब पप्पू ने पहली बार जेल में क़दम रखा, तो शायद वे अपने स्कूल की पोशाक में थे, और एक नौजवान लड़के को देख दूसरे क़ैदी उनके पास आकर तरह-तरह के सवाल पूछने लगे। इनमें से एक सवाल ऐसा था जो उनको सिर्फ़ उनकी पहली जेल यात्रा के दौरान ही नहीं बल्कि उनकी पूरी ज़िंदगी भर के लिए परिभाषित करने वाला था। जब उन्होंने उन क़ैदियों को बताया कि उनका नाम 'राजेश रंजन' था, तो उन लोगों ने तुरंत उनसे उनकी जाति जाननी चाही। उनके जेल के काग़ज़ कहते थे 'उर्फ़ पप्पू यादव' और एक नए यादव लड़के के आने की ख़बर स्थानीय *दादा* अर्जुन यादव तक पहुँच गई।

"जब आप एक अच्छे परिवार से जेल में पहुँचते हैं, तो आपसे आपकी जाति पूछी जाती है। दिल्ली जेल में एक जाटव गिरोह या एक जाट या गुर्जर गिरोह है," पप्पू बताते हैं। पूर्णिया जेल में इस रोते हुए किशोर की उसकी जातीय पहचान से भेंट कराई गई। अर्जुन यादव का लड़का जैसे गिरोहबाज़ होने का विकल्प हर किसी की दया पर था।

"मैं एक 'पनिया' बन गया, जिसका मतलब होता है पानी वाला लड़का।" दूसरे क़ैदियों के लिए पानी भरकर लाना एक ऐसा गंदा काम है जिसको करने पर क़ैदियों को मजबूर किया जाता है। कुछ क़ैदियों को ईंट के टुकड़े की मदद से संडास साफ़ करने का काम सौंपा जाता है। इतना ही नहीं। "नौजवान, ख़ूबसूरत लड़के जेल में बीवियाँ बन जाते हैं। अगर कोई बड़ा दादा आपको पसंद करने लग जाता है तो इसका मतलब है आपको और कोई हाथ नहीं लगा सकता।"

बाक़ी के लोगों को, जैसा कि पप्पू ने देखा, दीक्षा संबंधी दस्तूरों से गुज़रना पड़ता है जिसमें क्रूरतापूर्ण यौन-शोषण शामिल होता है। ज़्यादातर समय यह जेल के सुरक्षाकर्मियों का काम नहीं होता था बल्कि वहाँ के आवासी सज़ायाफ़्ता क़ैदी, जो बहुत सारी जेलों में जेल के कर्मचारी बन जाते हैं, सबसे बदतर साबित होते थे। उन्होंने लक्ष्य किया कि उनके इस व्यवहार के पीछे एक वजह यह थी कि वे हिंसा की उस प्रक्रिया को दोहरा रहे होते थे जिससे क़ैदी के रूप में उनको ख़ुद गुज़रना पड़ा था। जैसे ही नए क़ैदी आते, उनको 'चिकना' या 'गोरा' या 'लौंडा' या ऐसी ही कोई दुलार-भरी संज्ञा दे दी जाती, और कुछ दूसरे क़ैदियों का स्वागत इस तरह की गाली-गलौज़ से होता : "हरामी चिकने, गलमुच्छों वाले, मादरचोद, मैं तुझसे बात कर रहा हूँ," या "कुतिया के बच्चे, ये जेल है, तुम्हारे बाप की ससुराल नहीं है!" इसी के साथ किसी-किसी को कुछ लातें और झापड़ पड़ते, ताकि जेल के निज़ाम में उनको अपनी जगह समझ में आ जाए। वे सारे नए लोगों को नंगा होने पर मजबूर

करते, इसके बाद उनकी बार-बार तलाशी ली जाती, जिस दौरान उनके गुप्तांगों को छुआ जाता। यह एक बार नहीं होता था, बल्कि जेल के विभिन्न नाकों पर दोहराया जाता था। अगर आप पहले से ही किसी दादा की पसंद नहीं बन चुके हैं तो इन दुराचारों से बचने का एकमात्र उपाय है कि आप हर जगह पैसे चढ़ाते जाएँ। बताया जाता है कि रिश्वत की मात्रा को लेकर एक लचीलापन था - अगर आप रईस हुए तो रिश्वत एक लाख तक की हो सकती थी और अगर आप ग़रीब हुए तो तंबाकू जैसी कुछ चुराकर लाई गई प्रतिबंधित चीज़ें भी बेशक़ीमती रिश्वत के रूप में काम कर सकती थीं। जो भी रिश्वत दी जाती उसका सिलसिलेवार ढंग से, वॉर्ड में पदस्थ सुरक्षाकर्मी से लेकर जेलर तक, पहुँचाया जाना ज़रूरी था। जिनके पास रिश्वत देने के लिए बिलकुल भी पैसा नहीं होता था वे जेल में सबसे बदक़िस्मत लोग होते थे। यही वे लोग थे जिनको शौचालय साफ़ करने होते थे क्योंकि, जैसा कि पप्पू बताते हैं, वास्तविक सफ़ाई कर्मचारी वरिष्ठ जेलकर्मियों के कामों में इतने व्यस्त होते थे कि अपना असल काम करने का उनके पास वक़्त ही नहीं होता था। इसलिए ऐसे क़ैदी जिनपर मुकदमा चल रहा होता था और जब तक जिनका अपराध सिद्ध नहीं हो जाता था तब तक निर्दोष माने जाते थे, उनको सारे कठोर कामों के लिए छोड़ दिया जाता था।

तो आप सौभाग्यशाली थे कि अर्जुन यादव वहाँ थे, मैंने पप्पू से पूछा। "भाग्यशाली ही नहीं, महाभाग्यशाली," पप्पू इस बारे में दोटूक थे। जहाँ दूसरे लोगों को अलग-अलग तरह के कामों के लिए चुना गया, वहीं पप्पू यादव को सीधे अर्जुन यादव के वॉर्ड में ले जाया गया जहाँ उनको कच्ची रोटी और सब्ज़ी वाला जेल का खाना तक नहीं खाना पड़ा। इस माफ़िया डॉन और उसके चेले-चपाटों के लिए बाहर से विशेष भोजन आता था, जो पप्पू को भी खाने मिला। तब भी, 17 की उम्र में, इस सब कुछ के बीच होने का ख़याल और हमले का शिकार बनाए जाने की आशंका वास्तविक चीज़ें थीं, और वे याद करते हैं कि किस तरह वे किसी ऐसी जगह को तलाशते रहते थे जहाँ बैठकर वे रो सकते।

रात में सोने तक के लिए उनको जगह तलाशनी पड़ती थी क्योंकि वॉर्ड पूरा भरा हुआ था, कुछ नए आगंतुकों को बैठे-बैठे रात गुज़ारनी पड़ती थी, क्योंकि वहाँ वाक़ई लेटने तक की जगह नहीं थी। पप्पू को शौचालय से लगी एक जगह मिल गई और यहाँ तक कि आज भी वे याद करते हैं कि उसकी बदबू किस तरह उनकी नींद पर सवार रहती थी। इस भारी दबदबे वाले आदमी को जिसे समूचे कोसी क्षेत्र में एक आतंक की तरह देखा जाता है, यह स्वीकार करने में कोई संकोच नहीं है कि उस बदबू-भरे शौचालय में बैठकर वह जी भर रोता था। उनको हर चीज़ परेशान करती थी - जेल के संभावित आततायी, अपना आपराधिक रिकॉर्ड, और अपने अभिभावकों की शर्मिंदगी।

हिस्ट्री-शीटर का उत्थान

पप्पू जल्दी ही ज़मानत पर रिहा हो गए लेकिन वह निश्चय ही उनके लिए एक नए सफ़र की शुरुआत थी, और ये वह सफ़र नहीं था जिसपर वे पढ़ाई के लिए अमेरिका जाते। उनकी रिहाई निर्विघ्न थी लेकिन उनको इस बात का अहसास था कि किसी व्यक्ति के रिहाई के आदेश पर हस्ताक्षर हो जाने भर का मतलब उसकी आज़ादी नहीं होता। यहाँ तक कि इस मुक़ाम पर भी किसी व्यक्ति को रोके रखने के लिए पर्याप्त लालफ़ीताशाही मौजूद होती है। अगर कोई अधिकारी-कर्मचारी आपको पसंद नहीं करता या आपने उनको पैसा नहीं खिलाया है, तो वे पक्के तौर आपकी रिहाई के काग़ज़ ग़ायब करवा देंगे या उनपर दस्तख़त ही नहीं होने देंगे। इन सारे पर्यवेक्षणों, इन सारे अनुभवों ने पप्पू को धीरे-धीरे विद्रोह से भर दिया। यही विद्रोह था जिसके नतीजे में वे जल्दी ही स्थानीय स्कूल से बरख़ास्त कर दिए गए। "अगर आप छह महीनों के लिए भी जेल में रहे हैं, तो आपमें सुधार नहीं आ सकता," वे बताते हैं, हालाँकि साथ-साथ वे इस बात इंकार करते हैं कि उनकी जेल-यात्रा ने उनको 'बिगाड़' दिया था। "मुझे इसलिए स्कूल से निकाला गया क्योंकि मैं ऊँची जाति के लड़कों से झगड़ लिया था, बस।" मैंने उस झगड़े के बारे में पूछा। "स्कूल के झगड़े किन बातों को लेकर होते हैं? उन्होंने कहा कि तुम यहाँ नहीं बैठ सकते, और मैं वहीं बैठना चाहता था, भले ही हम यादव थे। उन्होंने कहा, तुम उस लड़की से बात नहीं कर सकते। हमने कहा नहीं, हम उस लड़की से बात करेंगे। इस तरह के तमाम झगड़े हुए और हमारे प्राचार्य ने, जोकि ऊँची जाति से था, हमें इन झगड़ों के लिए ज़िम्मेदार ठहराया।" मुमकिन है जाति की चेतना ने उनकी पहली जेल-यात्रा के दौरान उनपर गहरा असर डाला हो, क्योंकि उनके आकलन के मुताबिक़ जेल में बंद लोगों में 90 प्रतिशत पिछड़ी जातियों से हैं, सिर्फ़ 10 प्रतिशत ही ऊँची जाति के हैं। 2014 की जेल की गणना का वास्तविक आँकड़ा बताता है कि नज़रबंदी (डिटेंशन) के प्रकरणों में 38.1 प्रतिशत और 43.2 प्रतिशत क्रमशः अन्य पिछड़ा वर्ग और अनुसूचित जाति/अनुसूचित जनजाति वर्ग से थे। जबकि मात्र 18.8 प्रतिशत नज़रबंद (डिटेनी) सामान्य वर्ग के थे।

देश भर के सज़ायाफ़्ता और क़ैदियों के मामले में यह गणना उतनी विषम नहीं है। गणना के मुताबिक़ जिनपर मुकदमे चल रहे हैं उनमें से 37.4 प्रतिशत सामान्य वर्ग से थे जबकि 31.3 प्रतिशत अन्य पिछड़ा वर्ग से और 31.4 प्रतिशत अनुसूचित जाति/अनुसूचित जनजाति से थे।

जब आप पप्पू यादव के संस्मरण पढ़ते हैं, तो उनमें जो चीज़ ताज़गी देने वाली है, वह यह है कि उनमें कोई लीपा-पोती नहीं है। एक सांसद के नज़रिये से लिखते हुए वे अपने सफ़र के कुरूप पक्षों को खुलकर उजागर करते हैं। इस तरह

की चीज़ें जैसे कि किस तरह उन्होंने हथियार ख़रीदने के लिए अपनी माँ के गहने चुराए और किस तरह उन्होंने सचमुच ही पुलिस के सुपरिटेंडेंट का पैर कुचल दिया था क्योंकि वे कहीं जाने की हड़बड़ी में थे! तब तक वे अर्जुन यादव के दाएँ हाथ के रूप में प्रसिद्ध हो चुके थे, जिन्होंने शायद उनको 18 की उम्र में ही सिखा दिया था कि चुनाव अभियान को कैसे चलाना चाहिए, जिस दौरान यह माफ़िया डॉन ख़ुद जेल में था और पप्पू बाहर रहकर सारे तालमेल बिठा रहे थे। अर्जुन यादव के सारे दुश्मन, जो प्रकटतः जाति-आधारित थे, पप्पू यादव के दुश्मन भी बन गए, और इसी में ख़ूनी लड़ाइयों का, हत्या की कोशिशों का और पुलिस से बचने का लंबा सिलसिला निहित है। बेशक, पप्पू के मुताबिक़, उनके ख़िलाफ़ सारे मामले जाति-आधारित अत्याचारों के ख़िलाफ़ उनके आंदोलन का हिस्सा थे, भले ही बाहर की दुनिया के सामने वे उस रूप में प्रकट न होते रहे हों।

उदाहरण के लिए, उन्होंने तय किया कि राजपूत यादवों के दुश्मन थे और स्थानीय गुंडे दलीप सिंह को क़त्ल करना उसी लड़ाई का एक हिस्सा था। इसलिए वे चलते-चलते एक मोटरबाइक द्वारा पीछा करने का और दलीप सिंह को मारने के लिए उनपर बम फेंकने का ज़िक्र करते हैं, हालाँकि दलीप सिंह उस हमले में मरा नहीं। या वे एक दूसरी घटना के बारे में बताते हैं जिसमें उनको उनके मुख़बिरों द्वारा पूर्व चेतावनी दे दी गई थी कि उनके विरोधियों ने उन पर ट्रेन में हमला करने की योजना बना रखी थी। इस तरह की घात की संभावना से दिमाग़ी तौर पर तैयार उन लोगों ने आक्रामकता बरतने का फ़ैसला किया और पप्पू ने अपने हिमायतियों के साथ मिलकर उन लोगों से लड़ना शुरू कर दिया जिनके बारे में उनका ख़याल था कि वे उनपर हमला करने वाले संभावित लोग थे। वे एक और घटना के बारे में बताते हैं जब वे विधायक का चुनाव लड़ रहे थे। वे कहते हैं कि मतदान केंद्रों पर सामूहिक क़ब्ज़ा करने का आरोप ग़लत था लेकिन स्वीकार करते हैं कि वे और उनके आदमी 'मात्र 20-30 मतदान केंद्रों' पर ही क़ब्ज़ा कर सकते थे। "आप उन्हीं इलाक़ों में मतदान केंद्रों पर क़ब्ज़ा कर सकते हैं जहाँ के 80 प्रतिशत लोग आपके साथ होते हैं। तब आप बाक़ी लोगों से कह सकते हैं कि देखो, हर कोई हमें वोट दे रहा है इसलिए आपको भी हमें ही वोट देना चाहिए। लेकिन यही काम क्या आप ऐसे इलाक़ों में कर सकते हैं जहाँ के 80 प्रतिशत लोग आपके ख़िलाफ़ हों?" वे इन आँकड़ों को पेश करते हुए कहते हैं। जहाँ कुछ घटनाओं में पप्पू अपने शामिल होने को स्वीकार करते हैं, वहीं कुछ मामलों में उनका कहना है कि उनको पूरी तरह फँसाया गया था, जैसे कि बिहार विधान सभा के अध्यक्ष शिव चंद्र झा की हत्या के षड्यंत्र में उनकी भूमिका के मामले में। इन प्रकरण के नतीजे में पुलिस के साथ लुका-छिपी का खेल चलता रहा; यहाँ तक कि पप्पू नेपाल भाग गए, लेकिन अंततः एक वक़्त आया जब उनको आत्मसमर्पण करना पड़ा।

इस तरह की हरक़तों का यह पक्का नतीजा था कि पप्पू यादव ज़्यादातर जेलों में एक नियमित उपस्थिति बन गए, और उनकी ख्याति उनसे आगे-आगे चलने लगी। उनको एक जेल से दूसरी जेल भेजा जाने लगा - बंकीपुर, बक्सर, भागलपुर, बेऊर, हज़ारीबाग़ - यह मानकर कि उनको लगातार यहाँ-से-वहाँ भेजते रहने से वे कहीं भी इतनी देर नहीं टिक पाएँगे कि वे अपनी आरामतलबी का इंतज़ाम खड़ा कर सकें। तब भी यह धारणा ग़लत साबित हुई, क्योंकि पप्पू याद करते हैं कि किस तरह ज़्यादातर जेलों में उनको विशेष सुविधाएँ दी गईं, ताकि वे आराम से रह सकते।

पप्पू के लिए एक अस्पताल

"इतने बड़े वीआईपी हैं हम। खाना किसी दिन कैंटीन से या कहीं से बनवा लेते थे।"

यह वीआईपी सुविधा कभी-कभी ऐसी जगहों से मिलती थी जिसकी सामान्यतः उम्मीद नहीं की जा सकती। एक और तथा ज़्यादा प्रसिद्ध यादव, लालू, इन दिनों पप्पू यादव के कट्टर दुश्मन हैं। वे दोस्त-दुश्मन की उस आदर्श जोड़ी का एक उदाहरण हैं जिनकी संख्या हिंदुस्तान की राजनीति में भरपूर है। पप्पू कहते हैं कि जब भी कभी लालू पप्पू के प्रभाव से कुछ असुरक्षित महसूस करते थे तो वे उनको किसी दूसरी जेल में भेज देते थे। आप कितने ही बड़े वीआईपी क्यों न हों, ये चीज़ किसी भी व्यक्ति के लिए असुविधाजनक होती है। किसी दूसरी जगह जाने का मतलब था कि उनको ताल्लुक़ात क़ायम करने, अधिकारियों, सुरक्षाकर्मियों को पटाने के लिए सब कुछ नए सिरे से शुरू करना होता था, ताकि वे जेल के भीतर भी पर्याप्त सुविधाजनक जीवन सुनिश्चित कर सकते।

जहाँ लालू उनको अपनी मर्ज़ी के मुताबिक़ यहाँ-से-वहाँ भेजते रहते थे वहीं, पप्पू का कहना है कि उनकी पत्नी राबड़ी देवी के मन में उनके प्रति एक जज़्बाती कोना सुरक्षित था। जब वे पटना में हॉट सीट पर थीं, तो उन्होंने पप्पू को सबसे बड़ा उपहार दिया था - उनको पटना मेडिकल कॉलेज अस्पताल (पीएमसीएच) में भर्ती होकर अपना इलाज करवाने की इजाज़त। पप्पू इस घटनाक्रम से रोमांचित थे, ये उनके लिए दीवाली के जश्न जैसी महसूस हुई थी।

वे बताते हैं : "अगर आप किसी अस्पताल में भर्ती हैं तो आपको दो बड़ी गुंजाइशें मिल जाती हैं। पहली, आप जिससे चाहें उससे मिल सकते हैं। और दूसरी, आप अपनी मनमर्ज़ी के मुताबिक़ खा-पी सकते हैं।"

पप्पू यादव की क़द-काठी को देखते हुए आप समझ सकते हैं कि भोजन उनकी ज़िंदगी का एक अहम हिस्सा है। चाहे वह ग्लोरया ज़्याँ का नाश्ता हो या भाजी और चूड़ा हो जो वे घर पर खाते हैं, या फिर वह खाना हो जो उनके बँगले की बैरकों में रहने वाले लोग उनको भेजते हैं, वे उस सबको स्वाद लेकर ग्रहण करते हैं। जेल

के तजुरबे का उनके लिए सबसे गहरा घाव ये है कि किस तरह जेल भूखों मरने के लिए डिज़ाइन किए गए हैं। *"जेल का खाना जानवर भी नहीं खा पाता।"* वे विस्तार से बताते हैं कि किस तरह जेल के अधिकारी मनमाने तरीक़े से किसी को दो रोटियाँ देते थे और किन्हीं को चार और वे रोटियाँ भी ठीक तरह से सिंकी नहीं होती थीं। उन रोटियों पर पड़े जलने के काले, खुरदुरे निशान उनके दिमाग़ में अंकित हो गए हैं जो उनको हमेशा याद आते रहते हैं। यही वजह है कि उनकी लगातार इस बात पर निगाह बनी रहती है कि जो लोग उनके यहाँ ठहरे होते हैं, उनको किस तरह का खाना मिलता है। 'ऐ, त्यौहारों पर तुम्हें हर हालत में पूड़ी और खीर मिलनी चाहिए।' वे याद करते हैं कि किस तरह जेल में एक अतिरिक्त रोटी के लिए भी आपको रिश्वत देनी पड़ती थी। एक बार फिर, जिन लोगों को अपनी भूख को सहना भारी हो जाता है, जिनके पास कैंटीन का खाना हासिल करने कूपन ख़रीदने के लिए अतिरिक्त पैसा नहीं होता, वे महज़ भोजन की ख़ातिर अपना शरीर बेचते हैं। "अगर आप अपना पेट नहीं भर सकते, अगर आपके भोजन में कोई तेल, कोई स्वाद नहीं है, तो आप कुछ भी करने के लिए तैयार हो जाएँगे," पप्पू कहते हैं।

बेशक, जेल की इन क्रूर परिस्थितियों में जिनमें मांसाहारी भोजन की कोई छूट नहीं थी, क़ैदी भी उतने ही नए तरीक़े निकाल लेते थे। कुछ अपने परिवारों को निर्देश देते कि वे किसी साग में बारीक़ कीमा मिला दिया करें। यह भोजन उनको साप्ताहिक मुलाक़ातों के दौरान मिल जा सकता था। कुछ जो शराब के लिए व्याकुल रहते, वे परिवार के लोगों से दही में शराब मिला देने को कहते। बेशक कोई-कोई पकड़ा भी जाता था और इसका मतलब था कि साग या दही सबके लिए प्रतिबंधित हो जाता था। कम-से-कम तब तक के लिए, जब तक कि कोई नया अधिकारी नहीं आ जाता और कोई दूसरे तरीक़े नहीं सूझ जाते।

इसलिए इन मनमाने और व्यापक असर डालने वाले नियमों से बचने के लिए अस्पताल सबसे अच्छा विकल्प था। या तो भगवान ही इतना दयालु होता कि आप सचमुच बीमार पड़ जाते और आपको ओपीडी में भेजे जाने की सिफ़ारिश कर दी जाती, या फिर आप डॉक्टर को रिश्वत देते जो आपको अस्पताल भिजवा देता। पप्पू ख़ास थे जिनको अस्पताल भेजे जाने की सिफ़ारिश राज्य के सबसे बड़े ऑफ़िस से आई थी। "लेकिन मेरे दो सचमुच के ऑपरेशन हुए थे," उन्होंने बताया। "मैंने सिर्फ़ इतना फ़ायदा उठाया था कि मैं ज़रूरत से कुछ ज़्यादा वक़्त तक अस्पताल में रहा।" ये निश्चय ही कमबयानी है। जब वे सीपीएम विधायक अजित सरकार की हत्या के लिए जेल भुगत रहे थे, तब सर्वोच्च न्यायालय ने पाया था कि उन्होंने चार साल में से 450 दिन अस्पताल में बिताए थे - यानी सवा साल!

"सबसे अच्छा तब होता है जब डॉक्टर लिख देता है कि आपको तपेदिक है। तब आपको मांसाहारी खाने की छूट भी मिल जाती है, और आपको अतिरिक्त दूध भी

मिलने लगता है।" अस्पताल में रहने से यह बात भी सुनिश्चित हो जाती है कि आपके स्वास्थ्य का इतिहास चिंताजनक है जिसका इस्तेमाल आप जेल में दूसरी सुविधाएँ हासिल करने के लिए भी कर सकते हैं। "आपको क्या लगता है कि जब राजनैतिक लोगों को जेल भेजा जाता है तो सबसे पहले वे अस्पताल में क्यों जा पहुँचते हैं?"

जेल के डॉक्टर जेल के भीतर राक्षसी भूमिका निभा सकते हैं, इस क़दर कि पप्पू यादव जैसे लोग उनको 'रावण' कहते हैं। सबसे पहली बात तो ये है कि वे अक्सर एकमात्र ऐसे लोग होते हैं जिनका जेल से बाहर की दुनिया के साथ नियमित संपर्क होता है क्योंकि दूसरे अमले की तरह उनको जेल परिसर के अंदर नहीं रहना पड़ता। इसलिए अगर आप उनको समुचित फ़ीस का भुगतान करें तो वे कूरियर भी साबित हो सकते हैं। डॉक्टर होने के नाते वे सख़्त तलाशी से भी बचे होते हैं।

पप्पू के मुताबिक़, जो दूसरा काम डॉक्टर आसानी-से कर सकते हैं वह ये है चूँकि मादक पदार्थ उनकी वैधानिक और आसान पहुँच में होते हैं, वे इस चीज़ का नाजायज़ फ़ायदा उठा सकते हैं। जिन क़ैदियों को किसी भी क़िस्म के नशे की लत होती है, उनके लिए डॉक्टर मददगार साबित हो सकता है, बेशक तभी जब उसको समुचित फ़ीस का भुगतान किया जाए। दरअसल, बहुत-से क़ैदी बताते हैं कि जेल की डिस्पेंसरी में कभी भी दवाइयों का पर्याप्त स्टॉक प्रतीत नहीं होता क्योंकि दवाइयाँ क़ैदियों को ग़ैरक़ानूनी ढंग से बेच दी जाती हैं। डॉक्टर आपके बारे में यह लिखकर कि आपकी परिस्थिति सफ़र करने लायक़ नहीं है, अदालत की पेशी टालने में भी आपकी मदद कर सकते हैं।

पप्पू इस बात को स्वीकार नहीं करते कि उन्होंने जितना वक़्त पटना मेडिकल कॉलेज अस्पताल में बिताया उतना ही एम्स में भी बिताया, लेकिन वे 2001 में उस वक़्त वहीं थे जब संसद पर हमला हुआ था। किसी सांसद का जेल में होना जेल के अमले के लिए ख़ासी क़वायद होती है। हर सुबह जब दूसरे क़ैदी अपनी-अपनी चाकरी पर निकलने के लिए तैयार हो रहे होते थे, पप्पू जेल परिसर से बाहर जाने की तैयारी में होते थे। सुरक्षाकर्मियों से घिरे वे संसद में पहुँचते और दिसम्बर के उस दिन जब संसद की कार्रवाइयाँ स्थगित हो गईं, तो वे सेंट्रल हॉल की ओर बढ़े।

"जिस वक़्त लोग चीख़ रहे थे और बचाव में झुके हुए थे, मेरे दिमाग़ का एक हिस्सा सोच रहा था कि अगर ये आतंकवादी हम सब को मार डालते तो शायद ज़्यादा अच्छा होता।"

सिर्फ़ यही एक ऐतिहासिक पल नहीं था जिसे उन्होंने हिरासत के दौरान प्रत्यक्ष अनुभव किया था। जब 2008 में परमाणु समझौते को लेकर मनमोहन सिंह की सरकार विश्वास मत हासिल कर रही थी, उस वक़्त पप्पू और रंजीत के वोट निर्णायक हो उठे थे।

"मुझे याद है, उस समय भाजपा नेता वी. के. मल्होत्रा अपने साथी एच. एस. बल्ली से मिलने आए थे। बल्ली भी उस समय तिहाड़ में थे क्योंकि उन्होंने राजधानी में ग़ैरक़ानूनी इकाइयों को लाए जाने के विरोध में प्रदर्शन किया था। वे मुझसे भी मिले और उन्होंने हमसे विपक्ष के साथ सहयोग करने का आग्रह किया।" लेकिन अपने-अपने पक्ष में जनमत तैयार करने की कोशिश दोनों ओर से की जा रही थी और समाजवादी पार्टी के अमर सिंह पप्पू यादव से मिले और उन्होंने उनसे यूपीए के पक्ष में मतदान करने का आग्रह किया। "वे मुझसे मिलने एम्स में आए। लेकिन इसकी ज़रूरत नहीं थी क्योंकि मेरी पत्नी सोनिया गाँधी से बहुत प्रभावित थी और इसलिए हमने यूपीए के पक्ष में मतदान करने का फ़ैसला किया। उस वक़्त तमाम अमेरिकी दलाल दिल्ली के चक्कर लगा रहे थे और एक-एक सांसद की क़ीमत 40 करोड़ रुपये थी।"

IIII

जब आप पप्पू यादव से पूछते हैं कि वह क्या चीज़ है जिसने उनको आशावादी बनाए रखा, जिसके बूते वे 15 साल तक लगातार जेल जाते रहे, तो वे तत्काल जवाब देते हैं कि यह पढ़ना और खेलना रहा है। "हम हर चीज़ में जीतते थे - हमने वॉलीबाल बहुत खेली, और कबड्डी भी।" जेल नंबर 2 का एक क़ैदी, जिसकी टीम पप्पू यादव की टीम से हारी थी, बताता है कि पप्पू यादव जेल के खेलों में भी पैरवी का इस्तेमाल किया करते थे। "उन्होंने हमारी टीम के लोगों के लिए ट्रैकसूट ख़रीदे थे। हाँ, मेरा ख़याल है उन्होंने कुछ मैच-फ़िक्सिंग भी की थी जिसकी वजह से उनकी टीम जीती थी।" मैं इतना साहस नहीं जुटा सकी कि उनसे इस आरोप की पुष्टि करने या इससे इंकार करने के बारे में पूछती।

13

सत्तर की उम्र में इंसाफ़ का इंतज़ार

जब जवाहर लाल नेहरू यूनिवर्सिटी (जेएनयू) के छात्रों का एक समूह अफ़ज़ल गुरु की फाँसी की सालगिरह मनाना चाहता था और जिसके बाद 2016 के वसंत में जेएनयू का कैम्पस राष्ट्रवाद की बहस का केंद्र बन गया था, तब एक व्यक्ति था जो बहुत सावधानी के साथ स्थिति पर निगाह रखे हुए था। ये थे उनहत्तर साल के कोबाड गांधी। मुक़दमे के अधीन जेल में बंद व्यक्ति को जिन कुछ हज़ार रुपयों की वृत्ति हासिल करने की छूट होती है, उन रुपयों की मदद से कोबाड अभी भी तीन अख़बार मँगाया करते थे - *टाइम्स ऑफ़ इंडिया, इंडियन एक्सप्रेस* और *हिन्दू*। फ़रवरी की उस रात जेएनयू में जो कुछ हुआ था, उसके परिणामों को जानने के लिए वे उस दौरान हर सुबह अख़बारों को बारीक़ी से देखते थे। जब उनके पढ़ने में आता कि अफ़ज़ल गुरु की फाँसी की बरसी आयोजित करने के लिए तीन छात्रों को जेल भेजा जा रहा है, कि इस केंद्रीय विश्वविद्यालय को राष्ट्र-विरोधी करार दिया जा रहा है, कि पाकिस्तान-समर्थक नारे लगाए जा रहे हैं, तो यह सब पढ़कर उनका मन विचलित हो उठता था। जहाँ देश भर से ढेरों लोग इस बहस में कूद रहे थे, कोबाड गांधी के विचारों की किसी को कोई परवाह नहीं थी। जिस चीज़ की जानकारी लोगों को नहीं थी वो ये थी कि प्रतिबंधित संगठन सीपीआई (माओवादी) का सदस्य होने के आरोप में 2009 में गिरफ़्तार किया गया कोबाड गांधी एकमात्र ऐसा व्यक्ति था जो अपने पिछले तीन वर्षों से अफ़ज़ल गुरु को जानता था और एकमात्र ऐसा व्यक्ति भी जो जेल के अंदर से इस बात का वर्णन कर सकता था कि उसको वह फाँसी किस तरह दी गई थी। (देखें परिशिष्ट में इस लेखिका के लिए लिखा गया कोबाड गांधी का ख़त।)

"वे सारे लोग अफ़ज़ल गुरु को ग़लत ढंग से पेश करते रहे," यह बात उन्होंने मुझसे अगस्त 2016 में हैदराबाद की चेरलपल्ली जेल में कही थी। "अफ़ज़ल के

राष्ट्रदोही होने की बहुत चर्चा रही। वह वैसा नहीं था।" अफ़ज़ल और उनके बीच तभी से प्रगाढ़ मित्रता रही थी जबसे उसने जेल में क़दम रखा था और यह दोस्ती 9 फ़रवरी 2013 को उसको फाँसी दिए जाने तक जारी रही थी। ये किसी ठोस, वैज्ञानिक सबूत पर आधारित नहीं है। ये एक अत्यंत जोख़िम वाले वॉर्ड में रह रहे एक क़ैदी की दूसरे क़ैदी पर पड़ी छाप है। एक पर माओवादी कट्टरपंथी होने का तमगा लगाया गया था, दूसरा एक सिद्धदोषी आतंकवादी था जिसने 2001 में संसद पर हुए हमले की योजना बनाई थी। लेकिन कोबाड के मुताबिक़ अफ़ज़ल गुरु राष्ट्रद्रोही क्यों नहीं था? जो एक मुख्य वजह कोबाड पेश करते हैं वो तेरहवीं सदी के कवि और सूफ़ी रहस्यवादी रूमी के बारे में अफ़ज़ल का ज्ञान और प्रेम है। "अफ़ज़ल के पास रूमी की कविता के छहों खंड थे।" लगता है कि तीन सालों के अपने रिश्तों के दौरान अफ़ज़ल ने रूमी के प्रति अपना यह प्रेम कोबाड गांधी तक पहुँचा दिया था। जब वे साथ-साथ ब्रेड के साथ अपनी सुबह की चाय पिया करते थे, तो अफ़ज़ल रूमी की कविताओं से उनका परिचय कराया करता था। अचरज की बात नहीं कि कोबाड अफ़ज़ल की फाँसी के महीने भर बाद दून स्कूल के 1963 के अपने सहपाठी गौतम वोहरा को लिखे ख़त में रूमी को उद्धृत करते हैं :

> जो केवल चेहरे का रूप-रंग देखकर प्यार करते हैं, वह प्यार बिलकुल नहीं होता है, लेकिन इसका अंत केवल अपमान में होता है। ठीक मोर के पंखों की तरह, और किसी राजा के आडंबर की तरह, सौंदर्य की बाहरी चमक-दमक कुरूपता का आंतरिक दुश्मन बन जाती है।

ये एक असाधारण बात है कि जिस आदमी को 'देश की सामूहिक भावना को तुष्ट करने' के लिए फाँसी दी गई, उसने जेल के अपने पड़ोसी पर इस क़दर प्रभाव डाला - वह हिंसा की, या नफ़रत से भरी भाषा की नहीं बल्कि एक प्रशांत और सुंदर कविता की विरासत छोड़ गया। भले ही वे अपराधियों से घिरे हुए थे, भले ही मौत अफ़ज़ल गुरु की नियति बन चुकी थी, और कोबाड विधि विरुद्ध क्रिया-कलाप निवारण अधिनियम (यूएपीए) के तहत 14 प्रकरणों का सामना कर रहे थे, जिसका मतलब था कि 69 की उम्र में भी इस बात की कोई गारंटी नहीं थी वे कभी भी एक आज़ाद इंसान के रूप में जी पाएँगे, तब भी ये दोनों इंसान तिहाड़ जेल में बैठकर आध्यात्मिक कविताओं पर चर्चा किया करते थे। अक्सर अफ़ज़ल रूमी और इक़बाल को पढ़कर सुनाता, उनके बारे में बात करता, और कोबाड नोट्स लेते।

बेशक कोबाड अफ़ज़ल और जेल के उन दूसरे इस्लामपरस्तों के बीच फ़र्क़ करते हैं जिनके साथ उनकी कभी ठीक से बातचीत नहीं हो सकी। वे साफ़ तौर पर याद करते हैं कि 2013 का 9 फ़रवरी का वह दिन किस तरह प्रकट हुआ था। जब

सुबह 6 बजे उन्होंने उसको बाहर निकाला, तभी से दूसरे कश्मीरियों ने इस फाँसी के ख़िलाफ़ नारेबाज़ी शुरू कर दी थी। वे सब लोग अपनी-अपनी कोठरियों में बंद थे लेकिन यह विरोध-प्रदर्शन इस क़दर उग्र था कि उनको शांत करने के लिए विधि अधिकारी को वहाँ आना पड़ा। "उसने समझाया कि वे लोग सिर्फ़ आदेशों का पालन कर रहे हैं।" यह बुज़ुर्ग याद करता है कि जब अफ़ज़ल अपनी कोठरी से निकल रहा था तब उसको ज़रा भी इल्म नहीं था कि वह वहाँ कभी वापस आने वाला नहीं था - वह सोच रहा था कि यह आम दिनों की तरह की तलाशी होगी; बताया जाता है कि उसने कहा : "नमाज़ के बाद वापस आ जाऊँगा।" ये तो जब उसको अहसास हुआ कि अकेला वही था जिसको कोठरी के बाहर ले जाया जा रहा था, तब उसको असली वजह समझ में आई।

"जेल का अमला अफ़ज़ल से बहुत प्रभावित था, वह बिलकुल भी घबराया हुआ नहीं था।" इसकी पुष्टि तिहाड़ के तत्कालीन महानिदेशक बी. के. गुप्ता भी करते हैं। वे इस बात का बहुत प्रचार नहीं चाहते लेकिन कहते हैं कि अफ़ज़ल की फाँसी से उनका मन उदास हो गया था। हालाँकि उनके पास उपलब्ध बल सारे इंतज़ाम करने में सक्षम नहीं था। मसलन, उनको कोई जल्लाद नहीं मिल सका इसलिए जेल स्टाफ़ के एक आदमी को फाँसी देने का काम करना पड़ा। फाँसी के प्रभारी विधि अधिकारी सुनील गुप्ता उनसे कहे गए अफ़ज़ल के शब्दों को याद करते हैं : "मैं आपकी आँखों से सांत्वना हासिल कर रहा हूँ।" गुप्ता जो कुछ करने जा रहे थे, उसको लेकर जब उन्होंने माफ़ी माँगी तो बताया जाता है कि अफ़ज़ल ने उनसे कहा, "लोग मुझे आतंकवादी कहते हैं लेकिन मैं एक आंदोलनकारी हूँ जो हाशिये में डाल दिए गए लोगों के लिए लड़ता रहा है। मेरी लड़ाई व्यवस्था के ख़िलाफ़ है। मुझे कोई पछतावा नहीं है।" गुप्ता से अफ़ज़ल की एक आख़िरी दरख़्वास्त यही थी कि मौत फुर्ती से आनी चाहिए। "मैंने उसको भरोसा दिलाया कि कोई दर्द नहीं होगा," गुप्ता ने बाद में मुझे बताया। जैसे ही उन्होंने लिवर को खींचा और जिस तख़्ते पर वह खड़ा हुआ था, वह अपनी जगह से हटा और उसको मौत का झटका लगा, तब गुप्ता अफ़ज़ल के सामने खड़े रहे, जैसा कि उसने उनसे अनुरोध किया था। बाद में, जेल के अधिकारियों ने उसके निशानात मिटाने के लिए वह सब किया जो वे कर सकते थे। जैसा कि कोबाड ने बताया : "उसने मेरे दूध का जो जग मुझसे लिया था वह उसकी कोठरी में था, लेकिन उन लोगों ने वह जग मुझे वापस देने से मना कर दिया। कुछ लोग थे जिनकी क़िताबें उसके पास थीं, उन क़िताबों को भी उन लोगों ने वापस करने से मना कर दिया। वह डायरी लिखा करता था जो हम लोग हासिल करना चाहते थे, लेकिन इसकी इजाज़त नहीं दी गई और उन लोगों ने वह सब नष्ट कर दिया। कुछ भी बाक़ी नहीं रहा, सिवा यादों के और रूमी के प्रति प्रेम के।

गिरफ़्तारी और रिहाई

जिस तरह कविता और पढ़ाई ने अफ़ज़ल को कोबाड गांधी की नज़रों में ऊपर उठाया था, उसी तरह की साहित्यिक ख़ूबियों ने कोबाड को भी दूसरे क़ैदियों की नज़रों में ऊपर उठाया। समुद्र की ओर ताकते वर्ली मुंबई के एक बड़े फ़्लैट में एक संपन्न पारसी परिवार में जन्मे, दून स्कूल और सेंट ज़ेवियर्स के स्नातक और लंदन के चार्टर्ड अकाउंटेंट कोबाड अब अपना समय पुस्तकें पढ़ते हुए और मनोविज्ञान का अध्ययन करते हुए चेरलापल्ली जेल में बिताते हैं, जिसके पहले वे तिहाड़ में रहे हैं। ज़रा इस नोट पर ध्यान दें जो उन्होंने अपने दोस्त गौतम वोहरा को लिखा था, जिनको वे हफ़्ते में एक बार ज़रूर लिखते हैं :

> गोर्की ने भूमिका में चेख़व के बारे में लिखा : ज़िंदगी की छोटी-छोटी बातों को उतने साफ़ तौर पर कोई नहीं समझता था जितना चेख़व समझते थे, उनके पहले कोई लेखक ऐसा नहीं हुआ जो मनुष्य के सामने मध्यवर्गीय जीवन की स्याह अराजकता में निहित शर्मनाक और दर्दनाक चीज़ों की इतनी निर्मम रूप से सच्ची तसवीर उकेर सका हो।
>
> बेशक, उन्होंने उन्नीसवीं सदी के आख़िर में और बीसवीं सदी की शुरुआत में लिखा था जब रूस में बेहद उथल-पुथल मची हुई थी। पिछले दो दशकों के अतिशय उपभोक्तावाद ने शुरुआती दौर की संवेदनाओं को पूरी तरह ख़त्म कर दिया लगता है, लेकिन अब मुझे लगता है कि इस संस्कृति ने जो भीषण अलगाव पैदा किया है, उसकी प्रतिक्रिया में एक नई संवेदना उत्पन्न होगी... जेल का जीवन कठिन है, लेकिन इसने मुझे उन क्षेत्रों के बारे में सोचने (और पढ़ने) का अवसर उपलब्ध कराया है जिसका अवसर मुझे बाहर कभी न मिलता। (2010)

हाँ, इसमें कोई शक नहीं कि कोबाड एक सुविधाजनक और उत्कृष्ट शैक्षणिक पृष्ठभूमि से आए हैं। लेकिन वामपंथी विचारधारा और जीवन-शैली में रचे-बसे होने के चलते उनके पास इतनी संपत्ति नहीं थी जो उनको तिहाड़ जेल में आराम का जीवन बिताने की गुंजाइश मुहैया कराती और इसलिए उनके जेल-जीवन की कहानी एक ऐसे बूढ़े होते इंसान की कहानी बन जाती है जो अपनी विदीर्ण होती काया के साथ क़ैद की चुनौतियों से तालमेल बिठाने का संघर्ष कर रहा है। वहाँ ढेरों फ़ाइलें हैं और कई-कई रिम काग़ज़ हैं जो उनकी छोटी, स्वच्छ लिखावट से भरे हुए हैं, कभी ए4 साइज़ में लिखे हुए, तो कभी स्कूल की कॉपी में लिखे हुए, जिनमें उनकी दवाइयों के लिए याचना है, या उनकी हालत का बयान है। उनको अपनी किडनी की बीमारी की दवाओं के लिए, अपनी त्वचा की बीमारी की दवाओं के लिए, अपने इरिटेबल

बाउल सिंड्रोम की दवाओं के लिए एक के बाद एक दरख़्वास्तें लिखनी पड़ती हैं। वे अपने अनुभवों को गौतम वोहरा जैसे अपने दोस्तों को और हैदराबाद के अपने वकील रवींद्रनाथ बल्ला को लिखे गए अपने ख़तों में दर्ज़ करते हैं। ये जेल-जीवन के संभवतः सबसे विस्तृत और सबसे मार्मिक दस्तावेज़ हैं।

लेकिन सबसे पहले, ग्लैक्सो के वित्तीय निदेशक का यह बेहद विनम्र स्वभाव का बेटा हिरासत में कैसे जा पहुँचा? उनके अपने शब्दों में, कोबाड की विचारधारा सबसे पहले तब विकसित हुई जब वे लंदन में पढ़ रहे थे। फ़रवरी 2011 में लिखते हुए कोबाड बताते हैं : यह इंग्लैंड था जहाँ हिन्दुस्तानियों के प्रति नस्लभेद को देखते हुए मैंने सामाजिक ढंग से सोचना शुरू किया। जिस समय में - 1968 से 1972 के दौरान - मैं वहाँ था, वह समय विश्वव्यापी उबाल का समय था और ये कुछ मार्क्सवादी समूह थे जो नस्लवाद के ख़िलाफ़ लड़ रहे थे। तब तक नक्सलवादी आंदोलन शुरू हो चुका था और मुझे लगा कि इस आंदोलन में शामिल होकर ही देश-सेवा की जा सकती है।"

वे हिंदुस्तान लौटे और वे अपनी भावी पत्नी अनुराधा शानबाग से मिले, जो उस समय एल्फ़िन्स्टन कॉलेज में समाजशास्त्र पढ़ाती थीं। उन्होंने मुंबई की झुग्गियों में साथ मिलकर काम किया जिसके नतीजे में वे एक-दूसरे के क़रीब आए। उन्होंने साथ-साथ इमर्जेंसी के उथल-पुथल भरे वर्ष देखे और जब इमर्जेंसी ख़त्म हो गई, तो उन लोगों ने शादी कर ली। जिस दौरान वे झारखंड में काम करते हुए आदिवासियों और उनके समाज में स्त्रियों के उत्पीड़न के ख़िलाफ़ शिक्षा दे रहे थे तभी अनुराधा को दिमाग़ी मलेरिया ने दबोच लिया। 2009 में कोबाड की गिरफ़्तारी से ठीक पहले अनुराधा इस बीमारी से चल बसीं।

"ये वो समय था जब हम पीपुल्स वार ग्रुप (पीडब्ल्यूजी) में भी शामिल हो गए थे और नागपुर आ गए थे। अनुराधा नागपुर विश्वविद्यालय में प्रोफ़ेसर हो गई थी और मैं *हितवाद* में पत्रकार के रूप में काम करता था। हम लोगों ने ग़रीबों के बीच अपना काम जारी रखा और हम दलित बस्ती में रहा करते थे। लेकिन 1987 में हम अपने विचारधारात्मक मतभेदों की वजह से पीडब्ल्यूजी से अलग हो गए थे। तब के बाद से मैं नागपुर और मुंबई में झुग्गीवासियों के बीच काम कर रहा था। लेकिन इस आंदोलन के प्रति मेरी सहानुभूति बरकरार रही, और मैं उनके प्रकाशनों के लिए आर्थिक और सामाजिक लेख/पुस्तकें लिखकर उनकी मदद करता रहा। इन सालों के दौरान मैं दुनिया भर के माओवादियों तथा दूसरी मार्क्सवादी पार्टियों के संपर्क में भी रहा। लेकिन आंध्र प्रदेश की पुलिस ने, श्रेय हासिल करने के लिए चीज़ों को मीडिया में बहुत बढ़ा-चढ़ा कर बताया है।"

'बढ़ा-चढ़ा कर बताना' एक कमबयानी हो सकती है। बावजूद इसके कि आंध्र प्रदेश पुलिस एक वरिष्ठ नागरिक से दुर्व्यवहार कर रही थी, उसने 16 सितंबर 2009

को उनको दिल्ली के भीकाजी कामा प्लेस से धर दबोचा, और घसीटती हुई सूमो में ले गई; उनकी आँखों पर पट्टी बाँधकर उनको आठ घंटे तक शहर में घुमाती रही और अंततः शहर के बाहरी इलाक़े में ले गई जहाँ पर उनके साथ तीन दिन तक पूछताछ की गई। इसके बाद उन्होंने उनको दिल्ली पुलिस के हाथों में सौंप दिया। बाद में उन्होंने उनके ख़िलाफ़ 12 अन्य प्रकरण भी ऐसे इलाक़ों को लेकर दर्ज़ किए जिन इलाक़ों में कोबाड का कहना है कि वे कभी गए तक नहीं थे। सिर्फ़ आंध्र प्रदेश पुलिस ने ही नहीं बल्कि उनकी गिरफ़्तारी के बाद पंजाब और पश्चिम बंगाल की पुलिस ने भी माओवादी होने के लिए उनके ख़िलाफ़ प्रकरण दर्ज़ किए। मानो राज्यों के पुलिस बल किसी ऐसे हाई-प्रोफ़ाइल 'माओवादी' की गिरफ़्तारी के इंतज़ार में ही बैठे थे जिसके मत्थे वे प्रकरण मढ़ सकते। उदाहरण के लिए, उनकी गिरफ़्तारी के एक साल बाद, 2010 में, सूरत की पुलिस ने उनको 'असंतोष और हिंसा पैदा करने' के लिए असंगठित क्षेत्र को संगठित करने के षड्यंत्र के आरोप के घेरे में लिया। दिसम्बर 2009 में जिस वक़्त उनको दिल्ली जेल में रहा होना चाहिए था, उस वक़्त आंध्र प्रदेश पुलिस का कहना था कि उन्होंने एक बैठक में भाग लिया था जो 'स्वायत्त विधान परिषद तथा अलग विधान परिषदीय राज्य हेतु आदिवासियों की माँग के लिए हिंसक आंदोलन को बढ़ावा देने' के लिए आयोजित की गई थी। ये आरोप अविश्वसनीय रूप से चौंकाने वाले हैं, लेकिन जहाँ उनके तमाम सहआरोपियों को ज़मानत पर रिहा किया जा चुका है, वहीं इस प्रकरण में कोबाड के साथ अभी भी एक ऐसे वांछित व्यक्ति के रूप में व्यवहार हो रहा है जिसकी व्यक्तिगत हाज़िरी का अदालत को इंतज़ार है। इस बार भी पुलिस ने उनके ख़िलाफ़ संघातक यूएपीए के तहत आरोप दर्ज़ किया है लेकिन जैसा कि कोबाड बताते हैं, ये कुछ अविश्वसनीय है क्योंकि 2010 में इस समय वे पहले से ही तिहाड़ में थे। सूरत दूर की कौड़ी वाला इकलौता प्रकरण नहीं है। एक ऐसा ही प्रकरण पटियाला से ताल्लुक़ रखने वाला भी था जिसमें बाद में वे निर्दोष करार दिए गए थे।

"पंजाब प्रकरण में उच्च न्यायालय ने मेरी ज़मानत नामंज़ूर कर दी थी। ये इस क़दर बेहूदा प्रकरण है कि मेरी समझ में नहीं आता वकील चाहते क्या थे। ये प्रकरण कुल मिलाकर इतना कहता है कि पटियाला यूनिवर्सिटी में सुबह के वक़्त टहलते हुए दो लोगों ने एक व्यक्ति को मैदान में भाषण देते हुए देखा था। मेरी गिरफ़्तारी के बाद उन लोगों ने उस भाषण देने वाले व्यक्ति के रूप में मेरी पहचान की। बस इतना ही। इस कथित भाषण (क्योंकि मैं कभी पटियाला यूनिवर्सिटी गया ही नहीं) की बिना पर उन्होंने मेरे ख़िलाफ़ यूएपीए के तहत आरोप मढ़ दिए। वह भी उस तारीख़ में कोई एफ़आईआर दर्ज़ नहीं की गई। निश्चित तारीख़ का कोई उल्लेख नहीं - कुछ भी नहीं। दरअसल, कोई प्रकरण है ही नहीं। फिर भी ज़मानत नहीं! मैंने कभी पटियाला यूनिवर्सिटी देखी तक नहीं है - मैंने उनसे कहा कि मैंने

2006 में कृषि संबंधों, ऋण और अध्ययनों पर ग्रामीण अध्ययन के लिए 10 दिन की बठिंडा कॉटन क्षेत्र की यात्रा की थी।" इसी तरह, उन्होंने तेनुगढ़ नामक जगह का कभी नाम तक नहीं सुना था और जब उस जगह से उनके ख़िलाफ़ वारंट निकला तो उनको लोगों से पूछना पड़ा था कि यह जगह कहाँ पर थी।

ये एक आरोपी के ज़ाहिरा इंकार लगते रहे होंगे लेकिन चूँकि कोबाड 2016 में ट्रायल कोर्ट द्वारा दिल्ली के मुख्य प्रकरण में निर्दोष करार दे दिए गए थे, और पटियाला कोर्ट द्वारा भी निर्दोष करार दे दिए गए थे, पुलिस के अभियानों की पूरी तरह क़लई खुल जाती है। पुलिस का आरोप था कि वे प्रतिबंधित सीपीआई (माओवादी) के पोलित ब्यूरो के सदस्य थे और उसके अंतरराष्ट्रीय विभाग की ज़िम्मेदारी सँभालते थे। उनका कहना था, "इसकी पूरी संभावना है कि यह भूमिगत (वांछित) कैडर जिसके व्यापक संपर्क हैं और विस्तृत नेटवर्क हैं, अपराधों को अंजाम देने के लिए दिल्ली में अपने निशानों की टोह लेने में लगा हो।" उनपर 2007 में बिहार के भीमाबंदु जंगल में आयोजित माओवादियों की उस बैठक में शामिल होने का भी आरोप है जिसमें 'समूचे भारत में बड़े पैमाने की हिंसा करने' और 'पुलिस प्रतिष्ठानों पर हमले करने' का संकल्प लिया गया था। 1996 की उनके द्वारा की गई बेल्ज़ियम और जर्मनी की यात्राओं को आरोप-पत्र में माओवादी गतिविधियों के साक्ष्यों के रूप में इस्तेमाल किया गया। पुलिस का आख़िरी आरोप था कि कोबाड गांधी एक छद्म नाम का उपयोग कर रहे थे और दिल्ली की सीताराम भरतिया अस्पताल में अपना इलाज कराने के लिए ख़ुद को 'नरसी पटेल' के रूप में पेश कर रहे थे।

जैसा कि साबित होता है, अपने प्रोस्टेट के इलाज के लिए छद्म नाम का इस्तेमाल करने का एकमात्र आरोप है जिसे पुलिस उनके ख़िलाफ़ साबित कर सकी है। कोबाड जून 2011 के उस समय के बारे में लिखते हैं जब उनको आंध्र प्रदेश पुलिस द्वारा करीमनगर की अदालत में पेश किया गया था : "दिन में जब मैं टीवी देख रहा था उन लोगों ने तेलुगू में एक 'इक़बालिया बयान' लिखा जिसमें कहा गया था कि मैं बहुत सारी गतिविधियों में मुब्तिला रहा था। हालाँकि, अगले ही दिन मैंने इसका खंडन किया और ये भी कहा कि चूँकि मैं तेलुगू नहीं समझता इसलिए मुझे जानकारी नहीं है कि उसमें क्या लिखा है - इस बयान का इस्तेमाल उन्होंने मुझे पहले से जारी कई सारे प्रकरणों में फँसाने के लिए किया।"

पुलिस ने उनकी सेहत को लेकर किसी तरह की कोई सहानुभूति नहीं दर्शाई, और अदालत में तर्क दिया कि 'कोबाड गांधी ने जाँच अधिकारी के साथ सहयोग नहीं किया और लगातार अपनी बुरी सेहत की शिकायत करते रहे और अपने सहयोगियों तथा प्रतिबंधित संस्था की ग़ैरक़ानूनी गतिविधियों के बारे में किसी तरह के ठोस तथ्यों का खुलासा नहीं किया।' पुलिस को ये बात भी पसंद नहीं आई कि कोबाड नार्को-एनालिसिस कराने को तैयार नहीं हुए (नार्को-एनालिसिस वह दोषपूर्ण पद्धति है

जिसके तहत दिमाग़ में कुछ रसायन भर दिए जाते हैं। अनेक मानवाधिकार संगठनों ने इस पद्धति को एक ऐसे औज़ार के रूप में देखा है जिसका जाँच एजेंसियों द्वारा दुरुपयोग किया जाता है)। जब कोबाड के वकील ने बुरी सेहत का हवाला दिया, तो उन्होंने डॉक्टरों से यह कहलवा लिया कि वे नार्को के लिए एकदम उपयुक्त हालत में थे और इसलिए इस आदेश पर रोक लगाने के लिए उनको उच्च न्यायालय की शरण लेनी पड़ी।

उनके 69वें जन्म दिन के ठीक नौ दिन पहले और जेल में उनके द्वारा बिताए गए लगभग आठ साल बाद, 10 जून 2016 को कोबाड यूएपीए के तहत लगाए गए सारे आरोपों से मुक्त कर दिए गए। अतिरिक्त सत्र न्यायाधीश रीतेश सिंह की अदालत ने बचाव पक्ष की इन दलीलों की पुष्टि की कि सीपीआई (माओवादी) को 2009 में ही प्रतिबंधित किया गया था और पेश किए सबूतों में से कोई भी सबूत इस प्रतिबंध के बाद का नहीं है। फ़ैसला अभियोजन पक्ष के गवाहों और सबूत को भी यह कहते हुए ध्वस्त करता है कि वे पुलिस के क़िस्से को समर्थन देने में असमर्थ हैं। "उपर्युक्त परिस्थितियाँ इस बारे में गंभीर संदेह जगाती हैं कि किसी भी तरह के आर्टिकल्स बरामद भी किए गए... बरामदगी की तिथि और समय के मामले में दस्तावेज़ी सबूत के मार्फ़त किए गए कथन और साक्ष्यों में फ़र्क़ है।"

इस बात को मानते हुए कि कोबाड गांधी छद्म पहचान-पत्रों का इस्तेमाल कर रहे थे, अदालत ने कहा :

> छः पहचानों के इस्तेमाल और कथित प्रतिबंधित संगठनों की सदस्यता के बीच के अंतराल को संदेह के आधार पर नहीं पाटा जा सकता... जिस सामग्री पर अभियोजन पक्ष द्वारा भरोसा जताया गया था वह क़तई भरोसे के क़ाबिल नहीं थी और न ही उसे यूएपीए की धाराओं के अंतर्गत आरोपों को सिद्ध करने के लिए विचारणीय मानकर स्वीकार किया जा सकता था। इसलिए, आरोपों के समर्थन में, किसी सबूत के अभाव में कोबाड गांधी को यूएपीए के अधीन अपराधों के लिए लगाए गए आरोपों से बरी किया जाता है।

धोखाधड़ी के लिए निर्णय देते हुए न्यायाधीश ने कहा :

> कोबाड 68 साल के हैं और वे इस प्रकरण में लगभग सात साल मुकदमे का सामना कर चुके हैं... जिन अपराधों के लिए उनको दोषी पाया गया है उन्होंने किसी व्यक्ति या प्राधिकरण (अथॉरिटी) को कोई नुक़सान या क्षति नहीं पहुँचाई है... इसलिए मैं उनको उस अवधि की क़ैद की सज़ा सुनाता हूँ जो अवधि वे क़ैद में पहले ही बिता चुके हैं।

आप सोचेंगे कि इसी के साथ उनको अंतिम रूप से मुक्ति मिली और जेल में बिताया जा रहा उनका समय समाप्त हुआ, लेकिन इसका आधा ही सच साबित हुआ। अपना 69वें जन्म दिन और तिहाड़ में अपने अंतिम कुछ दिन शेष रह जाने का जश्न मनाते हुए कोबाड गांधी उन प्रकरणों के अगले दौर के लिए तैयार हो रहे थे जो उनके ख़िलाफ़ विशाखापत्तनम, आंध्र प्रदेश में, गुजरात में, झारखंड के बोकारो में और पश्चिम बंगाल के सालबोनी में दर्ज़ हैं। एक प्रकरण का निपटारा होने में सात साल लगे, इसलिए कोई भी आदमी अंदाज़ा लगा सकता है कि बाक़ी से निपटने में कितने साल लगेंगे। साल के समाप्त होने-होने तक कोबाड सीपीआई (माओवादी) के सदस्य होने के आरोप से भी पटियाला अदालत द्वारा बरी कर दिए गए थे लेकिन बाक़ी प्रकरणों के लिए अभी भी लंबा सफ़र पड़ा था। भले ही पटियाला प्रकरण निहायत ही बेबुनियाद रहा हो, लेकिन न्यायाधीश ने भी मुकदमे की पूरी कार्रवाई 20 दिनों में निपटा दी जो एक रिकॉर्ड था। इस दौरान कोबाड पटियाला जेल में बंद रहे। 7 साल से लेकर मात्र 3 हफ़्तों में निपटे मुकदमों की अवधि की कुतर्कपूर्णता के बारे में लिखते हुए कोबाड कहते हैं :

> अगर एक ज़िले में यह प्रकरण एक साधारण अदालत में 20 दिन में निपट सकता था, तो दिल्ली का प्रकरण छह साल और 9 महीनों तक क्यों घिसटता रहा!! ...कम-से-कम मुझे ज़मानत तो मिलनी ही चाहिए थी। मामला सिर्फ़ इतना ही नहीं था। जून 2010 में लेफ़्टिनेंट गवर्नर ने मुझे सीआरपीसी की धारा 268 से जकड़ दिया, जिसका मतलब था कि जब तक दिल्ली का प्रकरण नहीं निपट जाता तब तक मैं दूसरे प्रकरणों के लिए दिल्ली से बाहर की यात्रा नहीं कर सकता था। इसे मार्च 2015 में हटा दिया गया, लेकिन सिवा पटियाला के एक भी प्रस्तुति वारंट (प्रॉडक्शन वारंट) ख़त्म नहीं हुआ। अब जबकि दिल्ली का प्रकरण समाप्त हो चुका है, मेरे तमाम दूसरे प्रकरण नए सिरे से शुरू हो रहे हैं, और इस तरह मुझे शीघ्र मुकदमे के मेरे संवैधानिक अधिकार से वंचित किया जा रहा है। ये एक जानबूझकर किया जा रहा षड्यंत्र प्रतीत होता है... सेहत संबंधी अपनी तमाम समस्याओं के साथ 70 की इस उम्र में ये न्यायिक हत्या के अलावा और कुछ नहीं है। (3 नवम्बर 2016)

विडंबना यह है कि गोपाल अंसल कोबाड की ही उम्र के थे, जिनको उपहार त्रासदी प्रकरण में 59 लोगों, जिनमें से बहुत-से बच्चे थे, की मौत का कारण बनने का अपराधी ठहराया गया था, लेकिन उनको छह महीने से भी कम समय हिरासत में रखने के बाद इस आधार पर जेल में रखने से मना कर दिया गया था कि वे 'बहुत बूढ़े' थे। फ़रवरी 2017 में, एक दूसरी बेंच ने इसको रद्द कर दिया था लेकिन उनके भाई सुशील अंसल को तब भी बख़्श दिया गया क्योंकि वे अस्सी के आसपास की

उम्र में पहुँच रहे थे। एक और प्रभावशाली आरोपी, डीजीपी एस. पी. एस. राठौर को एक किशोरी के प्रति यौन-उत्पीड़न के लिए दोषी पाया गया था और उस किशोरी ने बाद में आत्महत्या कर ली थी, लेकिन उनको भी 70 की उम्र की वजह से जेल भेजने के लिहाज़ से बहुत बूढ़ा माना गया था। इन मनमाने फ़ैसलों पर कोबाड को बहुत आश्चर्य नहीं होगा। निर्दोष करार दिए जाने से बहुत पहले 2011 में उन्होंने ज़मानत न मिलने को लेकर बरती जा रही नाइंसाफ़ी के बारे में लिखा था : "तकनीकी तौर पर ये सही है कि न्यायाधीशों को निष्पक्ष माना जाता है। लेकिन यहाँ जेल में ज़मानत, पैरोल आदि के चालू रेटों की चर्चा (अपराधियों के बीच) आम है। इस तरह के न्यायाधीश सरकार और पुलिस के दबाव में आसानी-से आ जाते हैं। ट्रायल कोर्ट में ऐसे खरे और ईमानदार न्यायाधीशों का मिलना बहुत मुश्किल है।"

'यह आरोपी' भी निर्दोष करार दिया गया लेकिन इसमें सात साल लगे और कोबाड ने पूरा समय जेल में बिताया, यहाँ तक कि वे अपने लिए वरिष्ठ नागरिकों के वॉर्ड में जगह हासिल करने के लिए कमलनाथ और मणिशंकर अय्यर जैसे दून स्कूल के अपने साथियों को भी तैयार करते रहे।

जेल में उम्र के बढ़ने के जोख़िम

जब आप किन्हीं ऐसे नौजवानों का साक्षात्कार लेते हैं जिन्होंने जेल में समय गुज़ारा होता है, तो वे जेल के हालातों को लेकर अपनी घृणा का इज़हार करते हैं। आप ऐसे किसी व्यक्ति की हालत की कल्पना ही कर सकते हैं जो उम्रदराज़ है और जो सेहत संबंधी ऐसी गंभीर समस्याओं से जूझ रहा है जिसके लिए लगातार दवाओं और देखरेख की ज़रूरत है। कोबाड कई तरह की बीमारियों से ग्रस्त थे।

उनका घुटना ख़राब था, उनको स्लिप डिस्क की तकलीफ़ थी, गठिया था और सर्वाइकल स्पॉण्डिलाइटिस था। भारी वज़न उठाने से उनको भीषण पीड़ा होती थी। तब भी जेल जीवन का नियमित अंग तलाशी का आकस्मिक उपहार होता है। जब कुछ ऊँचे दर्ज़े के क़ैदियों को सेलफ़ोन का इस्तेमाल करते पकड़ा गया, तो अचानक ये आकस्मिक जाँचें बढ़ गईं। कभी-कभी ये रोज़ होती थीं, और इनके तहत तमिलनाडु स्पेशल पुलिस (टीएसपी) आपकी कोठरी में आती थी और आप अपनी ज़रूरी चीज़ें लेकर बाहर प्रतीक्षा करते जिस दौरान अंदर वे आपकी तमाम चीज़ों को तहस-नहस कर देते। "वे त्रस्त करने के लिए ही बने हैं और इसलिए वे आपकी सारी चीज़ों को यहाँ-वहाँ फेंक देते हैं।" कोबाड के लिए रोज़-रोज़ अपनी चीज़ों को लेकर बाहर-भीतर होना यातनादायी था और इसका बयान उन्होंने बाद में उच्च न्यायालय को लिखे अपने एक आवेदन में किया था। कोबाड ने 'सेवादार' की मदद माँगी जिसके लिए वे भुगतान करने को तैयार थे। यह एक आम बात है और बहुत-से दूसरे क़ैदी इसका इस्तेमाल करते हैं। लेकिन उन्होंने चूँकि अधिकृत तौर पर

इसकी माँग की थी, उनको मना कर दिया गया। डॉक्टर ने उनको दर्द से राहत पाने के लिए गर्म पानी की 'सेंक' का इस्तेमाल करने को कहा था। बात सिर्फ़ इतनी थी कि उस उच्च जोख़िम वॉर्ड में गर्म पानी कोबाड की पहुँच में नहीं था। दूसरे वार्डों में था लेकिन वह उनको देने को कोई तैयार नहीं था और उन्होंने अधिकारियों को कई ख़त लिखकर इसके लिए गुज़ारिश की लेकिन उन्होंने कोई परवाह नहीं की।

पढ़ाई-लिखाई एकमात्र चीज़ थी जो जेल के भीतर कोबाड को टिकाए हुए थी लेकिन वह चीज़ भी जोख़िम में थी। उनकी बाईं आँख धीरे-धीरे कमज़ोर होती जा रही थी और गौतम वोहरा को कई बार लिखे गए उनके ख़तों में आप उनकी हताशा को महसूस कर सकते हैं।

> बदक़िस्मती से मुझे अपने मनबहलाव में, अपने पढ़ने-लिखने में कटौती करनी पड़ रही है क्योंकि मेरी बाईं आँख क्षतिग्रस्त है। पिछले तीन महीनों से मैं डॉक्टर से मिलने की कोशिश कर रहा हूँ, लेकिन उच्च जोख़िम में हमारे लिए यह भी एक मुश्किल प्रक्रिया है। अंततः, कुछ दिन पहले मेरी उससे मुलाक़ात हो पाई। डॉक्टर ने कहा, आँख क्षतिग्रस्त है लेकिन उनके पास यहाँ वांछित उपकरण नहीं हैं, और बाहर किसी अस्पताल में भेजा जाना (अगर मुमकिन हो भी तो) एक लंबी प्रक्रिया है। इसलिए, फ़िलहाल के लिए मुझे 'टियर' ड्रॉप्स और बी12 लेना होते हैं। लेकिन मैं तब भी न्यूनतम पढ़ना तो जारी रखे ही हुए हूँ, हालाँकि मैं जानता हूँ कि इससे और भी नुक़सान होगा। बहरहाल... (7 जुलाई 2011)

लगभग महीने भर के भीतर लिखे गए अन्य ख़तों में वे बताते हैं :

> अंततः उन्होंने मेरी आँखों के लिए मुझे डीडीयू भेजा। लेकिन ये औपचारिकता ही ज़्यादा थी (जेल के साथ उनका एक अनुबंध है)। उस डॉक्टर ने भी कोई परीक्षण किए बिना उस बात को दोहरा भर दिया जो जेल के डॉक्टर ने कही थी। मैं आँख के किसी उपयुक्त अस्पताल के लिए आवेदन कर रहा हूँ क्योंकि मोतियाबिंद के ऑपरेशन की ज़रूरत हो सकती है। लेकिन मुझे पक्के तौर पर उम्मीद नहीं है कोई सुनवाई होगी। (5 अगस्त 2011)
>
> मेरी आँख की समस्या जारी है। पिछले छह महीनों में मेरी बाईं आँख का नंबर 2 प्वाइंट बढ़ चुका है। जेल में डॉक्टर ने इसकी वजह मोतियाबिंद बताई है। नर्स ने जाँच की और कहा मोतियाबिंद नहीं है। पढ़-लिख नहीं सकता। और ज़्यादा बरबादी रोकने के लिए किसी के द्वारा (डॉक्टर द्वारा नहीं) बताई गई आँखों की कुछ एक्सरसाइज़ कर रहा हूँ। (23 अगस्त 2011)

> अंततः मुझे अपनी आँखों के लिए एम्स जाना पड़ा। लेकिन ये तभी मुमकिन हो सका जब वकीलों ने जेल के भ्रमण पर आए न्यायाधीश के सामने तर्क रखे (जिसने मना कर दिया) और जेल के डीजी को एक ख़त लिखा (जिसने जाने का आदेश दिया)। इस गिरावट की ठीक-ठीक वजह मेरी समझ में नहीं आ सकी। मुझे और ज़्यादा गिरावट तथा मोतियाबिंद के विकसित होने की जाँच के लिए छह महीने के भीतर वापस जाना होगा। लेकिन जेल के डॉक्टर ने मुझे चश्मे का जो नंबर दिया था वह ग़लत था इसलिए मुझे एक बार फिर से लेंस बदलवाने पड़े; उनका कहना है कि मुमकिन है वह दर्द का कारण रहा हो। मैंने कोठरी में एक स्विच की इजाज़त भी ले ली है ताकि जब मैं सोऊँ तो चमकीली रोशनी को बंद कर सकूँ। यहाँ हर चीज़ में वक़्त लगता है और भारी उद्यम करना पड़ता है। (सितम्बर 2011)
>
> अब मेरी बाईं आँख में मोतियाबिंद भी विकसित हो रहा है और न्यायाधीश द्वारा मुझसे ऑपरेशन कराने को कहा गया है। कुछ इंतज़ामों की कोशिश में लगा हूँ, लेकिन समस्या ये है कि यहाँ के सारे बड़े अधिकारी बदल गए हैं - जेल का डीजी, जेल का डीआईजी, जेल के सुपर और दो चिकित्सा अधिकारी। इसलिए, इन बदलावों के साथ मेरी सेहत की हालत और ज़रूरतों से वाक़िफ़ लोग नहीं रहे... किसी निजी अस्पताल का सहारा लेना चाहता हूँ क्योंकि ये एक संवेदनशील (और मेरे लिए बेहद अहम) अंग का मसला है। (सितम्बर 2011)
>
> रेबेका (वकील) ने कुछ दिनों की अंतरिम ज़मानत के लिए और मोतियाबिंद का ऑपरेशन निजी अस्पताल में कराने की अनुमति का आग्रह किया। लेकिन न्यायाधीश पिघलने वाला नहीं था... जब अदालत में ऑपरेशन को लेकर सारी चर्चा चल रही थी तब न्यायाधीश ने लापरवाही से मुझसे पूछा, वह कौन डॉक्टर था जिससे मैं एम्स में मिला था। जब मैंने याद करके बताया तो उसने मुस्कराते हुए कहा, "ओह, आप महान लोगों की संगत में हैं, उसने डॉ. मनमोहन सिंह का ऑपरेशन किया था - वही डॉक्टर टिटयाल।" मुझे चिंता है कि वे मुझे किस जगह रखते हैं। और मौजूदा एसएमओ (चिकित्सा अधिकारी) सचमुच का दुष्ट इंसान है। (16 नवम्बर 2012)

यह समस्या काफ़ी बाद में तब जाकर सुलझी जब गौतम वोहरा के उद्यम से दून स्कूल के भूतपूर्व छात्रों ने कोबाड के मोतियाबिंद के ऑपरेशन के लिए पैसा इकट्ठा किया। कोबाड पहले से ही उच्च रक्तचाप की समस्या से जूझ रहे थे लेकिन तिहाड़ ने उनको अनियमित दिल की धड़कनों की सौगात दी। वे दर्ज़ करते हैं कि उन्होंने दो बार सीने में दर्द की शिकायत की, जब वे जेल के इमर्जेंसी कक्ष में ले जाया जाना

चाहते थे। समझा जाता है कि इस काम में पाँच घंटे लग गए। अपनी गिरफ़्तारी के वक़्त प्रोस्टेट के संभावित कैंसर के लिए कोबाड का सीताराम भरतिया अस्पताल में इलाज चल रहा था। सालों बाद भी, कोई राहत नहीं मिली या कोई निदान नहीं हुआ। यहाँ तक कि जब मैं उनसे मिलने हैदराबाद जेल गई, उन्होंने बेचैनी की शिकायत की क्योंकि प्रोस्टेट की समस्या उनको रात में जगाए रखती थी।

इरिटेबिल बाउल सिंड्रोम एक और समस्या थी जो कोबाड को परेशान करती थी, जिसकी वजह से उनको डायरिया और डिसेंट्री के दौरों की संभावना बनी रहती थी। जैसा कि उनके वकील और एक्टिविस्टों ने मुझे बताया, कि इस समस्या से निपटने के लिए ज़रूरी मिनरल वॉटर ख़रीदने में उस भत्ते का एक बहुत बड़ा हिस्सा निकल जाता था जो जेल के भीतर उनको दिया जाता था। नियम मनमाने प्रतीत होते थे। चूँकि शुरुआत के कुछ वर्षों में जेल के अधिकारी-कर्मचारी उनके प्रति हमदर्दी महसूस करते थे, वे उनको हर दिन मिनरल वॉटर की दो बोतलें दे दिया करते थे। लेकिन इस अमले का तबादला हो गया, और नए लोगों के नए क़ानून थे, और जब उन्होंने बोतल भर उबले पानी की या किसी अच्छे वॉटर प्यूरीफ़ायर की माँग की, तो वह माँग ठुकरा दी गई। हमेशा की तरह, उनका बहाना सुरक्षा था।

तिहाड़ जेल की हालत ने कोबाड को पैर की अँगुलियों में छुतहे फ़ंगल रोग की सौगात भी दी। ये रोग इतना बढ़ गया कि उनको एक छोटे ऑपरेशन के लिए एम्स जाना पड़ा लेकिन समस्या बनी रही। जैसा कि एक जगह पर उन्होंने हाइजीन के बारे में लिखा है :

> मुझे फ़्लू ने जकड़ लिया है, मुझे अपना योगाभ्यास और पढ़ना कम करना पड़ा है। ये हमारे पूरे वॉर्ड में है और एक से दूसरे में फैल रहा है। जहाँ तक अपेक्षाकृत जवान लोगों का सवाल है, वे इससे कुछ ही दिनों में उबर जाते हैं, लेकिन मेरे साथ ये हमेशा लंबे समय तक चिपका रहता है। उम्मीद है मैं इससे जल्दी ही उबर जाऊँगा ताकि मैं अपने पढ़ने और लिखने की तरफ़ वापस लौट सकूँ। हमारे वॉर्ड में साफ़-सफ़ाई का स्तर बहुत गिर गया है जिससे मच्छर बहुत बढ़ गए हैं। साफ़-सफ़ाई अब वहाँ बढ़ गई है जहाँ उच्च वर्ग के लोग रहते हैं। लेकिन सब कुछ के बावजूद, स्थिति ठीक है। (18 नवम्बर 2011)

कोबाड मुनासिब टूथपेस्ट की अनुपलब्धता की वजह से दाँतों के सड़ने की बात बताते हैं। उनको एक दाँत भी निकलवाना पड़ा जो पूरी तरह सड़ चुका था।

सेहत से जुड़ी ये सारी मुश्किलें कुछ खीझ पैदा करने वाली चीज़ों की वजह से और भी बढ़ गई थीं, जैसे कि विटामिनों का मिलना अचानक बंद हो जाना। ये विटामिन उनको मुलाक़ातों के दौरान अपने वकील से मिला करते थे लेकिन अचानक विटामिनों को भी सुरक्षा संबंधी जोखि़म के रूप में देखा जाने लगा। फिर कुछ और भी घटनाएँ थीं, जैसे वह जो 5 मार्च 2013 को घटित हुईं। कोबाड की बहन उनसे मिलने आईं और जेल में मिल रही अपर्याप्त खुराक को देखते हुए अपने साथ कुछ सूखे मेवे और विटामिन आदि भी साथ लाईं। बावजूद इसके कि जेल के डिप्टी सुपरिटेंडेंट ने इनकी इजाज़त दे दी थी, टीएसपी ने उन सारी चीज़ों को ज़ब्त कर लिया। कोबाड को दरअसल पिछले तीन सालों से इनको हासिल करने की छूट मिली हुई थी लेकिन समझा जाता है कि टीएसपी का कहना था कि जेल के नए डीजी ने सूखे मेवों को 'प्रतिबंधित' कर दिया था। बेशक, कोबाड को उनके इस सवाल का जवाब नहीं मिल सका कि उनकी बहन जो उन्नीस चीज़ें लेकर आई थी, सूखे मेवों की संख्या उनमें सिर्फ़ तीन थी, तब बाक़ी चीज़ों का क्या हुआ?!

इन शिकायतों, गुज़ारिशों, अनुरोधों और आवेदनों की एक मोटी फ़ाइल है जो जेल में भोगी गई उनकी पीड़ाओं से भरी हुई है। जवान, सक्षम लोग रिश्वतों के माध्यम से इन सुविधाओं तक अपनी पहुँच बना लेते हैं। कोबाड भले ही इन चीज़ों के लिए लड़ते हुए अदालतों के फ़ैसलों के, जेल मार्गदर्शिकाओं का हवाला देते रहे लेकिन उनका कोई असर नहीं हुआ। जब जेल अधिकारियों को लिखे गए उनके ख़तों पर कोई सुनवाई नहीं हुई तो उन्होंने राष्ट्रीय मानवाधिकार आयोग को ख़त और दिल्ली उच्च न्यायालय को आवेदन लिखे। एक ख़त इस प्रकार है :

1 नवम्बर 2011

प्रति
महानिदेशक
राष्ट्रीय मानवाधिकार आयोग
श्री सुनील कृष्ण,
फ़रीदकोट हाउस,
कोपरनिकस मार्ग

प्रिय महोदय,

यह ख़त मैं नेशनल कॅन्सल्टेशन ऑन ह्यूमन राइट्स पर डॉ. गौतम वोहरा के साथ 17 अक्टूबर 2011 को हुई आपकी चर्चा के क्रम में लिख रहा हूँ। डॉ. वोहरा के मुताबिक़ वह चर्चा इस सवाल की ओर मुड़ गई थी कि मुझसे एक राजनैतिक क़ैदी की तरह व्यवहार होना चाहिए या किसी भी अन्य तुच्छ अपराधी की तरह।

माननीय सर्वोच्च न्यायालय के 4/2/2011 के फ़ैसले में एम. काटजू और जी.एस. मिश्र की पीठ द्वारा उठाए गए कुछ संवैधानिक मुद्दों के बाद किसी प्रतिबंधित संगठन का सदस्य होना कोई अपराध नहीं है। बशर्ते कि व्यक्ति किसी तरह की हिंसा में मुब्तिला न रहा हो।

मुझ पर मात्र यूएपीए की 10, 13, 18 और 20 धाराओं के अंतर्गत तथा रूप बदलने से संबंधित आईपीसी की धारा के अंतर्गत आरोप हैं। समूचे आरोप-पत्र में हिंसा का कोई आरोप नहीं है। किसी तरह की आपराधिक गतिविधि या आपराधिक इरादे का कोई आरोप नहीं है, जो आमतौर पर यूएपीए के अधीन लगाए गए आरोपों के साथ होते हैं। मुझे मात्र मेरे दृष्टिकोणों और उन ग़रीबों, जिनकी संख्या हमारे समाज में 80 प्रतिशत है, के बीच काम करने की ख़ातिर सलाख़ों के पीछे डाल दिया गया है। तिहाड़ के भीतर से भी मैंने दिल्ली में आयोजित एक सेमिनार में आर्थिक विकास का एक मॉडल पेश किया था, जिसे मीडिया ने प्रचारित किया था।

महोदय, यहाँ तक कि ब्रितानी उपनिवेशवाद के अधीन भी राजनैतिक क़ैदी की हैसियत प्रदान की जाती थी और यही वजह थी कि नेहरू और दूसरे लोग अपने जेल में काटे गए समय को सार्थक बना सके और *डिस्कवरी ऑफ़ इंडिया* जैसी कृतियाँ रच सके। मैं जेल में भी इस तरह के मुद्दों पर अपना लेखन जारी रखे हुए हूँ; लेकिन जेल की अपमानजनक और मुश्किल परिस्थितियों में इस तरह का अध्ययन और लेखन बेहद मुश्किल होता जा रहा है। यह मुश्किल मेरी 64 बरस की उम्र और बुरी सेहत की वजह से और भी बढ़ गई है। उदाहरण के लिए, हाल ही में, मुझे अपनी बाईं आँख में आई ख़राबी की वजह से पढ़ना/लिखना बंद कर देना पड़ा। मुझे उचित चिकित्सा और अपने चश्मे का सही नंबर (जेल के डॉक्टर द्वारा दिया गया नंबर त्रुटिपूर्ण था और इसलिए वह काम नहीं कर रहा था) हासिल करने के लिए 5-6 महीनों तक भारी उद्यम करना पड़ा।

जेल की जिन परिस्थितियों में मुझे रखा गया है, उनकी वजह से मैं भयानक रूप से अक्षम हूँ। इसमें अधिकारियों का दोष नहीं है बल्कि उस व्यवस्था का दोष है जिसमें मेरे जैसे व्यक्ति के साथ भी राजनैतिक क़ैदी की तरह नहीं बल्कि एक तुच्छ अपराधी की तरह व्यवहार हो रहा है।

ये वो पृष्ठभूमि है जिसमें मैं आपको यह पत्र लिख रहा हूँ, इस उम्मीद के साथ कि राष्ट्रीय मानवाधिकार आयोग मेरे पक्ष में हस्तक्षेप कर सकता है। इसके पहले मैंने मेरे विरुद्ध बरते गए पुलिस के तौर-तरीक़ों को लेकर आपको पत्र लिखा था, लेकिन मेरा वह पत्र सचमुच नज़रअंदाज़ कर दिया गया।

बहरहाल, इस प्रकरण में मैं उम्मीद करता हूँ कि आप इसपर कुछ विचार करेंगे और संभवतः कोई कार्रवाई कर सकेंगे।

आपका

कोबाड गांधी बल्द आदि गांधी
तिहाड़ जेल-3, वॉर्ड 8, हरि नगर,
नई दिल्ली-110064

इस ख़त के बाद कोबाड ने इस मानवाधिकार निकाय के लिए कई ख़त लिखे। अगर यह ख़त राजनैतिक क़ैदियों के वॉर्ड को लेकर था, जो उनको बाद में हैदराबाद में मिला, तो दूसरे ख़त वरिष्ठ नागरिकों के वॉर्ड में रखे जाने की उनकी ज़रूरतों का और तिहाड़ के भीतर ही लगातार दूसरे जेलों में स्थानांतरित किए जाने से उत्पन्न ख़तरों का ज़िक्र करते थे क्योंकि इन स्थानांतरणों का मतलब होता था उनको हर बार नए सिरे से जान-पहचान क़ायम करने की तकलीफ़देह प्रक्रिया से गुज़रना पड़ता था। 2014 के बाद के किसी समय में उच्च न्यायालय के लिए एक हस्तलिखित याचिका में (यह याचिका कभी दाख़िल नहीं की गई क्योंकि उनके वकील ने पूर्वानुमान कर लिया था कि इसको दाख़िल किए जाने के पहले ही वे बरी कर दिए जाएँगे) कोबाड ने सर्वोच्च न्यायालय के बहुत सारे फ़ैसलों और नज़ीरों का हवाला देते हुए, अंत में ये कहा था :

> एक बूढ़ा होने के नाते और सेहत संबंधी मेरी बहुत सारी समस्याओं को देखते हुए मुझे पश्चिमी शौचालय (गठिया), एकल कोठरी, लकड़ी की खाट, चिकित्सक द्वारा सुझाया गया भोजन इत्यादि सुविधाएँ दी गई थीं। लेकिन तबादले के वक़्त सुपरिटेंडेंटों ने मेरी इस प्रार्थना को नामंज़ूर कर दिया कि जेल तबादले के बाद भी मुझे ये सुविधाएँ जारी रहें। ये ज़रूरतें मुहैया नहीं कराई जाएँगी और इसलिए इससे मेरी सेहत पर और भी बुरा प्रभाव पड़ेगा। ये भी कि पिछली जेल में दी जाने वाली चिकित्सीय सुविधाओं के मिलने में महीनों लग जाते हैं और वे तभी मिल पाती हैं जब नई जेल का चिकित्सा अधिकारी प्रकरण को समझ लेता है और उसके लिए ज़रूरी क़दम उठाता है... तबादले के वक़्त जेल के अधिकारी कोई मदद तक उपलब्ध नहीं कराते और क़ैदियों को खुद ही अपने बैग आदि ढोने पड़ते हैं। इसलिए, मानवीय आधारों पर यह निवेदन है कि अपीलकर्ता को जेल 3 के वरिष्ठ नागरिक वॉर्ड में स्थानांतरित किया जाए या फिर बिना तबादले के जेल 1 में रखा जाए। यह भी कि दोनों में से किसी भी जगह उसको वे सुविधाएँ मिलती रहें जो अभी मिल रही हैं - एकल कोठरी, पश्चिमी शौचालय, लकड़ी का बिस्तर, मेज़ और कुर्सी और चिकित्सक द्वारा सुझाया गया भोजन।

जब जेल के अधिकारियों या अन्य किसी संस्था ने इसपर ध्यान नहीं दिया तो कोबाड जून 2016 में जेल के भीतर भूख हड़ताल पर बैठ गए। उनके वकीलों ने प्रेस समाचार जारी कर दिया और इस नतीजे में बने मीडिया के दबाव के चलते उनके उपवास के छठवें दिन महानिदेशक ने हस्तक्षेप किया। "आलोक वर्मा एक अच्छे आदमी हैं और उन्होंने मुझे भरोसा दिलाया कि मैं जेल 3 में भेज दिया जाऊँगा, जहाँ चिकित्सकीय सुविधाएँ उपलब्ध हैं।" इस तरह यातना के डेढ़ साल बाद कोबाड को कुछ राहत मिल सकी।

राष्ट्रीय मानवाधिकार आयोग ने हस्तक्षेप नहीं किया। अंततः काफ़ी बाद में जब उनको हैदराबाद के अपेक्षाकृत मानवीय जेल में भेज दिया गया तब 31 अगस्त 2016 को उनको ह्यूमन राइट्स पैनल की ओर से यह जवाब मिला :

> दिल्ली जेल के सुपरिटेंडेंट ने एक रिपोर्ट भेजी थी जिसमें कहा गया था कि सुरक्षा वजहों को देखते हुए कोबाड को सेंट्रल जेल नंबर 3 के वरिष्ठ नागरिक वॉर्ड में नहीं रखा जा सकता। कहा गया है कि अगर चिकित्सा अधिकारी क़ैदियों को गर्म पानी दिए जाने की सिफ़ारिश करता है तो उनको गर्म पानी दिया जाता है और क़ैदियों को निजी सेवादार उपलब्ध नहीं कराया जाता। यह भी कहा गया कि कोबाड ने डीजी (जेल) को भी एक पत्र भेजा है जिसमें उन्होंने उनको इस बात के लिए धन्यवाद दिया है कि उन्होंने उनको उस सेंट्रल जेल 3 में भेज दिया है जहाँ पर समुचित चिकित्सकीय सुविधाओं से युक्त एक अस्पताल है। चूँकि शिकायतकर्ता की परेशानियाँ हल की जा चुकी हैं, इसलिए अब किसी अगली कार्रवाई की ज़रूरत नहीं है। रिपोर्टों को रिकॉर्ड में ले लिया गया है।

सौभाग्य से यह पत्र तब आया था जब कोबाड को चेरलापल्ली जेल में भेजा जा चुका था, क्योंकि यह बात उनके लिए और भी तकलीफ़देह और उनकी दिल की धड़कनों को और भी अनियमित करने वाली साबित होती कि उनको गर्म पानी तक देने से मना कर दिया गया था।

ब्लेडबाज़ और जेल के दूसरे नमूने

अगर जेल का कोई एक गुट ऐसा है जिससे हर कोई ख़ौफ़ खाता है, तो वह उन लड़कों की मंडली है जिनको 'ब्लेडबाज़' के नाम से जाना जाता है। ये ब्लेड से चेहरों पर वार करने वाले ऐसे लोगों का समूह है जो हर जेल में पाया जाता है और जो किसी भी समय हमला कर सकते हैं। पप्पू यादव से लेकर कोबाड गांधी जैसे बुज़ुर्गों तक हर कोई जेल में इन लोगों के हमले से आतंकित रहता है। आम तौर

पर नौजवान, और जेबकतरी जैसे छुद्र क़िस्म के अपराधों में मुब्तिला ये लोग किसी के चेहरे को इसलिए ब्लेड से काट दे सकते हैं क्योंकि किसी ने उनको ऐसा करने का हुक्म दिया होता है और कभी-कभी तो महज़ इसलिए कि वे चिढ़े हुए होते हैं। ब्लेडबाज़ों का इस्तेमाल तब भी किया जाता है जब जेल के अंदर किन्हीं दो लोगों की लड़ाई छिड़ी होती है।

आपके पीछे किसी ब्लेडबाज़ को लगाने की फ़ीस 5,000 से लेकर 10,000 रुपये तक हो सकती है। चेहरा काटने की यह घटना आमतौर से अदालत की तारीख़ पर होती है क्योंकि इससे हमलावर की पहुँच ब्लेड तक हो पाती है। ऐसी वारदात आमतौर से बस में होती है, क्योंकि वहाँ सुरक्षा में झोल होते हैं। जेल का एक अंदरूनी व्यक्ति बताता है कि "अगर हमारे ऊपर बस में हमला होता है, तो पुलिस अंदर नहीं आ सकती क्योंकि वह सुरक्षा के लिए जोख़िम है, और इस हंगामे में कोई भाग सकता है। नियम ये है कि भले ही लोग बस के अंदर लड़ रहे हों, बस तब तक नहीं रुकेगी जब तक कि वह अपने गंतव्य तक नहीं पहुँच जाती।"

बस में ब्लेडबाज़ी के इस हुड़दंग में कभी-कभी एक ही दिन में 25 लोगों के चेहरे कट जाते हैं। "किसी के चेहरे के दोनों तरफ़ पड़ा कटने का निशान इस बात का ठप्पा है कि आप अंदर रह चुके हैं। वे आते हैं और कहते हैं, अपना चेहरा दिखाओ। अगर आप चुपचाप मान गए तो घाव छोटा होगा। अन्यथा वे आपको जकड़ लेंगे और बड़ा घाव कर देंगे।" ये सब तब होता है जबकि पुलिस जेल-जंगल के इन नियमों का बैठे-बैठे तमाशा देखती रहती है।

जहाँ ज़्यादातर वीआईपी लोगों का सामना इनसे इसलिए नहीं होता क्योंकि वे दूसरों से अलहदा, वीआईपी वार्डों में होते हैं, वहीं सुरेश कलमाडी जैसे लोग हैं जिनको अदालत की एक पेशी के दौरान चाकू दिखाकर धमकाया गया था। ज़ाहिर है कि किसी ने वह चाकू निकालकर उनको धमकाने के पहले तक अपनी गुदा में छिपा रखा था। जहाँ यह धमकी तुरंत समाचार चैनलों पर उभर आई, वहीं दूसरे क़ैदियों के मामले में तो चाकू का घोंप दिया जाना तक किसी चेतावनी की वजह नहीं बनता।

जो लड़का चेहरा काटता है, उसको लेकर एक मानक कार्यपद्धति होती है। अगर उनको किसी तरह अनुशासित किया जाता है और सज़ा के लिए निर्धारित वॉर्ड में रखा जाता है, तो हमले का या चेहरा काटने का आदेश देने वाला कम-से-कम कुछ महीनों तक तो उसका ख़याल रखता ही है। चेहरा काटने वाले का भुगतान जेल के बाहर उसके पसंदीदा किसी आदमी को किया जा सकता है, लेकिन उनको चीज़ों के माध्यम से भी भुगतान किया जाता है। सौदा करने वाला चेहरा काटने वाले को तीस दिन तक या जितने दिनों तक उसे सज़ा के लिए निर्धारित वॉर्ड में रखा जाता

है, उतने दिनों तक कैंटीन से नाश्ता, दिन का खाना या रात का खाना भिजवाता रहता है। ये भी अपरिहार्य है कि अगर आप किसी ब्लेडबाज़ को आदेश देते हैं तो जिस व्यक्ति का चेहरा काटा गया है वह भी किसी ब्लेडबाज़ को आपके पीछे लगा देता है। इसलिए जेल के अंदर हिंसा के इस कुचक्र से कोई छुटकारा नहीं है। यह एक और चिंता रही जो कोबाड को परेशान करती रही।

नवम्बर 2011 को वे लिखते हैं :

> अगर आपके वॉर्ड में कोई 'ब्लेडबाज़' आ जाता है तो ज़िंदगी और भी नर्क हो जाती है। हाल के दिनों में एक ऐसा सबसे कुख्यात व्यक्ति यहाँ आया था - वॉर्ड में 30 में से 4-5 उन्हीं में से हैं। दूसरे लोगों की ज़िंदगी को नर्क बना देने वाले ये लोग किसी भी तुच्छ-सी वजह से लोगों के चेहरों को काट देते हैं (किसी भी वजह से जैसे उनको इज़्ज़त, पैसा, खाना न दिए जाने से - यहाँ तक कि महज़ प्रचार की ख़ातिर)। ये जेल माफ़िया भी हैं जो ग़ैरक़ानूनी गतिविधियों को नियंत्रित करते/चलाते हैं। अपेक्षा यह की जाती है कि इनको विशेष 'कसूरी' वॉर्ड में रखा जाए, लेकिन इनको लगातार यहाँ रखा जाता है। महज़ महीने भर पहले हमारे एक साथी क़ैदी को चाकू घोंप दिया गया था (उसको अपनी आँतों में टाँके डलवाने पड़े) और एक-दूसरे क़ैदी को चमड़ी पर टाँके आए थे। 6-8 महीने पहले ऐसे दो सबसे कुख्यात लोगों को यहाँ रखा गया था और मैं उनके हमले से बाल-बाल बचा। अब वे फिर से वापस आ गए हैं और सारे माहौल को गंदा कर रहे हैं। किसी भी काम पर एकाग्र होना मुश्किल है। सामान्य अपराधी ही बहुत बुरे होते हैं लेकिन ये तो और भी असाध्य हैं।

फिर कुछ ही महीनों बाद (जनवरी 2012 में) कोबाड गौतम वोहरा को लिखते हैं :

> कम-से-कम अगर माहौल ही अच्छा हो तो आप योग, पढ़ाई और लिखाई पर ही ध्यान लगा सकते हैं। लेकिन इस अपराध-भरे माहौल में आपको हर चीज़ को लेकर तनाव में रहना होता है और अगर आप चौकन्ने नहीं हैं तो आपका गर्म पानी, खाना और कोई भी चीज़ चुरा ली जा सकती है। अभी एक दिन, मुझ पर एक ड्रग बेचने वाले ने हमला कर दिया क्योंकि मेरी कोठरी से 250 रुपयों के कूपन ले जाए जाने की वजह से उससे मेरी तकरार हो गई थी और मुझे यह भी ग़लतफ़हमी हो गई थी कि उसने मेरी कोठरी से अंडे चुराए थे जबकि वे कोई और उठा ले गया था। ऐसे माहौल में एकाग्र होना मुश्किल हो जाता है - उत्पीड़न के ढेरों दूसरे रूपों का तो कहना ही क्या।

अगर ब्लेडबाज़ नहीं तो दूसरे नमूने हैं जैसे कि मनोरोगी।

> मेरे वॉर्ड में दिल्ली का वह सीरियल किलर (मनोरोगी) है - झा। लोगों का कहना है कि उसको कटे हुए धड़ों की तसवीरें दिखाने में बहुत आनंद आता है। बहरहाल, ये उतना बुरा नहीं है, लेकिन जवानी में ये सब सह पाना ज़्यादा आसान होता। (दिसंबर 2010)

जिन दूसरे 'घृणित लोगों' से उनकी मुलाक़ात हुई वे दिल्ली के 16 दिसम्बर 2012 के सामूहिक बलात्कार के प्रकरण में मुब्तिला रहे बलात्कारी थे। उनको उसी ब्लॉक में रखा गया था जिसमें कोबाड थे और वे याद करते हैं कि जब वे लोग निर्भया की माँ को टीवी पर बोलते देखते तो इस तरह की बातें करते थे : "इसका भी बलात्कार ज़रूरी है।" अपराधियों की ज़बान से इस तरह की डींगें अनोखी बातें नहीं हैं, न ही वह 'जैसे के साथ तैसा व्यवहार' भी अनोखा है, जिसका सामना इस तरह के बलात्कारी जेल में करते हैं। जब निर्भया के एक बलात्कारी विनय शर्मा ने तिहाड़ में आत्महत्या की कोशिश की थी तो उसके कुछ ही समय पहले कोबाड ने मुझे बताया था कि किस तरह शर्मा ने दूसरे क़ैदियों को बताया था कि उसके साथ तिहाड़ में बलात्कार किया गया था। "ये बात विनय शर्मा ने कई लोगों से कही थी। लेकिन जेल में जिस तरह की चीज़ें होती हैं उनको देखते हुए बलात्कार जेल में संभावित कोई उनसे बदतर चीज़ नहीं है।" विनय शर्मा के वकील ने मीडिया को बताया था कि उसके मुवक्किल को यातना दी गई थी लेकिन यौनपरक हमले की बात जेल के अंदर के लोग ही करते हैं।

तो आप भय, पीड़ा, और विकर्षण के ऐसे माहौल में किस तरह टिके रह पाते हैं और अपने मानसिक संतुलन को कैसे क़ायम रख पाते हैं? कुछ लोग महज़ अपनी बेचैनी को दबाने के लिए नशीली दवाओं का सहारा लेने लगते हैं। ऐसे लोग सुबह के धूम्रपान के लिए चरस का इस्तेमाल करते हैं और इस वर्जित पदार्थ के लिए नक़दी का भुगतान करते हैं या किन्हीं चीज़ों के बदले में उसको ख़रीदते हैं। दूसरी तरफ़ कोबाड जैसे लोग हैं जो अपने आसपास की किसी भी जीवित चीज़ में सांत्वना ढूँढ़ लेते थे, क्योंकि वहाँ सीमित, वांछित, मानवीय संपर्क उपलब्ध होता था। उन्होंने एक छोटी-सी बिल्ली से दोस्ती कर ली जिसको वे जेल में खाना खिलाते थे, और बग़ीचे में घूमने की इजाज़त मिलने के बाद उन्होंने कुछ बागवानी का काम भी शुरू कर दिया। गौतम वोहरा को जेल से लिखे गए अपने ख़त में वे बताते हैं कि किस तरह उनकी ये दोनों दिलचस्पियाँ विकसित हो रही थीं :

बाहर अहातों में यहाँ-वहाँ चिंचयाती घूमती गिलहरियों के बारे में यहाँ जेल में आप सिर्फ़ अपने आसपास की दीवारों को ही बता सकते हैं। इस छोटे-से अनूठे जीव और उसकी खिलवाड़ों का मैंने पहले कभी इतना आनंद नहीं लिया था जितना मैं आज उनको काँटेदार तारों की इन चारदीवारियों के भीतर देखते हुए लेता हूँ। ये सचमुच यहाँ मेरे आनंद की मुख्य स्रोत हैं। मेरी सेहत संबंधी वजहों से सुपरिटेंडेंट ने मेहरबानी कर मुझे इन अहातों में आने की इजाज़त दे दी है। (21 जून 2011)

यहाँ जेल के भीतर अहातों में (क़िस्मत से मुझे और एक अन्य को ही इसकी इजाज़त मिली है) मैंने पिछले बारिश के मौसम में तुलसी और अमरूद के पौधे लगा दिए थे। उनमें से एक तुलसी का और अमरूद का पौधा ही बचा रहा। लेकिन पिछले तीन महीनों से तुलसी की पत्तियों पर बुरी तरह से कीड़े लग गए हैं। बारिश के चलते कीड़ों की खाई पत्तियाँ झड़ गई हैं और मेरा ख़याल है कि उस पौधे को मैंने बचा लिया है। लेकिन राजौरी गाँव के हमारे साथी का कहना है कि वे लोग कीड़ों को मारने के लिए राख का इस्तेमाल करते हैं। उसका कहना है कि यह बहुत कारगर होता है। मैं करके देखूँगा। देखते हैं। इस तुलसी के पौधे को बचाना बहुत बड़ा भारी संघर्ष था क्योंकि दूसरे दो पौधे (जो बहुत उपजाऊ होते हैं) पिछली गर्मियों में मर गए थे। अहाते में कुछ सुंदर बड़े पेड़ हैं - पीपल, नीम, जामुन। इस माहौल में यह एकमात्र शांतिदायक जगह है। (अगस्त 2011)

पहले वही लोग इस (वीआईपी) वॉर्ड में आ सकते थे जिनके पास देने के लिए (ढेर सारा) पैसा होता था। अब इस वॉर्ड में बड़ी तादाद में उच्च वर्ग के लोग हैं और उन्होंने इसे शायद और भी अच्छा बना लिया है। अब यहाँ किसी के लिए आने की इजाज़त नहीं है। जहाँ इन लोगों के लिए ज़िंदगी फूलों की सेज है, दूसरों के लिए ये नर्क है (जब तक आप गिरोहबाज़ न हों)। यहाँ तक कि जो गुलाब मैंने लगाए थे वे यहाँ फेंक दिए गए तिरस्कृत पौधे थे, जिनको मैंने उठा लिया था। अब अधिकारियों द्वारा पैदा की जाने वाली मुश्किलों के बावजूद इनको पानी देना पड़ता है और गोड़ना पड़ता है। कोई उपकरण नहीं इसलिए हम अहाते में छड़ियाँ तलाशते हैं, फिर मशीनों की तरह गार्ड उनको जला देते हैं - "छड़ियों की इजाज़त नहीं।"

बिल्लियों की बात करें, तो एक छोटी-सी बिल्ली कोई पंद्रह दिन पहले यहाँ आई थी। वह कुपोषण की शिकार थी। हमने उसको खिलाना शुरू किया - इसमें हमारा अपना स्वार्थ ज़्यादा था, क्योंकि इधर चूहों का आतंक बढ़ गया था। उसको चूहे बहुत पसंद हैं और जब वे नहीं मिलते तो वह दूध और बिस्किट खाती है। ओह! दोपहर के 1 बज रहे हैं - वो अपने दूध का इंतज़ार

कर रही है (हर रोज़ इस समय वह थोड़ा-सा पीती है)। अंदाज़ा लगाओ - मैंने कोई 15 गुलाब के पौधे रोपे थे। इसलिए गुलाबों और तुलसी की देखभाल करना अच्छा ख़ासा काम है क्योंकि मेरे अलावा और पंजाब से आए एक किसान के अलावा, उनमें किसी की दिलचस्पी नहीं है। (अक्टूबर 2011)

लगता है बिल्ली के लिए अब बहुत ज़्यादा चूहे नहीं बचे हैं। पहले हम उसे जो दूध देते थे उसको वह मुश्किल से पीती थी लेकिन अब वह ज़्यादातर पी लेती है - लगता है सारे चूहे भाग गए हैं (हमारे लिए अच्छा ही है)। दरअसल, हमें ये भी पता लगा कि एक और भी (रंगीन) बिल्ली यहाँ चुपचाप आती है और सारा दूध पी जाती है - जबकि हमारी छोटी-सी निरीह बिल्ली के लिए बहुत कम (या बिलकुल भी नहीं) चूहे और कम दूध बचा है। (नवम्बर 2011)

अब यहाँ भीषण ठंड है। कोठरियाँ ख़ासी नम और ठंडी हैं और धूप वार्डों से दोपहर बाद ग़ायब हो जाती है। बिल्ली अभी भी यहाँ बनी हुई है और मैंने जेल के दो कंबलों की मदद से उसके लिए एक छोटा-सा घरौंदा बना दिया है। कम-से-कम फ़िलहाल तो हम चूहों से मुक्त हैं, हालाँकि आसपास मौजूद इंसानी कीड़े उनसे भी बदतर हैं। (दिसंबर 2011)

बिल्ली दूध नहीं पी रही है, सिर्फ़ वह अंडा खाती है जो मैं उसे देता हूँ। लगता है वह जल्दी ही मर जाएगी। आज मैंने दूध में कुछ एंटीबायोटिक पाउडर मिलाने की कोशिश की। (23 मार्च 2012)

इस साल देर से भारी बारिश हुई और मैंने अहाते के अपने गमले में गौर से देखते हुए पाया कि लगभग हर चीज़ में अंकुर फूट रहे हैं। जंगल खड़ा करना कितना आसान होना चाहिए। नीम के पेड़ों और तुलसी के पौधों में सैकड़ों की संख्या में बीज आए, यहाँ तक कि उनके बीज भी अंकुरित होकर पौधे बन गए। क़ैदियों द्वारा खाकर फेंकी गई आम और खजूर की गुठलियाँ भी अंकुरित हो गईं और इस अहाते की मिट्टी उपजाऊ है और मिट्टी में ढेरों सफ़ेद चीटियाँ हैं। इसलिए मैं सोच रहा था कि सरकार के लिए यह कितना आसान होगा कि वह स्थानीय लोगों की मदद से वनरोपण का कार्यक्रम चलाए। (अक्टूबर 2012)

जब बाद में मैंने कोबाड से इसके बारे में चर्चा की तो उन्होंने बताया कि किस तरह ज़मीन का यह हिस्सा फाँसी कोठी अहाते के अंतर्गत आता है। इसलिए अफ़ज़ल की फाँसी के कुछ समय बाद उन्होंने इसके चारों तरफ़ बड़ी-बड़ी दीवारें खड़ी करके इसको बंद कर दिया। सारे पौधे नष्ट हो गए थे। उनके ख़तों और दरख़्वास्तों के मज़मून में अक्सर दोहराव दिखाई देता है, ख़ासतौर से तब जब वे उन तकलीफ़ों का बयान करते हैं जिनका सामना वे कर रहे होते हैं।

लेकिन इसकी आसानी-से कल्पना की जा सकती थी। उनका बहुत छोटा-सा परिवार बचा था और उनसे मिलने आने वालों में सिर्फ़ एक्टिविस्ट और वकील ही थे। ऐसे में लेखन अभिव्यक्ति का उनका एकमात्र साधन था। मुंबई में रहने वाली कोबाड की बहन उनके परिवार की एकमात्र बची रह गई सदस्य हैं। वे उनके प्रकरणों पर निगाह रखती हैं और उनसे मिलने आती हैं लेकिन उनकी उम्र ऐसी नहीं है कि वे बहुत सक्रिय रूप से कुछ कर सकें - चाहे वह जेल के भीतर तीखी गर्मी को लेकर अधिकारियों की असंवेदनशीलता का मसला रहा हो या उनकी शिकायतों पर ध्यान देने से मना करना रहा हो। इनमें से उनका कुछ आलोचनात्मक लेखन अख़बारों में भी आया है जिसने सरकार को लज्जित किया, और गृह मंत्रालय ने एक बार इस बात की जाँच करने को कहा कि इस तरह का लेखन जेल से बाहर कैसे आया। "मैंने उनसे कहा कि मैंने वह अदालत में किसी को दिया था। उन्होंने मुझसे लिखित में देने को कहा था और इसलिए वह इस रूप में सामने आया।" उन्होंने उन समस्याओं को दूर करने की परवाह नहीं की जिनके बारे में उन्होंने उनमें लिखा था। उदाहरण के लिए, जहाँ अधिकारियों के कमरों में एयरकंडीशनर लगे हुए थे, क़ैदियों के लिए सिर्फ़ ऐसे एग्ज़ॉस्ट थे जिनमें गर्मी के महीनों के दौरान ठंडक करने की क्षमता नहीं थी। क़ैदी तपिश को कुछ कम करने के लिए अपने आसपास पानी का छिड़काव करते थे। "जब तक आप 2जी नहीं हैं और वीआईपी वॉर्ड में नहीं हैं, तब तक तिहाड़ में आप एक दिन भी नहीं रुकना चाहेंगे। मैं हैदराबाद जेल में था... तुलनात्मक रूप से वह कहीं ज़्यादा बेहतर थी।"

चेरलापल्ली में एक मुलाक़ात

माओवादी होने के तमाम आरोपों में जब कोबाड गांधी को दिल्ली की अदालत द्वारा बरी कर दिया गया तो मैं हैदराबाद के चेरलापल्ली जेल में उनसे मिलने गई। मैं उनसे दिल्ली में मिलना चाहती थी, लेकिन उनके वकीलों ने, उनके लिए लड़ रहे एक्टिविस्टों ने मुझे ऐसा न करने की सलाह दी। दिल्ली जेल में किसी से मिलने जाने का मतलब एक पूरे दिन का भ्रमण था और आपको उन मुट्ठी भर लोगों की फ़ैहरिस्त में शामिल होना ज़रूरी होता है जिनको सुरक्षा-जाँच के बाद और पृष्ठभूमि की जाँच के बाद मुलाक़ात की इजाज़त दी जाती है। जब आपको इन सुरक्षा-जाँचों के बाद उच्च-जोखिम वॉर्ड में किसी से मिलने की इजाज़त दे दी जाती है तो आपको मुलाक़ात तय करने के लिए लैंडलाइन कॉल करना होता है। इस लैंडलाइन से गुज़रना अपने आप में एक उपलब्धि होती है। एक बार आपको आपके मिलने का समय मिल जाता है, जोकि आमतौर से देर दोपहर बाद का वक़्त होता है, तो आप लगभग 1.30 बजे पहुँचते हैं। कुछ घंटे के इंतज़ार के बाद आपको मुलाक़ात के लिए 30 मिनट का समय मिलता है। यह मुलाक़ात काँच के परदे के आरपार से होती है

और आपको माइक और हैडफ़ोन के सहारे बातचीत का आदान-प्रदान करना होता है। "ऐसा नहीं है, आप आए और मिल लिए," कोबाड गांधी मुस्कराते हुए कहते हैं।

दरअसल, हैदराबाद में, मैं ऐसे ही मिलने पहुँच गई थी। उनके वकीलों रवींद्र और सावित्री, जो राजनैतिक क़ैदियों के संघ के लिए वकालत करते हैं, ने मुझसे कहा कि जब वे उनसे मिलने जाएँगे तो मुझे साथ ले जाएँगे। मैंने उनसे पूछा कि उनको किस दिन मिलने की इजाज़त है। उन्होंने कहा कि तेलंगाना में उनको कभी भी मुलाक़ातियों से मिलने की छूट है, सार्वजनिक छुट्टी के दिनों को छोड़कर तमाम दिनों में, लेकिन वे शनिवार के दिन ही ख़ाली होंगे। न तो मिलने के लिए फ़ोन पर समय लेने की कोई ज़रूरत थी, न कोई क़तार। रवि और एक अन्य वकील दशरथ को वकील होने के नाते दस्तख़त करने की भी ज़रूरत नहीं थी, सिर्फ़ मुझसे कोबाड के साथ मेरे रिश्ते के बारे में पूछा गया, जिसके जवाब में मैंने कहा कि मैं उनकी दोस्त हूँ। उन्होंने मेरा एक फ़ोटो लिया और मुझे विज़िटर पास जारी कर दिया। मेरे अलावा वहाँ औरतों और बच्चों समेत 15 अन्य लोग थे, जो अपने रिश्तेदारों से मिलने आए थे। प्रतीक्षा-कक्ष साफ़-स्वच्छ थे, बैठने की जगह थी, और व्यवस्थित वातावरण था जिसमें मुलाक़ात के लिए टोकन जारी किए जा रहे थे।

तिहाड़ की तरह यहाँ भी किसी क़ैदी से मिलने के इंतज़ार का समय निर्धारित होता है। हमारी आमने-सामने की मुलाक़ात होने जा रही थी क्योंकि दिल्ली जेल से भिन्न तेलंगाना ने कोबाड गांधी को इज़्ज़त और राजनैतिक क़ैदी की हैसियत दी हुई थी। "जब वे हैदराबाद पहुँचे तो जेल का सुपरिटेंडेंट उनके स्वागत के लिए उनसे मिलने उनकी कोठरी में आया था। इसी से उनके रवैये का फ़र्क़ तत्काल समझ में आ जाता है," सावित्री ने कहा।

और भी कई अहम फ़र्क़ थे। जब भी कभी कोबाड को दिल्ली की अदालत में पेश किया जाता था तो उनको पुलिस की वैन के अंदर, लोहे के पिंजरे में ले जाया जाता था। इस पिंजरे में तीन गेट हुआ करते थे - कल्पना करें, तीन गेट-बैरियरों से युक्त एक मझोले आकार के ट्रक की और इस बात की कि यह छोटा-सा पिंजरा कितना दमघोंटू होता होगा। "वह गर्म और घुटन भरा होता था और इतनी भर गनीमत थी कि मुझे हथकड़ियाँ नहीं पड़ी होती थीं।" हर गेट पर पुलिस सुरक्षा का अलग घेरा होता था, जिसका मतलब था कि हर बार जब भी यह वरिष्ठ नागरिक जेल से बाहर क़दम रखता था, उसके लिए 25 मज़बूत सुरक्षा कर्मी आवश्यक होते थे जिनका नेतृत्व पुलिस का एक असिस्टेंट कमिश्नर करता था। इस तरह जैसे ही उनको किसी जानवर की तरह अदालत में लाया जाता, वैसे ही तुरंत वहाँ की दमघोंटू हवालात में बंद कर दिया जाता और फिर अंततः अदालत की पेशी होती जहाँ हाथ में एक क़लम के होने को भी सुरक्षा के लिए बहुत बड़े ख़तरे की तरह देखा जाता। यह स्थिति सिर्फ़ दिल्ली तक और उन क़ैदियों तक सीमित थी जिनको

'ख़तरनाक' माना जाता था। इस तरह की सुरक्षा-सावधानियाँ न तो पंजाब में बरती जाती थीं, न तेलंगाना में।

इसके विपरीत, हैदराबाद में, कोबाड को पाँच सुरक्षाकर्मियों के साथ एक जीप में ले जाया जाता था। जब हम जेल के बाहर इंतज़ार कर रहे थे, तब हमने वहाँ पोस्टर लगे देखे जिनपर लिखा हुआ था, 'तेलंगाना : अपनी जेलों को भ्रष्टाचार-मुक्त घोषित करने वाला पहला राज्य।' यह एक ख़ासी प्रभावशाली घोषणा है। रवि और दशरथ अपने साथ बैग में वे चीज़ें लिए हुए थे जो कोबाड ने मँगवाईं थीं - बाटा की चप्पलें, कुछ खाने की चीज़ें, और ढेर सारी स्टेशनरी। डेढ़ घंटे बाद हम अंदर जाने देने के लिए तैयार थे और कोबाड जेलर के ऑफ़िस में हमारा इंतज़ार कर रहे थे। यह सुविधा भी उनको राजनैतिक क़ैदी होने के नाते हासिल थी। दिल्ली में यह विशेष सुविधा केवल राजनेताओं और उन रईस लोगों को दी जाती है जिन्होंने लोगों को पैसे दिए होते हैं। राजनैतिक क़ैदियों को तेलंगाना और आंध्र प्रदेश में मिलने वाली विशेष सुविधाएँ नक्सलवादियों और राजनैतिक क़ैदियों द्वारा 1994 और 1996 में किए गए उस आंदोलन का नतीजा थीं जिसको सिविल सोसाइटी का समर्थन प्राप्त था।

मैंने हताशा से भरे उनके इतने सारे ख़त पढ़ रखे थे कि मैंने एक थके हुए, बुढ़ाते आदमी के मिलने की उम्मीद कर रखी थी। चैक शर्ट और ट्रैक पैंट में कोबाड मुस्करा रहे थे। वे रवि और दशरथ को देखकर ख़ुश थे, जो उनके लिए ज़ाहिर है वकीलों से ज़्यादा कुछ अहमियत रखते हैं, और वे मुझसे बात करने के लिए भी सकारात्मक मनःस्थिति में थे। परिदृश्य के बदलाव की वजह से वे काफ़ी बेहतर महसूस कर रहे थे - और जैसा कि उन्होंने मुझे बताया, उनके सामने बग़ीचा था जहाँ पर वे चहलक़दमी और योग कर सकते थे। जिस नक्सल बैरक में वे रह रहे थे उसमें बहुत सारे फलदार वृक्ष थे। इस चीज़ ने उनकी ज़िंदगी की गुणवत्ता में काफ़ी इज़ाफ़ा कर दिया था। तेलंगाना जेल उनको जो खाना उपलब्ध करा रहा था, उससे उनके इरिटेबल बाउल सिंड्रोम और पेट संबंधी दूसरी बीमारियों में भी काफ़ी राहत थी। मैंने उनसे पूछा कि वे कैसा महसूस कर रहे हैं - "मैं 70 का हूँ, इसलिए मुझे कुछ सेहत संबंधी समस्याएँ हैं," - उन्होंने मुस्कराते हुए संकेत किया कि तिहाड़ की तरह यह जेल उनको बीमार नहीं कर रहा था।

जिस दौरान हम बातचीत कर रहे थे और रवि तथा दशरथ उनके साथ उनके प्रकरणों पर चर्चा करते हुए मज़ाक़ कर रहे थे और हँस रहे थे, मुझे लगा कि कोबाड कितने साहसी थे। 70 की उम्र में आप इतने सकारात्मक कैसे बने रह सकते हैं जबकि आपको पता हो कि अभी भी आपको इंसाफ़ का इंतज़ार करना है? उनके वकीलों ने मुझे बताया कि वे सर्वोच्च न्यायालय में एक विशेष याचिका दाख़िल करने की योजना बना रहे हैं जिसमें अनुरोध किया जाएगा कि उनके सारे

प्रकरणों को एक साथ कर दिया जाए ताकि उनपर तेज़ी-से सुनवाई हो सके या कम-से-कम प्रकरणों का निपटारा होने तक उनको ज़मानत मिल सके। लेकिन भले ही यह हो पाए न हो पाए, कोबाड आशावादी लगते हैं। वे अपने प्रिय लेखक एरिक फ्रॉम को पढ़ने में जेल का अपना समय बिताने को लेकर ख़ुश थे। उनकी एक ही सलाह थी : "तिहाड़ वह जगह थी जहाँ मैंने सब कुछ अमानवीय, सब कुछ निर्मम पाया। अगर आपको जेल जाना पड़े तो केरल या तमिलनाडु या तेलंगाना या आंध्र प्रदेश जाइए। वहाँ के न्यायाधीश भी कहीं ज़्यादा अच्छे हैं - मेरे न्यायाधीश मुझसे अपनी सेहत का ध्यान रखने को कहते हैं।"

जब हम जाने लगते हैं तो कोबाड रवि द्वारा लाई गई चीज़ों को लेने गेट के पास तक आते हैं। एक मुक़ाम पर वे निकास-द्वार के एकदम क़रीब पहुँच जाते हैं, जिसपर सुरक्षाकर्मी उनको रोकते हैं और फिर वे सब हँसते हैं। मैं वापस मुड़कर देखती हूँ और सोचती हूँ कि क्या वे सचमुच बाहर की दुनिया के बारे में सोचकर मुस्करा रहे थे, और यह भी कि वह दुनिया उनके लिए कितनी दूर की होगी। मैं उनको देख नहीं सकी क्योंकि तब तक सुरक्षाकर्मी उस द्वार को बंद कर चुके थे।

परिशिष्ट

कोबाड के अफ़ज़ल गुरु और फाँसी कोठी की ओर आख़िरी क़दम

चेरलापल्ली सेंट्रल जेल
चेरलापल्ली
राइगा रेड्डी डिस्ट्रिक्ट
हैदराबाद 501301

17 सितम्बर 2016

वह 21 सितम्बर 2009 का दिन था जब मैंने शाम को कोई 7 बजे पहली बार तिहाड़ में प्रवेश किया था। यह हिंदुस्तान की जेल में मेरा पहला प्रवेश था। अपमानजनक तलाशी के दो सिलसिलों से गुज़र चुकने के बाद मैंने जेल नंबर 3 के उच्च जोख़िम वॉर्ड में प्रवेश किया। तब तक क़ैदियों को उनकी कोठरियों में बंद किया जा चुका था। जैसे ही मैं ब्लॉक 1 के वॉर्ड में दाख़िल हुआ (इस वॉर्ड में 2 ब्लॉक हैं), तो मैंने कोठरी 1 के दरवाज़े पर अफ़ज़ल गुरु को देखा। उसके चेहरे पर बड़ी मुस्कराहट थी जो कह रही थी, 'तिहाड़ में स्वागत है, मैं यहाँ आपकी उम्मीद कर रहा था।'

उसने बताया कि वह तमाम अख़बारों में मेरे बारे में पढ़ता रहा था और बोला, हम लोग सुबह मिलेंगे। मुझे 4 नंबर कोठरी में ले जाया गया और तीन अन्य लोगों के साथ रखा गया जिनमें दिल्ली का बेहद प्रसिद्ध डॉन किसन पहलवान भी था।

अगले दिन दो ख़ालिस्तानियों के साथ मुझे 8 नंबर कोठरी में ले जाया गया। मौत की सज़ा प्राप्त ख़ालिस्तानी भुल्लर कोठरी नंबर 2 में था। अगली सुबह मैंने अफ़ज़ल के साथ चाय पी जो सिलसिला 9 फ़रवरी 2013 तक, उसको फाँसी पर लटकाए जाने तक चलता रहा। ये अफ़ज़ल का रोज़ का नियम

था कि वह जेल की पनीली चाय से थर्मस फ़्लास्क को भरता और उसको उत्कृष्ट पेय में बदलने के लिए उसमें दूध और कैंटीन से ख़रीदे गए कुछ टी बैग डाल देता था। अगले तीन सालों तक हर दिन हम जेल अधिकारियों द्वारा दिए गए ब्रेड के दो टुकड़ों के साथ वह चाय पिया करते थे। इसके बाद हम वॉर्ड से लगे अहाते में टहलते थे। सालों तक जारी रहा यह सिलसिला। ये वही अहाता था जिससे फाँसी कोठी लगी हुई थी, जहाँ बाद में उसको फाँसी पर लटकाया गया था और दफ़्न किया गया था।

और उन सालों के दरम्यान मैंने अफ़ज़ल में एक बेहद मानवीय शख़्सियत पाई, गर्मजोश दिल और सरल। एक ऐसा व्यक्ति जिसमें अपनी माँ, अपनी स्कूल-अध्यापिका, पत्नी और इकलौते बेटे के प्रति गहरा लगाव था। वे लोग रक्षाबंधन के दिन उससे मिलने नियमित रूप से आते थे, जिस दिन परिवार की महिलाओं को अपने रिश्तेदारों से मिलने की छूट होती थी। उसकी ज़रूरतें बहुत सीमित थीं, वह उस 1000 रुपये महीने पर अपना गुज़ारा करता था जो उसकी बीवी अपनी थोड़ी-सी कमाई से उसको भेजती थी।

मीडिया ने अफ़ज़ल को जिस एक कट्टरपंथी उग्रवादी की शक्ल में पेश कर रखा था, वह उससे ठीक उलट था। इसमें कोई शक नहीं कि वह इस्लाम में दृढ़ आस्था रखता था, और दिन में पाँच बार नमाज़ पढ़ता था, रोज़े रखता था और इस्लाम की दूसरी रस्मों का पालन करता था। जन्नत में भी उसका गहरा यक़ीन था जिसने उसको वह ज़बरदस्त हिम्मत मुहैया कराई थी कि वह सिर ताने और ज़ाहिरा तौर पर रत्ती भर भी ख़ौफ़ के बग़ैर फाँसी के फंदे तक चला गया था।

उसूलन, अफ़ज़ल इस्लाम की उस सूफ़ी रवायत में यक़ीन रखता था जो इंसानियत, प्रेम और बराबरी पर ज़ोर देती है। वह रूमी और इक़बाल का बहुत बड़ा प्रशंसक था। उसके पास उर्दू में रूमी के सारे छहों ग्रंथ थे जो उसके नियमित साथी हुआ करते थे; उनमें से बहुत-सी अद्‌भुत कविताओं का तरजुमा उसने सुबह की चाय के दौरान मेरे लिए किया था। अफ़ज़ल के माध्यम से मैंने इस्लाम के उस बहुत-से मानवीय सार को समझा, जिसको धर्मांधों और कट्टरपंथियों ने गंदी शक्ल दे रखी है।

अफ़ज़ल न सिर्फ़ मासूम लोगों पर बम दागने/हत्या करने के कट्टरपंथियों के तौर तरीक़ों का उग्र विरोधी था, वह पाकिस्तानी/आईएसआई को भी नापसंद करता था। वह अक्सर कहा करता था कि वे लोग रॉ (आर ऐंड ए डब्ल्यू) से भी बदतर हैं और जो उन बहुत सारे बुद्धिजीवियों की हत्याओं/वधों के लिए ज़िम्मेदार थे, जो आज़ादी के पक्षधर थे न कि पाकिस्तान में विलय के। ख़ासतौर से 1990 के दशक में जेकेएलएफ़ के उभार के दौर में, जो उस समय

पाकिस्तान-समर्थक नहीं था। अफ़ज़ल का कहना है कि हिंदुस्तानी सरकार के अलावा आईएसआई द्वारा बड़ी संख्या में लोग मारे गए थे। उसने मेरे सामने वह ठोस तसवीर भी पेश की जहाँ कश्मीरी ज़िंदगी के हर पहलू को सेना नियंत्रित करती है और इस तरह उसने समूची घाटी को एक खुली जेल में बदल दिया है। वह कश्मीरियों की ज़िंदगी की तुलना हमेशा फ़लस्तीनियों से करता था। उसकी धारणा थी कि पाकिस्तानी कश्मीरियों की लड़ाई में मदद करने की बजाय उसको नुक़सान ही ज़्यादा पहुँचा रहे हैं - कश्मीरी लोगों का इस्तेमाल हिंदुस्तान के साथ पाकिस्तान के टकराव में, महज़ एक औज़ार की तरह किया जा रहा है, वे हिंदुस्तान-पाकिस्तान टकराव में बलि के बकरे बनाए जा रहे हैं।

(कट्टरपंथियों से भिन्न) अफ़ज़ल के मन में साम्यवाद के प्रति गहरे सम्मान का भाव था और वह इक़बाल की इस बात तक को दोहराया करता था कि साम्यवाद + ईश्वर = इस्लाम। अफ़ज़ल ने खूब पढ़ रखा था और उर्दू तथा अँग्रेज़ी पर उसकी बराबर की अच्छी पकड़ थी। उसने नोम चॉम्स्की और पश्चिम के दूसरे प्रगतिशीलों को पढ़ रखा था। जेल में वहाँ के अधिकारियों को उससे कोई शिकायत नहीं थी, बावजूद उस अपमान के जो उसने अपनी क़ैद के शुरुआती दौर में भोगा था।

अफ़ज़ल को फाँसी पर लटकाए जाने के दो दिन पहले हमसे तत्काल पीछे के ब्लॉक में जाने को कहा गया (और जो लोग बी ब्लॉक में थे उनको अस्थायी तौर पर वहाँ से हटा दिया गया था), क्योंकि कहा गया कि वहाँ पुताई होनी थी। लेकिन जब हम बी ब्लॉक में गए तो जिस बड़े अहाते में फँसी कोठी थी, उस अहाते की ओर खुलने वाले गेट को तुरंत बंद कर दिया गया ताकि हम बाहर चल रही गतिविधि को न देख सकते। लेकिन हमें जल्दी ही पता चल गया कि फाँसी कोठी में तेज़ी-से काम चल रहा था। जेल के अमले द्वारा तमाम तरह की अफ़वाहें फैलाई जा रही थीं जैसे कि कोई विदेशी प्रतिनिधिमंडल आने वाला है; हो सकता है भुल्लर (जिसको अब तक दिमाग़ी अस्पताल में भेजा जा चुका था) को फाँसी दी जाने वाली हो, आदि, आदि।

अफ़ज़ल का कहना था कि अगर किसी को फाँसी दी जाएगी तो वह भुल्लर नहीं बल्कि वह स्वयं होगा। उस शाम हालाँकि, सबके दिमाग़ों में ख़ौफ़ था, लेकिन अफ़ज़ल हमेशा की तरह ख़ुशमिजाज़ लग रहा था। अगली सुबह जेल का अमला आधा घंटा देर से, सुबह 6 बजे आया। जब उन्होंने अफ़ज़ल की कोठरी, कोठरी 1, खोली तो उसे यह कहते सुना गया कि अगर तलाशी ली जाने वाली हो तो वह बाद में ली जाए क्योंकि वह पहले नमाज़ पढ़ेगा। लेकिन अफ़ज़ल के बाहर निकलने के बाद उन्होंने उसकी कोठरी में ताला लगा दिया

और कोई दूसरी कोठरी नहीं खोली। तभी उसे और हम सबको समझ में आया कि क्या होने वाला है।

उसको ए ब्लॉक में उसकी मूल कोठरी में ले जाया गया जहाँ विधि अधिकारी उससे मिला। उसको बताया गया कि फाँसी 8 बजे दी जाने वाली है। उसने अपने परिवार के लोगों और बेटे से फ़ोन पर बात करने की गुज़ारिश की, जो नहीं मानी गई। काँग्रेस सरकार द्वारा दूसरे क़ानूनी मानकों को जिस तरह ताक पर रख दिया गया था वह, सभी को ज्ञात है। उसने अपनी नमाज़ पढ़ी, उसको चाय और बिस्किट दिए गए; उसने नहाया और अपनी अंतिम नमाज़ पढ़ी। 8 बजने में 5 मिनट कम पर उसे उसी अहाते से ले जाया गया, जहाँ हम हर रोज़ टहला करते थे। उसने वहाँ मौजूद जेल के अमले को शुभकामनाएँ दीं और अधिकारियों से उनके प्रति अच्छा बरताव करने की गुज़ारिश की। हमें बाद में बताया गया कि जब उसने जेल के उन लोगों को शुभकामनाएँ दीं और बेख़ौफ़ फाँसी के तख़्ते की ओर चल पड़ा तो उन लोगों की आँखें छलछला आईं। सरकार के आदेश पर जेल के अधिकारियों ने उसका सामान, उसकी डायरी और यहाँ तक कि उसका शव भी उसके परिवार को सौंपने से मना कर दिया। उसको उस जगह से दो फ़ुट दूर दफ़नाया गया, जहाँ एक और कश्मीरी नेता मक़बूल भट को दफ़नाया गया था। विडंबना थी कि मक़बूल भट भी पाकिस्तान-विरोधी प्रतीत होता था, जैसा कि इससे ज़ाहिर होता है कि हाल ही में उसकी लिखी क़िताबों को पाकिस्तान सरकार द्वारा प्रतिबंधित कर दिया था।

इसी के साथ तिहाड़ की उस सात साल की क़ैद के दौरान उस बेहद इंसानियत पसंद, ईमानदार, सच्चे और सरल व्यक्ति के साथ क़ायम हुए मेरे रिश्ते का अंत हो गया। ज़्यादातर कश्मीरी अफ़ज़ल जैसे नहीं थे, सिवा उस रफ़ीक़ के जिसकी फ़ितरत काफ़ी कुछ अफ़ज़ल से मिलती थी। लेकिन उसकी तरह पढ़ा-लिखा कोई नहीं था। ये आश्चर्य में डालने वाली बात है कि काँग्रेस सरकार ने कश्मीर के सबसे अक़्लमंद लोगों की आवाज़ों को घोंट दिया और वहाँ के आंदोलन को पाक-समर्थक तत्त्वों के हाथ में धकेल दिया।

जिन ख़ालिस्तानियों के साथ मुझे रखा गया था, वह भी मेरे लिए एक बड़ी शिक्षा थी। मैंने पाया कि वह आंदोलन अब केंद्र-राज्य संबंधों और आनंदपुर साहेब घोषणा के इर्दगिर्द विकसित मूल आदर्श से भटक चुका था। उन लोगों ने उसको एक कट्टरपंथी आंदोलन में बदल दिया था जहाँ मुख्य निशाने पर डेरे थे (जिनको अनुसूचितों और निचली जातियों का समर्थन प्राप्त था क्योंकि उनको गुरुद्वारे में जगह नहीं दी गई थी), जिनके बारे में उनका कहना था कि वे सिख धर्म को उसके स्तर से नीचे गिरा रहे थे। वे लोग शुद्धतावादी

हो चुके हैं, मांसाहार का विरोध करते हैं और धर्मांध हैं। विडंबना, जैसा कि मैंने पाया, यह है कि उनके सारे नेता पाकिस्तान में थे। कई ऐसे थे, जिनमें मेरी कोठरी का एक साथी शामिल था, जो पाकिस्तान से नशीले पदार्थों और हथियारों की तस्करी में मुब्तिला थे। गुरु नानक के महान सामाजिक सुधार, जाति-विरोधी परंपराएँ, उस सब कुछ के एकदम उलट प्रतीत होती हैं जो मैंने ख़ालिस्तानियों से जाना।

- कोबाड गांधी

आभार

जो क़िस्से मैंने इस पुस्तक में लिखे हैं वे निजी हैं - लोगों की ज़िंदगियों के निम्नतर बिंदुओं के आत्मीय लेखे। जेल में रहते हुए उनमें से कुछ के साथ बलात्कार हुआ, वे यौन-उत्पीड़न के शिकार बने, पीटे गए, अपमानित हुए। उनमें से ज़्यादातर लोग इसके बारे में बात नहीं करना चाहते, तब भी उन्होंने अपने क़िस्सों को मेरे साथ साझा किया। इसलिए उन्होंने अपने अनुभवों को बयान करने देने के लिए मेरे प्रति जो भरोसा जताया, उसके लिए मैं उनकी बहुत कृतज्ञ हूँ। इनमें से हर कोई जानता था कि यह पुस्तक उनकी सार्वजनिक छवि पर और उनके क़ानूनी प्रकरण तक पर असर डाल सकती है, और तब भी वे बोलने के लिए तैयार हुए, जो अविश्वसनीय साहस का काम था। वाहिद और ख़ुशी जैसे कुछ लोग उस व्यवस्था से थक चुके हैं जो उनके प्रति भयानक रूप से नाइंसाफ़ी बरतती रही है और तब भी उन्होंने अपने मानसिक आघात के भीतर से मुझसे बात की। मैं सचमुच उम्मीद करती हूँ कि इंसाफ़ के लिए उनकी लड़ाई में यह पुस्तक कुछ काम आएगी।

इन असाधारण क़िस्सों के साथ जिन लोगों के बारे में मैंने बात की है उनसे संपर्क करने में 18 साल के मेरे करियर के दौरान विकसित रोज़गार से जुड़े मेरे तमाम ताल्लुक़ात काम आए हैं। जिन लोगों ने मेरी मदद की है उनकी फ़ेहरिस्त निश्चय ही लंबी है - जिन मुख्य लोगों के बारे में मैंने बात की है उनमें से एक के साथ मेरा संपर्क क़ायम करने में और फिर अंतहीन पुलिस अधिकारियों और वकीलों से मिलने में और अदालती फ़ैसलों की प्रतियाँ हासिल करने में मेरी साथी और दोस्त तानिमा बिस्वास ने मेरी बहुत मदद की; आईपीएस अधिकारी मधुर वर्मा ने अपनी अंतर्दृष्टि और सुझावों से मुझे लाभान्वित किया; मनीषा सेठी जिन्होंने इस पुस्तक के विषयों की पहचान करने में और फिर उनसे संबंधित आधारभूत सामग्री जुटाने में मेरी मदद की; नेशनल लॉ यूनिवर्सिटी के अनूप सुरेंद्रनाथ की *'डैथ पैनल्टी रिपोर्ट'* ने मूल्यवान अंतर्दृष्टि प्रदान की; मेरे सारे वकील दोस्त - करुणा नंदी, आशीष दीक्षित, सुशील कुमार, मनन वर्मा, रेबेका जॉन, भावुक चौहान, विजय अग्रवाल, अशोक वर्मा, सावित्री और रवींद्रनाथ बल्ला (जो माओवादियों के हितैषी होने के आरोप में

इस समय ख़ुद भी जेल में हैं) और इंदिरा जयसिंह, आप सबके लिए धन्यवाद कि आपने छोटी-बड़ी तमाम तरह की मेरी मदद की। शाहबाज़ शेरवानी, लेस्ले एस्टीव्स और कविता श्रीवास्तव के प्रति भी आभार जिन्होंने मूल्यवान दस्तावेज़ों को ढूँढ़कर, उनको मुझ तक पहुँचाया, और गौतम मुखर्जी और गौतम वोहरा के प्रति भी, उनकी बेशक़ीमती मदद के लिए आभार।

मैं एनडीटीवी के अपने प्रबंधकों को भी धन्यवाद देना चाहती हूँ जिन्होंने मुझे कई चुनौतीपूर्ण ज़िम्मेदारियाँ सौंपीं जिनमें से हर ज़िम्मेदारी ने मुझे अंदरूनी समझ प्रदान की और इन क़िस्सों का अनुसरण करने के लिए प्रेरित किया। बरखा दत्त प्रोत्साहन का बहुत बड़ा स्रोत रही हैं और वही हैं जिनके मन में इस पुस्तक का विचार आया। वहीं मेरे दोस्त निर्मला गणपति, सुनील सिन्हा, मुस्तफ़ा कुरैशी, मानसी मीधा, प्राची भूचर, समित बसु, हृदयेश जोशी और राशीद किदवई मुझे नियमित रूप से प्रोत्साहित करते रहे और सुझाव देते रहे। एकदम शुरुआत से ही मेरी पुरानी दोस्त और सहकर्मी प्रिया कपूर का मेरी इस पुस्तक का प्रकाशक होना तय था क्योंकि वह ठीक-ठीक समझती थी कि मैं क्या करना चाहती थी और मैंने आँख मूँदकर उसपर भरोसा किया। (ओके, प्रिया, तुम्हारा कहना सही है, दोस्त मिलकर काम कर सकते हैं!)

हर कोई कहता है कि काम और घर को एक साथ सँभालना कितना मुश्किल होता है, ख़ासतौर से तब जबकि आप एक माँ भी हों। लेकिन तब नहीं जब आपका बेटा, मेरे बेटे जैसा हो। नील या, जैसा कि हम उसे पुकारते हैं, टिनी, मेरी क़िताब को लेकर बहुत उत्तेजित रहता था। मैं नहीं जानती कि छह साल का कोई बच्चा ऐसा होगा जो अपनी माँ को डैस्कटॉप की ओर धकेलता हुआ इस तरह के विस्मयपूर्ण कथन करता होगा : "तो, मॉम, आपने कितने चैप्टर कर लिए हैं?" और जिस दौरान मैं काम करती रहती थी, वह चुपचाप लेगो खेलता रहता था। शुक्रिया टिनी, तुमने इसे बेहद आसान बना दिया। बेशक उसका ध्यान रखने में बाक़ी परिवार का योगदान भी था, दादा-दादी, नाना-नानी - माँ, पापा, माँ और बाबा, बच्चू, चार्ली, भाई, वसुधा और छोटा वीरेन। तुम सबको प्यार। इस पुस्तक के लिए मैं गौरी की भी ऋणी हूँ जो टिनी के लिए दूसरी माँ है, जिसने मुझे इस तरह की मुहिम में लगने की गुंजाइश दी। सुदीप, तुम हमेशा मेरा उत्साह बढ़ाने वाले रहोगे, और एक बार फिर तुमने मुझे, हम दोनों के लिए महत्त्वाकांक्षी होने की गुंजाइश दी।

अनुवादक के बारे में

मदन सोनी हिंदी के लेखक हैं जो मुख्यतः साहित्यालोचना और अनुवाद के क्षेत्र में सक्रिय हैं। आलोचना पर केंद्रित उनकी अनेक पुस्तकें प्रकाशित हैं तथा उन्होंने विश्व के कई शीर्षस्थ लेखकों और चिंतकों की रचनाओं के अनुवाद किए हैं जिनमें शेक्सपीयर, लोर्का, नीत्शे, एडवर्ड बॉण्ड, मार्ग्रेट ड्यूरास, ज़ाक देरिदा, एडवर्ड डब्ल्यू सईद आदि शामिल हैं। हाल ही में उनके द्वारा अनूदित अम्बर्टो ईको का विश्वविख्यात उपन्यास *द नेम ऑफ़ द रोज़ (ख़ाली नाम गुलाब का)* प्रकाशित हुआ है। मंजुल पब्लिशिंग हाउस के लिए उन्होंने जो अनुवाद किए हैं उनमें वनमाली द्वारा रचित *श्री शिव लीला,* नीरज कुमार की *डायल डी फ़ॉर डॉन* और एस. हुसैन ज़ैदी की पुस्तकें *डोंगरी टू दुबई (डोंगरी से दुबई तक)* तथा *बायकला टू बैंकॉक* शामिल हैं।

भोपाल स्थित राष्ट्रीय कला-केंद्र भारत भवन के मुख्य प्रशासनिक अधिकारी के पद से सेवा-निवृत्त सोनी को अनेक सम्मान और पुरस्कार प्राप्त हुए हैं जिनमें मानव संसाधन विकास मंत्रालय, संस्कृति विभाग की वरिष्ठ अध्ययन वृत्ति और रज़ा फ़ाउंडेशन पुरस्कार शामिल हैं। वे नान्त (फ्रांस) के उच्च अध्ययन संस्थान के फ़ेलो भी रहे हैं।